2015

镇海年鉴

ZHENHAI NIANJIAN

宁波市镇海区地方志编纂委员会 编

方志出版社
Publishing House of Local Records

图书在版编目(CIP)数据

镇海年鉴. 2015 / 宁波市镇海区地方志编纂委员会编. — 北京 : 方志出版社, 2016.7
ISBN 978—7—5144—2033—3

Ⅰ. ①镇… Ⅱ. ①宁… Ⅲ. ①区（城市）—宁波市—2015 — 年鉴 Ⅳ. ①Z525.53

中国版本图书馆CIP数据核字(2016)第176049号

镇海年鉴（2015）

编　　者：宁波市镇海区地方志编纂委员会
责任编辑：李志瑜

出 版 人：冀祥德
出 版 者：方志出版社

地址　北京市朝阳区潘家园9号(国家方志馆4层)
邮编　100021
网址　http: //www.fzph.org

发　　行：方志出版社发行部
电话（010）67110500
经　　销：各地新华书店
印　　刷：浙江海虹彩色印务有限公司

开　　本：787×1092　1/16
印　　张：25.5
字　　数：521千字
版　　次：2016年7月第1版　2016年7月第1次印刷
印　　数：0001～1000册

ISBN 978-7-5144-2033-3　**定价**：128.00 元

◎浙江省委常委、
宁波市委书记刘奇调研镇海（左四）

◎浙江省副省长毛光烈调研镇海（右三）

◎安居小区

◎考生从容应对 2014 年高考

◎ 92899 部队官兵造血干细胞捐献登记采样

◎传递平安

◎公共自行车网点

◎九龙湖文化礼堂

◎居民家庭绿化

◎快乐外来娃

◎廉政文化进万家

◎老少共颂中国梦

◎骆驼公交车站

◎宁波大学学生游览九龙湖

◎招宝山麓老城区

◎新建宁波植物园鸟瞰

◎镇海河道景观

◎农业机械化

◎农民水产养殖喜欢丰收

◎市民参观镇海炼化

◎新镇海人运动会

◎山体复绿

◎青春助力治水

◎市民绿色骑行迎国庆

◎团团圆圆过春节

◎澥浦冬至文化节

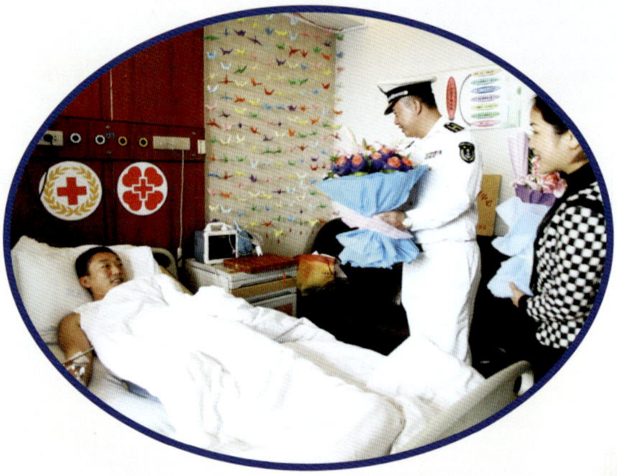

◎袁永涛捐献造血干细胞

◎镇海红十字会支援余姚灾区

◎林萍献爱心

◎招宝山街道西门社区文艺表演

◎医疗卫生系统开展便民服务

◎ 2014 年镇海区文化遗产日广场宣传日活动

◎ 2014 年元宵灯会

◎ 2014 全民健身日

◎镇海大道

◎宁波绕城高速镇海段

◎清水浦大桥

◎爱心教育活动

◎保洁员自创拉网式清理河面垃圾

◎城区绿化美景

宁波市镇海区政区图

宁波市镇海区地名委员会　宁波市镇海区民政局　宁波国土测绘院　编制

地图审核号：浙S（2011）43号　　编制日期：二〇一一年三月

（本图界线不作划界依据，基础地理底图资料由浙江省测绘与地理信息局提供）

◎镇海城区鸟瞰

宁波市镇海区地方志编纂委员会

主　任： 魏祖民

副主任： 顾国芳　李　斌　高炳华　陈利华

委　员：（成员单位）

区委办公室　区人大办公室　区政府办公室

区政协办公室　区委组织部　区委宣传部

区文广新闻出版局　区委统战部　区委政法委

区公安分局　区发改局　区人力社保局

区财政局　区民政局　区商务局　区农业局

区住房建交局　区教育局　区卫生局

人民银行北仑支行　区统计局　区档案局

区委党史研究室

《镇海年鉴》编辑部

办公室主任： 俞奇恩

顾　　　问： 陈　兵

主　　　编： 陈家俊

副　主　编： 王宝康

责 任 编 辑： 孙中文

编辑说明

一、《镇海年鉴(2015)》为镇海区第二本综合性年鉴,它是全面记述镇海自然、政治、经济、文化、社会的年度资料性文献。

二、《镇海年鉴(2015)》以中共十八大和十八届二中、三中、四中、五中全会精神为指导,贯彻落实科学发展观,为构建社会主义和谐社会、改革开放和经济建设服务。

三、记述时限为2014年1月1日至12月31日。部分内容、数据涉及2014年前。

四、采用分类编辑法。卷首设特载、大事记、概貌、专记,正文部分设类目、分目、条目三个层次。栏目设计和编排次序是根据年鉴的基本体例、行业和事物归类设置,与部门、企事业单位行政级别高低无关。全文共34个类目,231个分目,1238个条目,53表格,120个正文插图。

五、数据一般采用《统计年鉴》中的数据。区统计局未作统计的,由各业务部门和单位提供。涉及物价的数据,全部用现行价,比较数据有的内含可比价格因素,以更确切反映经济增减情况。

六、机关单位名称,一般按照《区级有关单位规范化简称》(2006年区委办文件)直接采用简称。对名称较长、新设的机构和一些特定地域,另设《部分机构(地域)全称简称对照表》。企事业单位采用简称的,一般不专门说明,多次记述的,用括号注明简称。

七、文末的作者署名,指的是上一署名至此署名的所有文字都系该作者所写。照片未注明摄影者名字的,均系撰写与该照片相关文字的作者提供。

八、为方便检索,年鉴末附主题索引,按主题词首字汉语拼音字母顺序排列。

《镇海年鉴》编辑部

2016年3月

部分机构(域名)全称、简称对照表

全称	简称
浙江省	省
中共浙江省委员会	省委
浙江省人民政府	省政府
宁波市	市
中共宁波市委员会	市委
宁波市人民政府	市政府
镇海区	区
中共宁波市镇海区委员会	区委
宁波市镇海区人民代表大会常务委员会	区人大常委会
宁波市镇海区人民政府	区政府
中国人民政治协商会议宁波市镇海区委员会	区政协
中共宁波市镇海区委办公室	区委办
宁波市镇海区人民政府办公室	区政府办
宁波市镇海区人民武装部	区人武部
中共宁波市镇海区纪律检查委员会	区纪委
宁波市镇海区精神文明建设指导委员会办公室	区文明办
中共宁波市镇海区委统一战线工作部	区委统战部
宁波市镇海区人民政府侨务办公室	区侨办
中共宁波市镇海区委对台工作领导小组办公室、宁波市镇海区人民政府台湾事务办公室	区台办
宁波市镇海区民族宗教事务局	区民宗局
中共宁波市镇海区委农村工作办公室	区委农办
中共宁波市镇海区直属机关工作委员会	区直机关党工委
宁波市镇海区关心下一代工作委员会	区关工委
宁波市镇海区老龄工作委员会办公室	区老龄办
宁波市镇海区发展和改革局	区发改局
宁波市镇海区经济和信息化局	区经信局
宁波市镇海区经济合作局	区经合局
宁波市镇海区食品药品监督管理局	区食品药品监管局
宁波市镇海区机构编制委员会办公室	区编委办
宁波市镇海区人力资源和社会保障局	区人社局
宁波市镇海区住房与建设交通局	区住房建交局
宁波市镇海区文化广电新闻出版局	区文广局
宁波市镇海区国有资产管理委员会办公室	区国资办

全称	简称
宁波市镇海区人民防空办公室	区人防办
宁波市镇海区人口和计划生育局	区人口计生局
宁波市镇海区人民政府法制办公室	区法制办
宁波市镇海区突发事件应急管理委员会办公室	区应急办
宁波市镇海区外来务工人员服务与管理工作领导小组办公室	区外来务工办
宁波市镇海区地方志编纂委员会办公室	区志办
中共宁波市镇海区委、区人民政府信访局	区信访局
宁波市镇海区公共建设服务中心	区公建中心
宁波市镇海区安全生产监督管理局	区安监局
宁波市国土资源局镇海分局	区国土分局
宁波市工商行政管理局镇海分局	区工商分局
宁波市质量技术监督局镇海分局	区质监分局
中国银行业监督管理委员会宁波监管局经济技术开发区办事处	银监局开发区办事处
中国人民银行北仑支行	人民银行北仑支行
宁波石化经济技术开发区	石化经济开发区
浙江省镇海经济开发区	经济开发区
宁波(镇海)大宗货物海铁联运物流枢纽港	物流枢纽港
宁波市大学科技园	大学科技园

注:仅列部分机构,全称和简称相对直观的单位名称不再列出

目　录

Contents

特　载

强化责任担当　奋力攻坚克难
齐心协力推动“六大战略”取得新业绩

——在区委十三届八次全体(扩大)会议上的报告

(2014年12月18日)

中共宁波市镇海区委书记　薛维海

同志们:

下面,我代表区委常委会向全会做工作报告。

一、关于区委十三届六次全会以来的主要工作

今年以来,区委常委会认真贯彻落实党的十八届三中、四中全会和习近平总书记系列重要讲话精神以及省市委一系列重大决策部署,紧紧围绕“六大战略”这一主线,强化责任、克难攻坚、狠抓落实,扎实推进经济社会发展各项工作,全区经济平稳健康,社会和谐稳定,各项事业取得新进展。预计生产总值同比增长6%,其中区属生产总值同比增长8%,公共财政预算收入同比增长8%;全社会规上工业总产值同比增长4%,区属规上工业总产值同比增长8%,工业用电同比增长7.5%;固定资产投资同比增长18%,外贸自营出口总额同比增长7%,社会消费品零售总额同比增长10%;城镇居民和农民人均可支配收入均同比增长10%。具体抓了以下四个方面工作:

(一)坚持一张蓝图绘到底,一步一个脚印地抓好落实,在“六大战略”实施上迈出了新步伐、取得了新进展。区委常委会始终围绕“六大战略”这一主线,一张蓝图绘到底,一年接着一年干,立足于早,以系统的方法、以项目为支撑、以问题为导向抓好落实,目前“六大战略”实施取得了阶段性成效。

狠抓生态环境整治，城乡环境有效改善。坚持把环境保护和生态建设作为首要的战略任务，把改善生态环境作为最大实事，实施新一轮生态环境整治三年行动计划，举全区之力建设美丽新镇海，取得了有目共睹的实际成效，目前空气质量优良率为82.7%，在八个国控监测点中我区PM2.5数值优良，位居全市第三，空气中PM10、二氧化硫、氮氧化物含量全部达到二类功能区标准，成为宁波市首个国家生态文明建设示范区。多管齐下倒逼后海塘煤尘综合整治，预计今年降尘量较整治前下降71%。抓好无组织废气排放治理，对11家重点化工企业的废气进行了整治，在69家企业推行废气泄漏检测与修复工作，完成25家企业的红外成像技术监测试点工作，完成镇海炼化电站脱硫等5个重点项目。推进金属园区转型升级，关闭生产型企业5家，转型1家，机械化加工水平达到35%。巩固省森林城市创建成果，新增绿化面积53.3公顷，平面绿化面积达到2700公顷。加大环境执法监管力度，推进智慧环保建设，创新源头总量管理，深化环保信息公开。

狠抓海洋经济发展，两大平台转型提升。按照“国内一流、国际领先”的目标定位，促进石化开发区绿色循环化发展；以构建“四链双环一优化”循环经济网络体系为要求，开展污染集中防治设施建设及升级改造等项目建设，成为国家循环化改造示范试点园区并获3亿元专项资金支持；加大产业链对接招商，延伸完善石化产业链，加快重大项目建设，7个市重大项目中有3个已投入试生产；加大企业清洁生产力度，推进重点区域的道路和绿化改造提升工程建设。创新环保和安全监管模式，全过程有机废气治理做法被省环保厅列为典型将在全省推广。全力推进“贸易港”、“物流港”和“智慧港”建设，努力促进现代物流产业做大做强，物流枢纽港成为省现代服务业集聚示范区，镇海保税物流中心获批，成为全国唯一以液化品为主的保税物流中心；完善大宗生产资料交易中心硬件设施和服务功能，建成投用三大电子交易平台，加快推进智慧物流园区建设，健全高效便捷的物流服务体系，预计专业市场成交额860亿元，其中大宗生产资料交易中心交易额200亿元；积极谋划城市物流等新兴产业发展，编制“城市物流功能区控制详细规划”。

狠抓全域城市化，城区功能不断完善。全力推进以骆驼、庄市为主体的城市中心开发建设，行政中心、市民广场、市民服务中心投入使用，商务楼群、城市综合体等加快推进，新城核心区基本成形；瑞丰国际商博城、红星美凯龙项目加快推进，329国道与镇骆路交叉路口专业市场群初具规模；绿轴体育公园一期等项目加快建设，休闲大本营建设初具规模。加大招宝山、蛟川城市组团改造提升力度，重点健全、完善和提升公共服务设施和生活设施，巩固提升后海塘区域环境，加快推进蛟川北区新农村建设。加快九龙湖和澥浦区域开发建设，集镇开发改造、工业园区提升以及重点项目进一步推进。深入推进幸福美丽新家园建设，加快推进“商帮寻根”和“九龙问茶”等精品线建设，抓好“四边三化”“双清”专项行动。全面推进农村集体经济改革，增加对农资金的转移支付力度。创新城市管理模式，建立基层城管所，试点城管工作室，加快推动城市管理向城区组团其他片区拓展、向农村延伸。推进用地集约节约利用，新增建设用地指标102.6公顷。

狠抓经济转型升级，发展质量持续向好。加快推进工业强区建设，深入实施“四换三名”工程，积极推进“智慧镇海”和质量强区建设，实施工业企业绩效评价管理，抓好技术改造、节能改造项目和企业清洁生产，关闭高耗能、高污染企业，工业经济企稳回升。促进城市经济做大做强，以宁波市大学科技园为核心，以城市组团为重点，大力引进文化创意等城市经济业态，全年引进文创项目290个，其中，注册资金500万以上项目116个，2部原创动画片获得市“五个一工程”奖，同时加快商贸商务服务业、金融服务业、旅游业、建筑业、房地产业等发展。强化科技支撑引领作用，实施创新指标五年倍增行动计划。积极推进清华校友创业创新基地、西电宁波研究院和宁波西电产业园、国际应用能源技术创新研究院等五大科技创新平台建设，通过创新平台引进项目65个，引进各级各类千人计划人才25名，引进风投资金1亿元，获得国家“863”计划项目1个。全力扶持实体经济健康发展，设立了3000万元的企业金融风险帮扶专项资金和5000万元的临时应急周转资金，积极发挥转贷互助基金作用，积极帮助企业解决融资难问题。积极发展生态都市农业，完成农业产业化项目28个，九龙湖蔬果产业示范区和骆驼花木精品园通过省级现代农业园区验收。

狠抓文化提升发展，文化强区扎实推进。制订并实施“厚德镇海”建设三年行动计划，完善“道德讲堂”建设，积极营造“积小德为大德、积小善为大善”社会风尚。围绕党的十八届三中、四中全会精神，党的群众路线等重大主题，利用好“镇海论坛”报告会等载体，组织开展党的基本理论和路线方针政策宣讲教育活动。扎实推进农村文化礼堂建设，基本建成11个文化礼堂。完善文明创建全域化、常态化工作机制，健全志愿服务活动工作机制。全面启动省公共文化服务体系综合性示范项目创建，落实文化建设“三个百分百工程”。扶持本土题材文艺精品创作，6部作品获得市“五个一工程”奖，1部作品获得省“五个一工程”奖，1部作品获得中国广播剧研究会专家奖金奖。凝聚舆论引导正能量，提升正面宣传舆论引导水平，加强网络宣传工作。

狠抓民生保障改善，生活品质不断提高。进一步健全就业创业机制，城镇“零就业”家庭动态消除，城镇登记失业率1.93%。推进社保体系建设，促进新农合与城镇居民医疗保险、城镇职工医疗保险的有序整合，积极稳妥推进被征地人员养老保障与职工基本养老保险制度衔接。加快住房保障项目建设，建筑面积259万平方米，共计2万套，投入资金115亿元。推进公办养老机构“改、扩、提、建”工程，同时推进四季永逸颐养院等民办养老机构建设。深化更高水平的教育现代化和更高质量的基础教育名区建设，加快推进学校项目建设和布局调整，义务段教育质量被教育部认定为全省领先水平，德国德累斯顿工业大学在我省建立的首家高技能人才培训中心“中德镇海职业培训中心”落户镇海职教中心。着眼于提高医疗服务水平，龙赛医院提升改造工程开工建设，人民医院二期工程投入使用，完成智慧健康保障工程二期，推进公共服务均等化，初步实现“城市10分钟、农村15分钟”医疗服务圈。残疾人、慈善、人口计生、党史、红十字会、老龄、关心下一代、档案、工会、共青团、妇联等工作取得新成效。深入推进“平安镇海”建设，深化社会管理创新工作，建立健全区、镇（街道）、村（社区）三级社会管理体系，深化“网格化管理、组团式服务”模式，构建“大综管”体系；完善立体化社会治安动态防控体系，切实整治治安复杂区域和突出问题，维护良好治安秩序；完善社会矛盾纠纷大调解体系，深化重大项目决策社会风险评估工作，信访形势总体继续向好，社会稳定巩固发展；全面深化危险化学品、油气管线、道路运输等领域隐患排查和治理，各类安全生产事故数、死亡人数、直接经济损失均有下降。

深入推进法治镇海建设，民主政治建设进一步加强。坚持和完善人民代表大会制度，全力支持人大及其常委会依法履行职能，坚持和完善中国共产党领导的多党合作和政治协商制度，充分发挥人民政协协调关系、汇聚力量、建言献策、服务大局的独特作用。一年来，人大及其常委会在贯彻落实区委决策部署上取得新成效，在保障和改善民生上展现新作为，在创新工作方式方法上采取新举措，在支持和促进代表履职上开辟新途径，在加强人大自身建设上树立新形象；政协围绕“六大战略”主动“谋事”、紧扣民生改善尽力“干事”、注重工作创新积极“成事”、推进政协工作科学化合力“共事”，总之，人大、政协为推动我区经济社会发展做出了大量卓有成效的工作。加强统一战线工作，工商联、民族宗教、侨务、对台等工作取得新进展；深化国防教育和双拥共建工作；支持法院、检察院依法独立公正行使审判权、检察权，广泛开展法治建设宣传教育。

（二）高标准高质量完成党的群众路线教育实践活动，取得了干部受教育、问题得解决、作风大改变的明显成效。区委常委会聚焦党员干部“四风”问题和群众反映强烈的突出问题，在“深、准、严、实”上狠下功夫，以学习教育、听取意见为基础，以查摆问题、开展批评为关键，以整改落实、建章立制为根本，一个节点一个节点扎实推进，一个问题一个问题跟进解决，既把中央和省市委的“规定动作”做到位，又结合实际把“自选动作”抓扎实，达到了预期目标。

坚持学习教育放首位，加强理想信念教育。认真学习习近平总书记系列重要讲话精神和焦裕禄精神，深入开展“三问三观”学习研讨、“坚定理想信念、敢于担当克难”主题教育活动，并通过“三级书记上党课”“领导干部上讲台”“书记讲给书记听”等形式，使党员干部切实领会群众路线实质内涵。

聚焦“四风”问题，有效治理党员干部作风顽疾。区委常委会公开承诺“六带头”，并在切实改进文风会风、严格“三公”管理、坚决杜绝高消费活动、领衔开展破难攻坚等四个方面先行先改。从严执行中央“八项规定”精神落实，严格落实省委“28条办法”和市正风肃纪有关规定，结合“21项专项整治”内容和“八项专项整治”要求，明确整改任务书、路线图和时间表，扎实推进整改落实工作。

全面贯彻整风精神，大力弘扬批评和自我批评的优良传统。区委常委会带头拿起批评和自我批评有力武器，利用3个半天时间，召开了高质量的民主生活会。

全区各级党组织严格落实“八个不开”要求，精心组织民主生活会和专题组织生活会，大家敞开心扉剖思想，打开天窗说亮话，真正做到了有“辣味”不变味，“红脸”不“翻脸”，收到了出汗排毒、治病救人、加油鼓劲的效果。全区基层党组织普遍开展了“党性体检、民主评议”工作，深入查摆问题，深挖问题根源，自我剖析触及了痛处。

回应群众期盼，有效解决一批群众反映强烈的急事难事。利用“连心解忧、效能亮剑、厚德镇海”和“生态环境整治”“3+1”活动载体，精心组织、传导压力、夯实责任、持续发力，回应了干部群众的关切和期待，解决了一批群众反映强烈的问题。在媒体上公示的91个难题项目，已成功破解51个。开展“问政问效直通车”活动，将问政问效对话现场搬到村、社区、企业，已开播11期，督促解决基层和群众反映问题62个。

注重建制度立规矩，积极构建作风建设长效机制。按照“源头治理、标本兼治”、既“治病”又“防病”的思路，紧盯“四风”问题易发高发的重点领域，出台了一批务实管用的制度，如重大决策社会稳定风险评估、领导干部上讲台、行政审批制度改革、村级集体经济改革等制度，规范了权力运行，管控了干部行为，堵截了“四风”漏洞，成为党员干部联系群众、改进作风的必要行为准则和刚性约束。

（三）坚持以项目投资支撑“六大战略”实施，扎实推进重点区块、重点项目和民生工程建设，固定资产投资保持了较快的增长态势。区委常委会认为，要深入实施“六大战略”，必须以项目建设为支撑；推动发展走在前列，必须以项目建设为抓手；提高群众生活品质，必须以项目建设为重点。我们进一步增强抓项目促投资的责任感和紧迫感，凝心聚力抓项目，全力以赴抓投入，不管困难有多大、压力有多重，我们抓项目投资的决心没有改变，抓项目投资的劲头没有减弱，抓项目投资的力度没有放松。

继续加大招商引资力度。积极依托城区组团、大学科技园、石化开发区、物流枢纽港和各功能区块，通过以地招商、以楼招商、以产业链招商等多种途径，持续引进一批大项目好项目，合同利用外资、实际利用外资、引进市外内资、“浙商回归”等指标均超额完成年度目标。

促进项目早落地早建设早竣工。推进产业项目建设，动力中心一期、SK乙丙橡胶、道达尔聚苯乙烯等项目完工或基本完工，中国电信云计算宁波分中心一期项目、中金芳烃项目等项目开工建设。推进民生项目建设，年初确定的生态环境整治工程、农村生活污水集污和生态化处理工程、防洪排涝工程、煤尘综合治理工程、招宝山城区提升改造工程等八件实事工程均按要求建设。推进城乡基础设施建设，北外环快速路、轨道2号线一期等重点项目加快建设，货运铁路北环线、镇海大道三期建成，区危化品综合服务中心主体工程已建成投用，220千伏长石变和110千伏海塘变投入运行，220千伏沿海变等项目加快推进，同时供水、供气等管网进一步完善。

以项目手段推进重点工作。全面深化改革，坚持问题导向，以具体改革项目为抓手，研究部署全面深化改革工作，建立组织领导和督查落实体系，实施改革项目化管理，重点推进68项改革任务以及

23项重点突破项目，出台了一批改革方案和制度，突破一批改革项目，取得了阶段性成效。全面推进“五水共治”，出台《关于全面深化水环境综合治理全力建设宜业宜居美丽新镇海的决定》，明确了“洁、清、净”三步走的目标任务；制订实施“金属表面酸洗行业（紧固件）整治提升三年行动计划”，深入推进化工、印染、造纸、制革四大行业整治提升工作；制定实施“水环境整治三年行动计划”，目前已完成12项，在建32项，累计投资7.2亿元，完成10条市里挂牌“清三河”任务，开展34条水环境较差的河道标准化整治，加快推进宁波北区污水处理厂二期扩建、镇海污水处理厂二期扩建等污水设施建设。

强化项目保障和服务。不断强化要素保障，抓好“三改一拆”工作，积极推进“无违建县（市）区”创建工作，“三改”面积、拆违面积、征地面积均超额完成年度任务。围绕公共服务型政府建设要求，增强服务水平，合力推进重大项目建设。

（四）严格落实从严治党主体责任，重视加强党的建设，党建科学化水平不断提升。区委常委会强化从严治党的主业意识，落实主体责任，把抓好党建作为最大政绩，把党建工作和中心工作一起谋划、一起部署、一起考核，一级抓好一级，层层抓落实，更好地把党建优势转化为发展优势，把组织活力转化为发展活力，为“六大战略”提供坚强有力的政治保证。

加强干部队伍建设。配优配强领导班子，树立重德、重绩、重基层的用人导向，重视各单位各部门“一把手”配备，为重大项目、重点工程、攻坚岗位选好人才、配强干部。加强后备干部队伍建设，形成23名区管正职和142名区管副职后备干部，并选派优秀干部到重点工作岗位进行挂职锻炼。建立领导班子和领导干部综合研判机制，对67个区管领导班子和521名区管领导干部开展届中考核，考准考实干部。抓好干部教育培训，分5批次对区管干部进行党的十八届三中全会精神和习近平总书记系列重要讲话精神集中轮训，严格网络学院学分管理和通报制度。落实从严管理干部要求，完善“一把手”全程链式监督机制，完善区管领导干部个人有关事项报告制度，扎实推进领导干部企业兼职（任职）、社团兼职和超职数配备领导干部等问题的规范清理工作，开展领导干部选人用人审计和经济责任审计，加强出国（境）人员审核，建立干部分层分级谈心谈话制度，加强干部日常教育管理。

强化基层党组织建设。选优用好基层干部，开展村（社区）换届“回头看”，及时调整了5名村（社区）书记。健全村干部考核激励制度，试点村干部“民意体检”，用群众满意度检验村干部实绩；在社区试点社工“星级管理”，激发社工队伍整体活力。加强基层后备干部选育，公开推荐选拔137名村级后备干部。做好“五好”服务型镇（街道）创建，完善评价指标体系，完成5个软弱涣散基层党组织集中整改工作。开展村（社区）“五多”问题清理，落实基层党建“保障六条”，优化三级便民服务网络，打造“微民生大服务”社区工作平台。加强党员队伍教育管理，实施党员先锋指数考评管理。开展两新党组织“双带双促”、区域化党建“五微”开放式组织生活、“千企联千村、党建助治水”等活动，涌现一批富有特点的青春党建品牌。

抓好人才队伍建设。健全政策体系，

健全创业项目考评机制。推进高层次人才集聚平台建设，做精“镇海人才金港”工作品牌，建成省级留学生创业园，区大学生创业园成为全市首个国家级创业孵化示范基地。加大人才项目培育力度，引进29个创业项目，集聚“国千”人才7名、“省千”人才14名、市“3315计划”人才10名、团队项目4个。落实领导联系重点人才制度，健全“妈妈式”人才服务体系，推进高层次人才服务联盟建设。

切实加强反腐倡廉建设。落实党风廉政建设责任制，制订实施《建立健全惩治和预防腐败体系2013—2017年实施意见》。落实党风廉政建设党委主体责任，推动纪检监察机关“转职能、转方式、转作风”，以“一案双查”来督促“一岗双责”落实。坚持“零容忍”原则，严肃查办党员领导干部违纪违法案件，受理群众信访举报97件次，查处违法违纪案件30件，处分党员干部28人，移送司法机关2人。深化反腐倡廉宣传教育，加强党性党风党纪教育，深入推进廉政文化建设，扎实推进省级廉政文化教育基地提升工程，建成首条九龙湖“威远清风”登山健身步道，稳步推进庄市“清和园”廉政文化景观建设。完善干部廉情信息系统，加强廉情预警平台建设，开展领导干部廉洁自律工作。加强项目监管平台建设，完善重大事项民主决策机制。推进“阳光工程”建设，完善基层民主监督工作机制。

今年以来，区委常委会高度重视自身建设，带头学习贯彻党的十八大、十八届三中全会、四中全会和习近平总书记系列重要讲话精神，坚决贯彻执行中央和省、市委重大决策部署，带头执行中央“八项规定”、省委的“六个严禁”和市委的“八条实施意见”，带头参加党的群众路线教育实践活动。加强理论武装工作，区委理论中心组先后组织了12次集体学习，把理论学习与区委重大问题研究结合起来，不断提高学习的针对性和实效性。树立“功成不必在我”的政绩理念，坚持一张蓝图绘到底、一心一意谋发展、一以贯之抓落实。坚持区委常委联系基层、重点企业、重大项目、高层次人才和专家、督办重点信访案件以及下访接待等制度，实打实地做好服务基层、服务群众、服务企业工作。带头落实党风廉政建设责任制，加强对各级领导干部廉洁自律的教育引导。区委常委会班子成员严格执行民主集中制，团结协作、相互支持，注重凝聚各方面的智慧和力量，努力营造全区上下同心促发展、合力干事业的良好氛围。

在总结工作的时候，我们也清醒地看到，经济社会发展中还存在许多亟待解决的问题，如实体经济依然困难，保持经济平稳发展面临很大压力，经济转型升级的任务还十分艰巨；生态环境整治成效与群众的期望还有一定的差距，生态建设的任务仍然十分艰巨；基本公共服务体系还存在一些薄弱环节，保障和改善民生任务还很重；社会管理仍存在薄弱环节，影响社会稳定的各类矛盾纠纷隐患仍然较多，维护社会和谐稳定压力不小；城乡基础设施建设需进一步完善，城市管理需进一步加强；“四风”问题树倒根存，党员干部的治理能力和作风建设仍需进一步加强等等。对此，我们必须予以高度重视，在今后的工作中切实加以解决和提升。希望同志们对区委常委会今年以来的工作提出意见和建议，帮助我们把工作做得更好。

二、关于全面推进法治镇海建设需要把握的几个问题

党的十八届四中全会对全面推进依法治国做出了重大部署，通过的《决定》，进一步丰富了我们党依法治国、依法执政的理论和实践，充分体现了我们党对治国理政规律的把握达到了新的高度，在推进国家治理体系和治理能力现代化上迈出了新的步伐，为我们深化法治建设乃至整个社会主义政治文明建设明确了方向，提供了遵循。省委全会做出的“关于全面深化法治浙江建设的决定”，为我区全面推进“法治镇海”建设指明了方向。我们必须以全面贯彻党的十八届四中全会为主线，以深入实施“六大战略”为要求，以重大问题为导向，科学谋划“法治镇海”建设措施，强化针对性、操作性、实效性，做到能操作、可落地。提交这次全会讨论的区委《决定》稿，把中央和省委明确部署的法治建设充分体现到当中，重点做好深化细化具体化。

在框架结构上，全会决定稿按条条谋篇布局，共分七部分32条。可分为三大板块：第一部分构成第一板块，是总论，主要阐述全面推进“法治镇海”建设的指导思想、总体目标和基本原则；第二、第三、第四、第五、第六部分构成第二板块，是分论，主要从依法执政、法治政府、公正司法、全民守法、法治监督等领域，具体部署我区“法治镇海”建设的主要任务和重大举措；第七部分构成第三板块，主要讲“法治镇海”的保障措施。

这次全会上，请大家对《决定》稿进行认真讨论，提出意见建议，使之更加完善。这里，我着重强调三点。

（一）要充分认识全面推进“法治镇海”建设的重大意义

全面推进依法治国是关系我们党执政兴国、关系人民幸福安康、关系党和国家长治久安的重大战略问题，是完善和发展中国特色社会主义制度、推进国家治理体系和治理能力现代化的重要方面。对于我区来说，可以从四个方面理解：

一是全面推进“法治镇海”建设是贯彻落实中央和省委决策部署的必然要求。党的十八届四中全会提出了对全面推进依法治国做出了顶层设计和总体部署，明确了总目标、总抓手、任务书、路线图，提出了许多新思想、新观点、新举措。省委提出了具体贯彻意见。各级各部门要把思想和行动统一到中央和省委的决策部署上来，增强法治自觉，提高法治能力，解决实际问题，推动工作实践。

二是全面推进“法治镇海”建设是深入实施“六大战略”的内在需要。当前和今后一个时期，我区最重要的任务是实施“六大战略”，实现发展走在前列目标。“法治镇海”建设既是“六大战略”的重要内容，也是“六大战略”的重要保障。我们要把法治作为深入推进“六大战略”的基本方式，作为推动经济社会发展走在前列的基础性、全局性工作，通过加快建设法治镇海，打造创业者乐园，保障和推动“六大战略”实施，提升全区发展的软实力和长远竞争力。

三是全面推进“法治镇海”建设是满足人民群众新期盼的重要途径。民生问题事关人民的生存发展、国家政权的稳固以及社会秩序的稳定有序。可以说民生问题也是一个法治问题，法治是民生的根本保障。没有法治的保驾护航，民生问题

便难以彻底解决，保障和改善民生也只能是一句空话。我们要在推进"法治镇海"建设中，加快保障和改善民生、依法加强和规范公共服务，更好地维护群众的就业、社会保障、文化、教育、医疗卫生等基本权利，更好地解决生态保护、安全生产、食品药品安全、征地拆迁等群众切身利益问题，让发展成果更多更公平惠及全体人民。

四是全面推进"法治镇海"建设是维护社会和谐稳定的根本保证。妥善处理社会变革中出现的各种矛盾和问题，加强和创新社会管理，维护社会稳定，关键要靠法治。法治是以理性平和方式解决社会矛盾纠纷的最佳途径，是社会治理的最佳模式，是社会管理创新的基本方向。我们要牢固树立法治导向理念，用法治眼光审视社会问题，用法治手段解决社会矛盾，更加积极地维护社会公平正义，促进社会和谐稳定。

（二）牢牢把握全面推进"法治镇海"建设的基本内涵

一是以法律为行事规范原则。弘扬宪法精神，确保法律在调控社会生活方面发挥基础和主导作用，推动形成办事依法、遇事找法、解决问题用法、化解矛盾靠法的良好氛围。

二是以公平正义为核心价值追求。把每一起案件的办理、每一件事情的处理都当作维护公平正义的具体实践，坚持严格执法、公正司法，自觉抵御权力、人情、利益等各种因素的影响和干扰，让人民群众在每一个执法司法案件中都能感受到公平正义。

三是以保障公民合法权益为根本任务。坚持严格规范执法与维护群众权益相统一，把法律实施的过程变成维护群众合法权益的过程，让人民群众生活得更加幸福、更有尊严。

四是以制约权力为关键环节。坚持依法制权、职权法定，严守权力行使的界限、责任、程序，健全决策权、执行权、监督权既相互制约又相互协调的运行机制，保证人民赋予的权力始终用来为人民谋利益。

五是以党的领导为根本保证。坚持党的领导、人民当家做主和依法治区的有机统一，把党的领导贯彻到"法治镇海"建设的全过程和各方面，保证中央和省市委方针政策和决策部署落到实处，切实做到以法治理念、法治思维、法治体系、法治方式有效治理镇海。

（三）突出抓好全面推进"法治镇海"建设的几个重点领域

一是坚持依法执政，带头尊法守法。要坚持依法治国基本方略和依法执政基本方式不动摇，严格在法律范围内活动，带头维护法律权威，切实以法治的理念、法治的体制、法治的程序保证党领导人民有效治理各个领域。坚持科学民主依法决策，严格执行重大决策公众参与、专家论证、风险评估、合法性审查、集体讨论决定等程序规定。领导干部要牢固树立法治信仰，坚持法律至上，善于运用法治思维思考问题，善于运用法治方式解决问题，切实在法治轨道上推动改革发展、维护社会稳定；正确处理"法"与"权"的关系，确立法律红线不能触碰、法律底线不能逾越的观念，时时以法律来规范自己，事事以法律来约束自己，经得起情与法、钱与法、权与法的考验。

二是坚持依法行政，建设法治政府。

要处理好政府与市场的关系，加快转变政府职能，规范行政权力运行，严格根据法定权限行使权力、履行职责，真正使市场在资源配置中起决定性作用和更好发挥政府作用。要把深化行政审批制度改革作为推进依法行政的重要抓手，全面推行“三张清单一张网”，努力打造“审批事项少、办事效率高、投资环境优”的创业者乐园。要深化行政执法体制改革，着力规范行政执法行为，细化量化执法裁量权，全面落实行政执法责任制，推进综合执法，健全联动机制，真正做到有法必依、执法必严、违法必究，切实维护公共利益、人民权益和经济社会秩序。

三是坚持公正司法，确立司法公信。把司法公正作为检验法治镇海建设成效的重要标准，不断提高司法公信力。积极稳妥推进司法改革，努力解决影响司法公正、制约司法能力的深层次问题。把司法公开作为促进公正司法的关键举措，大力推进阳光司法，以公开促公正、以公正树公信。加强司法队伍建设，大力提升公正司法能力，加强职业道德教育，强化纪律观念，狠抓日常管理，严查违法违纪行为，切实把公平正义鲜明地写在司法队伍的旗帜上。

四是坚持全民守法，建设法治社会。把法制宣传教育作为法治镇海建设的一项基础性、先导性工程，放到更加突出的位置，广泛传播法律知识，大力弘扬法治精神，积极发展法治文化，引导全社会坚定“法之必行”的信心。进一步加强法治文化建设，完善法治文化活动阵地和设施建设，更加注重发挥法治微博、普法网站等新兴媒体的作用，积极鼓励群众开展丰富多彩的法治文化活动，让法治精神“飞入寻常百姓家”，使广大干部群众自觉养成尊重法律、崇尚法治的思维方式和行为习惯。要加强互联网管控，营造健康文明的网络空间。加强基层服务型党组织建设，完善城市社区网格化管理，提高基层组织依法管理社会事务的能力。

政府工作报告

——在镇海区第十四届人民代表大会第四次会议上

（2015年1月28日）

宁波市镇海区人民政府区长　魏祖民

各位代表：

现在，我代表镇海区人民政府向大会报告工作，请予审议，并请各位政协委员和其他列席会议人员提出意见。

2014年政府工作回顾

2014年是全面深化改革的开局之年，也是我区受宏观环境影响呈现新常态的一年。一年来，我们在市委、市政府和区委的正确领导下，在区人大依法监督、区政协民主监督下，紧紧依靠全区人民，按照“稳中求进、进中求好，积极有为、走在前列”的总体要求，深入实施“六大战略”，加快建设“六个示范区”，较好地完成了区十四届人大三次会议确定的目标任务。实现区属生产总值增长8.1%；财政总收入增长8%；社会消费品零售总额增长14.1%；固定资产投资增长17.6%；城镇居民人均可支配收入增长9.2%，农村居民人均可支配收入增长11.1%。

（一）环境整治措施有力，生态文明建设成效显现

全年投入生态建设与环境整治资金28.3亿元，创建成为全市首个国家生态文明建设示范区。石化区和后海塘区域生态环境整治、镇海污水处理厂二期工程等与生态环境密切相关的实事工程全部完成。“五水共治”三年行动计划全面启动。建立三级“河长制”，全年安排资金13.6亿元，建成治水项目43个，九龙湖镇获评省治水美镇50强。完成污水管网建设26公里、疏通改造74公里，完成生态河道修复19.8公里，清淤53公里，关停养殖场80户，农村生活污水处理率达到82.7%。镇海东排南线、姚江东排镇海段三期工程加快推进，在全市率先建成重点应急排涝工程新泓口泵站，完成九龙湖低洼地围堰工程。关停50家重污染企业，完成30家化工企业整治提升，启动酸洗行业整治三年行动，九龙湖集中酸洗中心一期建成投用。清洁空气行动强势推进。在全国率先实时公布大气特殊污染因子浓度，全年空气质量优良率80.2%，PM2.5年平均值同比削减18.5%。煤尘综合整治成效明显，降尘量较整治前下降80.8%。废气整治有序推进，对11家重点企业开展有机废气整治，淘汰燃煤燃油锅炉11台、黄标车2998辆。森林镇海建设持续推进。宁波市花卉园林示范区等项目加快建设，全区新增绿化面积83.3公顷，城区绿地率达到43.4%。节能减排力度加大。全社会单位GDP能耗完成年度削减任务，实现节能量10.1万吨标煤，完成5个重点减排项目和94个节能改造项目建设，对580多家企业开展节能考核。新一轮排污许可、排污权有偿使用和交易持续开展，排污总量控制改革列入省首批创新示范点，34家重点企业在全市率先实行“刷卡排污”。环境执法力度进一步加大，对重点区域实施24小时监控。严把项目准入关，全年否决不符合生态环保要求项目81个。

（二）海洋经济稳健发展，临港产业集群做优做强

石化区发展规划进一步完善，石化产业循环化、集约化、高端化水平进一步提升，成功入选国家循环化改造示范试点园区，22个循环经济项目争取到国家补助资金3亿元，道达尔石化年产20万吨聚苯乙烯等项目进入试生产，中金石化项目调整审批工作通过环评审批。物流枢纽港“三位一体”港航物流体系建设加快推进，区域空间布局规划进一步完善，城市物流功能区加快建设。大宗生产资料交易平台总交易额达到299.6亿元，汇金大通、新贸通等大宗商品电子交易平台完成网上交易额75亿元。金属园区整治提升平稳有序，“关停并转”生产型企业15家。临港型装备制造业提升发展，装备制造产业协作联盟作用进一步凸显，实现联盟内采购额2亿元，阿里巴巴·镇海装备制造产业带入驻企业140家，流量排名进入全国产业带专业市场前三。

（三）转型升级加快实施，区域经济平稳健康发展

创新驱动有效强化。区域自主创新能力进一步增强，研发经费支出占区属GDP比重2.85%，高新技术产业产值占区属规上工业总产值46.6%，新产品产值率21.4%，授权专利2900件，其中发明专利260件，同比增长30%。五大创新平台有序推进，引进项目65个。“两化融合”深入实施，15个“国家智慧城市”创建试点项目加快推进。工业强区加快建设。实现区属工业总产值1121.1亿元，同比增长8.1%；区属工业投资99.6亿元。“四换三名”工程深入推进，质量强区建设步伐加快，开展工业企业绩效评价，实施“机器换人”项目107个，新增省、市名牌8个。城市经济加速发展。城市综合体、专业市场建设加快推进，完成大学科技园二期建设，实现服务业增加值163.5亿元，同比增长5%；亿元以上商品交易市场成交额805亿元，同比增长18.9%。旅游直接收入同比增长17%，宁波帮博物馆创建为国家4A级景区。房地产业、汽车销售业分别实现销售额47.2亿元、37亿元。建筑业实现产值315.6亿元，同比增长18.4%。现代都市农业转型发展。“一带三区五基地”加快建设，完成农业产业化项目26个，九龙湖蔬果产业示范区、骆驼花木精品园通过省级现代农业园区验收，获评“全国平安农机示范区”、省农村集体“三资”管理规范化区。开放型经济稳步发展。实现合同利用外资4.03亿美元，实际利用外资3.09亿美元，分别同比增长20.7%和10.3%；引进市外内资91.3亿元，浙商回归引进省外资金43.4亿元，分别同比增长27.7%和57.3%；实现进出口总额63.6亿美元，其中出口33亿美元；对外合作营业额、对外核准投资额、服务外包执行总额分别同比增长26.1%、28.7%、28.6%。与龙游等地的山海协作、与普安等地的对口帮扶有序开展。

（四）全域城市化统筹建设，城乡发展面貌加快改善

招宝山、蛟川城市组团改造提升深入推进。招宝山街道完成7条背街小巷和82幢房屋提升改造，新设行政服务分中心，蛟川北区新农村建设全面启动，青龙桥地块加快建设。以骆驼、庄市为主体的城市中心功能布局进一步完善。行政中心、市民服务中心、文化艺术中心等建成投用，镇海大道商务楼群初步建成，329国道与汶骆路交叉区域有序改造，瑞丰国际商博城等项目顺利推进，绿轴体育公园一期初具雏形。九龙湖、澥浦城镇组团建设加快。双双入选国家级重点镇，九龙湖景区获评省级旅游度假区，登山健身步道荣列省运动休闲旅游优秀项目，澥浦十七房开元主题酒店一期投入运营。幸福美丽新家园建设加快推进。"1519"区域村庄布局规划进一步完善，完成农房改建面积55.4万平方米，完成23个村集体经济股份制改革，"九龙问茶"、"商帮寻根"精品线加快建设。基础设施建设日趋完善。货运铁路北环线、北外环快速路改造工程、轨道二号线一期二期等重点项目建设继续推进，镇海大道全线贯通，镇骆路、庄俞公路改造工程全面完成，招宝山大桥接线工程开工建设。220千伏长石变、110千伏海塘变建成投用，天然气管网加快铺设，九龙湖、贵驷片完成大网供水改造，泥螺山北侧围垦一期工程建设基本完成。城市管理全域化、精细化水平加快提升，城市管理功能加快下放，生活垃圾分类试点有序推进，"道路清爽行动"成效显著。"三改一拆"、"四边三化"、"双清"等专项行动扎实推进，启动"无违建"创建，全年累计完成"三改"222.1万平方米，拆违90.3万平方米。征地拆迁有序推进，完成"清零"项目33个，征地181.7公顷，拆迁63.6万平方米。

（五）社会事业全面进步，民生保障水平逐步提高

坚持民生导向，全年投入民生资金31.1亿元，占全区公共财政预算支出70.9%，基本完成八项民生实事工程。持续保持高就业水平。全年新增就业岗位13935个，开发和保持公益性岗位1046个，动态消除城镇"零就业"家庭，城镇登记失业率降至1.86%。深化创业扶持，大学生创业园荣列全国大学生创业孵化示范基地。社会保障体系进一步完善。新农合与城镇居民医疗保险、城镇职工医疗保险有序整合，户籍人口养老保险参保率、城镇居民基本医疗保险参保率分别达到95.9%和99%；新农合参合率达到98.5%，人均筹资标准全市最高。高龄老人生活津贴执行标准保持省、市领先水平，获"全国敬老模范先进单位"称号。在全市率先试点社会救助"一门受理"机制，分类分层救助模式加快完善。"9055"工程持续推进，四季永逸颐养院启动建设，城乡居家养老服务中心基本实现全覆盖。残疾人保障和服务体系加快完善，新建残疾人康复服务指导中心。高标准落实"菜篮子"放心工程与粮食保障，西门菜场改造提升基本完成。住房保障进一步加强，安置房建设供需总量基本平衡，东邑阳光保障房项目交付投用，危旧房屋监管水平有效提升。出行保障水平加快提升，投放公共自行车600辆，新增社会停车位6563个。社会事业进一步发展。实施孝德礼仪教育三年行动，义务段教育质量继续保持省市领先水平，镇海中学、龙赛中学分别荣列省一级、二级特色示范高中，普通高中一本上线率列全市第一，职教中心获评省一级重点职高。新增校舍面积4万余平方米，建成投用艺术实验小学等项目，开工建设庄市小学、职教中心综合楼。群众性体育活动蓬勃开展，通过省体育强区验收。医疗一体化改革试点初见成效，公立医院综合改革稳步推进。人民医院二期建成投用，龙赛医院改造提升加快推进。社区卫生服务体系进一步完善，医疗信息公共服务平台实现与大市通用共享。出生人口性别比治理成效明显，红十字工作荣膺省首批示范区。食品、药品安全监管进一步加强，实现食品安全责任网络全覆盖。“平安镇海”建设深入推进，平安创建“百日系列活动”有序开展，信访调处能力增强，庄市街道网格管理、组团服务试点成效明显，招宝山街道大走访活动取得良好效果。基层自治水平进一步提升，成立社会组织公益服务中心，进一步规范村、社区工作，完成第十届村委会换届选举。流动人力资源提质提效三年行动计划启动，开展流动人员综合积分申评试点。普法宣传持续推进，多种形式的法律援助有效开展，矛盾纠纷调解成功率达到98%。社会治安动态防控体系进一步完善，刑事案件发案同比下降4.2%。安全生产扎实推进，第三方监管模式逐步成熟，完成97%的油气管线隐患整改，油气危化管线电子数据库基本建成，危化品运输车辆综合服务中心投用，各类安全生产事故数、死亡人数、直接经济损失分别同比下降9.6%、22.7%、64.9%。

（六）文化建设深入开展，发展软实力日益提升

培育和践行社会主义核心价值观，制定并实施深化“厚德镇海”建设三年行动计划。文明城市常态化创建机制进一步完善，文明创建水平均衡提升。志愿者服务组织加快培育，全年开展志愿者服务18万人次。新旧媒体加快融合发展，全区“停模转数”基本完成。省公共文化服务体系综合性示范项目有力推进，文化建设“三个百分百工程”全面完成，首届市民文化节成功举办，开展各类文化活动470余场次，“雄镇大舞台”专业剧场送戏360场次，建成10家24小时自助图书馆、11家农村文化礼堂、2家省级乡村记忆示范基地，省级档案规范化登记备份中心通过认定。文艺精品创作成效显著，《包玉刚》获中国广播剧研究会专家奖金奖，广播连续剧《热血丹枫》获省“五个一工程”奖。人才强区战略深入推进，每万人人才拥有量居全市前列。文化创意产业集聚优势初显，文创产业联盟作用有效发挥，成功举办2014甬港文创产业合作对接会，全年新引进文化创意项目293个，总数达705家，合计注册资金25.7亿元。

（七）政府建设扎实推进，服务保障能力持续优化

党的群众路线教育实践活动深入开展，“四风”问题得到有效整改，法治政府和服务型政府建设加快推进。制定出台重大事项向人大报告制度，认真接受区人大依法监督、区政协民主监督和社会监督，办理人大代表建议181件，代表满意与基本满意率达100%；办理政协提案224件、建议案2件，办理结果满意与基本满意率达100%。密切联系群众制度进一步健全，完善问政问效、镇海发布等平台，开展问政问效直通车活动，区长办公会议、政府常务会议邀请市民代表列席制度化，政府常务会议网络全程直播常态化。“效能亮剑”行动持续深化，实行效能案件“一案双查”制度，效能问责27人次。惩防体系建设深入推进，深化廉情预警机制建设，扎实推进省级廉政文化教育基地提升工程。农村小微权力进一步规范。“四单一网”建设全面启动，完成政府部门清权确权，创新推出工业投资项目全流程审批服务，审批提速水平居全省前列。依法行政进一步加强，阳光决策、信息公开等机制进一步完善，主动公开政府信息1.4万余条。财政管理体制改革深入推进，首次编制全口径财政预算，首次实现部门预决算公开，国库集中支付、单位公务卡改革覆盖面均达100%，“三公”经费支出同比下降21.7%。

面对纷繁复杂的经济形势，我们加强监测预警，扎实开展“双底线”考核，切实把要素保障作为施政能力建设的重要抓手，着力扶持实体经济发展。进一步加强金融服务，中小企业贷款余额473.3亿元，科技贷款3.3亿元；在全市首设3000万元企业金融风险帮扶专项资金，兑现1429万元；设立5000万元临时应急周转资金，累计转贷17.2亿元；全区6家转贷互助资金全年累计转贷44.9亿元，惠及企业419家。集约节约用地有效推进，新增建设用地指标102.6公顷。

一年来，我们按照区委决策部署，以“六大战略”为依托，坚持问题导向，实施改革项目化管理，积极稳妥推进难点热点问题改革，23项年度重点突破项目深入推进，科学发展体制机制进一步健全。

同时，民族宗教、侨务、外事、台湾事务、地方志、关心下一代和慈善等工作取得新实效，人民武装、“双拥”、优抚安置等工作全面加强。

各位代表，过去的一年，在严峻复杂的外部环境影响下，我们所取得的成绩来之不易。这是上级党委、政府和区委科学领导的结果，是全区广大干部群众奋力拼搏的结果，是各位代表和委员、各民主党派、工商联、各人民团体和社会各界人士大力支持的结果。在此，我代表区人民政府，向在镇海工作和生活的全体人民，向离退休老同志以及社会各界人士，向驻镇省部属企业员工，向驻镇部队指战员，向所有关心和支持镇海现代化建设的海内外朋友，致以崇高的敬意和衷心的感谢！

与此同时，我们也清醒地认识到，我们的工作离人民群众对我们的期待仍有差距，经济社会发展还存在不少困难和问题。受宏观经济形势等因素影响，进出口总额等指标没有完成去年初确定的预期目标，部分指标离顺利完成“十二五”规划要求仍有差距。深化改革的步伐还不够快；生态环境整治成效离群众的要求和愿望还有距离；加快转变经济发展方式的任务还十分艰巨；全域城市化推进还需进一步加强；社会治理仍存在薄弱环节。这些都需要我们高度重视，并在下步工作中切实加以克服和改进。

2015年工作部署

2015年是全面深化改革的关键之年，也是贯彻落实党的十八届四中全会精神的开局之年，还是“十二五”规划的收官之年，“十三五”规划的制定之年。展望2015年，国际市场竞争加剧，国内经济新常态显现，增长速度换挡期、结构调整阵痛期、前期刺激政策消化期“三期”叠加，各种矛盾和问题相互交织。同时，新常态下经济基本面出现积极变化，全面深化改革、国家实施“一带一路”战略等将带来新的发展机遇。面对新问题，适应新常态，我们既要保持“六大战略”一抓到底的恒心，更要加大深化改革的决心，坚定转型发展的信心，抢抓机遇，锐意进取，在新常态大势上谋发展，在新经济能级上谋发展。

2015年政府工作的指导思想是深入贯彻落实党的十八大和十八届三中、四中全会和中央经济工作会议精神，紧紧围绕省“八八战略”和“两富”、“两美”浙江建设，深入实施市“六个加快”战略、“双驱动四治理”决策部署和经济社会转型发展三年行动计划，主动适应经济发展新常态，加快融入“港口经济圈”，深入推进“六大战略”，坚持一张蓝图绘到底，一年接着一年干，统筹推进稳增长、促改革、调结构、惠民生等各项工作，促进经济平稳增长、结构不断优化、质量效益提升、民生持续改善，在新常态下推动经济社会发展走在前列。

对照“十二五”规划各项目标，综合考量发展趋势和工作导向，今年经济社会发展主要预期目标为：地区生产总值增长8%，固定资产投资增长12%，财政总收入增长8%，社会消费品零售总额增长13%，城镇居民人均可支配收入增长9%，农村居民人均可支配收入增长10%，节能减排完成上级下达的任务。

围绕上述目标要求，今年我们将重点做好以下几方面工作：

（一）强化生态建设不松劲，着力提升城乡发展宜居化水平

加快生态镇海建设。优化区域产业空间布局，开展环境功能区划调整，促进产业带与居民区“安全隔离、生态相融、功能互补”。加强环境执法，实行重大环境责任事故一票否决制，建立完善源头总量控制新机制，深入推进生态环境信息公开。持之以恒推进清洁空气行动，抑尘率达到90%。强化煤尘整治，完善长效管理机制，实现港区和煤炭交易市场防风网闭合。深化有机废气治理，强化企业无组织排放整治，加强汽车尾气治理，全面淘汰黄标车。防治工业点源污染，完成61家化工企业整治提升，开展新一轮化工企业整治。推进清洁土壤行动，开展区域土壤调查与分析，建立健全危险废物全程化管控机制，加快推进石化区一般固废填埋场、废酸综合处置中心等固废处理基础设施建设。深化森林镇海建设，加快推进宁波市花卉园林示范区一期建设，实施海天林带二期项目，开展森林美化彩化试点，完善林带管护机制，推进城市绿化、通道绿化以及河道景观绿化，广泛开展村庄绿化，创建2个省级“森林村庄”。

深化“五水共治”。强化源头治理、多元投入、公众参与、信息管理，持续推进“五水共治”三年行动计划。完善“河长制”，扎实推进清理黑河、臭河、垃圾河行动，加快34条水环境较差河道整治。推进工业园区及规上企业雨污分流，基本完成酸洗行业企业整治提升。加大农村生活污水治理力度，加强畜禽养殖污染整治，完成14个自然村截污改造。建成投用宁波北区污水处理厂二期、镇海污水处理厂二期，疏通改造管网75公里。加快推进镇海东排南线工程、澥浦大闸外移工程，基本完成姚江东排镇海段工程全线建设。建成"智慧水务"一期，实现重点区域、重点企业自动监控全覆盖。坚持治理与监管并重，建立健全管网、河道及城镇排水等管理体系。

加大节能减排力度。强化节能目标责任考核，严格执行项目能耗审查和准入制度，加快实施节能工程，开展合同能源管理，实施60个以上节能改造项目，开展20家以上企业清洁生产审核，力争年节能5万吨标煤。推进重点节能减排项目建设，开展有机废气总量调查，推进有机废气减排，加快禁燃区外燃煤燃油锅炉淘汰。加快动力中心建设，推进工业园区集中供热。

推进全域统筹发展。全力推进以骆驼、庄市为主体的城市中心建设，进一步完善公共服务配套和业态布局，提升行政、文化等服务功能，加快打造宁波中心城市北部商贸商务中心。推进329国道与汶骆路交叉区域开发，加快绿核建设。加强与新材料科技城规划对接，促进周边区域功能布局更加完善。加快招宝山、蛟川城市组团建设，结合轨道二号线二期建设推进张鉴碶旧村改造，加快市容提升、老小区改造提升，建成投用招宝山养老机构二期，稳步推进镇海电厂搬迁，加快蛟川北区新农村建设。推进九龙湖集镇中心、澥浦老集镇改造三期四期建设，提升国家级重点镇发展水平。推进幸福美丽新家园建设，全面深化"三村一线"创建，加快16个集中居住区、居住点项目建设。扎实开展"四边三化""双清"等专项行动，积极创建"秀美村庄"和"美丽庭院"。

提升城市建设管理水平。加强基础设施承载力，进一步优化城市管理。配合推进宁镇公路拓宽改建一期、轨道二号线二期及院士桥等重点项目，加快招宝山大桥连接线建设，推进雄镇路辅道工程建设。竣工投产220千伏沿海变、110千伏清泉变，推进招宝山及骆驼汽车加气站建设，适时启动泥螺山北侧二期围垦工程。扎实开展征地拆迁和项目"清零"，加快推进低效用地再开发。深入推进"三改一拆"行动，全面启动"无违建区"创建，完成"三改"50万平方米，拆违50万平方米。推进城市管理工作重心下移、管理权限下放，提升新开发区块管理水平。保持"道路清爽"工作全市领先水平，继续加强建筑垃圾、餐厨垃圾管理整治，有序推进垃圾分类管理。进一步破解"出行难"，加快治理交通拥堵，推进轨道交通与公交换乘系统建设。

（二）强化产业强区重转型，着力提升经济发展优质化水平

突出创新驱动。加强科技创新，积极创建省级创新型城区。强化企业技术创新主体地位，推进科技领航与培育"236工程"、高新企业"100工程"，进一步理顺五大创新平台发展管理机制，加快完善科技市场企业化运作机制。深入实施创新指标五年倍增计划，实现研发经费支出占区属GDP的2.88%，区属规上工业高新技术产业产值490亿元，发明专利授权量280件以上。推进"国家智慧城市"试点，加快中国电信云计算中心等项目建设。推进两化深度融合，开展智慧制造企业试点。深入实施人才强区战略，全年新增各类人才6000人以上。创新产业发展方式，实施文化创意产业提升三年行动，支持重点文创企业做大做强，促进文创产业与其他产业融合发展，引进文创企业250家以上，积极谋划文创产业博览会，办好第十届“镇海杯”国际创新设计大赛。推进文创、装备制造两个联盟联动发展，加强优势产业、新兴产业的协作，加快阿里巴巴·镇海装备制造产业带建设，新增产业带入驻企业50家以上。

提升产业平台。深入推进石化区循环化改造示范试点，加快推进中金石化项目建设，整治提升石化区澥浦南片、蛟川区块，促进产业结构高端化、产业布局优质化、产业发展生态化。做好炼化一体化等国家战略性生产力产业布局项目前期工作，推进计划确定的村庄搬迁与生态隔离带建设。加快物流枢纽港发展，依托大宗生产资料交易中心，做优电子商务、期货交割和三方融资，完成大宗商品总成交额1000亿元。启动城市物流孵化区、城市物流功能区一期建设，打造城市物流示范园区。加快建设城市经济示范区，推进大学科技园“一核两带”建设。提升以科创大厦、创E慧谷等为主体的文创产业核心区块发展水平，扩大文化创意产业聚集发展优势。深入开展镇海大道两侧商务楼宇招商，加快发展区域性总部经济、金融服务业和新兴服务业。高起点谋划产业布局，高质量整合资源，着力打造沿中官路创业创新产业带。提升发展镇海经济开发区等传统产业园区，支持园区企业就地改造，促进城市工业发展。

加快结构调整。推进工业强区、质量强区建设，实现区属工业总产值同比增长10%。全面实施“四换三名”工程，深入开展工业企业绩效评价，健全“提转并关”政策体系，推行“一企一单”体检，大力发展战略性新兴产业，改造提升传统优势产业，落实100个“机器换人”项目，打造2个电子商务园区，实施关键标准提升和品牌培育工程。大力培育企业梯队，全年新增高成长企业3家，初创期企业10家，创新成长型企业15家，建成九龙湖镇、澥浦镇小微企业集聚区。扶持建筑业发展，实现建筑业平稳增长。提升服务业发展，实现服务业增加值同比增长7%。加快商贸商务业发展，推进红星国际广场等重大商贸项目建设。强化旅游业与城乡建设融合发展，培育乡村休闲旅游特色品牌。支持房地产业稳定健康发展，提升房地产业发展质量。加快现代都市农业发展，推进“一带三区五基地”建设，优化耕地保护规划，实施20个农业产业化项目，提高粮食生产全程机械化水平，举办2015年浙江迎春花展。

促进内外开放。注重招商业态布局，推进产业链招商、高端服务业招商，加强与央企对接，积极推进大项目、大企业、大工程、大平台的引进与建设，全年实际利用外资2.7亿美元，引进市外内资70亿元、“浙商回归”资金20亿元。实施“科技兴贸”“品牌兴贸”战略，保持自营进出口总额稳定增长，其中出口同比增长8%。积极实施“走出去”战略，实现对外经济合作营业额、服务外包执行总额分别同比增长5%和15%。

服务实体经济发展。加大民营经济扶持力度，大力促进实体经济产业升级和结构优化。加强预警监测，实施困难企业分类帮扶，切实破解小微企业发展难题，提振企业发展信心。加大企业家队伍建设力度，推动企业管理创新和商业模式创新，引导建立现代企业制度，不断促进民营经济质量和诚信"双提升"。强化金融服务,加强政银企协作,拓宽企业融资渠道,提升金融服务质效,防范金融风险,打击逃废债行为,积极推进金融生态示范区创建。

(三)强化民生发展提品质,着力提升民生福祉普惠化水平

建设文化强区。培育践行社会主义核心价值观,深化"厚德镇海"建设,推进社会公德、职业道德、家庭美德、个人品德和未成年人思想道德建设。加快提升市民文明素养,扎实开展文明创建。充分发挥区志愿者服务中心作用,推进志愿服务规范化、常态化、品牌化发展。切实提升公共文化服务水平,完成省公共文化服务体系综合性示范项目创建,开馆运营图书馆、文化馆新馆,启动创建国家二级综合档案馆。加强群众文化建设,举办第二届市民文化节,开展各类文化活动500场次;加大文化遗产保护力度,推进"雄镇大舞台"专业剧场、农村电影放映等文化惠民工程。实施文艺精品创作项目化管理,推进文艺精品创作三年行动计划。强化广电网络整合,推动新兴媒体发展。加强镇海城市形象宣传推介,营造建设美丽新镇海的良好氛围。

优化民生保障。积极促进就业、扶持创业,强化高校毕业生就业服务,健全再就业长效机制,动态消除零就业家庭,加快推进创业型镇、街道创建。完善社会保障体系,继续扩大社会保障覆盖面,稳步推进各类社会保险制度对接,推进城乡医疗保险制度并轨,继续保持农村医疗保险全市领先水平。积极开展"救急难"试点,完善"一门受理、协同办理"社会救助模式。完善养老服务体系,建立区域性高龄健康档案,提升普惠型居家养老服务水平,加快公益性养老机构、关怀院、民办养老机构建设,深化完善"9055工程"。完善残疾人保障和服务体系,力争全区残疾人小康实现程度达到92%。强化"米袋子""菜篮子"保障,提升中心粮库智能化水平,继续推进菜市场改造提升。强化住房保障,推进保障性安居工程和货币安置工作,建成投用古塘丽景四期等保障房项目。继续深入开展"连心解忧"活动,全面完成招宝山城区提升、缓解农民住房难等九项民生实事工程。

发展社会事业。保持镇海教育省市领先水平,努力创建省教育现代化区。启动"教育布局优化工程",加快推进新城中学、艺术实验小学等教育基础设施建设。提升教育品牌,开展"五个校园"建设,实施四个"三年行动计划",加强教师队伍建设,完善教师激励制度,巩固镇海中学教育优势地位,加快打造职业教育高技能人才培养基地,实现肯特学校正式招生。完善全民健身服务体系,建成投用绿轴体育公园一期,适时举办有影响力的体育赛事。持续提升医疗卫生服务水平。实施"名医—名科—名院"发展战略,加强社区卫生服务体系建设,提升公共卫生信息化水平。加快医疗卫生设施建设,推进龙赛医院提升改造等项目建设。有效整合区域医疗卫生资源,促进第五医院合作办医。优化计生服务体系,实施红十字应急救护培训和关爱生命工程。深入开展爱国卫生运动,积极参与"国际卫生港"创建。

(四)强化依法治区促和谐,着力提升治理能力现代化水平

夯实法治基础。深入推进依法行政,加快建设权责法定、执法严明、守法诚信的法治政府,发挥政府在法治建设中的示范带头和促进作用。自觉接受人大依法监督、政协民主监督，主动接受司法监督、社会监督、舆论监督，全面加强审计监督。严格执行重大行政决策法定程序，落实行政执法责任追究，推行政府法律顾问制度，严格落实行政规范性文件“三统一”制度。完成“六五”普法，谋划“七五”普法，加快完善社会化普法教育机制。加强法治队伍建设，加快构建覆盖城乡居民的公共法律服务体系。推进社会信用体系建设，逐步构建公共信用信息平台。

改善社会治理。加快“平安镇海”建设，加强综合执法，深入开展社会综合治理。提升社会矛盾联合调处中心服务水平，完善“大调解”体系。全面推广网格管理、组团服务模式，推动基层社会治理由管理向服务、由分散向统筹转变。推进矛盾纠纷预防化解机制创新试点，加快一体化预防和化解社会矛盾工作体系建设。完善社区“微民生”服务体系，加强物业管理，大力发展社会组织，推动政府向社会组织购买服务，努力构建社会治理共同体。继续推进流动人口梯度化服务管理，不断提升引导调控的综合能力。

促进安全发展。以治安防控为重点，完善立体化防控体系，切实增强人民群众安全感。扎实推进安全生产责任体系、隐患排查治理体系、安全预防控制体系建设，严格落实企业主体责任，推广第三方监督检查方式，推进安全生产标准化建设，加大道路交通、消防、特种设备安全等领域的监管和整治力度，建成投用油气管线电子数据库和特种设备信息化监管平台。严保食品药品安全，严厉打击食品、药品违法行为，推进农产品质量快速检测和可追溯体系建设。加快应急管理中心建设，提升应急处置水平。全力做好“三防”、气象防灾减灾工作。

（五）强化改革攻坚勇突破，着力提升运行机制科学化水平

突出市场化导向。深化工商注册登记制度和企业信息公开改革，推进公共资源市场化配置改革，积极引导社会资本进入公共服务和社会事业领域。全面实施村集体经济产权制度改革，进一步完善农村经营体制。深化农村土地承包经营权流转制度改革，推进土地适度规模化流转。探索建立农村产权流转交易市场体系，试点探索农村宅基地有偿使用、有偿退出置换机制。推行“二权一房一票”抵押贷款，推进供销社综合改革试点，开展农村资金互助会建设试点。

推进多领域改革。深化文化体制改革，完善文化艺术中心运行管理机制，探索公共文化设施共建共享模式。深化医药卫生体制改革，推进公立医院综合改革。加快民办教育综合改革，完善多层次基础教育体系。加快部门信息资源整合共享，推进跨部门信息系统建设和应用集成，完成基本数据库建设。整合全区旅游资源，优化旅游工作管理机制。加强规划引导，促进多规融合，科学制定“十三五”规划。推进新一轮机构改革，整合卫生、计生等部门职能和资源。开展兵员征集改革，选送优秀青年入伍。

促进公开透明。夯实“阳光政府”建设基础，促进公开公平、阳光透明。加强“四单一网”建设，厘清政府权力边界，明确政府责任，推进行政审批和便民服务省市区三级联动网络建设，构建“大审批”格局，建设全省一流的综合性政务服务平台。加强政务公开、政府信息公开，继续推行区长办公会议、政府常务会议邀请市民代表列席和公开制度，持续开展部门公开日活动，保障公众知情权、参与权。

规范权力运行。坚持用制度管权管事管人，把权力关进制度笼子。健全权力运行制约和监督机制，加大违法违纪案件查处力度，完善干部廉情信息报告制度，持续提升“威远清风”廉政文化品牌影响力。加强基层权力运行规范化建设，推广“民意体检”工作方法，规范农村小微权力。深入开展正风肃纪专项行动，健全完善作风常态治理机制，持续推进问政问效直通车活动。严格财经管理，深化预算管理制度改革，推进财政预决算公开和预算绩效管理，推进政府债务管理改革，建立债务风险预警机制，规范政府举债行为。加强政府投资项目管理，强化项目公示、听证和绩效评估等工作。深化“节约型机关”建设，按照15%比例压缩各部门经常性项目支出。巩固党的群众路线教育实践活动成果，落实“三严三实”要求，以务实的作风、扎实的措施，完成政府年度各项工作任务，不负人民重托。

各位代表，新常态孕育新机遇，新愿景促进新发展。让我们紧密团结在以习近平同志为总书记的党中央周围，在中共镇海区委的领导下，紧紧依靠全区人民，团结一致，开拓进取，积极有为，克难攻坚，为基本建成现代化生态型港口强区而努力奋斗！

大事记

1月

1日起，镇海区新型农村合作医疗保险职能由区卫生局划转给区人社局承担。

3日，由摩林铝业（宁波）有限公司自主设计、生产的海上直升机起降平台在镇海大件码头首运韩国。这是镇海海事处有史以来护航的最大海洋工程件。

8日，镇海区引进首个北斗卫星民用项目。该项目重点定位为北斗位置信息服务运营商、北斗相关技术及行业解决方案提供商和应用终端研制商。

9日，首届长三角旅游产品采购商大会在镇海举行，来自上海、江苏、浙江等省市近200家旅行商、旅游电商及上海、宁波等多家媒体代表参会。

10日，《今日镇海》官方微博、微信“镇灵通”开通，成为浙江省县市区域报首个公开推出的官方微博、微信。

同日，镇海石化建安工程有限公司钳工培训基地被授予浙江省陈辉技能大师工作室，职工俞晓波、范丽锋荣获浙江省首席技师称号。

12—15日，政协第九届宁波市镇海区委员会第三次会议举行。

13—16日，区第十四届人民代表大会第三次会议举行。

13日，由区新闻中心创办的《镇海手机报》试刊。该报以一条条百十来字的短文加图片的形式，通过彩信免费发送区内用户赠阅。

18日，全国大众跆拳道精英挑战赛在镇海区举行。

20日，区青年作家吴鲁言创作的小小说《最后一幅画》，获评第十一届全国微型小说(小小说)年度评选一等奖。

23日，邵逸夫先生追思会在其母校中兴中学举行。

1月，注册在镇海的宁波市世纪嘉恒影视制作有限公司制作的首部数字电影《一夜成名》在宁波民光影院举办首映仪式暨主创人员与观众见面会。

1月，镇海港埠公司装卸煤炭的2号、3号码头停用，计划改建为集装箱、钢材等材料的装卸码头。

1月，镇海区首家“零首付”的镇海汇贤教育科技有限公司在区工商分局登记注册。该公司未缴纳注册资本先行登记，注册资金的20%在三个月内到位，其余资金两年内到位。

1月，镇海区荣获“浙江省平安农机

示范区”称号。

1月，区法院撰写的《关于公司解散纠纷的案例》被评为最高人民法院2013年度《人民法院案例选》优秀案例一等奖，区法院被评为案例工作先进单位。

1月，镇海区首批低丘缓坡开发利用国家级试点获省人民政府批准。该获批地块位于九龙湖旅游度假区，批准面积为51.0608公顷。

2月

6日，第十三届招宝灯会点亮，并于7日至14日在沿江路绿化带展示四川自贡工匠制作的3大主题灯具、24个灯展景点。

10日，百隆东方“BROS”被认定为中国驰名商标，镇海区驰名商标数达9件。

12日，孙卫赴京捐献造血干细胞，成为镇海区第四位造血干细胞捐献者。

同日，镇海炼化获中国民用航空局颁发的1号生物航煤技术标准规定项目批准书。

19日，宁波边检站镇海分站查获一起国内罕见的特大玉石走私案，抓获犯罪嫌疑人3人，查获玉石原料30块计5.5吨，涉案金额约500万元。

20日，镇海海事处为中交第三航务工程局有限公司宁波分公司所属“三航拖2008”“三航砼18”船组办理船舶电子签证，这是镇海区首例船舶远程电子签证业务。

21日，镇海炼化港务储运部甬绍金衢管道算山站首次启泵输送汽油，输送量约5万吨，实现汽、柴油都能输送的功能。

24日，全区首位援疆医生、区人民医院妇产科副主任医师蔡贤君启程前往新疆库车县。

2月，高雄市国民党第四区党部代表团一行27人到镇海开展为期一天的参观访问。其间，后大街社区分别与高雄市林投里发展协会和长生里发展协会签订《高雄·镇海两岸基层社区协会合作备忘录》。

2月，镇海区首家创业咖啡厅——“互通有无·创业咖啡”在宁波市国家大学科技园开业。这是园区入驻企业与园区管委会共同搭建的一个创业新平台。

2月，镇海九龙湖湿地公园获省林业厅批准建立，成为《浙江省湿地保护条例》颁布以来第一个依法建立的省级湿地公园。该湿地公园占地566公顷，由生态保育区、湿地生态展示区、合理利用区、湿地服务管理区等四个功能区组成。

2月，全区首张招商资源分布图绘制完成。该图标注出区内招商资源区位分布情况，有可利用地块12宗、楼宇资源22万平方米、闲置厂房21.5万平方米。

3月

2日，镇海区市场监督管理局注册窗口向镇海仪嘉化工有限公司颁发宁波市首张认缴制营业执照。

10日，九龙湖镇汶溪村三圣殿水库底发现龙窑遗址，经初步考证，遗址存在年代为五代至北宋。

4月

4月，阿里巴巴·镇海装备制造产业带平台投入运行。首批入驻企业51家，上线产品1000余个(只)。

4月，区档案局（馆）组织编写的《朱忠煜百年来鸿录》由宁波出版社出版。该书收录朱氏亲友来函117封，展现了民国时期镇海的经济社会状况。

5月

10日，招宝山旅游手绘地图在区人民大会堂广场首发。地图标注出城区内吃、住、游、购、行五大实用信息。

同日，镇海区首届市民文化节暨招宝山街道第五届睦邻文化节启动。此次文化节包含文化服务日、文化服务周等活动。

21日，团中央书记处第一书记秦宜智到骆驼街道南一社区考察镇海区基层共青团工作。

6月

5—6日，中国工程院院士、中国电子科技集团公司首席科学家杨小牛，西安电子科技大学副校长、国际北斗产业联盟轮值主席杨银堂一行考察西电宁波信息技术研究院、西电宁波产业园。

18—19日，2014年浙江省青少年蹦床技巧锦标赛在镇海举行。

19日，中国民主同盟宁波市镇海区总支部委员会成立，总支下设3个支部，有民盟会员53人。

7月

4日，区人民政府授予镇海中学、龙赛中学、区职教中心3所学校教育成就奖。

同日，镇海现代农民职业技术学校成立，学校设在区职业教育中心。

16日，宁波瑞丽洗涤股份有限公司正式挂牌全国股份转让系统（简称“新三板”），成为全区首家挂牌“新三板”的企业。

20日，镇海中学学生沈洋作为中国代表队四名成员之一，在第26届国际信息学奥林匹克竞赛中获金牌。

8月

19日，九龙湖镇九龙湖村的《九龙恋歌》和长石村的《键盘伴梦飞》两首歌曲入围“畅想希望，放飞梦想”第六届全国村歌大赛优秀作品。

26日，镇海区顾益良创作的《植兰明黑白》荣获上海第十二届国际摄影艺术展商业类铜奖。

8月，千懿文化传媒有限公司的动画片《海星兄弟》与香港发行公司和印度发行公司达成播放及发行意向。这是镇海区首部出口动画片。

9月

3日，区民间文艺家协会会员高尼娥创作的《澥浦风情》在“我们的中国梦·全国农民画展”中获优秀奖。

19日，镇海炼化职工胡延松以炼化装置大检修场面创作的《工地印象》在“中国梦·劳动美·幸福路”首届全国职工摄影大展中荣获一等奖。

22—24日，由澥浦镇文化站创作的小品《洗脚》在第25届浙江省戏剧小品邀请赛中获创作金奖、表演银奖。

27—28日，招宝山街道选送的《今晚去跳舞》和骆驼街道选送的《从纽约到洛杉矶》在浙江省第八届排舞大赛上分别获老年组和系统行业组金奖。

9月，宁波石化经济技术开发区被国家发改委、财政部确定为国家循环化改造示范试点园区。

9月，区新闻中心选送的广播连续剧《包玉刚》获中国广播剧研究会专家奖金奖。

10月

17—23日，驻镇海某部队战士袁永涛赴杭州捐献造血干细胞，并完成捐献。

20日，区新行政审批服务中心迁到骆驼街道金华南路55号正式对外办理业务。

24日，宁波镇海保税物流中心(B型)，获海关总署等国家四部委批复。

27日，省人大代表、浙江大学党委书记金德水一行到庄市街道兴庄路社区人大代表联络站，就《浙江省社会养老服务促进条例(草案)》进行立法调研。

10月，由区内各单位创作或合作制作的电视连续剧《郑氏十七房》、电视纪录片《晒盐人》、广播连续剧《热血丹枫》、报告文学《肝胆相照》、动画片《阿木狗与丁丁猫》《海星兄弟》荣获第十二届宁波市精神文明建设“五个一工程”奖，《热血丹枫》同时荣获省精神文明建设“五个一工程”奖。

10月，区大学生创业园晋级国家级大学生创业孵化基地。

10月，九龙湖镇九龙湖村获评2013年度全省美丽宜居示范村。

11月

1日，由镇海中学校友自发倡议组建的宁波镇海梓荫会成立。该会旨在开发以“梓荫”命名的学校实践、助学计划、健康学生成长等活动和图书屋、艺术中心、支教中心等常规慈善项目的建设。

8日，“安康杯”健美健身邀请赛在区文化艺术中心剧院举行，来自华东各大专院校、省内各县市区、各俱乐部共计23支代表队、185名运动员参加比赛。

12月

17日，镇海籍(现北仑区)人士贺友直、草婴在第六届“上海文学艺术奖”颁奖典礼上，获“终身成就奖”，另1名镇海籍人士周慧珺获“杰出贡献奖”。

12月，宁波裕华实业有限公司、宁波北欧工业园区管理有限公司2个项目入围2014年国家中小企业发展专项资金综合性服务项目，共获得专项资金支持115万元。

12月，镇海区首次以挂牌方式出让坐落于宁波石化区湾塘片的镇新海出2号、3号两宗海域使用权，面积11.22公顷。

12月，镇海区首例腹腔镜下脾切除术在龙赛医院获得成功。

12月，镇海区人民政府获“全国敬老模范先进单位”称号。

(何小平)

镇海概貌

7000年前镇海区境内自望海尖至澥浦附近的四明山余脉山梁已出露海面，但大部分还是一片大海。九龙湖鱼山考古发掘证明，7000年前已有先民在本地居住生活，属河姆渡文化。“海退”开始后，大片平地显露。经几千年来洪水冲积、湖海淤积和居民长期垦殖，遂成现在格局。《尚书》记载，禹贡九州时，境内属扬州。春秋末越国建国后，其地属越。战国时楚灭越，地遂属楚。秦王嬴政二十五年（公元前222年）设会稽郡，立句章县，本地处句章县治之东，故称句章东境。唐武德四年（621年），析分句章为姚、鄞两州，武德八年（625年），改鄞州为鄮县，本地属鄮县东境。唐元和四年（809年），在鄮东甬江口设军事建置望海镇，为镇海建治之始（一说大历六年即公元771年置望海镇）。后梁开平三年（909年），钱镠奏置望海县，不久改名定海县。元时建置沿袭宋制。清康熙二十六年（1687年），改定海县为镇海县，原称定海县的建置历778年。镇海县建置相沿至民国未变。中华人民共和国建立后，镇海县建置更迭与县境变化甚频。1951年，从慈溪县划入骆驼镇；同时划出沙堰乡归宁波市。1954年年底，龙山区北部10个乡镇划归慈溪县；慈东的河头、长石等5乡划属镇海；杭州湾口滩浒岛划归嵊泗。1958年自余姚县划入汶溪乡。同年底，撤镇海县并入宁波市。1963年1月，恢复镇海县建置。1985年10月撤镇海县，析分为镇海、滨海两区隶宁波市。镇海县建置历295年。至此，县级建制自始建至撤销，除去并入宁波市4年外，共历时1073年。

至2014年，全区辖招宝山、蛟川、骆驼、庄市4个街道，九龙湖、澥浦2个镇，区政府驻地招宝山街道。全区有33个社区，60个行政村。

镇海区在浙东沿海宁波市区东北部。地理坐标位于北纬29.53′~30.06′、东经121.27′~121.46′之间。区境东濒灰鳖洋与舟山群岛隔海相望，西毗江北区，南临甬江与宁波高新技术开发区和北仑区一水相隔，北扼杭州湾与慈溪市接壤。全区国土面积407.74平方千米，其中陆域面积246平方千米，海域面积161.74平方千米。地形成不等比菱形，东西长约33千米，南北宽为16.8千米。海岸线自澥浦棋盘山直塘至镇海港嘴灯塔，长18.34千米，多数为海涂淤积泥基。

全区地处宁绍平原东端，西北部丘陵，东南部为江海平原。丘陵系四明山余脉延伸部分，山体起自余姚，从西向东，入镇海区境之首为汶溪望海尖，向东至澥浦镇潜入东海。境内山体总长16.8千米，山脊西北与江北区和慈溪市分界，主峰高程100米至350米之间（黄海高程）。全区平原占71.4%，山地占16.9%，内陆水域占11.7%，构成“一水二山七分田”的地貌组合。境内内陆河流，属姚江水系，为宁绍平原的水网地带，河流纵横，主要河道162条，总长283.7千米。甬江沿区境东南向北出海，在区境内长达12.61千米。该江在原镇海县境段（自今江北下白沙起至出海口）古称大浃江，系平原常年性河流，江体宽270～404米之间，水深3.3米以上，甬江口招宝山至大游山口岸线长3060米，前沿水域宽300～350米，总水域面积约172万平方米，可进出和停泊万吨级船舶。

镇海区属亚热带季风气候区。冬夏季风交替明显，气候温和湿润，冬夏长、春秋短，四季分明，无霜期长，雨量充沛。2014年，全区平均气温17.0℃；最低气温≤0℃的有35天，其中最低气温是1月22日和1月23日的—5.4℃；≥35℃以上的高温有5天，最高气温是8月5日的36.0℃。终霜期出现在3月22日，3月23日入春；5月23日入夏；10月6日入秋；12月1日入冬，初霜出现在11月14日。全年总雨日151天，雨日最多的是8月，有20天；10月最少，只有3天。总降水量1601.0毫米，其中日降水量≥50.0毫米的暴雨日6天，出现在6月22日、6月27日、7月26日、8月18日、8月19日以及9月9日。年总日照1572.9小时，7月最多，有188.2小时；2月最少，只有53.9小时。年蒸发量872.4毫米，7月最多，有101.4毫米；2月最少，只有51.5毫米。

2014年年末，全区按户籍口径统计的总户数为93222户，人口231656人，比上年增长1.1%。其中非农业人口173430人，比上年增长2.3%；农业人口58226人，比上年下降2.2%。全年人口出生率7.23‰，死亡率5.45‰，人口自然增长率1.78‰。年末，全区流动人口在册登记270134人（居住证一年一登），比上年减少1277人。

是年，全社会生产总值637.67亿元，按可比价格计算，比上年增长6.1%。全年区属生产总值354.03亿元，按可比价格计算，比上年增长8.1%。其中第一产业增加值6.55亿元，增长0.4%；第二产业增加值184.16亿元，增长10.9%；第三产业增加值163.32亿元，增长4.5%。按户籍人口计算，区属人均生产总值19.23万元（按年平均汇率折算为3.13万美元）。全区财政总收入89.15亿元，比上年增长8.0%。其中公共财政预算收入48.57亿元，比上年增长8.0%。

是年，城镇居民人均可支配收入47190元，比上年增长9.2%；人均消费支出30674元，比上年增长10.8%。农村居民人均可支配收入25815元，增长11.1%；人均消费支出16363元，增长14.3%。城乡居民收入差距由2013年的1.85∶1缩小为2014年的1.83∶1。年末，区属参加养老、医疗、工伤、生育、失业五项基本保险的参保人数分别为26.42万人、20.6万人、14.84万人、14.1万人、14.64万人，分别比上年增长0.3%、4.11%、3%、2.8%、4.13%。

《镇海年鉴》编辑部

2016年3月

中共宁波市镇海区委员会

区委主要会议

【区委全体(扩大)会议】 2014年,区委共召开2次全体(扩大)会议。

区委十三届七次全体(扩大)会议于7月30日召开。会议深入贯彻落实中共十八大、十八届三中全会和省委、市委全会精神,回顾总结上半年工作,部署下半年任务,审议通过《中共宁波市镇海区委关于全面深化水环境综合治理全力建设宜业宜居美丽新镇海的决定》。

区委十三届八次全体(扩大)会议于12月18日召开。会议深入贯彻落实中共十八大及十八届三中、四中全会和省委全会精神,认真总结2014年各项工作,研究部署2015年目标任务,审议通过《关于贯彻落实党的十八届四中全会精神全面推进"法治镇海"建设的决定》。

【区委常委会】 2014年,区委共召开15次常委会议。

1月2日会议。讨论并通过关于市人大会议、区"两会"建立临时党组织的有关事宜,听取关于区领导班子和领导干部2013年度考核工作情况汇报,讨论并通过关于党政领导干部企业兼职清理工作的有关安排,讨论并通过全区经济工作会议有关事宜。

1月23日会议。学习传达习近平总书记在中共中央党的群众路线教育实践活动第一批总结暨第二批部署会议上的讲话精神,部署全区第二批党的群众路线教育实践活动有关安排,讨论并通过《深化"厚德镇海"建设三年行动计划》,学习传达习近平总书记在十八届中纪委三次全会和夏宝龙书记在省纪委三次全会讲话精神,讨论有关干部人事安排。

2月12日会议。传达中央、省、市政法工作会议精神,通报2013年全区政法工作情况,提出2014年工作思路,通过2013年度社会管理治安治理工作先进集体、先进个人表彰名单,传达中央、省、市有关信访工作会议精神,听取全区信访工作汇报,通过2013年信访目标管理考核情况和评先名单。

2月28日会议。讨论并通过《2014年区委理论学习中心组学习意见》《镇海区建立健全惩治和预防腐败体系2013—2017年实施意见》《2014年全区农村工作会议方案》《2014年农业农村工作要点》《镇海区村级集体经济改革三年行动计划》，通报区委常委会先行整改事项公开承诺，听取红十字会有关事项汇报并通过《关于加快发展红十字事业的意见》，讨论并同意《镇海区2014年区领导联系重点项目计划表》，通过《关于开展信访积案化解和突出问题治理专项行动的通知》，讨论并同意《宁波市镇海区“五水共治”行动总体方案》，讨论有关干部人事安排。

3月20日会议。讨论并通过《镇海区2014年深化行政审批制度改革实施方案》，听取区管领导班子及领导干部2013年度考核情况及干部人事调配方案。

4月3日会议。学习传达习近平总书记在兰考县委常委扩大会议上的讲话精神和夏宝龙书记在省委专题报告会上讲话精神，讨论并通过《镇海区生态环境综合整治三年行动方案》，讨论有关干部挂职方案等。

5月14日会议。认真学习习近平总书记5月2日的重要批示、刘云山同志5月6日的重要讲话和省委群众路线教育实践活动领导小组下发的文件精神，听取和审议区纪委汇报的关于全区党员干部“四风”问题主要表现。

5月30日会议。听取编委办关于机构编制有关事项的汇报，听取区考核办关于镇海区2013年度目标管理考核工作情况和2014年考核工作安排的汇报，同意《关于建立镇海区骆驼商会党委的请示》，讨论并通过《镇海区高层次人才创业扶持政策资金管理办法》；听取区工商联关于镇海区第一届优秀建设者评选情况的汇报并通过候选人名单，通过《关于表彰2013年度平安镇(街道)以及命名平安村(社区)的通报》，讨论有关干部人事安排。

7月15日会议。听取宣传部关于镇海区广电网络整合工作进展情况汇报并同意全区广电有线网络与华数数字电视传媒集团有限公司合作的相关方案，听取区纪委关于落实中央、省、市“转职能、转方式、转作风”专题研讨班精神有关情况的汇报，学习传达中央和市委领导关于做好党委办公室(厅)工作的讲话精神，学习传达习近平总书记在中央政治局第十六次集体学习时的讲话精神，讨论有关干部人事安排。

7月25日会议。听取人武部关于武装工作的情况汇报，讨论并通过区委常委会工作报告和提交全委会讨论的《关于全面深化水环境综合治理 全力建设宜业宜居美丽新镇海的决定》以及区委十三届七次全体(扩大)会议方案。传达市委十二届七次全体(扩大)会议精神，讨论有关干部人事安排和纪委有关事项。

8月22日会议。听取组织部关于全区党的群众路线教育实践活动第三环节有关情况的汇报，讨论并通过《镇海区关于进一步完善农村宅基地管理的通知》《关于加快推进城市物流产业发展的实施意见》，传达学习省、市《关于加强安全生产促进安全发展的意见》精神。

10月14日会议。传达中央、全省党的群众路线教育实践活动总结大会精神，学习习近平总书记在党的群众路线教育实践活动总结大会上的重要讲话，研究部署全区教育实践活动总结大会等相关工作。

10月21日会议。讨论并通过《关于加强安全生产促进安全发展的实施意见》。听取并研究三季度全区经济运行情况，提出2015年工作思路、目标、举措以及要着力解决的主要问题。

12月12日会议。听取并讨论镇海区落实省委十大整改行动工作方案，听取关于召开宁波市镇海区第十四届人民代表大会第四次会议和政协第九届宁波市镇海区委员会第四次会议有关情况汇报，听取关于召开区委十三届八次全体(扩大)会议有关情况汇报，讨论并通过区委十三届八次全体(扩大)会议的相关文件、《关于落实党风廉政建设党委主体责任和纪委监督责任的实施意见》《常委会工作报告》《关于贯彻落实党的十八届四中全会精神全面推进"法治镇海"建设的决定》《2015年区委区政府工作要点》《中共宁波市镇海区委关于推动人大工作与时俱进充分发挥人大作用的意见》，听取并同意区妇联提交的关于提高曾担任镇海区行政村妇女主任(计生干部)定期慰问金标准的事项。

12月26日会议。讨论并通过《关于镇海区2014年国民经济和社会发展计划执行情况与2015年国民经济和社会发展计划报告》《关于2015年度镇海区实事项目安排》《镇海区2015年度政府投资项目计划》等事项，讨论并通过《镇海区2014年财政预算执行情况和2015年财政预算草案》，讨论并通过《政府工作报告》《区人大常委会工作报告》《区政协工作报告》，讨论有关干部人事安排。

【区委中心组学习】 2014年，区委中心组共组织学习12次。

区委理论中心组专题学习报告会

表1　　**2014年区委中心组学习内容一览表**

序号	学习内容	时间	地点	主讲人	主持人	记录人
1	讲座:《党的十八届三中全会精神》	1月17日	人民大会堂	市委常委、宣传部部长余红艺	顾国芳	宣传部
2	讲座:《开展群众路线教育·提高群众工作能力》	2月27日	人民大会堂	省委党校党史党建教研部副主任邱巍教授	顾国芳	—
3	讲座:《增强廉洁自律意识·提高拒腐拒变能力》	4月30日	招宝山饭店	市纪委副书记、经济学博士张文斌	顾国芳	纪委
4	讲座:《气候变化与生态文明》	6月6日	招宝山饭店	省气象局党组书记、局长黎健	顾国芳	气象局
5	(镇海论坛第36期)《社会治理中社会组织的作用》	6月27日	镇海大道中段商务楼会议中心	上海大学社会学院教授顾骏	顾国芳	宣传部
6	(镇海论坛第37期)《领导干部如何面对媒体——全媒体时代的突发事件的处置与媒体应对》	7月22日	镇海大道中段商务楼会议中心	复旦大学新闻学院教授孟建	戴凌云	宣传部
7	国防安全形势报告会	8月8日	镇海大道中段商务楼会议中心	国防大学教授李莉	顾国芳	人武部
8	视频讲座:《学习习近平总书记重要讲话精神的几点体会和思考》	8月15日	镇海大道中段商务楼会议中心	中宣部副部长鲁炜	无	宣传部

续表1

序号	学习内容	时间	地点	主讲人	主持人	记录人
9	视频讲座:《马克思主义宗教观在中国的实践》	9月16日	镇海大道中段商务楼会议中心	中央社会主义学院党组书记、第一副院长叶小文	无	宣传部
10	讲座《历程、原因、出路——中国民主法治建设的几个深层次问题》	11月21日	镇海大道中段商务楼会议中心	华东政法大学教授沈济时	顾国芳	宣传部
11	交流2014年区级重点课题和2015年工作思路	11月25日	镇海大道中段商务楼会议中心	区委常委、副区长,人大、政协主要领导	薛维海	区委办
12	深入贯彻落实党的十八届三中、四中全会精神,总结分析2014年全区经济社会发展状况及面临形势,交流2015年工作思路并专题讨论全区经济社会发展等重大问题。	12月1—2日	镇海大道中段商务楼会议中心	区四套班子领导、区法院院长、区检察院检察长,各镇(街道)、园区管委会及区属单位部门负责人	薛维海	区委办

【全区大型工作会议】 2014年,区委或区委、区政府共召开16次全区性的工作会议。

(俞奇恩)

表2

2014年全区大型工作会议

序号	时间	内容
1	1月24日	区纪律检查委员会第十三届四次全体(扩大)会议
2	2月10日	全区领导干部会议(动员部署全区“项目推进”“三改一拆”“五水共治”工作任务)
3	2月14日	全区党的群众路线教育实践活动工作会议暨开展“区委书记上党课”活动
4	2月19日	全区政法(信访)工作会议
5	2月20日	全区党建工作会议
6	3月4日	全区农村工作会议
	3月6日	全区农村水环境整治工作动员会议
7	3月12日	全区深化“厚德镇海”建设动员大会
8	3月20—21日	全区党的群众路线教育实践活动“三问三观”学习研讨会
9	5月21日	全区建设平安镇海10周年纪念大会暨法治镇海工作会议
10	6月20日	全区村级集体经济改革推进会议
11	8月14日	全区深化全国文明城市创建工作推进会
12	9月29日	人民代表大会成立60周年庆祝大会
13	10月17日	镇海区、石化开发区党的群众路线教育实践活动总结大会
14	10月22日	全区三季度经济运行分析暨冲刺四季度动员会
15	10月27日	全区领导干部会议
16	12月19日	区委人大工作会议

重要决策和重大活动

【概况】 2014年，区委根据省、市委一系列重大决策部署，在全区开展党的群众路线教育实践活动，围绕“六大战略”这一主线，强化责任、克难攻坚，推进经济社会发展各项工作。出台《镇海区建立健全惩治和预防腐败体系2013—2017年实施意见》，进一步完善具有镇海特色的惩治和预防腐败体系。出台《中共宁波市镇海区委关于深入开展党的群众路线教育实践活动的实施意见》，着力解决“四风”突出问题和群众反映强烈的切身利益问题，取得明显成效。出台《关于加强安全生产促进安全发展的实施意见》，确保人民生命安全和社会和谐稳定。出台《关于落实党风廉政建设党委主体责任和纪委监督责任的实施意见》，营造良好的从政环境，建设干事创业、风清气正的政治生态。出台《全面深化水环境综合治理全力建设宜业宜居美丽新镇海的决定》，提出到2020年，全区水环境质量达到全市、全省先进水平。出台《党政机关落实厉行节约反对浪费规定实施意见》，从制度上予以明确。

【开展党的群众路线教育专题实践活动】 2月14日，根据中央和省、市委部署，镇海区出台《中共宁波市镇海区委关于深入开展党的群众路线教育实践活动的实施意见》，启动党的群众路线教育实践活动，区四套班子、60家区级机关单位、6个镇(街道)、8个垂直管理部门和宁波石化开发区共1375个基层党组织、19402名党员参加。活动依托和深化“效能亮剑”、“连心解忧”、“厚德之城”、生态环境整治等特色载体，以区级领导机关、领导班子和领导干部为重点，突出抓好镇(街道)领导班子、领导干部与直接联系服务群众的执法监管部门、窗口单位、服务行业，以及村(社区)、两新组织等基层组织的教育实践活动，加强广大党员马克思主义群众观点和党的群众路线教育，着力解决领导机关、领导班子和领导干部“四风”方面存在的突出问题，解决关系群众切身利益的实际问题。整个活动分学习教育、听取意见，查摆问题、开展批评，整改落实、建章立制三个环节有序进行。

至活动结束日10月18日，区四套班子和宁波石化开发区共征集意见建议567条，涉及“四风”问题408条，其中区委常委会征集147条，涉及“四风”问题131条。征求意见建议5967条，梳理出全区党员在“四风”方面的20条具体表现。共清理不适宜的制度规范48项，改进不完善政策制度和做法8项，计划制定制度787项，出台487项。整改消化17家单位超配领导职数，窗口实际办件提速87.2%。先后出台《镇海区“五水共治”行动总体方案》《镇海区生态环境整治三年行动计划》《全面深化水环境整治全力建设宜业宜居美丽新镇海的决定》。区、镇(街道)、村(社区)三级总计4411名干部通过连心解忧直接联系服务群众1.1万户。

【出台惩治和预防腐败体系2013—2017年实施意见】 2月28日，区委出台《镇海区建立健全惩治和预防腐败体系2013—2017年实施意见》，力争通过五年时间，有效治理“四风”问题，使党风政风和民风社风有新的好转，领导干部廉洁从政意识和拒腐防变能力进一步增强，反腐败体制机制更加健全，对权力运行的监督制约更加有力，消极腐败现象蔓延势头得到有效遏制，进一步完善具有镇海特色的惩治和预防腐败体系。

【出台全面深化水环境综合治理决定】 7月30日，区委十二届七次全体(扩大)会议做出《关于全面深化水环境综合治理全力建设宜业宜居美丽新镇海的决定》，提出从2014年到2020年，通过综合整治，努力实现“洁、清、净”三步走的目标：到2014年年底，消灭区域内垃圾河，减少污染物排放，努力改善臭河、黑河水质。中期目标；至2016年，消灭垃圾河、臭河、黑河，全区产业层次明显提升、河道水质明显好转、防洪能力明显增强、饮水条件明显改善、节水效率明显提高、江河景观明显优化。到2020年，全区生态环境质量与文明水平显著提升，基本实现水质量提高、水循环畅通、水安全保障、水生态良好、水景观优美、水文明彰显，努力使区域水环境质量达到全市、全省先进水平。

【出台加快发展红十字事业意见】 3月7日，区委、区政府出台《关于加快发展红十字事业的意见》，提出发展红十字会的有关标准和要求：加快完善红十字应急救援体系，建立健全红十字应急救护培训长效机制，不断增强红十字人道救助实力，加强红十字生命关爱工作，开展红十字青少年工作与红十字民间交往活动。要求从2014年起，区财政建立关爱生命人道救助专项资金，列入预算安排；各镇(街道)要根据红十字事业发展需要，统筹安排人道救助经费。到2015年，全区红十字会救护员占户籍人口比例达到2%以上，救护知识普及人数占户籍人口比例达到10%以上。全区持证红十字救护员占从业人员比例达到15%以上，救护知识普及率达到90%以上。

【出台加强安全生产促进安全发展实施意见】 11月20日，区委、区政府出台《关于加强安全生产促进安全发展的实施意见》，提出各级各部门要按照“党政同责、一岗双责、齐抓共管”“管行业必须管安全、管业务必须管安全、管生产经营必须管安全”以及“平安镇海”建设的要求，创新安全生产领域改革，推进安全生产责任体系、隐患排查治理体系、安全预防控制体系建设，着力提升安全生产治理能力，形成党政齐抓共管、部门监督管理、企业全面负责、群众积极参与、社会广泛支持的安全生产工作格局。确保事故起数、死亡人数、生产经营活动死亡率三项指标持续下降，有效防范亡人事故、坚决遏制较大及重特大事故，确保人民生命安全和社会和谐稳定。

【出台党风廉政建设党委主体责任和纪委监督责任实施意见】 12月17日，区委出台《关于落实党风廉政建设党委主体责任和纪委监督责任的实施意见》，提出全区各级党委、党工委、党组要准确把握“两个责任”的基本内涵与具体要求，营造良好的从政环境，建设干事创业、风清气正的政治生态。目标任务是坚持把厘清党委领导班子责任、主要负责人责任、领导班子成员责任作为重点，构建党风廉政建设权责对等的责任分解体系、严密规范的责任落实机制、科学公正的责任评价体系、完整闭合的责任追究链条，促进全区各级党委和纪委认真履行职责。

【做出全面推进“法治镇海”建设决定】 12月18日，中共宁波市镇海区第十三届委员会第八次全体（扩大）会议通过《关于贯彻落实党的十八届四中全会精神全面推进“法治镇海”建设的决定》，提出发挥法治的引领和规范作用，运用法治思维和法治方式深化改革、推动发展、化解矛盾、维护稳定，形成严格执法、公正司法、全民守法的法治环境，实现法治理念深入人心、规章制度健全有效、公正公平有效维护、公共服务高效规范、社会环境安全稳定的目标。决定要求全区各级各部门坚持依法执政、坚持严格执法、坚持公正司法、健全监督体系、推进法治宣传教育，全力建设法治社会，力争在民主政治、法治政府、司法公平、法治社会等方面建设走在全省、全市前列。

【出台推动人大工作发挥人大作用意见】 12月25日，区委出台《中共宁波市镇海区委关于推动人大工作与时俱进充分发挥人大作用的意见》，提出加强和改进党对人大工作的领导，完善党委领导人大工作机制，发挥人大职能作用，加强履职能力建设和镇（街道）人大工作，发挥代表主体作用，提高人大及其常委会工作水平，推进全区各项工作法治化和基层民主政治建设，不断推进人民代表大会制度在镇海的生动实践，为推动全面深化改革和依法治区，深入实施“六大战略”，加快现代化生态港口强区建设提供有力的制度保障。

【出台厉行节约反对浪费规定实施意见】 12月31日，区委、区政府印发《镇海区党政机关落实厉行节约反对浪费规定实施意见》，提出全区党政机关厉行节约反对浪费，建设节约型机关。意见对经费管理、国内差旅和因公临时出国（境）、公务接待、公务用车、会议活动、办公用房、资源节约、宣传教育、监督检查、责任追究等10个方面做出明确规定，并要求各级各部门根据实际，制定完善相关配套制度。

（俞奇恩）

纪检监察

【概况】 2014年，全区纪检、监察工作按照“转职能、转方式、转作风”的要求，以落实党风廉政建设责任制为抓手，全面开展反腐倡廉各项工作。是年，区纪委将全年党风廉政建设和反腐败工作分解成41项重点任务，以责任制的形式分工落实到18位区领导和21个牵头单位，重点对“三改一拆”“五水共治”“六大战略”“煤尘整治”等重大决策部署开展督查。运用区重大项目（任务）推进信息暨监察系统，全面监督监察66个区领导联系的重大项目和8个民生实事工程。开展“三思三创”和效能专项督查工作，督办落实7起久拖不办的事项。推进基层廉洁工程，深化廉情预警机制建设。提升“威远清风”廉政文化品牌影响力，推进省级廉政文化教育基地建设。是年，全区领导干部共报告个人重大事项90人次，共有46人次上交“三礼”约21.55万元，廉政“581”账户收到党员干部上交现金12.7万元。全年共立案查处党员干部违纪违法案件30件，同比增加36.36%，处分党员干部28人，挽回经济损失114万元。受理群众信访举报116件次，办理中央、省委巡视组和上级纪委交办信访件18件次。

【出台党风廉政建设党委主体责任和纪委监督责任意见】 2014年，区委出台《关于落实党风廉政建设党委主体责任和纪委监督责任的实施意见》。意见指出，建立责任报告制度，将责任具体化、程序化、制度化，全区各镇（街道）、区直各单位党委和主要负责人均需认真履行党风廉政建设主体责任和“第一责任人”责任报告制度。年内区纪委约谈30余家单位主要负责人，推动主体责任的落实。

【开通“问政问效”直通车】 2014年，区纪委会同区委宣传部、区政府办、区新闻中心等部门开通“问政问效直通车”。直通车着力解决发生在群众身边的热点难点民生问题，破解党委政府与群众沟通的“最后一公里”障碍。自2月开播以来，全年直通车深入农村、社区开展活动11期，督促解决群众反映强烈的热点难点问题79项100余件，共有15位区领导、48位职能部门负责人跟随电视转播车，轮流走村入社，现场“零距离”回应群众关心的问题。该做法属全市首创，受到中国纪检监察报、浙江电视台反腐前线专题栏目、浙江日报以及人民网、新浪网、腾讯网、凤凰网等主流媒体网络的关注，省委常委、市委书记刘奇批示肯定。是年，直通车打造成全区党的群众路线教育实践活动的特色品牌。

“镇海问政问效直通车”开进大学科技园活动现场

【开展查纠“四风”问题活动】 2014年，区纪委贯彻落实中央八项规定精神，开展查纠形式主义、官僚主义、享乐主义和奢靡之风“四风”问题活动。活动以正风肃纪三级督查①等形式，实行“一案双查”②，加强“酒局”“牌局”问题治理，重点查纠公款吃喝、公款旅游、公款送礼和违规使用公车等行为。全年全区各单位自查、互查问责117人次，查处、通报8批11人次，上追一级问责8人次，全区“三公”经费支出同比下降21.7%。

【推进廉情预警机制建设】 2014年，区纪委以严控公务支出报销环节为重点，推进全区管理预警机制建设。全年共下发《廉情预警告知书》13份，对13家单位14个廉情信息进行预警告知；评定橙色预警单位1个，黄色预警单位12个，绿色预警单位92个。抽查核实干部廉情信息62人次，责令干部本人说明整改相关错漏问题，书面告知并督促2个单位党组织落实整改措施。

①三级督查：指区级督查、各单位交叉检查与自查工作。

②一案双查：指既严肃查处违纪违法当事人责任，又倒查追究相关领导的领导责任。

【开展群众满意基层站所作风建设活动】 2014年，区纪委开展群众满意基层站所建设活动，对全区36家单位所属的127个基层站、所、队（服务窗口）进行梳理规范。年底，根据区统计局委托第三方调查机构满意度调查显示，在受访的3300人中，98.4%的机关干部、81.1%的企业人员、70.8%的城乡居民认为全区深化作风建设成效明显。

【推进纪检监察体制改革】 2014年，根据省、市纪委的统一部署，区纪委推进纪检监察体制改革。年内，区纪委监察局清理、退出议事协调机构138个，保留参加14个；在编制总数不增加的情况下，通过盘活存量，完成纪委监察局内设机构调整。同时规范镇（街道）纪检监察组织架构建设，推动镇（街道）纪检监察组织人员、经费、办公条件三到位。体制改革为纪检监察机关“执好纪、问好责、把好关”奠定基础。

【开展“廉洁文化进校园”系列活动】 2014年，区纪委开展“廉洁文化进校园”系列活动：举办“威远清风”校园廉政书画赛，收到参赛作品290件，部分获奖作品在镇海美术馆展出；开展中小学生“文明节俭过大年”实践活动、“童蒙养正”优秀童谣作品征集活动，其中“孝廉歌”获市二等奖；开展“廉洁在我心中”知识竞赛，营造风清气正的校园文化氛围。

（王　济　蔡优红）

全区中小学“廉洁在我心中”廉政知识竞赛

组织工作

【概况】 2014年，全区组织工作全面落实中央和省、市组织工作要求，以开展党的群众路线教育实践活动为主线，围绕全区工作大局，落实干部教育管理、干部人事制度改革、人才发展和基层组织建设等重点工作，提升选人用人公信力、基层党组织战斗力、人才工作支撑力，为全区“六大战略”实施和美丽新镇海建设提供坚强组织保证。

【全面推进党的群众路线教育实践活动】 2014年，区委全面贯彻落实市委工作部署，逐项细化落实党的群众路线教育实践活动各环节主要工作内容：开展组织“三问三观”学习和“三级书记上党课”活动，全区镇（街道）、区直单位、村（社区）组织学习研讨200场次，各活动单位集中学习时间普遍3～4天，各单位、村（社区）和两新组织等基层党组织书记开展上党课活动300多场次。开展“听音问症”意见征集，召开意见征集会140余个，梳理汇总各类问题和意见建议4800多条，梳理落实需破解难点问题91个并在媒体上公示。优化三级便民服务网，推行村（社区）周末轮值制度和书记坐班服务制度，解决

"最后一公里"问题。开展"连心解忧"活动,明确全区镇(街道)干部、机关在职党员和农村党员干部走访频率,做到走访、听音、解忧"三统一",全年各级党员干部累计走访农户33206户,企业337家,商户3300户,参加社区各类活动59次,走访联系农村600个网格,记录民情日记4591篇,征集微心愿3203个。

【5个软弱涣散基层党组织完成整改】 年初,针对倒排出来的5个软弱涣散村(社区)党组织,区委实施"对标定位、联动帮扶、分类施策"三步举措,对照整转目标要求,分类列出"问题清单",梳理出班子软、服务弱、制度虚等3大"顽症",并落实5名区级领导直接挂点联系,统筹各方资源予以扶持,通过选优配强治"软"、提升服务水平治"弱"、规范制度建设治"散"等措施,有力提升整顿实效。6月底,5个软弱涣散村(社区)完成整转。

【试点社工"星级管理"】 2014年,全区在社区试点社工"星级管理",按照注重实绩、群众公认的原则,对社工进行考核,并将考核结果作为能否晋级星级社工的重要内容,与社工薪酬挂钩,建立以岗定责、以绩定星、以星定奖的管理体系。获评星级社工除了能享受较高的薪酬福利待遇外,还享有岗位聘用、项目扶持、评先评优等方面的优先权,激发社工队伍整体活力。

【加强基层党员干部培训管理】 2014年,区委组织部贯彻学用结合,加强基层党员干部培训管理:以深入学习贯彻党的十八届三中全会和习近平总书记系列讲话精神为重点,分5批次集中轮训全区区管干部。全面推行领导干部"上讲台"制度,人员范围涵盖区级领导和区管领导干部,全年有20余名领导干部在区级主体班次中授课。举办好"五水共治"、女领导干部、党外干部等专题培训班13期培训1279人次。严格网络学院学分管理和通报制度,对500多名区管干部进行学分情况通报。举办村主要干部培训班1期,各镇(街道)轮训基层干部800多人次。开展"书记讲给书记听"活动,邀请5位村书记登讲台、传经验,挖掘宣传12名优秀村(社区)"好支书"事迹。加强基层后备干部选育,公开推荐选拔137名村级后备干部,选派26名镇(街道)机关年轻干部到村挂职副书记,纳入村级后备干部库。安排30名有一定发展潜力的村(社区)后备干部赴宁波、杭州挂职锻炼,提升实际工作能力。开展党员"先锋指数"考评管理,重点落实党员参加"三会一课"、学习教育培训、志愿服务活动等,运用"党性体检、民主评议"结果,对9名评议为"差"的党员,做好谈话提醒和教育转化工作。

【建立拟提拔干部三级联报联审制度】 2014年,区委建立拟提拔干部个人重大事项报告所在单位、纪检部门、组织部门三级联报联审制度。联报内容包括干部基本情况、家庭财产、德的情况以及其他需要向组织报告的情况。要求报告人在报告房产买卖、家庭债权债务、大额财产收支等情况时,必须提供有关证明材料。建立三级分类审核工作机制,明确单位党组织一把手作为面上审核责任人,会同其他班子成员,对拟提拔干部报告的有关事项进行审核。区纪委重点核实干部日常信访、违法违纪、家庭财产等情况。组织部门及时汇总,并结合日常掌握情况和干部档案信息进行综合研判、对比分析。是年,共审查核实信息72人次,逐人对照档案更正信息400多条,相关做法被中组部《组工信息》刊发推广。

【建立"微民生大服务"社区服务体系】 2014年,区委在招宝山街道试点基础上,推出"微民生大服务"社区服务体系。该体系着眼于强化基层党组织服务功能,以群众个性化的"微民生"需求为导向,围绕关爱服务、就业服务、环境服务、平安服务、文化服务、生活服务、惠外服务等7个方面,探索构筑精细化的"大服务"体系,形成每日理事、每月清零、每季督查的规范化响应机制,真正做到为群众办好事、让群众好办事,有效解决联系服务群众"最后一公里"问题。

【试行远教"项目式服务"】 2014年,区委组织部围绕党员教育培训、群众生产生活、重点产业发展三方面需求确定服务项目。通过目标考核、过程管理、清单落实等措施,筛选确定10个重点项目,其中室外"远教剧场"、党员微信平台等服务项目受到党员群众欢迎。

【开展"五微"开放式组织生活】 2014年,区委组织部在全区两新组织开展以"微党课、微心愿、微公益、微倡议、微风采"为主要内容的"五微"开放式组织生活。年底全区7个区域党员服务中心共安排"五微"开放式组织生活118次,涉及两新组织党员1512名。

【开展"千企联千村、党建助治水"活动】 2014年,根据省委"五水共治"重要部署,区委组织部动员区内宁波华通电器集团有限公司 、宁波中鑫毛纺集团有限公司等18家非公企业党组织与光明、民联、中一等18个村(社区)结对,通过开展"青春建功""青春接力""青春闪光"等活动,涌现党员议事会、"青春广播"、"青春巢"等青春党建品牌,帮助解决村(社区)污水处理、生活垃圾集中处理等建设费用156万元。

(罗勇勇)

宣传工作与精神文明建设

【概况】 2014年,全区宣传工作以深入贯彻落实中共十八大、十八届三中、四中全会和区委十三届六次全会精神为主线,深入学习贯彻习近平总书记系列讲话精神和全国文艺工作座谈会精神,进一步落实中央、省、市宣传思想工作会议精神,培育和践行社会主义核心价值观,实施"厚德镇海"建设三年(2014—2016)行动计划,构建各级党委、政府齐抓共管的大宣传格局,全面启动省公共文化服务体系示范区创建,继续扶持文化创意产业做大做优做强,为深入实施"六大战略"、加快建设"六个示范区"营造良好的文化氛围。

是年,区委宣传部组织"镇海论坛"报告会,邀请省、市有关领导、专家授课。推出理论、时政等宣传课题30余个,深入机关、农村、社区、企业、学校等单位宣讲200余场次。举办以"美丽宁波·厚德镇海"为主题的区第五届全民读书节暨全民终身学习周、社科普及月活动,开展"学习运动会"等活动100多场次。依托"社科讲坛”“文化百科大讲堂”等宣讲阵地和区内外各方面宣讲力量，广泛开展群众性教育宣讲，举办“理论普及周”4次，讲座、报告会等260多场次，为文化强区建设营造环境。

制定实施《镇海区新闻宣传和舆论引导审稿制度》，围绕党的群众路线教育实践活动、“五水共治”、经济转型升级、生态环境整治等核心工作，策划系列重大主题报道，《美丽镇海系列报道》《镇海“问政问效直通车”开进社区》《镇海壮士断腕治污水》《文创企业落户镇海“一天一家”》等稿件相继在宁波日报头版显著位置刊发。全年在新华网、人民网、《光明日报》、中央人民广播电台和中广网等国家级媒体刊发新闻稿10多篇；在《浙江日报》刊发稿件10多篇，其中头版2篇，在《宁波日报》刊发稿件90多篇，其中头版20余篇。搭建以“镇海发布”新浪微博为核心、55家民生重点部门微博为成员的政务微博群，群成员吸引粉丝近18万，共计发布各类信息75000余条。加大政务微信建设力度，指导各镇(街)与民生重点部门开通政务微信平台，拓展新媒体宣传与网民互动平台。

开展争创全国文明城市“四连冠”活动，组织召开深化全国文明城市创建工作推进会议等工作会议，制订《文明城市创建重点工作目标管理考核细则》。开展新老城区社区“文明创建牵手行动”，促进各社区创建经验的交流、共享。

是年，区文明办制定并实施“厚德镇海”建设三年行动计划和社会公德、职业道德、家庭美德、个人品德和加强未成年人思想道德建设等各项实施意见，开展“文明镇海”系列主题教育、文明礼仪进机关活动、“弘扬传统文化，践行孝德礼仪”中小学生孝德礼仪教育、“德润雄镇，美传万家”家庭美德建设、“厚德之城·青春镇海”、“寻找最美劳动者”等系列活动，营造“厚德镇海”建设的浓厚氛围。在区级层面开展月度“文明之星”等道德典型评选活动，每月有2名爱心人士或者群体被评为月度“文明之星”，并向上级推送优秀人物。修订完善《林萍爱心基金管理办法》，开展关爱爱心感动人物(道德模范)慰问活动。编写《厚德镇海2013卷》，在区级媒体开设“厚德镇海，文明之城”专栏，总结回顾全区道德建设工作经验。在城区主干道、候车亭、工地围挡等发布“厚德镇海”、文明城市创建宣传标语，新增“讲文明树新风”公益广告约1.6万平方米，在招宝山街道沿江路设立“道德长廊”和社会主义核心价值观宣传一条街，营造浓厚环境氛围。

【11个村建成文化礼堂】 3月19日，全区启动农村文化礼堂建设工作。按照“政府主导、社会参与、乡村为主、农民共建”的原则，农村文化礼堂建设着力打造一批集教育、娱乐、礼仪、民俗于一体的农村公共空间，不断提升农村公共文化服务水平。年底，建成文化礼堂11个，分别是澥浦镇沿山村、九龙湖镇长石村、田杨陈村、湾塘村，骆驼街道敬德村、朝阳村、清水湖村，庄市街道光明村、中官路村、勤勇村，蛟川街道迎周村。

【网络舆情管理工作经验得到刘奇批示】 3月27日，《浙江日报》刊发《民意沟通无障碍：网络社会管理的镇海探索》长篇报道，折射出全区自2010年来探索网络舆情引导管理工作取得的主要成绩和可贵经验，得到省委常委、市委书记刘奇的充分肯定并做出重要批示。

【举办第四届网络文化节】 8—12月，全区举办以"厚德镇海、最美港城"为主题的第四届网络文化节。其间举办微博厚德、微视慧眼、微利产业、微点生态、微美人物4大类共计16项网络文化活动，引导广大网民参与网络文化建设，共同打造网上精神家园。

【举办第五届全民读书节】 10月16日，全区举行为期一个月的第五届全民读书节。其间，开展以"美丽宁波、厚德镇海"为主题的全民终身学习活动周、社会科学普及月等系列活动，共举办讲座、论坛、读书学习、社科普及等活动100余场次。

【文明单位创建取得成效】 2014年，全区文明单位创建工作取得成效：澥浦镇十七房村、中国石化镇海炼化分公司分别荣获第四届全国文明村、文明单位称号；蛟川街道迎周村和九龙湖镇西经堂村荣获浙江省文明村称号，区行政服务中心、区精英小学、区妇幼保健院、骆驼街道南一社区、招宝山街道海港社区荣获浙江省文明单位称号；蛟川街道俞范社区荣获宁波市文明社区称号，骆驼街道荣获宁波市文明街道称号。

（裘贤君）

统一战线工作

【概况】 2014年，区统一战线工作发挥优势，凝心聚力，为镇海经济社会发展做出贡献。区委统战部引导统战成员参与"五水共治"行动，为非公企业协调解决"融资难"问题，接受侨(港)胞捐赠项目，成立光彩事业基金。推进党外代表人士队伍建设，建立完善区级部门与民主党派、工商联、无党派人士(知联会)对口联系制度、统战性社团秘书长联席会议制度、民主党派工作经费安排办法和统战理论调研制度等。举办党外代表人士培训班，成立区新的社会阶层人士联谊会、网络界人士联谊会等统战性社团，完成党外代表人士服务中心建设。举办、联办、协办各界人士参加中秋茶话会、新春茶话会和各类学习报告会，团结民主党派和无党派人士积极投身家乡建设。

区民宗局推进民族工作"三进"活动，开展民族团结进步宣传活动，加大少数民族帮扶力度。加强宗教事务管理管理，开展消防安全专项检查，推进"和谐寺观教堂"和"平安宗教场所"创建。开展宗教界防范与抵御邪教宣传教育和基督教私设聚会点专项整治工作，完成基督教堂管会换届工作，开展教职人员"端正学风，端正教风"教育培训，完成"三改一拆"涉及宗教违法建筑拆除改造任务，全年宗教领域保持安全稳定良好局面。

区侨办以纪念邓小平同志关于"宁波帮"指示发表30周年为契机，开展"宁波帮"系列专题宣传，先后多次赴香港、上海、深圳等地广泛联络港澳台海外人士，接待港澳台来宾34批，341人次；拓展民建创始人包达三先生的后人包鸿勳先生等新海外资源，完成基本侨情调查。协助举办香港镇海两地青年创业创新论坛，成立"紫荆花"侨爱基金，在招宝山街道挂牌成立"庄阿姨侨台联服务工作室"，举办

“情系家乡”“侨务讲堂”等侨台品牌活动。开展侨企(留企)协会成立两周年系列活动、“侨企台企服务月”活动,帮助港澳台侨胞及其眷属解决困难和问题。

区台办推进与台南地区、台湾青少年学生、基层民众间交流,开展“台湾同学来我家”活动,接待或协助市台办接待来自台湾的4个团组共102人,成立台联会木球队和台胞台属志愿者服务队,举办台商联谊会中秋联欢会等联谊活动。基层社区、农业、佛教协会交流团组赴台参访。

【举行邵逸夫先生追思会】 1月,区委、区政府在邵逸夫先生的母校——中兴中学举行邵逸夫先生追思会。邵逸夫先生亲属代表、庄市街道侨联工作人员代表、中兴中学校长等分别发言追思追忆。邵逸夫先生祖籍镇海,是年1月7日逝世,享年107岁。先生自1986年以来,先后在家乡镇海助建中兴中学、邵氏康乐园、骆驼中学教学楼等,共计 4个项目,342万元人民币。

【开展党外人大代表候选人、政协委员后备人选推选】 4—8月,区委统战部开展党外人大代表候选人、政协委员后备人选推选。通过定人数、定对象、定条件、定名额,区属各部门,各镇、街道开展广泛推选,产生首批162名区级党外人大代表候选人、政协委员后备人选。

【首批宁波帮人士塑像揭幕】 7月,“薪火永传”首批宁波帮人士塑像揭幕仪式在宁波帮博物馆举行。此次揭幕的塑像是改革开放以来,为宁波做出特别贡献的9位宁波帮代表人士,按其生辰先后排序,分别是贝时璋、王宽诚、邵逸夫、谈家桢、卢绪章、董浩云、包玉刚、曹光彪、李达三。

著名宁波帮人士卢绪章后代与卢绪章塑像合影

【建立香港镇海青年联谊会“紫荆花”侨爱基金】 7月,香港镇海青年联谊会在镇海建立“紫荆花”侨爱基金,总额为1000万元。该基金是区内海外慈善基金中规模最大、每年到位资金最多的,在宁波全市名列前茅。1000万元资金分5年到账,由联谊会成员自行筹集,主要用于镇海区的社会公益事业、项目建设,助困、助老、助学、助医等。

香港镇海青年联谊会紫荆花侨爱慈善基金成立

【成立光彩事业基金】 5月,区委统战部、区工商联在区慈善总会建立光彩事业基金。首期注资100万元,由区委统战部、区工商联发动镇海非公有制企业、非公有制经济人士和港澳台海外人士自愿捐赠，用于扶贫济困、助学、关爱老年人等慈善救助项目。

【高雄民众走进镇海居民家庭】 5月，台湾高雄市前金区基层交流团一行25人，到招宝山街道胜利路社区等5户普通居民家中做客，实现两地民众“零距离”交流。

【成立2个联谊会】 10月，区新的社会阶层人士联谊会成立。会员以金融、会计、法律等服务行业社会阶层代表人士为主，首届会员21人。11月，区网络界人士联谊会成立，由新媒体从业人员、网络信息从业人员等方面代表人士组成，首届会员37人。

【台湾高雄客人参访镇海】 2014年，高雄市国民党第四区党部代表团、高雄市冈山区社区考察团等4个团组共102人到镇海参访，招宝山街道总浦桥等8个社区与高雄社区签订《高雄·镇海两岸基层社区协会合作备忘录》，确定结对关系。

【“三改一拆”涉及宗教违法建筑处置工作】 5月，按照市“三改一拆”要求，区民宗局开展宗教界人士和信教群众的思想引导工作，在全市率先完成雨化庵、新阜庙、三圣庙、陈九公庙、东升庙、蒋家小庙、清水浦民间信仰点7处拆除和龟山庙1处改造任务。10月底通过省考评组的检查验收。

【基督教场所管理组织完成换届】 10月，区民宗局指导各教堂严格按照选举办法操作完成基督教场所管理组织换届，其中基督教城关堂、骆驼堂、后施堂和湾塘堂4个教堂堂管会主任实现新老交替。

【赴丽水云和少数民族村开展服务活动】 9月，区委统战部组织统一战线成员，组成医疗专家组，赴结对帮扶的丽水市云和县石塘镇高定村开展义诊服务和慰问活动。义诊服务包括外科、内科、中医针推等专科，服务村民60多人次，免费发放各种常用药品价值3000多元。同时走访慰问高定村，赠送村经济合作社1万元人民币，拨付吕山畈排水渠建设帮扶项目资金5万元，送上10户贫困家庭慰问资金1万元。

（项宗剑）

调研和信息工作

【概况】 2014年，区委办公室、区委区政府政策研究室围绕党委、政府中心工作，牵头组织开展区级重点课题研究，深入各镇（街道）、园区管委会、区直部门调研10余次，完成调研文章51篇。《镇海以“六大科创平台”打造创新驱动强大引擎》《化工产业基地的治污实践》《“五水共治”绘就生态城区建设新蓝图》《对深化“厚德镇海”建设的几点思考》等调研文章在《今日浙江》《政策瞭望》《宁波通讯》等杂志发表。汇集区领导、镇（街道）书记在2014年牵头负责的调研论文48篇，编成《2014年镇海科学发展论集》，供各部门、镇（街道）工作思路参考。《镇海创新驱动发展战略研究》获2013年宁波市党政系统优秀调研课题三等奖、宁波市全面深化改革理论研讨会一等奖，《镇海区关于财政经济政策资金使用绩效调研分析》得到区长批示，《加快形成镇海文创产业品牌的对策建议》获省第三届“区域现代服务业发展”

征文比赛三等奖。全年被上级党委部门采用信息153篇，其中经验性材料80篇，有1篇在省委办《工作情况交流》中刊发，7篇被中办采用，17篇信息被中央、市委领导批示。被中央办公厅录用信息创历史纪录，单篇采用3篇，其中1篇被中央政治局常委、全国政协主席俞正声批示，另有3篇被中央办公厅综合采用，信息材料刊发数量、质量位居全市各县（市）区前列。全年编发《镇海通讯》12期、《信息通报》40期、《领导专报》19期、《工作交流》9期、《信息快报》32期、《领导活动》246期。直接转呈区领导信息116篇，其中78件信息被区领导批示。全年办理区领导批示件78件、市督办件35件，其中市委领导批示件17件，在市委《督查与落实》简报上刊发3篇。

【“油气管线”信息得到中央领导批示】 2014年，由区委办单独报送的“当前油气管线使用年限存在管理空白”信息被中办录用，并被中央政治局常委、全国政协主席俞正声批示，创区内单篇报送信息被正国级领导批示的历史。

【“网格化管理”信息得到市领导批示】 2014年，由区委办采集编写的“庄市街道推进网格化管理取得明显成效”正面经验类信息被省委常委、市委书记刘奇批示，要求在全市推广。

（王　磊　朱　聪）

保密工作

【概况】 2014年，全区保密工作本着“实事求是、循序渐进、依法治密”的工作原则，开展各项保密工作。区保密局完成上级部署的中央文件保密工作专项检查、涉密信息系统普查和全国保密普查等专项检查任务。落实《国家秘密法实施条例》有关规定，督促各镇（街道）、区直属各单位建立健全保密工作领导小组及保密工作机构。首次将保密工作纳入全区各部门共性目标考核，并纳入领导干部考核评价内容。做好涉密载体销毁、督促检查工作，全年收缴各单位可能涉密、泄密的废纸75吨，上交市保密检查中心销毁。抓好隐患整改工作，与重点涉密单位签订保密承诺书，加强管理内外网交叉使用U盘、手机连接计算机等重点问题。组织全区82家单位开展自查，并对5家重点涉密单位下发整改意见书。开展区保密委主任上保密党课工作，全区183名涉密人员到会听课。开展全区保密培训工作2次，邀请市保密局领导和专家授课，培训324人次。组织全区多名岗位涉密人员参加全国和省、市培训，2名专职保密干部具备申领保密工作执法资格条件，为开展保密工作提供专业保障。做好保密宣教资料征订发放工作，为全区各单位开展教育培训提供权威素材。做好经验总结和信息上报工作，向区外发出镇海保密工作的强声。

（胡正洪）

老干部工作

【概况】 2014年，全区老干部工作以“思想凝聚、待遇保障、精神富有、作用发挥、促进改革”为目标，以落实老干部政治和生活待遇为重点，以提高老干部工作满意度为要求，加强管理和服务，推动老干部工作的转型发展、科学发展。是年，全区老干部管理对象354人，其中离休干部89人（包括区内安置外地工人，外地安置区内工人），市管干部34人（包括离休干部3人，退休干部31人，其中3人与区管退休干部重叠），区管退休干部234人（包括安置外地1人）。区委老干部局召开全区工作通报会3次，理论辅导专题报告会3次，座谈会12次。开展老干部文体活动105次，组织老干部开展“走、看、促”活动32次。新成立书画、摄影和飞镖兴趣小组，组织“乐山·乐水——老年书画作品展”和“感恩阳光”书画、剪纸作品展。举行离退休干部 “五水共治”倡议活动暨老年大学首届文化艺术节，全区300余名老干部为“五水共治”捐款共4万余元。

是年，区委老干部局慰问老干部1200多人次，慰问金额60多万元。向行动困难离休干部发放轮椅，向新退休的区管老干部配赠电子血压仪，向区直管离休干部和区级离退休老同志赠送拐杖。协助相关单位为6名去世老干部做好丧事善后工作，走访慰问老干部遗属。

【举办离退休干部党支部书记培训班】 6月10—11日，区委老干部局联合区直属机关党工委举办第十二期全区离退休干部党支部书记培训班。区直属机关事业单位40余名支部书记参加培训。其间，支部书记们聆听专家的群众路线专题理论辅导和老年人家庭健康管理专题保健讲座，参观象山才华剪纸艺术馆和象山大目湾低碳生态城2个省廉政文化教育基地。

【举办区(县)级离退休老同志读书会】 10月22—24日，区委老干部局举办区第十二期区(县)级离退休老同志读书会。区委副书记向老同志通报前三季度全区经济社会发展形势及年度重点工作开展情况，介绍镇海区城乡规划情况。其间，老同志们参观考察区行政服务中心、区文化艺术中心和宁波植物园，听取专家作题为《倡导和践行社会主义核心价值观》的专题讲座。

【召开全区老干部双“五好”表彰大会】 9月23日，区委老干部局召开全区“五好”离退休干部党支部和“五好”离退休干部党员表彰大会。会议表彰2013—2014年度离退休干部先进支部和党员，共有15个党支部和25名党员受到表彰。会上，区卫生局离退休干部党支部书记、骆驼街道离退休干部党支部书记分别代表“五好”离退休干部党支部和“五好”离退休干部党员作典型发言。

【多项措施结对帮扶老干部】 2014年，区委老干部局落实专人结对86名离休干部，上门解决离休干部生病住院、过世、家庭变故、思想波动等困难和问题。开展高温上门走访慰问离休干部和80周岁以上副局级退休干部活动，全年共慰问158名老干部。用好用足老干部帮困资金，分期分批慰问患过重病或有特殊困难的老干部及其家属110余人次，对92名有特殊困难的老干部提供补助，补助金额达15.2万元。联系老干部所在单位及时探望患病老干部，慰问金及慰问品折算金额共计约26万元，受慰问老干部168人次。

【开展社区老干部“四就近”服务活动】 2014年，区委老干部局联合招宝山街道开展社区老干部“四就近”①服务活动。在总结推广省级示范社区——总浦桥社区助老志愿服务做法上，区委老干部局按照“八必访”②求，对居住区内各社区的所有离休干部给予200元活动经费补助；对区内管理的离休干部每人再增加500元，统一纳入社区为老工作经费，为社区开展老干部“四就近”服务工作提供财力支持。

【调整落实部分老干部待遇】 2014年，按上级有关文件要求，部分老干部生活待遇得到调整并落实：提高离休干部高龄护理补贴，从每人每月900元调整到1000元，有86人享受。离休干部床位费最高支付标准调整为每日150元。将全体离休干部和副区级老领导纳入首批区级医疗保健对象，发放医疗保健卡，由区内70余名（副）主任级医师为老干部提供专家式医疗保健服务。协调区内医疗机构设立优先服务窗口，改善他们的就医环境。

（郭建华）

党校教育

【概况】 2014年，区委党校认真贯彻落实《中国共产党党校工作条例》和《2010—2020年干部教育培训改革纲要》精神，抓好党员干部培训教育、理论宣讲和教学科研工作，发挥党校的党员干部培训教育的主阵地、主渠道作用和哲学社会科学研究机构作用。

区委党校协助纪委、组织部、宣传部等部门，举办学习贯彻习总书记系列讲话精神和十八届三中全会精神轮训班、第八、九期网络学院培训班、全区新提任领导干部培训班、全区理论干部培训班、区“五水共治”专题研修班、区管女领导干部培训班等74期，其中主体班18个班次，区内外委托培训班次56期，培训党员干部5600余人次。深入全区镇、街道、机关、学校、农村、社区等基层单位，宣讲党的理论、路线、方针和政策110场次，培训党员干部群众5000余人次。按照省、市委党校的科研任务要求，结合“党的群众路线教育”“连心解忧”等活动，组织教科研人员，深入基层，调查研究，撰写相关调研文章，为党的理论创新、提高教学质量和党委政府决策服务。坚持“开门办学”教学，先后与省、市委党校和浙江大学等开展培训协作，增强教学的针对性和实效性。

【参加区委宣讲团和全区讲师团】 2014年，区委党校组织教师参加区委党的十八届三中、四中全会精神、党的群众路线教育实践活动宣讲团工作，为乡镇街道及部门进行宣传辅导。同时派员参加全区讲师团，做好送党课上门工作。

【开展服务指导基层教学活动】 2014年，区委党校发挥师资优势，把服务工作向基层党校、农村社区延伸，从教育内容安排、

---

①四就近：就近学习，就近活动，就近得到关心照顾，就近发挥作用。

②八必访：离休干部过年时必访，离休干部病重住院时必访，离休干部生活发生困难时必访，离休干部家中发生意外情况时必访，离休干部家庭内外发生矛盾时必访，离休干部有思想问题时必访，离休干部乔迁新居时必访，离休干部病故后必访。

教育管理、师资聘任等方面给基层党校及各培训单位加以帮助。

【4篇调研文章参加省级理论研讨】 2014年，区委党校撰写的《健全党员能进能出机制永葆党的先进性和纯洁性——基于镇海区创新党员“吐故纳新”机制的实证研究》《镇海区社会组织管理创新》2篇论文参加省党校系统青年教师理论研讨会，《践行社会主义核心价值观必须走群众路线》《社会主义核心价值观的时代性》2篇论文参加省文明办社会主义核心价值观理论研讨会。

（孙厚清）

党史工作

【概况】 2014年，全区党史工作以贯彻落实习近平总书记关于党史国史系列重要讲话精神为重点，按照省委第九次党史工作会议精神，开展党史正本编研工作。区委党史研究室完成《党史二卷》送审。启动《党史三卷》编纂，共计梳理出1084件文件目录。开展资政育人活动，围绕抗日战争爆发77周年等重大纪念日，会同区新四军历史研究会举行讲座和召开座谈会，参加人数达500人次。聘任2位老同志为党史义务宣讲员，开展爱国主义教育报告会活动，3000余名青少年人受教育。举办毛泽东在浙江大型图片展览，3万人次受教育。举行陈寿昌烈士牺牲80周年纪念活动，镇海电视台、电台和《今日镇海》和区网络中心等媒体做了深入宣传报道。落实专项资金2万元，做好思源亭、虹桥战斗纪念碑等革命遗址维修保护。推进党史史料征集，征集到《镇海荡寇志》以及国民党194师在1940年7月17日战斗中的有关史料。完成2005年之前的档案资料数字化扫描处理，并移交区档案馆保存。参与11个农村文化礼堂建设，提供各类信息300多份。

【举办新民主主义革命时期宁波党史讲座】 3月20日，区委党史研究室邀请市委党史研究室党史研究专家为区四套班子领导和区属各单位党政领导做《新民主主义革命时期的宁波党史》专题讲座，共100余人参加。

【镇海新四军老战士名录发行】 12月，《镇海新四军老战士名录》发行。该书由区委党史研究室和区新四军历史研究会编印，收编时间为1937年10月12日新四军成立到1947年1月21日撤销新四军番号为止这段时间。共收录240名原镇海县籍和原镇海县工作到离退休的非镇海籍新四军老战士资料，记载了新四军革命烈士名单及新四军浙东游击纵队在镇海主要战事。

（俞奇恩）

机关党务工作

【概况】 2014年，区直机关党建以“塑优良作风、当改革先锋、铸坚强堡垒”为主线，加强理论学习，夯实组织基础，推进机关学习型、服务型、创新型基层党组织建设。举办全区机关党建业务能力培训班，68家单位“一把手”给在职党员上党课。举办入党积极分子与新党员培训班，近百人参加。开展机关实情调研，征集54篇党建调研论文。推进区直机关廉政风险防控机制建设。加强对镇(街道)、园区机关党建的联系指导,组织部分机关党建负责人参加市直工委系统党的群众路线理论与实践研讨班,机关党工委提炼的《以“连心解忧”为载体增进党群干群感情 深化群众路线教育实践活动》在第六次全省县(市、区)机关党建工作交流会上做书面交流。办好“镇海机关党建网”门户网站,运用机关党工委QQ群、短信平台等做好机关党建信息交流和指导。发展党员32名,储备入党积极分子80多名。

【开展基层服务型党组织建设活动】 2014年,区机关党工委在全区机关开展基层服务型党组织建设活动:深化机关党建品牌创建活动,区纪委“威远清风”、区民政局“贴心民政”等11家通过验收,获机关党建品牌党组织称号;深化“连心解忧”活动,1200多名在职区直机关党员走访慰问基层群众3000多人次;参与社会精神文明建设活动,组织机关党员干部参与“五水共治”捐款、义务植树等社会公益活动,1000多人次参加。

【推进机关文化建设】 2014年,区机关党工委以“五位一体”(经济建设、政治建设、文化建设、社会建设、生态文明建设)为宗旨,以“活力机关、健康公仆”为主题,相继举办第二届机关文化艺术节、“治污水、美家园”摄影比赛、“迎七一”建党93周年纪念等15项文化活动,全区近3000名机关党员干部参加,提高了机关党员干部职工的整体素质,全区机关养成热爱学习、主动学习、终身学习的良好风尚。

【开展机关“工人先锋号”创建活动】 2014年,区机关党工委联合区总工会开展全区机关“工人先锋号”创建活动。创建以争创“五型”机关工会为目标,通过开展全区职工运动会、活力工会“金点子”合理化建议征集、“送温暖、献爱心”结对帮扶及“悦读”和赠书等活动,激励机关干部职工创先争优意识。年底,11家单位获省、市、区“职工书屋”称号,并向“职工书屋”赠书2万余元、500多册图书。

(朱海虹)

宁波市镇海区人民代表大会

区人民代表大会及其常务委员会会议

【概况】 2014年，区十四届人民代表大会人大代表人数为173人，常委会人数为25人。是年，区人大及其常委会按照区委决策部署和区十四届人大三次会议的决议，围绕中心、服务大局、突出重点、力求实效，切实履行宪法和法律赋予的职权，充分发挥地方国家权力机关的作用。全年共召开常委会会议7次、主任会议12次，做出决议决定5项，开展专题询问1次，听取和审议工作报告24个，听取专题汇报41个，开展执法检查1次，组织视察5次，任免地方国家机关工作人员45人次，积极配合区委召开庆祝人民代表大会成立60周年大会和人大工作会议，较好地完成区十四届人大三次会议确定的各项任务。

【区十四届人大三次会议】 1月13—16日，镇海区第十四届人民代表大会第三次会议在区人民大会堂召开。本次大会应到代表173人，实到161人。大会听取和审查区政府工作报告，审查区2013年国民经济和社会发展计划执行情况与2014年国民经济和社会发展计划、区2013年财政预算执行情况和2014年财政预算，听取和审查区人大常委会工作报告、区人民法院工作报告、区人民检察院工作报告，会议批准上述报告并做出相应决议。大会选举罗思维为区十四届人大常委会副主任，选举顾玉敏为区人民检察院检察长并报经市人民检察院提请市人大常委会批准。大会共收到人大代表10人以上联名提出的议案21件，大会主席团决定将该21件议案作为代表建议、批评和意见处理，并与146件代表建议、批评和意见一并交由区政府及有关机关、组织办理。

镇海区第十四届人民代表大会第三次会议召开

【区十四届人大常委会会议】 2014年，镇海区第十四届人大常委会共召开7次会议。

第十五次会议于1月24日举行。会

议审议通过区政府有关人事任免事项。

第十六次会议于3月28日举行。会议表决通过《区人大常委会2014年工作要点(草案)》,表决同意区政府《关于提请镇海区城镇智慧排污系统改造工程项目投资补助资金列入财政预算的报告》和《关于提请新区主干道一期等项目代建回购价款列入财政预算的报告》,听取和审议区人大常委会主任会议提请的人事任职议案,审议通过区政府提请的有关人事免职议案,审议通过区法院和区检察院提请的有关人事任免事项。

第十七次会议于5月29日举行。会议听取和审议区政府《关于2013年度全区国有资本经营情况的报告》和《关于深化行政审批制度改革工作情况的报告》,审议通过《区人大常委会专题询问试行办法(草案)》,表决通过接受李太武辞去市第十四届人民代表大会代表职务的决定。

第十八次会议于7月31日举行。会议听取和审议区发改局《关于镇海区2014年上半年国民经济和社会发展计划执行情况的报告》、区审计局《关于2013年度镇海区财政预算执行和其他财政收支的审计工作报告》、区人大常委会执法检查组《关于科技进步法律法规执法检查情况的报告》、区科技局《关于科技局依法行政工作情况的报告》、区规划分局《关于城乡规划法实施情况的报告》;听取和审议区财政局《关于镇海区2013年财政决算草案的报告》《2013年政府非税收入和社会保障资金收支管理情况的报告》《2014年上半年财政预算执行情况的报告》,批准2013年区财政决算。表决通过接受戴涛辞去区人大代表职务的决定。审议通过区政府提请的人事任职议案。

第十九次会议于9月29—30日举行。会议听取和审议区法院、区检察院、区公安分局、区司法局《关于贯彻实施刑事诉讼法工作情况的报告》,区人大常委会代表工委《关于代表建议督办情况报告》,区政府《关于镇海区政府全面深化改革工作情况的报告》和《关于代表建议办理情况报告》;听取和审议区人大办提出的《宁波市镇海区人大常委会审议意见处理办法(草案)》和《宁波市镇海区人大常委会视察工作办法(草案)》,并表决通过这两个办法;听取和审议区政府《关于提请镇海新城拆迁项目建设贷款方案的报告》和《关于提请镇海新城新农村建设项目贷款方案的报告》,并表决同意两个融资项目资金不足部分列入财政预算;书面审议《关于2013年度全区国有资本情况报告的审议意见研究处理情况的报告》和《关于镇海区行政审批工作开展情况报告的审议意见研究处理情况的报告》。听取和审议区政府提请的人事任免议案,听取和审议区法院、区检察院提请的人事任免议案。

第二十次会议于11月27日举行。会议听取和审议区政府《关于〈强化化工产业布局管理加强环境保护推进生态文明建设决定〉和〈关于办理加快生态建设和环境保护要集中力量抓重点促成效议案的决定〉的办理落实情况的报告》《关于镇海区全域城市化建设情况的报告》;听取和审议区财政局《关于2014年我区财政收支预计完成情况和预算调整方案(草案)的报告》,并表决同意这个调整方案;听取和审议区政府《关于提请镇海新城团桥区块城中村改造项目贷款还贷不足部分列入财政预算的报告》《关于将宁波市招宝山大桥连接线(靖远路)及定海路拓宽改建工程项目资本金和委托代建资金列入财政预算的报告》《关于将镇海区河道综合治理系统工程项目资本金和委托代建资金列入财政预算的报告》和《关于提请蛟川街道银凤晓月四期安置房项目贷款资金列入财政预算的报告》,并手表决同意这四个融资项目资金不足部分列入财政预算;书面审议《关于2014年度改善民生工作情况的报告》《关于生态环保建设专题询问意见的研究处理情况的报告》《关于镇海区2013年度财政预算执行和其他财政收支审计工作报告的审议意见的研究处理情况的报告》《关于科技进步法律法规执法检查报告的审议意见的研究处理情况的报告》《关于镇海区科技局依法行政工作情况报告的审议意见的研究处理情况的报告》和《关于城乡规划法实施情况报告的审议意见的研究处理情况的报告》,书面审议通过区法院《关于要求增加人民陪审员名额的报告》。听取和审议区政府提请的人事免职议案,听取和审议通过区检察院提请的人事任免议案。表决通过接受张卫祖辞去区人大代表职务的决定。

第二十一次会议于12月29—30日举行。会议听取和审议区政府提请的人事任免议案,听取和审议区人大常委会主任会议提请的人事任免议案。表决通过接受张菊芬、刘传平辞去区人大代表职务的决定。

主要工作与活动

【概况】 2014年,区人大常委会围绕全区工作大局,着力推进社会主义民主法制建设、经济平稳较快发展、生态文明建设和民生改善,为全面实施"六大战略"依法履职。全年共听取和审议"一府两院"专项工作报告24项,做出决议决定5项,开展专题询问1次,听取专题汇报41个,开展执法检查1次,组织视察5次,审查规范性文件16件。

【开展生态环保建设专题询问】 6月,区人大常委会组织开展生态环保建设专题询问。会上,常委会组成人员和人大代表就产业布局规划管理、空气质量达标、河道污水治理、煤尘整治、危化品安全监管、环境信息公开等群众普遍关注的6方面内容,与相关部门进行面对面询问。会后,区人大常委会整理关于建立污染物排放总量控制办法,理顺区政府与石化区的安全生产应急管理体制,完善危化品中毒医疗抢救工作机制及加快建设环境信息监测点等询问意见,交区政府研究处理,并将询问实录在《今日镇海》刊发。年底,询问意见得到落实,全区关停50家重污染企业,整治提升30家化工企业,新增九龙湖和蛟川两个环境信息监测点。

【开展食品安全专项检查】 2014年,区人大常委会重点就小餐饮食品安全开展专项检查。在2012年开展执法检查、2013年组织"回头看"的基础上,全年组织20多名人大代表,分7个小组,对全区各镇(街道)82家小餐饮单位进行实地检查:证照不齐全的7家,经营不规范的11家,环境脏乱差的14家。针对检查中发现的在问题,主任会议要求发挥区食安委的协调职能,推行网格化管理,构建长效机制,发动广大群众共同参与监督等意见。

【开展科技进步法律法规实施情况执法检查】 2014年,根据省、市人大的统一部署,区人大常委会成立执法检查组对全区科技进步法律法规实施情况进行执法检查。通过开展科技相关法律法规专题培训,实地视察园区、企业,查阅台账资料及听取区政府自查整改情况的汇报,了解和掌握科技法律法规在区内的实施情况,形成执法检查报告。经区人大常委会审议,提出增强全社会科技意识,优化科技创新服务环境,加强科技人才培养和引进,强化科技创新服务平台管理等审议意见。

【加强2件重点督办件跟踪督查】 3月,区人大常委会主任会议将"关于开展市政排水管网与油气管道隐患排查保障公共安全的建议"和"关于要求增加全区环境监测点的议案"列为重点督办件。7月下旬,区人大常委会主任会议专题听取上述两件重点督办件办理情况的汇报,对存在问题提出相关整改意见。9月中旬,对设立环境监测点存在资金难落实的问题,区人大常委会分管领导亲自带队上门督办,保障将新增经费在当年预算调整中予以追加,推动该建议的落实。人大代表对两件重点督办件办理结果均表示满意。此外,4月下旬,区人大常委会还专题组织开展对上两年8件重点督办件办理落实情况"回头看"活动,实地踏勘九龙湖紧固件集中酸洗中心、骆驼区域临时殡仪服务场所、隧道北路西侧环境整治区域,对存在问题提出整改意见,督促区政府及相关部门限期整改落实。

人事任免

【概况】 2014年,区人大常委会依法履行人事任免权,全年共任免国家机关工作人员45人次。

表3　**重要职务任免一览表**

任免时间	任免会议名称	任免人员及职务
1.24	区十四届人大常委会第十五次会议	任命刘义敏为区市场监督管理局局长,卢根权为区质量技术监督局局长。免去邹育平的区食品药品监督管理局局长职务
3.28	区十四届人大常委会第十六次会议	任命罗思维为区十四届人大常委会代表资格审查委员会主任。免去施宇峰的区住房和建设交通局局长职务。任命王彦斌为区人民检察院副检察长、检委会委员、检察员,裘婧倩为区人民检察院检察员,免去蔡松延的区人民检察院检察员职务。任命吴绍海为区人民法院骆驼人民法庭副庭长,洪磊为区人民法院民事审判第四庭庭长,戴盈盈为区人民法院行政非诉审查庭庭长,毛益波为区人民法院民事审判第一庭副庭长,孙晓婷为区人民法院立案庭副庭长,谭文博为区人民法院民事审判第二庭副庭长、审判员;免去刘光明的区人民法院民事审判第一庭副庭长、审判员职务,吴绍海的区人民法院民事审判第二庭副庭长职务,洪磊的区人民法院刑事审判庭副庭长职务,郑尚强的区人民法院民事审判第二庭副庭长、审判员职务,戴盈盈的区人民法院立案庭副庭长职务
7.31	区十四届人大常委会第十八次会议	任命王巍为区政府副区长。任命梅海平为区住房和建设交通局局长

续表3

任免时间	任免会议名称	任免人员及职务
9.30	区十四届人大会常委会第十九次会议	任命俞耀根为区政府副区长，免去钟爱红的区政府副区长职务。免去潘丛辉的区人口和计划生育局局长职务。任命钱扬胜为区人民法院副院长，叶建园为区人民法院执行庭庭长，徐俊美为区人民法院审判委员会委员、刑事审判庭庭长，孙圣炯为区人民法院审判委员会委员、民事审判第三庭庭长，许昀为区人民法院审判员，刘明奎为区人民法院审判员，张小丽为区人民法院审判员，张晓圆为区人民法院审判员，屈著芬为区人民法院审判员，谢国斌为区人民法院审判员；免去包海军的区人民法院副院长、审判委员会委员职务，钱扬胜的区人民法院执行庭庭长职务，田明芳的区人民法院刑事审判庭庭长职务，黄元忠的区人民法院民事审判第三庭庭长职务，徐俊美的区人民法院未成年人案件综合审判庭庭长职务，王成国的区人民法院审判员职务，秦文忠的区人民法院审判员职务
11.27	区十四届人大常委会第二十次会议	免去叶秀贝的区经济合作局局长职务。任命秦春波为区人民检察院检察委员会委员；免去宋海波的区人民检察院副检察长、检察委员会委员职务，沈伟芳的区人民检察院检察员职务

镇人民代表大会和街道工作委员会

【概况】 2014年，澥浦、九龙湖2个镇人大各召开2次会议。招宝山、蛟川、骆驼、庄市4个街道人大工作委员会，作为区人大常委会的派出机构，履行人大常委会赋予的职权，依法承办人大常委会交办事项，为人大代表履行代表权益服务，为本辖区内人民群众服务。

【澥浦镇人民代表大会】 1月10日，澥浦镇第十七届人民代表大会第五次会议召开。大会听取和审查镇人民政府工作报告、镇人大主席团工作报告、镇人民政府2013年财政预算执行情况和2014年财政预算草案的报告，批准上述报告并做出相应决议，同时票决2014年镇拟实施的实事工程。

8月8日，澥浦镇第十七届人民代表大会第六次会议召开。大会听取和审查镇人民政府上半年工作报告、镇人民政府2013年财政决算和2014年上半年财政预算执行情况的报告，书面审查镇政府2014年实事工程项目实施情况报告，批准上述报告并做出相应决议。大会收到镇人大代表提出的建议、批评和意见6件。

【九龙湖镇人民代表大会】 1月9日，九龙湖镇第三届人民代表大会第五次会议召开。会上听取和审查镇人民政府工作报告、镇人大主席团工作报告，审查、批准镇2013年财政预算执行情况及2014年财政预算，同时票决2014年镇拟实施的五项实事工程。大会收到镇人大代表提出的建议、批评和意见5件。

8月8日，九龙湖镇第三届人民代表大会第六次会议召开。大会听取和审查镇人民政府上半年工作报告、镇2013年财政决算和2014年上半年财政预算执行情况的报告，批准上述报告并做出相应决议。

（杨友华）

宁波市镇海区人民政府

重要会议

【区人民政府全体会议】 2014年,区政府共召开2次全体会议。

1月3日,第一次全体会议召开。会议审议《2014年政府工作报告》(审议稿),研究部署区政府当前工作。

8月6日,第二次全体会议召开。会议学习贯彻落实区委十三届七次全体(扩大)会议精神,总结上半年工作,部署"决战三季度,冲刺四季度"工作任务。

【区人民政府常务会议】 2014年,区政府共召开8次常务会议。

1月14日,区政府召开第八次常务会议。会议审议并原则同意区编委办提交的《镇海区政府关于改革完善食品药品监管体制的实施方案》。

3月18日,区政府召开第九次常务会议。会议审议并原则同意区环保局提交的《镇海区生态环境综合整治三年行动方案》、区规划分局提交的《镇海区环境卫生设施专项规划》和《镇海区河网水系规划》。

9月10日,区政府召开第十次常务会议。会议审议并原则同意区规划分局提交的《镇海区域村庄布局规划(修编)》、区经信局提交的《镇海区工业企业绩效评价办法(试行)》、区"三改一拆"领导小组办公室提交的《镇海区"三改一拆"行动违法建筑分类处置办法(试行)》;听取区政府办提交的《镇海区人民政府重大行政决策程序规定》。

9月24日,区政府召开第十一次常务会议。会议审议并原则同意区"三改一拆"领导小组办公室提交的《镇海区"三改一拆"行动合生国际城低层住宅违法建筑分类处置办法(送审稿)》。

10月16日,区政府召开第十二次常务会议。会议审议并原则同意区编委办提交的《关于区政府部门权力清单工作方案》、区住房建交局提交的《镇海区公共租赁住房和廉租住房并轨运行实施办法》。

11月13日,区政府召开第十三次常务会议。会议审议并原则同意区编委办提交的《镇海区人民政府职能转变和机构改革方案》。

12月22日,区政府召开第十四次常务会议。会议审议并原则同意区政府办提交的《政府工作报告(送审稿)》;审议并原则同意区发改局提交的《关于镇海区2014

年国民经济和社会发展计划执行情况与2015年国民经济和社会发展计划(草案)的报告(送审稿)》、《关于2015年度实事工程项目征集筛选情况的报告(送审稿)》、《关于镇海区2015年度政府投资项目计划(送审稿)》和区财政局提交的《关于镇海区2014年财政预算执行情况和2015年财政预算草案的报告(送审稿)》。

12月29日,区政府召开第十五次常务会议。会议审议并原则同意区编委办提交的《关于镇海区人民政府部门责任清单》。

【区长办公会议】 2014年,区政府共召开16次区长办公会议,主要研究新兴产业发展规划、中外合作办学、森林城市创建、“河长制”实施方案、村级集体经济改革、企业技术创新、深化行政审批制度改革等工作。

(朱建华)

政务办理和督查

【概况】 2014年,区政府办下发《宁波市镇海区人民政府办公室关于进一步加强政府督促检查工作的实施意见》,进一步完善政务督查、领导批示、建议与提案办理等各项工作制度,将政务办理和督查工作制度化、规范化。

全年办理区十四届人大三次会议其间代表建议167件,已经解决或基本解决(A类)的51件,占30.54%;正在解决(B类)的70件,占41.92%;列入计划解决(C类)的31件,占18.56%;留作参考(D类)的15件,占8.98%。代表反馈对办理工作表示满意的161件,占96.4%;表示基本满意的6件,占3.6%。代表反馈对办理结果表示满意的154件,占92.22%;表示基本满意的13件,占7.78%。承办闭会其间人大代表建议14件,代表所提建议已经解决或基本解决的4件,正在解决的8件,列入计划解决的1件,留作参考的1件。代表反馈对办理工作表示满意的14件;对办理结果表示满意的13件,基本满意的1件。办理区政协九届三次会议提案224件,委员对203件提案办理表示满意,占90.62%,对21件提案办理表示基本满意,占9.38%。提案已解决或采纳的占46%,部分解决或采纳的占40%,解释说明的占14%。此外,按照市政府办公厅要求,办理市人大代表建议12件、市政协委员提案7件。

是年,区政府办的政务督查工作围绕《政府工作报告》任务,按季度进行,主要督促各镇街道和各部门贯彻落实政府重点工作任务的完成情况。对《政府工作报告》确定的8件实事工程,由区发改局每月汇总进展情况上报政府,适时组织相关部门以及人大代表、政协委员实地进行督查。全年办理市政务督查件42件,主要内容为落实市政府工作报告中涉及镇海区的工作任务、市级实事工程和重点项目。办理市政府领导批示件222件,其中办件50件,涉及市级重点项目推进、安全生产、信访维稳等。办理区长批示269件,主要内容涉及群众来信反映征地拆迁、城市管理、物业管理等方面问题。

【实事工程督查】 2014年,全区共安排8项政府实事工程,涉及生态环境专职、路网改造、文化惠民等方面。到年底,6项实事基本实施和完成,有个别工程因故延迟和调整。

表4　　2014年镇海区实事工程完成情况

序号	项目名称	目标任务	2014年实施内容	完成情况
1	生态环境整治工程	对石化区生态环境进行整治提升，启动后海塘区域生态环境提升三年行动，进一步改善人居环境	1.开展石化区生态环境整治工作	石化区蛟川区块雨污水管网提升改造项目完成；石化区生态绿化工程2万平方米绿化工作按计划完成；石化区集中供热动力中心1#锅炉完成投用；启动石化区集中污水处理厂华清环保60吨/天污泥干化焚烧项目建设；LDAR与OGI为主要手段的化工企业废气整治提升工作，全年共检测点位757516个，泄漏点2190个，泄漏率0.29%。已修复1154个，修复率为53%
			2.启动后海塘区域生态环境提升三年行动，完成雄镇路与威海路交叉口1.8万平方米的生态绿化提升，完成物流枢纽港车辆服务中心一期工程建设	威海路东侧生态绿化提升工程已全面完工，其中改造绿地约2万平方米，威海路与雄镇路、平海路、海天路交叉口增加园林小品。车辆服务中心一期已于9月份交付使用，总用地6.9公顷，可停放货运车辆550辆
2	农村生活污水集污和生态化处理工程	全面完成农村生活污水生态化处理目标，推进美丽新镇海建设	完成29个自然村的生活污水治理，其中26个村（计3250户）采用生态化处理方式，3个村（计400户）采用纳厂处理方式	29个自然村的生活污水治理工程全部完工
3	防洪排涝工程	加强低洼地段河道水网建设，提升我区排水防涝能力	1.建成九龙湖镇低洼地防洪排涝应急工程	10月全面完成，已投入使用
			2.建成新泓口强排泵站应急工程	到年底已基本完成
4	煤尘综合治理工程	进一步抑制煤炭扬尘，三年行动计划抑尘率达到90%，改善城区空气环境	1.3号泊位功能调整到位	已调整到位
			2.开工建设北侧防风网，形成闭合型防风网系统	港区北侧防风网桩基已完成，钢结构安装完成50%，15年2月初全面完成。射雾器配置已达到20台，喷淋设施改造完善进入后期；煤炭市场北侧防风网已完工，高空喷淋设施建设完成

续表4

序号	项目名称	目标任务	2014年实施内容	完成情况
5	招宝山城区提升改造工程	实施城区机构养老中心二期工程，提升改造招宝山街道部分散居楼群，改造西门菜场，优化老城人居环境	1.老年公寓、夏金生福利院内原有建筑物改造提升工程完工，新建3100平方米房屋主体结顶	老年公寓、夏金生福利院拆除重建项目办理相关前期手续，新建3100平方米房屋完成主体工程80%。(原夏金生福利院、老年公寓主体建筑经安全鉴定属于危房，故原改造方案调整为拆除重建。)
			2.完成城区内1000户（计60000平方米）老旧住宅小区提升改造	完成约12万平方米维修，超额完成任务
			3.完成西门菜场改造工程	基本完成，2015年1月底经营户回迁，开始营运
6	路网改造工程	改造城区交通拥堵节点，改造提升汶骆西路，基本完成汶溪公交场站迁建，改善周边居民出行条件	1.完成城区单行系统设计改造，完成甬江隧道北出口右转车道拓宽改造	制定实施招宝山街道茗园片区、鼓楼东路、谢家河塘弄等道路实行单向交通组织方案，新增7条单行线。甬江隧道北出口新增4米宽右转车道，已投入使用
			2.完成汶骆西路（汶溪粮站——小洞岙水库入口段）拓宽，路面拓宽至18米；基本完成汶溪公交场站迁建	项目征地拆迁全面完成；公交场站迁建工程基本完成；开展电力、自来水、通信等综合管线铺设工作。(因路网调整后拆迁量增大，增加了前期准备时间，影响了项目进度)
7	镇海污水处理厂二期工程	推进镇海污水处理厂二期工程建设，提高污水处理能力，进一步优化我区水环境	开工建设镇海污水处理厂二期工程，新增3万吨/日处理能力，一期提标扩容至日处理能力6.6万吨，排放水质达到一级A（工期24个月）；铺设2.3km-DN500压力管，改造海天泵站提升泵，新建俞范东路污水提升泵站，年底前完工	镇污二期于已于5月开工建设；临俞片区污水干管工程代年底基本完工
8	文化惠民工程	进一步加强文化、体育设施建设，建成区社会组织公益园（区志愿者服务中心），深化"厚德之城"建设，提高市民道德素质	1.古塘体育场年底前完工	按计划完成
			2.绿轴体育公园一期工程室外工程完工，室内场馆建设主体完工	绿轴体育公园一期建筑场馆主体完成，幕墙施工，室外景观工程完成
			3.建设24小时自助图书馆10个	10台机器全部安装并投入运行
			4.建设农村文化礼堂10个	建设完成
			5.建成区社会组织公益园（志愿者服务中心）	建成并开放运行

（刘　鹏）

政务信息与公开

【概况】 2014年，区政府办公室坚持每个工作日编发一期《每日摘要》，反映全区工作新成效、新经验和出现的新情况、新问题，供区领导参阅，全年编发《每日摘要》248期，刊登信息1200余条。上报国务院和省、市政府办公厅信息1300余条。修订《镇海区政府系统信息工作考核奖励办法》，调整基层级上报信息的考核与奖罚办法，以调动信息员的写作积极性。开展政务信息员业务培训3次，邀请省、市政府信息写作专家授课，培训信息员300人次。完善信息直报、定期约稿等新制度，提高信息"快、准、精"效果，更好地为领导决策服务。是年，区政府办公室超额完成市政府信息考核任务，全年信息得分在全市11个县市区中位列第一、为历年最好名次。区政府办公室获省、市信息工作先进集体称号，并在全省政务信息工作会上作经验交流发言。

是年，全区政府信息公开坚持"以公开为常态，不公开为例外"的原则，依法、及时、准确、全面公开群众普遍关心、涉及群众切身利益的政府信息。区政府办公室出台《政府信息公开绩效测评制度》，推出信息公开约谈制度，保障政府信息的真实性、有效性。继续完善企业政策查询平台和"阳光工程网"建设，抓好行政权力运行、财政资金、公共资源配置、公共服务及公共监管等重点领域信息的主动公开，提高政策文件的透明度和实效性。举办全区政府信息公开业务培训会，派员参加省、市政府办公厅举办的信息公开业务培训班，提升信息公开主体单位联络员业务素质。全年主动公开政府信息14400条，同比增长228%；共受理依申请公开政府信息41件，内容主要涉及征地拆迁、经济政策、建设规划、住房保障、劳动就业等方面。因政府信息公开引起的行政复议2件，经市政府行政复议办公室审理确认维持。因政府信息公开引起的行政诉讼1件，未发生败诉。镇海区获全市政府信息公开年度考核"先进单位"称号。

【上报信息录用868条(次)】 2014年，区政府办公室上报信息1300余条，被国办、省办、市办录用的分别为5条、72条、791条(次)，得到国务院、省、市领导批示的21条(次)。其中，《基层反映新疆籍大学生存在毕业就业率较低现象》《基层反映"营改增"后部分交通运输企业税负"不减反增"》等2条专报获国务院领导批示。《镇海区着力"三会三创"立体式促浙商回归成效凸显》《镇海区圆满完成舟山跨海大桥周边"三改一拆"工作》《镇海区全力打造我省城市平原生态林带样板工程》等19条专报信息获省、市政府领导的肯定批示，并在全省、全市作政务工作学习交流材料加以推广。

【专报信息起到参谋作用】 2014年，区政府办公室编发《专报信息》14期，对区内一些重大动态和问题进行专题记述和反映。其中，"基层反映当前我区小微企业扶持方式存三大局限""基层反映现行经济政策存在若干问题导致'杠杆效应'未能充分显现"等专题反映，为本级领导及时处理解决有关问题起到参谋作用。

【拓展政府信息公开渠道】 2014年，区政府投入专项资金83.8万元，全面升级改造包括政府信息公开系统在内的门户网站群平台，完善主平台功能。利用政务微博、微信等新媒体的互动功能和便捷方式，及时发布各类权威政务信息，与公众进行互动交流。

（陈海群　李　健）

法制办工作

【概况】　2014年，区法制办以全面推进依法治国为主线，深入开展法治政府建设进程，为全区经济社会发展提供良好的法治保障。区法制办印发《重大行政决策程序规定》《行政规范性文件草案公开征求意见的规定》，完善重大行政决策制度、行政规范性文件草案意见征求方式。全年共向市法制办报送规范性文件15件，收到部门规范性文件备案10件。印发《行政复议决定书网上公开暂行规定》，实施行政复议决定书网上公开；受理行政复议申请13起，确认行政机关违法1起，驳回1起，维持8起，撤回复议申请3起；收到行政裁决申请15件，受理15件，其中裁决15件。全年汇总上报各类法制信息663条，其中市法制办录用403条，省办录用169条，国办录用1条，在年度法制信息考核列全省第11名，全市第2名。镇海区获省法治政府建设（依法行政）年度先进单位称号，列市法治政府建设推进工作考核第1名。

【公开政府各部门权力、责任清单】　5月，区法制办会同区编委办、区财政局、区监察局、区审管办实施区政府各部门权力清单编制、审核工作。年底，全区政府各部门权力、责任清单均在省政务服务网公开。

【规范行政机关合同管理】　2014年，对全区32家行政单位开展行政合同专项检查：各单位均建立行政机关合同管理制度，所涉及的681件行政合同均已按规定备案。年底组织全区行政机关合同专题培训，邀请市法制办领导和法律专家现场讲授和释疑行政机关合同事宜。

（俞　刚）

外事工作

【概况】　2014年，全区党政机关、企事业单位组团出国进行招商引资、项目合作、培训学习等公务活动，办理因公出国（境）党政自组团组15批次，出国（境）人员64人次，企业因公出国13人次。

【外国贵宾到镇海】　2014年，有3批（次）外国贵宾公务活动到镇海：2月20日，2014年亚太经合组织人力资源开发工作组21个成员国和地区正式代表一行42人参观考察镇海区大学生创业园，深入了解园区打造的创业环境及管理模式。3月28日，宁波杜亚机电公司新厂房落成典礼，法国驻沪总领事和商务参赞出席。9月25日，荷兰弗里福兰省副省长洋·尼科·阿普曼率经贸考察团一行到镇海区考察，参观约翰迪尔（宁波）农用机械有限公司并就双方业务发展的可能性进行探讨。

【出国招商活动】　9月，区委副书记、区长率团赴越南参加百隆（越南）有限公司投产仪式并出席相关政务活动。此次出访交流，为区内企业赴越南投资、吸引当地“浙商回归”打下坚实的基础。

【开展友城往来活动】　2014年，区外事办开展结好工作，协助区立人中学与英国班戈学院、美国CECA特许学院缔结为友好学校，开展夏令营等友好交往活动。

【妥善处理1起涉外事件】 2014年，区外事办协助市外办处理受中越西沙海域摩擦事件影响、越南发生针对华人的打砸抢事件。区在越南投资企业百隆（越南）有限公司的中方人员的人身安全受到保护，事件得到妥善处理。

（刘斯琮）

应急管理

【概况】 2014年，全区应急管理工作按照“党委领导、政府主导、依托公安、部门联动、社会参与”的综合性应急处置救援体系格局，提高应急处置能力，促进全区应急管理体系建设上新台阶。

全年全区各部门应急管理队伍得到加强：公安部门成立公安武装机动巡逻队，在全区范围开展武装机动巡逻工作。卫生部门新建卫生应急指挥中心，建立卫生应急指挥视频系统，配备单兵设备，开发全区卫生应急指挥决策系统。调整突发公共事件卫生应急专家咨询委员会和卫生应急队伍，成立突发急性传染病防控组、中毒控制和辐射事件处置组、医疗救援组和心理救援组4个专家咨询委员会，疾病控制应急机动队、职业中毒处置应急机动队、区级医疗救援应急机动队和心理危机干预应急机动队4支卫生应急队伍。供电部门成立1支危化区域电力应急抢险救援队伍。区红十字会成立区红十字会海天户外救援队，主要开展户外救援和户外运动知识宣传等行动。

是年，区应急办制定校园突发事件、自然灾害灾民救助等3项专项应急预案，修订特种设备安全事故、森林火灾事故等7项专项预案，完成区政府应急平台项目建设的各项前期准备工作。举办全区应急管理干部培训班，培训区各部门应急管理干部90余人，其中副处级以上干部50余人。收集、整理危化品安全、消防安全和交通安全及各类事故的预防、自救互救等基本常识，印刷并张贴《公共安全知识》挂图15000余张。投资3100万元启动九龙湖镇低洼地防洪排涝应急工程，有效避免重大汛情造成河道涝水倒灌情况发生。

【区应急管理经验被国家级杂志采用】 2014年，全区应急管理工作经验被国家级杂志《中国应急管理》杂志第四期采用。该杂志以《强机制 重预防 提能力——镇海重化工业区全面加强应急管理工作》为题，将镇海区的应急管理工作作为典型加以推广。

《中国应急管理》杂志刊登镇海应急管理经验

【开展政企联动应急演练】 1月23日，区政府组织多部门在蛟川街道开展输烃管线事故高仿真应急救援演练。演练无剧本、无预演、接近实战，在事故模拟设定、演练地点选择及模拟事故处置等方面贴近实际，演练持续数小时，验证了相关部门的突发事故应急联动能力，实现企业预案与区级专项预案的有效衔接。

（舒建民）

人才工作

【概况】 2014年，全区人才工作围绕区委“六大战略”建设目标，进一步完善1+X人才政策体系、健全人才发展工作机制，优化人才发展环境，提升人才工作为公共服务的水平，为全区经济社会发展提供智力支撑和人才保证。全年共引进各类人才6756人，增幅11.6%，其中应届大中专毕业生2966人，硕士以上学历人才258人，海外高层次人才30名，有2名人才自主推荐入选国家“千人计划”，4名人才入选省“千人计划”，2名人才入选市“3315计划”。1人入选浙江省“西湖友谊奖”，实现零突破；9个项目被市外专局列入年薪资助计划；3个国外引智项目被列为国家外专局资助项目，实现零突破；3人外国专家入选宁波市“茶花奖”，1个海外高层次创业人才团队入选浙江省领军型创业创新团队。镇海区大学生创业园获评“全国第二批创业孵化示范基地”。

【出台引才荐才奖励办法】 3月，区委人才办会同有关部门制定出台《关于社会力量推荐引进高层次人才的奖励办法（试行）》，发挥社会力量的引才荐才作用。办法规定，对经人才服务机构、各类社会组织和个人推荐引进的高层次人才，引进后入选各级“千人计划”的给予推荐方60万元以内的奖励；对推荐引进外地入选的各级“千人计划”人才落户区内的，给予推荐的机构或个人10万元以内的奖励。

【出台高层次人才创业扶持资金管理办法】 6月，区委人才办会同有关部门修订出台《镇海区高层次人才创业扶持资金管理办法》。办法进一步完善各职能部门职责分工，调整创业扶持资金的拨付，明确资金兑现流程及相关情况说明。同时，通过现场走访、满意度调查、对账查账、专项调研等形式，委托第三方机构对2011年以来落户镇海的高层次人才创业项目进行绩效评估，提升政策资金使用绩效。

【1名人才入选国家外专千人计划】 年底，宁波晶钻工业科技有限公司的西村教授成功入选国家外专千人计划，实现全区人才工作在这一领域“零”的突破。

【开展高层次人才创业项目评审】 2月，经过前期公告、资格初审，区委人才办组织有关部门领导和专家，对31位高层次人才31个创业项目进行评审，确定24项重点扶持项目。对正式落户的项目，将按项目评估后的扶持类别给予创业启动资金、办公生产用房、生活用房、贷款贴息等专项扶持。

【开展区人才科技周活动】 9月，区人才科技周活动举行。其间，举办镇海杯国际创新设计大赛、镇海中学校友会、人力资源服务平台创新发展推进会、小微企业人力资源管理微服务、高层次人才创业创新沙龙暨“梧桐卡”发放仪式等活动，吸引400余名各类人才参加。同时，与市“人才科技周”活动联动，组织举办院士专家镇海行、海外人才镇海创业行、高洽会博士教授镇海行等活动，接待40余名各类人才赴镇海区考察创业创新环境。

【引进海外智力项目15个】 2014年，全区引进海外智力项目4个，其中3个被列为国家外专局资助项目，共获引智项目资助款39.5万；引进海外工程师项目11个，其中9个项目被市外专局列入年薪资助计划。龙赛医院德国骨科专家顾问团项目，是当年全市唯一的公共服务领域引智项目。

【调整人才住房保障政策】 4月，区人社局制定《关于调整镇海区人才公寓租赁对象及条件等事项的通知》，将本科或中级（含技师）的相关人员纳入租赁范围。是年，可出租房源共297套，其中庄市街道锦绣曙光精装修房源127套，宁波东部新城房源20套，骆驼街道东邑阳光公共租赁精装修房源150套，实现多点布局。12月，区人社局又制定出台新一轮《宁波市镇海区人才公寓购置办法》，进一步放宽申请人的年龄要求、取消申请人落户等条件，完善人才评价机制。全年共拨付人才公寓货币补贴1131.48万元，涉及280人，其中硕士或中级以上人员占比46.5%。

【实施高层次人才“梧桐卡”制度】 9月18日，全区为落户的140余名海内外高层次人才发放“梧桐卡”，将可享受包括创业创新服务、生活服务、休闲服务在内的13类综合性服务。该制度以“妈妈式”人才服务理念为宗旨，通过建立健全全过程服务链和网格化服务机制，定期举行“创业沙龙”、开展服务“大篷车”、建立服务联盟网站等方式，推进全区高层次人才引进和项目落地后的产业化进程，是优化高层次人才创新创业环境的重要举措。

（罗勇勇）

【亚太经合组织（APEC）高官参观大学生创业园】 2月，镇海区大学生创业园被国家人社部选为亚太经合组织（APEC）高官峰会青年创业考察项目，接待来自42个成员体的60多位高官参观交流。其间，考察团了解园区的创业环境、管理模式及政府创业政策，与数位青年创业代表交流，对园区为创业青年提供的高水准、无障碍、集成化公共创业平台给予高度评价。

【镇海区大学生创业园获评国家创业孵化示范基地】 11月，镇海区大学生创业园获评“全国第二批创业孵化示范基地”，成为宁波市唯一、全省第二家国家级大学生创业孵化基地，实现从首批市级大学生创业园、首批省级大学生创业示范基地和第二批全国创业孵化示范基地的“三级跳”。是年，新入驻企业45家，2名大学生创业者获评2013年度宁波市十佳大学生创业新秀，在全市年度考核中位列第一，有关工作经验在全市创业就业论坛中做经验交流，有关工作成效被市政府专报收录。

【推出小微企业人力资源管理“微服务”】 5月起，全区推出小微企业人力资源管理“微服务”。该服务采取政府向专业人力资源机构整体打包购买服务的方式，企业承担小部分费用，专业机构为小微企业派驻人力资源专员开展上门服务，使原本没有独立人力资源部门的小微企业共享“人力资源部”，享受招聘渠道、劳动关系、员工培训、薪酬设计、绩效考核、人才测评、组织架构、投融资等方面的系统支持。首批试点6家小微企业，试点时间为三个月，9月将服务企业数量扩大到16家。全年累计服务企业22家次，投入财政资金36.5万元，企业满意度100%。该做法实现企业、机构、政府、专员四方共赢，《中国组织人事报》《宁波日报》《浙江人力资源和社会保障》等媒体纷纷报道，被省人社厅作为工作交流上报国家人社部。

【实现博士后工作站100%进站开题】 8月18日，宁波中意液压马达有限公司博士后工作站完成博士后进站开题任务，至此，全区6家园区、企业博士后工作站全面完成进站任务，成为全市首个实现博士后工作站100%进站开题的区(县、市)。2005年企业博士后工作站设立以来，全区共创建国家级博士后工作站1家、省级博士后工作站3家、市级博士后工作站2家，累计发放博士后研究奖励70万元，形成以企业需求为动力，以应用为导向的研发体系。截至年底，全区累计有１０名博士后研究人员进站开展博士后课题研究，其中出站4人，在站6人。出站后留区内工作的博士后研究人员1人，实现成果转化新增产值逾亿元。

【5家企业入选市级技术创新团队】 2014年，宁波埃美柯铜阀门有限公司、宁波华通电器集团股份有限公司、宁波立华植物提取技术有限公司、宁波金海德旗化工有限公司、宁波金海电子有限公司等5家企业新晋市级企业技术创新团队，至此，全区有18家企业入选市级企业技术创新团队，总数和鄞州区并列全市第一。

【3人获省级荣誉】 2014年，宁波明欣化工机械有限责任公司的技能大师陈俭峰荣获浙江省第二届“钱江技能大奖”。“钱江技能大奖”是浙江省政府为对全省经济社会发展做出特殊贡献的高技能人才设定的最高奖项，每两年评选一次，每次评选名额不超过10名。镇海石化建安工程有限公司制造部副主任俞晓波和焊工班班长范丽峰入选2013年浙江省首席技师。

【新增培养高技能人才1567人】 2014年，全区新增培养高技能人才1567人，新入选市级技能大师工作室1家，有5名高技能人才分别获宁波市优秀高技能人才奖、宁波市首席工人、2014年度宁波市“技能之星”、宁波市“技术能手”等荣誉；新增2家区级技能大师工作室，举办第二届全国无损检测技能竞赛，选派的参赛企业宁波恒信工程检测有限公司分别获团体赛优胜奖、安全管理奖、个人赛第二名等荣誉；此外，全年共有9名选手在全国、省级技能大赛中获奖。

【启动企业技能人才自主评价工作】 11月，全区企业技能人才自主评价工作启动。全年共有15家企业开展技能人才评价标准化体系建设，其中华通集团、石化建安2家企业组织对高低压电器装配工、维修电工、焊工等工种近200名职工进行职业技能鉴定考试，实质性开展技能人才自主评价，99人通过中级工鉴定。

(徐　璟)

行政审批和公共资源交易

【概况】 2014年，区审管办继续推进“服务型、规范型、优质型、高效型、便民型”的一站式公共服务平台建设，完成搬迁新址工作，同步设立招宝山分中心。

是年，全区各部门进入区行政服务中心审批的事项623项，其中区本级审批事项568项，各分中心55项。中心深化行政审批制度改革，创新行政审批服务机制，提高办事效率和群众满意率。全年受理各类办件363696件，其中区本级受理办件35675件，各分中心受理办件32802件。区本级受理的35675件办件办结率99.8%，平均办理时限比承诺时限提速71.2%，比法定时限提速92.04%。根据电信第三方抽检，群众满意率达到99.2%。全区公共资源交易工作遵循“公开、公平、公正”和诚实信用的原则，规范交易操作，拓展交易领域，出台《镇海区公共资源交易目录》，首次以挂牌方式成功出让海域使用权。区级公共资源交易平台全年完成交易635项，总成交额69.66亿元，节约资金4.63亿元。其中以公开招标、拍卖、挂牌方式成交501项，占全年的78.9%。各镇(街道)、园区9个平台全年完成小型交易项目89项，成交额4691万元，节约资金477.5万元。81890市民服务中心继续实行咨询、求助等便民服务热线24小时在线受理。2014年，中心荣获浙江省文明单位称号。

【搬迁新址并设立招宝山分中心】 10月，中心搬迁新址至区骆驼街道金华南路57号，全区26个部门以整体进驻、首席审批代表形式全部入驻，原社保大厅整体纳入中心管理，计生、民宗、旅游、档案、司法、财政6个部门进入中心集中委托综合代理，出入境、农机、残联、公积金4个分中心统一纳入中心管理，实行全区32个涉审批部门进驻到位率100%，审批事项入驻率91.1%，行政审批专用章窗口启用率100%。中心原址区招宝山街道沿江西路200号变更为招宝山分中心，设有镇海81890市民服务中心和国土、房管、市场监管、质监、人社5个部门的服务窗口，为辖区居民提供50余项综合性业务办理服务。

镇海新城区行政服务中心办事大厅

【创建成浙江省文明单位】 2014年，中心按照浙江省文明单位(窗口服务类)测评要求，以“文明我先行，服务我更优”为口号，从班子建设、业务建设、道德建设、文化建设、单位管理、创建活动、志愿服务、社会贡献、示范作用9个方面着手，深入推进省级文明单位创建工作。年底通过浙江省精神文明建设委员会的考核，获评“浙江省文明单位”称号。

【深化行政审批制度改革】 2014年，中心按照省市区关于推行权力清单制度的统一部署和要求，协助区级部门完成行政审批权力审核，削减一批区级层面审批事项。10月，区31个部门公示“权力清单”，保留行政权力3414项，权力事项与清单推行初始“一报”的6868项相比，精简幅度达到50.2%。3月，初步完成省市141项下放事项的承接和97项削减（冻结）事项的动态调整，下放43项社会管理服务类区级审批权限到镇、街道，扩大了基层经济社会管理的自主权。

【引入OSM现场管理体系】 10月，中心搬迁新址后全面实施香港现场管理学会的OSM①现场管理体系。体系制定工作现场管理、安全管理、服务管理、社会责任意识等OSM标准，提高了中心管理服务水平。

【设立多证联办窗口】 4月，区审管办联合市场监管、质监、统计、公安4个部门推行“一门受理、抄告相关、内部运作、限时办结”的多证联办模式，在中心设立“多证联办”窗口，企业只需提供一套资料，经多证联办窗口审核确认，即进入联合办证流程，四张证件同时发放，解决了以往办理证照时各部门分头受理、资料重复递交的问题。全年完成联办件103件，办结时间由10个工作日缩短至4个工作日，提速60%。

【推出工业投资项目全流程“ETC”88天审批服务】 2014年，中心建立以工业投资项目审批全流程优化设计为重点，业主、中介和审批部门形成“三环一体式”体系，项目一经签约落地，全程纳入高效（Efficient）、直达（Through）、便捷（Convenient）的“ETC”绿色通道，实现工业项目从土地取得到开工建设的审批时间不超过22个工作日，全流程包含中介服务不超过88个工作日，审批提速逾76%，位列全省前茅。全年进入ETC绿色通道项目57个。

【建成全省首个“智能化”投资项目联合审批平台】 2014年，中心引入“材料驱动”联合审批管理理念，将投资项目审批涉及的9个部门、18个审批环节、9个中介环节全部纳入“一窗式”电子审批平台。通过建立电子报审、电子转批、快速核发、节点督查等智能化审批管理模块，实现对各环节审批材料（结果）的快速流转、全程共享及催办联办。

【推出“午间预约岗”】 8月起，中心推出“午间预约岗”，明确与群众关系密切、业务量大的房管、国土等审批窗口在周一、周四中午休息时间（12:30—14:00）为预约工作时间。同时设立统一的预约接待点，办事群众可通过电话或现场预约方式提前1～2个工作日进行预约，相应窗口则会在预约成功后及时与群众沟通确认。

【出台《公共资源交易目录》】 8月，区审管办出台全区首份《公共资源交易目录》，明确将工程建设招投标、政府采购、资产性资源交易、自然性资源交易和行政性资

①OSM（on site management）现场管理体系，主要运用5S（整理、整顿、清扫、清洁、素养）管理方法对服务窗口所有人力、物品、设备、信息、废物等资源进行整理、定位、存放，并制定OSM管理标准，提高窗口服务形象，营造整洁、有序、高效的办事环境。

源交易项目等6大类55项公共资源交易纳入公共资源交易统一平台。规定凡列入目录的项目如在场外进行交易，将一律视作违规处理，由区监察部门对责任单位及责任人进行追究问责。

【首次挂牌出让全区海域使用权】 2014年，全区海域使用权首次以挂牌方式成功出让，填补镇海区海域使用管理工作的空白。挂牌出让的海域位于宁波石化区湾塘片的镇新海出2号、3号两宗用海，面积总计11.2183公顷，出让按照价高者得原则确定竞得人。最终，宁波金海德旗化工有限公司以3946万元竞得镇新海出2号用海的海域使用权，浙江恒河石油化工股份有限公司以1675万元竞得镇新海出3号用海的海域使用权。

【开出首张采购领域罚单】 5月，因提供虚假材料谋取中标，苏州歌拉瑞电梯有限公司被列入区财政局政府采购不良行为记录名单，并处以两年内禁止参加镇海区政府采购活动的处罚，为2013年来全区政府采购领域开出的首张罚单。

信访工作

【概况】 2014年，全区以有序推进信访工作制度改革和机制创新为主线，以制度化、规范化、法制化为目标，进一步畅通和拓宽群众利益诉求表达和解决的渠道和途径，着力规范信访行为和秩序，信访总量总体保持下降。深入开展“依法信访”主题宣传活动，引导群众依法逐级走访、理性表达诉求。建立区管后备干部到信访部门代职和挂职锻炼制度，加大信访干部业务培训和岗位练兵力度。区信访局印发《关于进一步加强信访信息工作的通知》，规范信访信息收集、报送、分析研判等制度和程序；落实集体访和异常访即时短信通报制度。加强信访综合调研工作，共有7篇综合性稿件被市、区级刊物录用，其中《镇海区贯彻执行〈信访条例〉自检报告》受到省、市肯定。

是年，区本级共受理群众信访1802件（人）次、同比下降11.62%。其中，办理群众来信179件、同比下降19.73%；接待群众来访599批1624人次，同比批次上升15.41%、人次下降10.57%；集体访73批835人次，同比批次下降21.51%、人次下降31.67%；区长电话共受理群众来电899件、区长信箱共受理群众网上投诉5975件。区社会矛盾联合调处中心全年接访群众10227批13070人次，当场调处率达85%以上。群众到市集体访9批156人次、同比略有下降；赴省集体访1批5人次，同比持平；去京上访5人14人次（其中非访1人次），同比略有上升，实现重要敏感时段“零非访”。

【深入开展领导干部接访下访活动】 2014年，全区建立重要敏感时段党政领导信访值班和驻点接访、对重大涉稳群体主动约访等工作制度，实现领导干部驻点接访、重点约访、带案下访工作常态化。全年区领导共接访、下访、约访群众348批853人次，基本实现“将上访群众吸附在基层、把矛盾纠纷化解在当地”的目标。

【开展信访积案化解攻坚行动】 3月，区信访联席会议印发《关于开展信访积案化解和突出问题治理专项行动的通知》，部署全面开展信访积案化解专项行动。全年排查梳理区级以上信访积案20件，化解17件(其中省、市级4件，区级13件)，化解率85%。

【全市联合接访现场会暨信访局长会议在镇海召开】 8月8日，该会议在镇海召开。全市各县(市)区信访局局长，宁波杭州湾新区、大榭开发区、宁波国家高新区、东钱湖旅游度假区管委会信访办主任，市信访局领导和各处室负责人等50余人参加。与会人员实地参观镇海区社会矛盾联合调处中心联合接访现场及镇海新城新联调中心，镇海区就联合接访工作做典型发言。会议肯定上半年全市信访工作所取得的成绩，并对下半年工作提出进一步落实信访工作责任、畅通群众诉求表达渠道、健全解决信访突出问题工作机制等六方面要求。

【开展“信访百日攻坚”专项行动】 9月23日，区信访联席会议部署全区开展“信访百日攻坚”专项行动。各地各部门通过“加强排查化解、加强接访下访、加强就地稳控、加强信息预警、加强积案化解”等措施，截至12月31日，全区未发生到中央和省委巡视组驻地闹访滋事和赴省去京集体访、非访，确保国庆65周年庆典、中共的十八届四中全会、APEC会议、中央和省委巡视组巡视等重要会议和重大活动其间信访形势平稳。

【启动新城联调中心建设】 年初，区委、区政府贯彻中办、国办《关于创新群众工作方法解决信访突出问题的意见》精神，按照“一站式接待、一条龙办理、一揽子解决”要求，投资100余万元启动新城社会矛盾联合调处中心建设。中心毗邻新行政服务中心，面积1600多平方米，计划2015年建成投用。届时中心常驻部门达20多个，构建起党委政府信访部门与人大、纪委和政法机关信访部门协调联动、自动分流、衔接顺畅的大信访工作格局，搭建矛盾纠纷“大排查、大调处、大化解”工作平台。

(肖　锋)

中国人民政治协商会议宁波市镇海区委员会

全体委员会议、常务委员会会议

【**概况**】 2014年，九届区政协委员人数为174人，常委会人数为35人。全年区政协就油气管线安全、体育强区建设、社会组织创新管理、城市物流业发展等课题开展调研，与政府协商。加强提案办理协商，提高办理实效。听取科技创新驱动战略实施、旅游投资项目运行等情况通报。监督全区“五水共治”（治污水、防洪水、排涝水、保供水、抓节水）实施情况，开展生态文明建设民主监督。开展“四送四促”服务活动，回应群众企盼，认领了养生知识培训、丰富文化生活、社会保障补助等9个“微心愿”，通过举办健康医疗讲座、赠书、捐款等形式，实现300余名联系群众的愿望。促进各界人士团结合作，发挥文史和联谊团体作用。

【**区政协九届三次会议召开**】 1月12—15日，区政协九届三次会议在镇海九龙山庄召开。区委书记薛维海到会讲话，区政协主席王悦，副主席汪卫国、柴鹏飞、胡文安、石勇、陈利华和秘书长顾其龙出席会议，魏祖民、张江华、顾国芳、褚瑞根、王耀军、杨小平、俞泉云、洪世弈、邓伟余、戴凌云、张颖、林伟明、胡央娣、钟爱红、邬凡敏、顾玉敏、吴存康等区领导和在镇省、市政协委员应邀列席会议。大会应到委员177人，实到委员170人。会议听取并审议区政协主席王悦所做的常委会工作报告和区政协副主席陈利华所做的常委会提案工作报告，选举杨宇伟、余谷峰、沈国强、沈道平、俞美蓉为常务委员。会议收到委员以提案形式提交的意见建议274件，经审查立案224件。16名委员围绕新材料科技城建设、农村环境综合整治、企业安全隐患排查治理等内容作大会发言。会议审议通过区政协九届三次会议决议。会议其间，与会委员列席区第十四届人民代表大会。

区政协九届三次会议召开

【区政协常委会议】 2014年，九届区政协共召开6次常委会议。

九届区政协第十一次常委会议于1月13日召开。会议审议补选常委候选人名单（草案）、选举办法（草案）、总监票人、监票人名单（草案）。

九届区政协第十二次常委会议于1月15日召开。会议听取政协九届三次会议各讨论组讨论情况汇报、《区政协提案委关于区政协九届三次会议提案初审情况报告（草案）》，审议通过补选常委候选人名单、区政协九届三次会议选举办法（草案）、总监票人、监票人名单、《区政协九届三次会议决议（草案）》。

九届区政协第十三次常委会议于2月27日召开。会议审议通过《政协宁波市镇海区委员会2014年工作要点（草案）》、审议通过有关人事事项。

九届区政协第十四次常委会议于6月26日召开。会议专题协商“镇海油气管线安全”和“加强全民健身活动，推进体育强区建设”两项事项。

九届区政协第十五次常委会议于8月29日召开。会议专题协商全区城市物流产业发展和社会组织发展问题。

九届区政协第十六次常委会议于12月29日召开。会议协商《政府工作报告（协商稿）》，通报区政协九届四次会议筹备工作情况，审议通过九届区政协常委会工作报告、九届区政协常委会提案工作报告，通报2014年度各镇（街道）政协工作联络委员会考核情况，表彰2014年度先进界别工作委员会、委员活动积极分子、优秀提案、社情民意信息工作先进集体和先进委员。

主要工作与活动

【概况】 2014，区政协履行政治协商、民主监督、参政议政职能，助推全区经济社会科学发展。政协主席会议就科技创新驱动战略实施、旅游投资项目运行、全域城市化、新城核心区重点项目建设、石化区总体规划修改等事宜与政府协商。政协专委会就提案办理落实、区域新闻宣传、民主法治示范村(社区)创建、发展楼宇经济等与有关部门进行对口协商。6个政协工作联络委员会在各镇、街道开展民主监督、参政议政活动。10个界别工作委员会组织委员了解区情,反映民意,为促进经济社会发展建言献策。区政协举办各界人士新春茶话会,加强与社会各界人士联络联谊,促进大团结、大联合。区政协办在新闻媒体"政协之窗"、"政协视角"专栏刊登政协文章、播放委员风采,全年共在《人民政协报》《联谊报》《宁波政协》等各级媒体刊发各类宣传稿件350多篇。

【以主席会议形式履行政协职能】 2014年,九届区政协委员会召开第二十四至三十二次共9次主席会议。会议采取听取汇报、实地视察等形式,对科技创新驱动战略实施、旅游投资项目运行、国民经济社会发展及财政预算执行、全域城市化、新城核心区重点项目建设、石化区总体规划修改等事宜,开展政治协商和民主监督,组织委员对西门菜场改造、农村截污工程、体育公园建设等政府实事工程,开展专题视察并跟踪监督,助推民生工程落实。

【举办"界别活动周"活动】 2014年,区政协围绕连心解忧"四送四促"(送文化、促提升;送医疗、促健康;送科技、促发展;送温暖、促和谐)主题,举办"界别活动周"。其间,开展赠书送智、广场咨询服务、联合视察"五水共治"、医疗健康讲座和"走亲连心"大走访等活动。区政协机关和各界别工委共举办各类活动26项,现场服务群众800余人次,走访群众600余人次,反映或协助解决一批群众关注的热点难点问题。

政协委员现场解答群众咨询问题

【专项监督"五水共治"】 2014年,区政协开展"百名委员同行、共推'五水共治'工作"专项民主监督活动。活动以视察调研、随机走访、小分队暗访、记民情日记和反映社情民意等形式,对治污主要河段、防洪排涝重点工程实施情况开展民主监督。至年底,区政协共召开有关"五水共治"的座谈会21次,组织委员专题视察、调研28次,实地察看65个村(社区)、71条河、35家企业,发现问题41个,提出意见建议63条,全部被区有关部门采纳。

提案与社情民意

【概况】 2014年,区政协委员提交提案274件,经审查立案224件。其中委员提案190件,集体提案34件。对未予立案的50件,以信息和社情民意等形式,转有关部门参考。提案涉及经济科技方面的40件,占总数的21%;涉及城建交通环保方面的

74件，占39%；涉及教文卫体方面的48件，占25%；涉及劳动人事社会法制方面的28件，占15%。提案交55个单位办理，年底提案全部办复，委员对提案答复办理满意率达91%。全年收集社情民意600多条。

【4件重点提案得到办理落实】 2月，经区政协主席会议审定,《关于镇海区公共资源交易小型平台超限额项目的问题及对策建议》《关于加强和提升镇海区成人文化技术学校建设的建议》《关于加快实施我区农村生活污水处理工程的建议》《关于进一步加强镇海区流动人口规模管控的建议》4件提案被列为区政协2014年度重点提案，由主席会议督办。12月，全部得到办理落实。

【反映社情民意600多条】 2014年，区政协向区委、区政府及区有关部门反映社情民意600多条，向区委办、市政协上报500多条。其中“油气管线使用年限存在法律空白”得到中央政治局常委、全国政协主席俞正声批示。多条社情民意编成信息上报，其中《关于长三角海铁联运发展的对策建议》《工商登记制度改革后存在三问题亟须关注》等2条被中央办公厅和全国政协采用。

（庄丽华）

人民武装

综述

2014年,镇海区人民武装工作以习近平主席强军实践要求为指引,贯彻落实省军区、军分区总体部署,深化军事斗争准备,强化后备力量建设,推进军民融合发展。区人武部围绕“能打胜仗,作风优良”主题主线,坚持“抓经常打基础、固强项补短板、讲创新求发展”,振奋精神谋打赢,完成各项军事斗争准备工作。依据军分区下达的任务,修订完善20多类行动预案、10余个非战争军事行动应急预案。加强国防后备力量建设,开展民兵整组、分队演练和应急救援等训练,组织民兵分队参加全市民兵应急连规范化建设现场观摩会课目演示。开展民兵信息网建设,完成人武部民兵武器装备仓库调整改造工程。开展“战斗力标准大讨论”活动。结合新兵欢送仪式组织500余人举办“中国梦、强军梦”主题国防教育活动。做好首次网上兵役登记,完成第二年度夏秋季征兵工作,征集的大学生新兵比例达54.8%。是年,区人武部被军分区表彰为年度军事训练先进单位。

部队建设和征兵

【概况】 2014年,区人武部坚持依法治军、从严治军,通过开展“学条令、用条令”活动,查找和纠治潜在问题,提高法规制度执行力。完善民兵武器仓库,规范专武干部和职工队伍着装。坚持按纲施训、从严治训,强化训练,区人武部干部在军分区组织的考核中,成绩名列前茅。实行秘密载体管理和保密办公,加强车辆安全和重要目标管控,消除影响安全的事故隐患,实现全年无事故、无案件的目标。推进夏秋季征兵工作流程,实现兵员素质的进一步提升。

【完成专武干部与职工换装】 2014年,区人武部按照政策法规要求,为各镇(街道)专武干部和人武部全体职工配发“07”式军服,统一着装。

【强化营院安全管理】 2014年,区人武部以昆明“301”特大暴恐事件为警示,组织3次营门警卫应急演练,强化部营院安全管理。

【武器仓库改造完成】 2014年,区人武部投入40余万元改造民兵武器仓库，将武器仓库搬迁至人武部营院内。年底改造完成，基本达到省军区要求的“部库合一”标准。

【兵员素质再创历史新高】 2014年，区人武部开展首次网上兵役登记工作。组织工作人员赴浙江纺织学院等高校，以宣讲队伍宣讲、发放宣传单、悬挂横幅、张贴宣传画等形式，开展对大学生的征兵宣传。夏秋季征兵向部队输送的新兵，大学以上比例占54.8%，兵员素质再创历史新高。

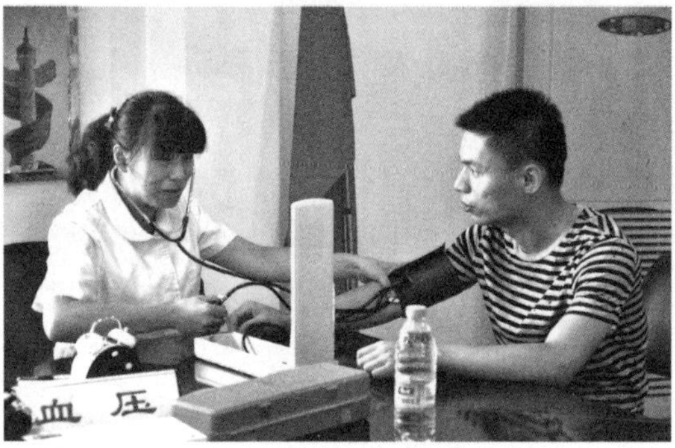

青年征兵体检

国防教育

【概况】 2014年，全民国防教育活动结合国内外形势变化，以国防教育日、节日、征兵工作等为重点时段，借助区新闻媒体，利用辖区内海防历史纪念馆、防空博览园等国防教育基地，开展国防教育活动，弘扬镇海的海防历史文化，激发群众爱国主义情怀。区四套班子领导赴舟山海军某基地参加“军事日”活动，邀请国防大学教授为全区各单位领导作当前国际形势主题报告讲座。结合新兵欢送仪式，举办“中国梦、强军梦”主题国防教育活动。“国防教育周”活动其间，利用镇海新闻网平台开展网络征文与国防知识有奖竞答活动。

【举办“中国梦，强军梦”主题全民国防教育活动】 2014年，首个抗战胜利纪念日当天，结合新兵欢送仪式，区人武部在百年名校镇海中学举办有区四套班子领导、革命前辈、民兵、中小学生等500余人参与的“中国梦、强军梦”主题国防教育活动。

国防教育现场

【邀请国防大学教授为全区单位领导授课辅导】 2014年，结合区党委中心组理论学习，区人武部邀请中央电视台特约军事评论员、国防大学军事科技教研室副主任李莉教授为全区各单位领导作题为《世界军事形势与中国国家安全》的国际形势报告。

民兵预备役

【概况】 2014年，区人武部加强国防后备力量建设，夯实国防动员基础性工作，调整基干民兵、人防交战队伍和预备役部队。按照“建战一致、编用一致”的原则，集中整顿民兵组织。开展民兵整组、民兵分队训练，落实训练内容、时间和人员，训练课目合格率达95%。利用集训间隙举办6堂政治教育课，加强民兵预备役人员思想政治教育。与海军预扫大队举行预备役集结点验大会。开展重要目标防卫实兵演练，与武警、公安等单位共同组织镇海国家石油储备基地重要目标防卫(协防)实兵演练。加强民兵信息网建设,收集上报辖区海防维安、涉恐维稳、敌对势力破坏情报信息。

【举行集结点验大会】 2014年,区人武部和海军预备役扫雷船大队在海军侦测船大队组织举行"宁波海军预备役扫雷船大队镇海侦察船中队集结点验"大会。来自招宝山街道、庄市街道、骆驼街道、澥浦镇、九龙湖镇的海军预备役士兵和预备役士官接受点验。

海军预备役集结点验

【开展民兵分队多项训练】 2014年,区人武部采取理论辅导和训练演练相结合的方式,组织6个镇(街道)民兵应急连开展多项专业集训;组织民兵水上救援分队40名队员,围绕水上抢险、救援项目展开强化训练;组织防化分队赴奉化参加全市民兵应急连规范化建设现场观摩会课目演示。

民兵集训

【开展重要目标防卫实兵演练】 2014年,区人武部会同镇海区国储基地、武警九中队、九龙湖镇武装部、澥浦镇派出所等单位开展镇海区国家石油储备基地重要目标防卫(协防)实兵演练。演练出动民兵、武警、派出所民警100余人,动用车辆5台,重点演练反渗透、反嵌入、防止敌特工人员潜入及消除袭击后果等各类情况的处置。

(谢 楠)

民兵整队参加演练

人民防空

【概况】 2014年,全区人民防空工作以信息化建设和提高通信指挥能力为核心,建立较为完善的警报报知体系和疏散保障体系,建立国家人民防空教育培训宁波基地。按照警报建设规划和布局要求,新安装警报器1台,完成指挥信息系统、网络升级和短波数传建设,警报设施使用状态保持良好。完成"5·12"防空防灾警报试鸣任务,警报器鸣响率100%。全区已建人防工程的标识标牌安装和更新达100%,新竣工的项目使用新型统一标识标牌达100%。

【国家人民防空教育培训宁波基地成立】 1月,国家人民防空教育培训宁波基地成立,主要职责为承办人防系统各类教育培训和人防监理执业资质培训，负责全区人防施工监管和验收，维护和管理区域内人防设施，操作管理镇海区人防指挥自动化系统。

【全程参与“浙江金盾—14”演练】 9月，区8部门的12个单位全程参与“浙江金盾—14”演练，招宝山街道10个社区（村）280人参加重要目标附近应急疏散演练，区人防办和镇海炼化公司联合进行重要经济目标防护演练。

【全区在建结建人防工程15个】 2014年，果蔬交易市场、新恒德红墅湾、锦汇财富广场等19个人防结建工程竣工。年末在建结建人防工程15个。全区建成的人防工程累计69个。

（冯国定）

拥军爱民

【概况】 2014年，区双拥办完善镇（街道）主要领导负总责、各相关部门密切协作的双拥工作体系。开展春节及“八一”其间驻镇部队走访慰问活动，支出慰问金141万元。开展“和谐军休家园”“和谐军休家庭”创建活动。完成清明、“9·30”烈士纪念日烈士祭扫等工作。全面落实各项优抚安置政策，实现重点优抚对象抚恤补助及自主就业退役士兵一次性经济补助标准城乡一体化。开展烈士证、伤残军人证换证以及烈士遗属免费公交卡办理等工作。开展2013冬季年退役士兵职业技能培训工作，43名退役士兵通过考试获得相关职业资格等级证书。

是年，全区接收退役士兵84名，发放自谋职业补助金314.4万元。区重点优抚对象有：烈属7人，因公牺牲9人，病故9人，革命伤残102人，在乡复员87人，两参105人，带病加乡5人，军事精减1人。全年为各类重点优抚对象发放抚恤、补助金534.4万余元。支出春节及“八一”驻镇部队慰问金141万元。区军队离休退休干部休养所历年接收安置军队离退休干部62人，自然减员2人，年末在休养所休养生活尚有30人。

【实现重点优抚对象补助城乡一体化】 2014年，按照优抚对象抚恤补助标准自然增长机制，全区首次对重点优抚对象及参战参核人员抚恤补助标准实行城乡并轨发放。7月起，在乡复员军人（1954年10月31日前入伍）、在乡伤残军人、三属人员、两参人员、带病回乡退伍人员抚恤标准分别提高10.2%、12.2%、10.6%、7.6%和10.4%。10月起，在职伤残军人标准提高19.8%，60周岁以上农村籍退役士兵老年生活补助标准每服一年义务兵役每人每月提高5元。

【统一自主就业退役士兵城乡补助标准】 2014年，根据《宁波市自主就业退役士兵一次性经济补助办法（暂行）的通知》精神，全区首次统一城乡标准，确定至2013年度冬季服役满2年的自主就业退役士兵一次性经济补助标准为33887元。其中每多服役满1年增发标准的10%，全日制普通高等学校大专毕业以上文化程度入伍增发标准的100%。2013年冬季全区自主就业退役士兵共79人，其中城镇33人，农村46人，共发放一次性经济补助共计314万余元。

（赵　彬）

法 治

综 述

2014年，全区政法工作围绕区委“六大战略”和“六个示范区”战略部署，回应人民群众的新要求新期待，深入推进“平安镇海”“法治镇海”建设，维护社会稳定大局，营造安全、稳定、有序的社会环境。健全社会治安立体防控体系，强化社会面巡控。推进区、镇（街道）、基层村（社区）巡逻防控体系建设，完善以“110”为龙头、以巡特警为主力、以派出所为依托，以群防群治力量为补充的治安巡控体系。深化大工程单位平安创建，配套制定联席会议、协同联动、信息通报、应急联动等4项制度，构建驻镇大工程单位平安建设共创共建机制。建立健全社会治安重点地区排查整治长效工作机制，“点题式”难题破解市级挂牌的九龙湖工业园区重点整治区域。出台矛盾纠纷排查调处工作实施意见，全面推进矛盾纠纷排查调处。

是年，开展打击侵财犯罪、“扫丑恶保民生”等专项整治行动，严厉打击各类违法犯罪，全区刑事案件发案4558起，同比下降4.2%，其中命案发2起破2起。加强危险物品、交通安全、消防安全、食品药品安全管理，全区安全生产事故150起，同比下降9.6%；死亡34人，同比下降22.7%；经济损失172.3万元，同比下降64.9%。联合交警、公安、城管等职能部门，开展宁波北高教园区联合整治，打击、收缴180多辆黑三轮车。关注上海亚信峰会、十八届四中全会、APEC高官会议等重要时间节点，建立完善区防范处置非法聚集活动联合指挥机制，强化情报信息收集和特殊群体、重点人员的教育稳控，全年受理群众来信来访1802件（人次），同比下降11.6%，实现重要敏感时段“零非访”。继续加强打击邪教势力、黑恶势力的幕后煽动、阴谋破坏等活动，全年破获2起散发邪教资料案件。制订防范企业金融风险专项活动实施方案，妥善处理经济领域不稳定问题，全年妥善化解欠薪不稳定问题30余起，涉及企业30多家、职工2000余人、金额3000多万元。健全重大决策社会稳定风险评估机制，全区累计开展重大决策社会稳定风险评估事项43项，其中市级重点项目7项，区级重点项目15项。

是年，全区没有发生“一票否决”重大事件，衡量社会稳定的四个主要指标中，安全生产事故数、信访总量、群体性事件、刑事发案数均实现下降。镇海区获省平安县(市)区称号。

【试点新型网格管理服务机制】 2014年,全区试点新型“网格化管理,组团式服务”①机制。将网格统一定位为党委、政府向村(社区)延伸一级的基层管理工作单元,按照“1+1+1+X”(一位网格长、一批网格员、一批网格指导员和若干网格志愿者)的网格模式统一网格工作资源,把以往由综治、城管、消防、安监等部门自行划分的管理网格,改由镇(街道)统一划分网格,形成基层社会治理新模式。建立村(社区)党总支书记负总责、副书记具体负责、各网格长各负其责、联村组督促指导的责任管理体系,区委政法委(区综治办)、镇(街道)定期督查责任管理体系履责情况。对接省平安信息系统,开发具有移动智慧社管功能的“平安e通”信息系统,提高网格管理与服务效率。先行试点的庄市街道建立14个村(社区)社会服务管理站、111个网格,培训网格长101人,网格员400余人,组建126支基层服务团队。年底,街道全部网格累计走访群众2.5万人次,同比增加76%;排查问题2000多个,同比增加42%,提供各类服务1800余次,同比增加40%,实现将服务延伸至社会末端,每个网格都有人管,各条线都有负责人的工作局面。此项工作得到省委常委、市委书记刘奇的肯定与批示。

【建立矛盾纠纷处置群众满意评判机制】 2014年,全区建立矛盾纠纷处置群众满意评判机制。该机制以加强区矛盾联合联调中心、镇(街道)社会服务管理中心、村(社区)综治工作站三级社会矛盾平台建设为重点,建立矛盾纠纷“五星”预警机制②,建立完善矛盾纠纷排查化解、心理干预、权益保障机制,构建社会矛盾预防化解联动格局。是年,全区各类调解组织共受理调处各类矛盾纠纷9017件,调处成功8983件,调处成功率99.6%。该工作获市有关领导肯定并被列入全市社会治理重点创新项目。

【成立平安志愿服务社会组织】 2014年,全区在全市率先成立“平安镇海”建设志愿服务社会组织,按功能不同划分为平安宣讲团、平安督查团、平安关爱团、平安信息团等4个志愿团队,有近200人加入。全年平安宣讲团共为6个镇(街道)3000余名群众讲解交通、消防、禁毒等方面的知识,平安督查团参加3次平安暗查暗访,检查企业、会所、超市、网吧等场所,丰富督查内容形式,平安关爱团关爱社区矫

①“网格化管理,组团式服务”:根据属地管理、地理布局、现状分布等原则,将管辖区域划分成若干网格化的单元,整合各方力量,组成专门的团队,对每一网格实施“一对一”全方位、动态性、数字化管理,为网格内的居民提供多元化、精细化、个性化的服务。开展“网格化管理,组团式服务”工作,既能推进基层党建工作的新发展,又能破解基层社会管理服务以条为主、各自为战的局限性问题。

②矛盾纠纷“五星”预警机制:根据矛盾纠纷危急程度和发展态势确定为五个级别,一星最低,五星最高。对排查出来的各类矛盾纠纷按照权限实施“星级”评估,明确办理责任主体,启动相应的工作方案。

正人员、未成年人100多人，平安信息团共提出各类意见建议60余条。这些组织进一步提升了“平安镇海”建设的知晓率、参与率、平安感满意率。

【推进“平安细胞”工程创建活动】 2014年，全区推进平安校园、平安企业、平安农机等17项基层、行业（系统）“平安细胞”工程创建活动，延伸平安创建覆盖面，扩大平安创建影响。年底，全区90个村（社区）推动平安建设，累计走访群众7.2万户35.7万人；结合“平安宣传月”等活动，区、镇（街道）共发放平安倡议书、网格服务卡21.3万份；全区建成封闭、半封闭和物业管理安全小区320余个，70%以上实现“零发案”。镇海区荣获2014“全国平安农机示范区”称号。

（徐表炎）

公 安

【概 述】 2014年，镇海公安分局围绕提升人民群众的安全感、满意度的总目标，坚持把群众关注的重点作为严打整治的着力点，抓住影响人民群众生命财产安全的突出治安问题，开展打击侵财犯罪、“扫丑恶保民生”等专项整治行动，严厉打击各类违法犯罪。是年，全区各类刑事案件立案2956起，与上年同比下降0.44%；刑事案件破案1758起，与上年同比下降7.5%；查处治安案件5297起，与上年同比下降8.05%；抓获各类违法犯罪嫌疑人2394人，与上年相同下降8.14%；命案发2起，破案2起。

是年，分局围绕“不放过一个细节，不忽视一个漏洞”的工作原则，强化安全保卫工作，完成“元宵节、清明节”“人大、政协会议”、亚太经合组织（APEC）第一次高官会、上海亚信峰会“环沪护城河”安保、南京青奥会安保及香山寺岁末年初撞钟进香、招宝文化节等40场次大型安保任务和16批次各级警卫任务。投入警力1380余人次处置聚众闹访事件20起，完成中金石化环评、稳评其间安保维稳工作，投入安保力量1200余人次参与维护蛟川、骆驼、庄市等地“三改一拆”项目秩序40场次。做好初信初访的回访反馈工作，接待来访群众321批次共383人次，受理初信初访249件，办结245件，办结率98.4%。加大公安宣传力度，在《东南商报.警周刊》等新闻媒体推出《社区民警的时间都去哪儿了》等系列宣传报道。完善镇海“网络问政”平台每日巡查、回应、督导机制，服务和帮助群众关心的“微服务”“微案件”“微纠纷”121条。

分局被评为2014年度全市“打击整治黄赌违法犯罪”先进单位、全市巡特警工作优胜单位，2个集体和1名个人立二等功，4个集体和25名个人立三等功；区看守所获2013—2014年度全省政法系统先进集体、全市基层科普示范单位，交警大队车管所被省公安厅评为一等县级车辆管理所，禁毒大队获全省公安系统温暖警营荣誉称号；骆驼派出所被评为全市公安机关“扫毒害、保平安”严打整治行动及“肃毒害创平安”百日攻坚会战成绩突出集体、全市公安机关打假行动成绩突出集体；澥浦派出所被评为2014年度全市优秀公安基层单位。

【严打涉黑涉恶犯罪】 2014年，镇海公安分局坚持“从重从快、依法打击”原则，围绕接处警、执法办案、基础摸排等环节，广辟线索来源，灵活运用异地用警、协同作战等机制，加大涉黑涉恶情报线索的收集力度。全年打掉各类涉赌及工程领域等恶势力团伙5个，破获涉恶案件30余起，抓获团伙成员110余人。

图为镇海公安分局抓捕吴某平为首的恶势力团伙现场（11月6日）

【打击侵财犯罪】 2014年，镇海公安分局发挥各警种合成作战、快速反应的优势，对侵财案件实行刑事侦查、技术侦察、网络侦查、视频侦查、派出所共同参与等合成工作机制，提升打击实效。是年，破获“盗抢”刑事案件1190起，抓获犯罪嫌疑人400人，打掉侵财犯罪团伙7个，追回赃款253万余元，案件追赃率73%。

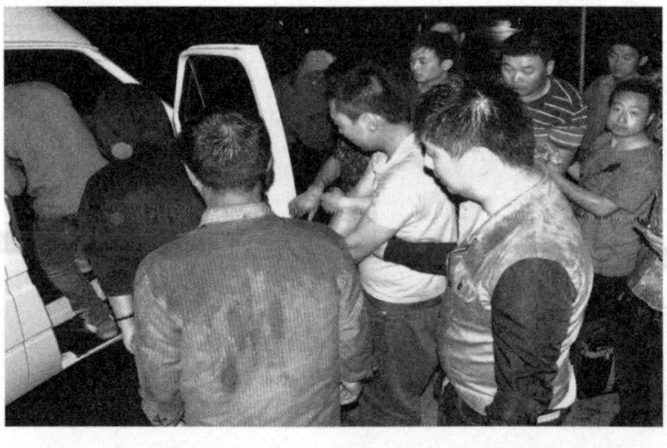

图为镇海警方打掉江苏东海籍盗窃盗抢团伙（5月13日）

【打击涉丑及民生犯罪】 4—11月，镇海公安分局开展以打击“黄赌毒”“食品、药品、环境”等违法犯罪为主要内容的“扫丑恶、保民生”专项行动。其间，共破获“黄、赌、毒”案件465起、“食、药、环”案件8起，处理违法犯罪人员749人，打掉“黄、赌、毒”犯罪团伙18个，缴获赌资、毒资40余万元、毒品1700余克、麻古5000余粒，强制隔离戒毒人员34人。

【打击经济犯罪】 2014年，镇海公安分局以“护航改革、保障民生”为目标，开展“打假打传”“打击金融税收”“猎狐”等系列专项整治行动。全年破获经济案件39起，其中破获侵犯知识产权案件12起、传销案件9起，捣毁传销窝点14个涉案价值6863万元，抓获犯罪嫌疑人45人。

【开展百城禁毒会战】 2014年，镇海公安分局按照“打击力度要狠、收戒力度要大”的要求，开展“百城禁毒会战”行动。是年，分局破获“省目标2014—72”毒品案等重大贩毒案件，破获涉毒刑事案件60 起，刑事拘留65人，查处容留他人吸毒案件25起，刑事拘留27人，破获涉毒团伙案件7起，移送起诉56人，强制隔离戒毒103人次，强戒率23.04%。

【启动武装机动巡逻机制】 9月1日，镇海公安分局投入350余万元，增加12辆运兵车、37辆警用摩托车及单警防护装备，启动武装机动巡逻机制。按照以“布警于街面、处警于巡逻、处置于动态”的工作理念，建立“以巡特警为主力，其他警种为辅助”的专业化巡控工作机制，以4班2运转的勤务模式，开展24小时武装巡逻。全年成功处置各类街路面突发事件44起，打处违法犯罪嫌疑人员61人，占分局打击处理总数的10.7%。街面可防性案件与2013年同比减少2.1%。

图为镇海公安分局启动武装机动巡逻机制(9月1日)

【打击网络犯罪】 2014年，镇海公安分局依托银行、派出所等各窗口单位，会同金融部门建立警银协作关系，加大对通讯(网络)诈骗犯罪的打击力度。是年，开通“账号查询”“冻结”等绿色通道，为群众挽回损失18万余元；向群众发放防范通讯(网络)诈骗宣传资料17万份，打掉通讯(网络)诈骗团伙6个，破获“伪基站”案件2起。

【推行“河道警长制”】 2014年，镇海公安分局推行“河道警长制”，确定19名副处级以上领导担任区级“河道警长”，81名派出所民警担任189条镇(街道)级河道的“河道警长”。开展打击污染环境违法犯罪活动，全年排查涉水不稳定因素8起，化解各类矛盾纠纷6起，破获污染环境的刑事案件3起，对5人采取刑事强制措施。

【开展乱点区域整治】 2014年，镇海公安分局会同区相关部门对北高教园区等8个治安乱点小区开展专项整治。全年小区发案量平均下降10%，高教园区刑事、治安案件发案数分别比2013年同比下降9.6%、35.3%。

【加强行业场所管控】 2014年，镇海公安分局按照属地管理和“谁主管、谁负责”“谁经营、谁负责”的原则，由派出所与行业场所法人签订《治安责任书》，实施法人责任倒查制、法人违规告诫制、法人履责记分制等契约式管理制度，落实行业场所业主、从业人员等在守法经营、安全管理、日常检查、可疑情况报告等方面的职责。是年，分局做出法人告诫61家，警告责令改正75家，停业整顿6家，取缔5家，罚款2.6万元。

【推进看守所“五化”建设】 2014年，镇海公安分局以“五化建设”[①]工作为载体，创新机制，精细管理，全力推进看守所各项建设。7月22日，完成拘留所改造项目并投入使用，配齐数字化监控、被拘留人员报警装置、远程视频会见室等硬件设施，解决治安拘留异地关押难题。是年，区看守所收押犯罪嫌疑人1294人，与上年相比上升0.5%。月均关押量258人，与上年相比下降14.85%。最高关押量306人，审

①“五化建设”：指看守所勤务模式科学化、执法行为规范化、管理方式精细化、监管手段信息化、设施保障标准化建设。

核、办理减刑4人，投送监狱70批次321人。截至年底，关押总人数270人，未判决在押人员230人，判决未生效68人，判决生效16人，留所服刑24人。

【加强出入境管理】 2014年，镇海公安分局完成新版电子往来港澳通行证的启用工作，提高往来港澳通行证、签注的签发和查验效率，增强证件防伪性能。全年受理公民出国出境申请19995人次，同比上升25%。其中台湾团队3095人次，港澳通行证7492人次，护照9408人次。建立“以证管人”模式与签证实时监控系统，落实“日清”制度，进一步规范外国人签证管理工作。全年查处境外人员违反临时住宿登记案件20余起。加大打击非法聘雇外国人单位力度，完善外国人查处和遣送长效机制，查获并遣送出境1名韩国籍非法居留人员。

【建成全区治安动态系统】 2014年，镇海公安分局建成全区治安动态系统，安装摄像机250个，其中投入500余万元升级改造石化经济开发区视频监控，建成分控中心1个，增加摄像机100个，改造摄像机66个；投入69万元建成无线基站1个，改造3个基站，实现分局350兆集群系统与宁波市公安局无线网络对接。是年，分局通过视频侦查破案214起，占破案总数的31.24%，抓获各类犯罪嫌疑人259人。

（乐俊凯）

检　察

【概况】 2014年，区检察院围绕区委深入实施“六大战略”要求，强化法律监督，全面履行各项检察职能。全年依法批准逮捕各类刑事犯罪案件321件509人，提起公诉747件1030人。

依法打击各类刑事犯罪。全年批准逮捕故意杀人、故意伤害（重伤）、强奸等严重暴力犯罪案件19件29人，提起公诉19件19人；批准逮捕“两抢一盗”等多发性侵财犯罪案件158件239人，提起公诉205件302人；批准逮捕“黄赌毒”等严重妨害社会管理秩序犯罪案件72件147人，提起公诉72件182人。

加大职务犯罪打击力度，查办重点领域职务犯罪大要案、窝串案，全年共立案查办职务犯罪案件14件14人。其中涉案金额5万元以上大案13件13人，涉案金额125万元；县处级以上要案2件2人，其中本级现职①领导干部1人。贪污贿赂犯罪案件中，牵涉资金使用物资采购等工程建设领域等犯罪案件5件5人。

加强刑事诉讼监督，全年提前介入重大案件5次，监督立案、撤案19人，其中1人被判处有期徒刑11年，追捕、追诉19人。加强民事审判、行政审判和行政执法监督，对生效裁判、民事执行、行政执法监督各类问题提出纠正意见23份，开展案件网上评查工作，共评查民商事判决100余件。加强刑罚执行和监管活动监督，向有关单位提出书面检察建议11次，经监

①本级现职：指镇海区部委办局、两院领导班子成员和镇、（街道）党委、政府、人大、政协领导班子成员。

督1人被相关部门给予党政纪处理；妥善处理服刑人员申诉案件5件，维护被监管人合法权益。加强社区矫正法律监督，督促对5名保外就医罪犯重新体检，1名不符合条件的保外就医罪犯经监督被依法收监。保障刑罚执行活动公平公正。

贯彻宽严相济刑事政策，落实刑事和解、检调对接、羁押必要性审查、外来人员平等适用非羁押性强制措施等机制，严格把握逮捕、起诉标准，坚持少捕、慎捕。全年依法不批准逮捕、不起诉61人，同比上升69.4%，经羁押必要性审查改变强制措施8人，努力减少社会对立面。

【全面运行统一业务应用系统】 自2014年1月1日起，按照全国检察机关部署，区检察院正式运行统一业务应用系统。该系统融办案、管理和统计于一体，至此检察办案正式告别纸质化，迈向现代化，实现网上办案、网上管理、网上监督和网上考评，实行全省案件集中管理机制改革。

【“走村入户、进校联企”法律服务活动启动】 2014年，区检察院启动为期三年的“走村入户、进校联企”活动。活动旨在推动干警深入实际、深入基层、深入群众，服务发展、服务基层、服务群众，在全区范围内确立结对街道、联系企业，每年开展走访调研，宣传法律法规知识。年底院领导分别带队赴结对的6个镇（街道）进行走访，征求基层对检察工作意见和建议，主动接受监督。

【预防涉农职务犯罪警示教育基地建成】 2014年，区检察院建成全省首个预防职务犯罪涉农警示教育基地。基地位于骆驼街道里洞桥村，总投资约20万元，总面积约300平方米，展厅共有大小展板65块，文字描述1万余字，包含大量涉农预防职务犯罪的要点，分为决策篇、历程篇、实践篇、历史篇、案例篇、说法篇及多媒体区等功能区域。基地以区各镇（街道）、村（社区）两委会成员、大学生村干部等与“三农”工作直接联系的基层干部为警示对象，列举2012年来全市各级检察机关查处的具有典型意义的涉农职务犯罪案件，全年累计接待村(社区)两委成员、大学生村干部等27批次1000余人。

骆驼街道村（社区）村（居）务监督委员会主任参观预防涉农职务犯罪警示教育基地

【建立未成年人检察工作特殊机制】 2014年，区检察院制定办理未成年人刑事案件特殊规定：成立未成年人刑事检察工作组，建立未成年在押人员心理干预、未成年人犯罪档案记录封存等工作机制，创建“新起点”观护基地，通过帮教形式帮助涉案未成年人顺利回归社会。宁波凯亿轴承有限公司、镇海职业教育中心学校、镇海招宝山街道胜利路社区等单位成为第一批观护基地。该规定集捕、诉、监、防于一体，推进未成年人检察工作向办案专业化、保护全程化、帮教社会化、预防多样化发展。

【公诉全市首例利用“伪基站”犯罪】 2014年，区检察院以破坏公用电信设施罪和非法获取公民信息罪对犯罪嫌疑人房剑峰依法提起公诉。2010年以来，房剑峰采取从他人处购买、互联网下载等方式，非法获取公民信息2900余万条，指使他人利用“伪基站”设备在慈溪、绍兴等地向群众非法发送短信20余万条，谋取非法利益0.9万元，严重干扰公用电信网络信号，危害公共安全。

【开展重大工程项目化廉洁管理】 2014年，区检察院对宁波石化经济技术开发区基础设施及功能平台建设、镇海电厂动力中心、新泓口强排泵站建设等重点工程开展项目化管理，规范和拓展行贿犯罪档案查询的应用范围，推进重大工程廉政建设。同时依托“惩防一体化”机制开展同步预防，营造重点工程领域反腐倡廉环境。

【微电影《修路》拍摄完成】 5月初，区检察院与区新闻中心联合摄制全区首部预防职务犯罪题材的微电影《修路》，8月上旬杀青，8月26、27日分别在镇海电台娱乐频道和新闻综合频道滚动播出。《修路》主要以一村书记在组织修路过程中，意欲违规将工程承包给其岳父，在接受预防警示教育后醒悟拒腐防变的故事。影片抓住全国村级管理规范化起步晚、进程缓的特点，围绕“主人公修的是通衢大道，检察官修的是清廉心路”的主题，展现镇海预防职务犯罪特色。

（顾怡岚）

法　院

【概况】 2014年，区法院共受理各类案件9864件，结案9013件，同比分别上升7.26%和3.70%，结案率91.37%，解决涉案标的38.62亿元，同比减少12.30%。区法院连续第七年被评为全市先进法院。

全年受理刑事案件807件，结案788件，同比分别下降4.27%和3.17%，判处罪犯1035人。依法严惩危害公民人身财产安全的多发性犯罪，审结“两抢一盗”案件220件313人，“黄、赌、毒”案件77件182人。依法惩处交通肇事、危险驾驶等影响公共安全的犯罪，审结案件325件325人，其中审结因醉酒而产生的危险驾驶案件301件301人。首次出现拒不支付劳动报酬案、手机伪基站案、污染环境案、强制医疗案等新类型刑事案件。

全年受理民商事案件5987件，结案5396件，同比分别增长12.56%和10.94%。坚持调解优先原则，妥善化解矛盾纠纷，民商事案件调撤率达到70.29%，位居全省法院第十三位。注重保护涉案民生，妥善处理医疗、教育、劳动、房地产等领域纠纷案件698件。依法保障妇女、儿童、老年人、残疾人、外来务工人员等弱势群体权益，审结该类案件2507件。

全年受理行政诉讼案件43件，审结37件，同比分别上升16.22%和8.82%。其中经协调和解原告撤诉的12件，驳回原告诉讼请求或起诉的22件，撤销被告具体行政行为的2件，维持被告具体行政行为的1件。受理行政非诉执行案件89件，办结89件，其中裁定准许执行 88件，不准许执行1件。

全年受理执行案件2938件，结案2703件，同比分别减少2.52%和7.27%，平均执行天数为21.91，位居全省法院第五位，实际执行率为65.50%，排名全省法院第十位，实际执结标的额5.66亿元。开展欠薪案件专项执行活动，共执结案件1318件，为劳动者讨回劳动报酬2889万元。加大对失信“老赖”的信用惩戒力度，通过网络形式曝光451名“老赖”，其中纳入最高人民法院失信被执行人名单241名，促使27名失信被执行人自觉履行义务。

成立民事审判第四庭，负责审理辖区内争议标的额在500万元以下的一审涉外民商事和涉港澳台案件。成立行政非诉审查庭，负责审查区人民政府申请执行的房屋强制搬迁案件，负责环保、城管、卫生等非诉案件的审查和执行工作。加大司法救助力度，为经济确有困难的当事人依法减、免、缓交诉讼费147.77万元，发放司法救助金30.56万元。在全市法院率先建立中层干部任前财产公示制度，首次对7名新聘中层干部进行了财产公示。开通“镇海法院清风”廉政微信公众平台，实现廉政教育常态化。

【加强司法服务支持全区中心工作】 2014年，区法院出台《关于为镇海区“五水共治”行动提供司法保障的实施意见》，向区环保局、区农业局、区城管局、区法制办等相关部门发送“五水共治”法律知识手册20份，为行动开展提供司法指导。编写、发放《民营企业内部治理法律风险防范手册》《进出口贸易法律风险防范手册》等“司法护航·助推发展”系列手册，帮助企业提高风险防范能力。开展“法官进金融”活动，全年集中和巡回讲课6次。

区法院为金融机构工作人员作讲座

【建立典型案例发布制度】 2月25日，区法院出台《典型案例发布办法》，在全省法院首次建立典型案例发布制度，当年在国家宪法日等重大社会节日发布31个典型案例。其中伤害宁波市第七医院医生案件被最高人民法院作为暴力伤医犯罪典型案例在全国范围内发布，增强了群众的守法意识。

【首试当事人自选人民陪审员做法】 11月，区法院在全省法院首次试行该做法。该做法以案情疑难复杂、事实查明困难的案件为试点，打破由法院指定人民陪审员组成合议庭成员的传统，充分借助当事人对自选人民陪审员的信任，引导人民陪审员参与案件调解，增强当事人对裁判结果的认可度和接受度，促进当事人服判息诉。该做法共在3件案件中运用，案件全部调解结案，受到双方当事人的一致认可。

【首次采用适度分权大陪审制模式】 12月12日，区法院首次采用该模式。该模式由1名法官和6名人民陪审员组成大合议庭审理1起保证合同纠纷案件，将案件的事实认定权和法律适用权相分离，人民陪审员主导事实认定，法官主导法律适用，发挥人民陪审员的自身优势，弥补部分法官尤其是年轻法官生活经验、风俗民情、专业知识的不足，拓宽人民群众有序参与司法渠道。

区法院首次采用适度分权大陪审制模式开庭审理案件

【全面推行执法数字化记录模式】 2013年年底，区法院为执行局、立案庭等一线执法办案部门配备18台集数码摄像、照相、对讲等功能于一体的“执法记录仪”，有效规范干警执法行为，固定执法办案证据。该做法得到最高人民法院江必新副院长的批示肯定，并要求在全国法院系统推广。

（徐 静）

司法行政

【概况】 2014年，全区司法行政工作围绕“服务六大战略，推进六大示范区建设”①开展，全面履行司法行政工作职责，为“平安镇海”建设和全区经济社会发展创造法治环境。区司法局开展“人民调解组织规范化建设提升年”活动，发挥各级163个人民调解委员会作用，提升调委会化解复杂疑难纠纷的能力。全年受理矛盾纠纷10594件，调处成功10509件，调处成功率99.2%。办理公证2710件。开展“六五”普法教育宣传活动，完善基层法治文化基础设施建设，全面推进全区民主法治创建进程。全年新创民主法治示范村(社区)9家，其中省级2家，市级3家，区级4家。

全年区法律援助中心全年受理援助案件1589件。其中民事1339件、刑事250件，接待来访法律咨询2580人次，接听并解答12348来电法律咨询1849人次。开展“追讨欠薪”专项维权活动，全年办理群体性法律援助案件31件，受援人数1151人，追讨欠薪1500余万元。

是年，全区新增在册社区矫正对象207人，累计1130人。新增社区矫正对象中，管制1人、缓刑157人、假释43人、暂予监外执行6人，无1人脱管、漏管。新增刑释解教人员233人，累计在册列管期内刑释解教人员198人，帮教志愿者964人，帮教比例1∶1.88，区司法局救济刑释解教人员511人次，救济金额36500元。

【实现公共法律服务全覆盖】 2014年，区司法局提出以“构建覆盖全区公共法律服务体系建设，打造人民满意的服务型司法

①“六大战略、六大示范区建设”：2012年，全区第十三次党代会提出全面实施“生态环境整治、海洋经济发展、全域城市化、经济转型升级、文化提升发展、民生保障改善”六大战略，全力建设“生态文明示范区、海洋经济示范区、全域城市化示范区、创新创业示范区、文化发展示范区、和谐幸福示范区”六个示范区，基本建成现代化生态型港口强区的战略部署。

行政机关”为目标，建立区法律服务中心、镇(街道)公共法律服务站、村(社区)法律服务点三级公共法律服务网络。年底，建成村(社区)公共法律服务工作站(室)91个，依托镇(街道)司法所和工、青、妇等社会组织设立公共法律服务工作站(室)14个，在自然村、人员密集区、外来务工人员聚集区设置便民式法律服务点50个，全区100%的村(社区)配备法律顾问，实现全区法律服务“全覆盖”。

【成立“学院式”社区矫正教育基地】 3月，全市首个“学院式”社区矫正教育基地——澥浦镇社区矫正教育基地揭牌。“学院式”矫正教育模式将社区教育资源与司法行政工作有机结合，依托社区学院教育资源，通过课堂教育、专题报告、社区矫正人员思想汇报与交流等形式，加强社区矫正集中教育训诫的功效，提高教育监管的针对性和实效性。年底，全区5个镇(街道)成立“学院式”社区矫正教育基地，全年累计集中教育3461人次，社区服务5626人次，走访教育781人次，心理咨询721人次。

庄市街道社区矫正集中训诫教育会议

【浙江同舟石化开发区律师事务所成立】 6月，浙江同舟石化开发区律师事务所在蛟川街道镇骆东路6号成立。这是全区继雄镇律师事务所之后成立的第二家律师事务所。该所的成立在一定程度上弥补全区律师数量与公众法律服务需求之间的缺口，律师业服务质量也将得到提升。

【开展“五水共治·法治同行”主题宣传活动】 2014年，区司法局开展“五水共治·法治同行”主题宣传活动。其间，组建“五水共治”普法宣讲团为群众解答涉水法律问题200余人次，发放“五水共治”法律法规宣传册1000余册，编印发放“五水共治”法律法规汇编200余本，在《今日镇海》上刊登“五水共治”法律知识竞赛题收到答卷3597份。

区普法办开展“五水共治·法治同行”法治图片展

【完善法律服务顾问制度】 2014年，区司法局引导律师“进村驻镇”，将法律顾问费从1200元一年提高到5000元一年，实现88个村(社区)法律顾问全覆盖。建立健全政府法律顾问考核评价体系，将政府法律顾问制度建设纳入各行政执法单位依法行政、“法治镇海”建设和普法依法治理等工作的考核内容，全年27家行政执法政府单位聘请法律顾问的，占全区总量的80%以上。

（王恺悦）

民主党派与人民团体

宁波市镇海区民主党派

【概况】 宁波市镇海区有中国国民党革命委员会、中国民主同盟、中国民主建国会、中国民主促进会、中国农工民主党、中国致公党、九三学社7个民主党派支部。2014年，党派名士共230名。党派成员根据各党派特点，来自教育、卫生、金融单位、非公企业和机关事业单位，其中担任单位中层以上职务者居多。民主党派名士中，省、市、区人大代表9名，其中区人大常委1名；省、市、区政协委员40名，其中区政协常委8名。

表5　各民主党派支部情况

党派名称	成立时间	支部成员人数	负责人
民革镇海支部	1999年7月	35	陈志红
民盟镇海支部	1991年4月	53	胡金红
民建镇海支部	2002年6月	27	陈天云
民进镇海支部	2000年8月	21	吴国平
农工党镇海支部	1986年11月	26	傅文中
致公党镇海支部	1989年10月	21	姚晨江
九三学社镇海支部	1993年11月	47	唐小明

注：人数和负责人为2014年末情况。

【民革镇海支部】 2014年发展新党员3名，现有党员35名，其中区政协委员3名，区人大代表1名。全年支部成员共提交提案议案3件、社情民意7条，撰写《宁波石化区发展必须走生态与经济双赢之路》专题报告。筹建完成“绿叶之家”——“民革宁波市委会社会服务与实践基地”。与对口联系单位区农业局、旅游局开展交流，赴九龙湖镇开展“三农”问题调研。开展扶贫帮困活动，结对宁波大学2个贫困学子，组织法律咨询惠民服务和“服务三农，镇海民革在行动”为民服务活动等。

【民盟镇海总支】 2014年发展新盟员3

名，现有盟员53名，其中区人大代表1名，区政协委员4名，有博士1名，硕士1名，特级教师1名。6月，召开总支成立大会，由支部升格为总支部，选举产生总支委员5名，聘请秘书长1名，制定《关于建立和完善民盟镇海总支相关工作制度的意见》。全年总支盟员提交提案8件，社情民意36条，其中信息《建议政府供养对象认定条件宜作适当调整》被中央统战部录用。开展关于“新高考”背景下学校教育的调整与应对的相关研讨、中高考复习备考方向与策略研究、以“生命教育”为主线的系列宣传活动等各级各类活动15次。

【民建镇海支部】 2014年发展新会员5名，现有会员27名，主要来自经济界和政府机关，任单位中层以上职务的21名，民企董事长兼总经理7名。会员中区人大代表1名，区政协委员8名、常委1名，市政协委员1名。区“两会”其间，支部会员中的人大代表、政协委员提交建议、提案共12件。支部企业家会员致力服务经济发展，参与区政协关于地方经济社会发展的调研。支部编写的《油气管线使用年限存在“管理空白”亟待完善相关法律法规》信息，引起中央政治局常委、全国政协主席重视并做出批示。

【民进镇海支部】 2014年新发展会员1名，现有会员21名，主要来自教育界和政府机关。区“两会”其间，支部会员提交提案议案10件，其中2件作为区政协大会发言材料。支部会员撰写的信息《建议中职学校引入“三创”理念推动职业教育发展》被中央统战部录用。支部会员研究课题《传统育名模式的个性化突围——一所县级中学十数年的教改之路》获基础教育国家级教学成果二等奖。支部还发挥自身优势，开展永康送教、新疆支教、中考高考咨询等服务活动。

【农工党镇海支部】 2014年新发展党员1名，现有党员26名，党员主要从事医卫工作，其中有高级职称8名，区人大代表1名，区政协委员5名，市政协委员1名。是年，支部党员向市、区政协会议提交提案4件，社情民意6条。开展社区义诊服务活动5次，为590名提供医疗咨询服务。举行各种健康讲座15次，受益群众1200余名。支部会员在宁波市率先探索实践由专家、社区医师和病员一体化管理的慢病管理模式，取得明显成效。

【致公党镇海支部】 2014年发展新党员2名，现有党员21名，主要来自机关、学校、银行、医务名员和私营企业中具有海外关系，并拥有中级职称以上的代表性人士。党员中担任区级领导1名、省市政协委员1名、区政协常委1名、区政协委员7名。是年，支部成员中的政协委员在省、市、区的各级政协大会上提出的提案有8件，其中《关于建立企业安全隐患排查治理工作常态化的建议》被评为优秀提案，撰写调研报告《镇海区工业经济转型升级的思路及对策》。支部党员文章《三位一体，校社联动》在国家级杂志上发表，调研报告《关于小学生责任意识的调查分析》被评为宁波市教育学会第十届“校园平安杯”基础教育专题调查研究优秀调研报告二等奖。

【九三学社镇海支社】 2014年发展新社员2名，现有社员47名，社员中有区协副主席1名、市人大代表1名、区人大代表1个，区政协委员3名。全年支社人大代表、政协委员撰写提交议案、提案共8件，其中《关于在宁波综合性公立医院设立老年康复中心的建议》在市人大会议上交流。与区科技局、区住房与建设交通局开展对口联系活动，完成调研报告《对保障住房建设及下步发展的思考与建议》和《加快推进镇海区科技企业孵化器的思考与建议》。承办九三学社浙江省经济工作委员会建筑与科技论坛，参与区“阳光验房”活动，实地走访华通集团开展“坚持和发展中国特色社会主义”学习实践活动，赴镇海景和学校开展“尊老爱幼、献爱心”活动。荣获2014年度社市委组织建设先进集体。

（项宗剑）

宁波市镇海区总工会

【概况】 宁波市镇海区总工会第十三届委员会由20名委员组成，其中设主席1名，副主席3名，常委9名。区总工会直接管辖的工会21个，其中镇（街道）和石化经济开发区工会7个，负责辖区内的基层工会；直属工会1个，负责金融、电力系统和从镇海炼化中“剥离”到地方的企业的工会；区级机关工会工作委员会1个，负责机关工会的管理；局（公司）工会12个，负责其直属企事业单位的工会。全区基层工会组织1656家，联合工会153家，覆盖企业7905家，工会会员221776人。

2014年，区总工会发动全区职工参与“五水共治”金点子征集和先进操作法评比活动，参与职工千余人次，《实施农村截污方式转变方案》和《浮漂垃圾使用专制拉网法》获市级“十佳金点子”，《沉淀废水合理利用法》等8个金点子获市级“优秀金点子”。开展职工技术技能比武55场，参与职工2万余人。命名6个职工先进操作法，评选45个“工人先锋号”。先后帮扶光亚汽车、理想轻工等42家企业解决技术难题26项。

是年，全区单独签订工资集体合同的企业达到1479家，覆盖职工16.6万人。1398家企业参与和谐创建，新增市级和谐企业4家，市、区两级和谐企业达76家。组织1万名职工安康志愿者，查找生产场所和生产过程中存在的安全隐患和不安全行为，共查找出各类隐患数3569个，整改率达93%。筹集资金362万元，带动1712家企业开展高温慰问，覆盖职工11.1万人。主动参与劳动争议联合调解，加大工会法律援助力度，开展劳动争议调解309次，提供劳动法律法规咨询2017人次，法律援助45人次，有效维护职工合法经济权益。

【命名6个职工先进操作法】 2014年，区总工会会同有关部门经过挖掘、比较和筛选，命名6个职工先进操作法，分别是王德洪深化电费回收五字诀窍法、包雪平河道治水“四法”、金淑君“五心”护理工作法、吴月浩“五个一”区域城市管理服务法、方凌雄三三一安全管控法、区规划分局5S服务法①。

①5S服务法：指提前介入上门沟通，进行主动服务（slf-motivated）；精简优化自我加压，实行高效服务（speed）；统一标准规范流程，进行标准服务（standard）；前置互通链式拓展，实行延伸服务（stretch）；以差异化管理推进人性化服务，以服务文化实现满意服务（satisfaction）。

【建成“一站式”职工综合服务平台】 2014年,区总工会职工服务中心建成集困难救助、医疗互助、信访接待、就业服务、法律援助等为一体的“一站式”职工综合服务平台。年度平台共接待职工、办理各类事项22316人次,全年服务零投诉。区职工服务中心被省总工会命名为首批优秀服务中心。

【实行“一人一档”精细化帮扶机制】 2014年,区总工会制订出台《镇海区困难职工帮扶救助实施细则》,开展“一人一档”精准化困难职工帮扶工作。年度全区各级工会累计帮扶困难职工1726人次,帮扶资金102.56万元。该做法得到分管副市长的批示肯定。

【职工医疗互助保障参保人数继续位列全市第一】 2014年,区总工会继续推进职工医疗互助保障,全区职工参保人数达到106639人,同比增长13%。其中在职职工住院互助50640人,退休职工住院互助23130人,特种重病互助22096人,女职工安康互助10773人。参加职工医疗互助保障的人数继续位列全大市第一。年度筹集医疗互助保障基金6432080元,办理给付手续10136人次,支出保障资金708.8万余元。

【微刊工会刊物《五一风》发行】 4月28日,全区微型工会刊物《五一风》举行首发仪式。刊物以讲述职工身边小事为主要内容,反映全区各行各业职工的精神生活面貌,弘扬社会主义核心价值观。全年共发放10万册。

(俞叶燕)

共青团宁波市镇海区委员会

【概况】 2014年,全区各级团组织以团干部作风建设为主线,围绕“育人、建功、服务、强基”等四大主题,履行组织青年、引导青年、服务青年、维护青少年合法权益的基本职能。开展城市街道区域化团建、乡镇实体化大团委、两新组织团建工作,全年新建乡镇直属团组织17家,农村专业合作组织团组织17家;新建非公企业团组织28家,新社会组织团组织6家。开展社会主义核心价值观等主题实践活动,参与团员青年9200余人次。召开镇海区纪念建团92周年暨五四运动95周年各界青年座谈会,现场表彰第六届“镇海区十大杰出青年”。评选表彰第二届“镇海区美德少年”,其中16人获市级美德少年称号,2人获省级美德少年称号。开展“奋斗青春故事会”等活动,在《今日镇海》开设专栏宣传先进典型。举办青工技能大赛,6名同志被评为区级青年岗位能手,2名同志被评为市级青年岗位能手。促进青年就业创业,发放青年创业小额贷款293笔7272万元,带动2230人实现就业,培训青年5692余人次,帮助110名青年上岗见习、641名青年实现就业。以“树青春风尚 展活力风采”为主题,举办第四届镇海区青年彩虹风尚节活动。开展“缘聚镇海”婚恋交友系列活动,开元九龙湖度假村和招宝山风景区获首批“美丽佳缘”宁波市青年婚恋交友基地称号。推进区未成年人观护团工作,联合区检察院、司法局在企业、社区、学校建立3个“观护工作站”。开展“厚德之城 青春镇海”主题实践活动,建立“青春镇海 志愿服务”等5大实践体系，全年引导青少年参与志愿活动110余次。举行“圆梦工程”20周年纪念活动，推出爱心援教团、流动青少年宫等服务项目。联合区委组织部，面向全区公开选拔4名镇(街道)、区级机关团委(团工委)负责人，同时动态跟踪管理其余优秀青年干部。举办团干部培训班10期，培训各级团干部456余人次。完成全区60个行政村团组织的换届选举工作。召开区第七次少代会，选举产生区第七届少工委。

【镇海基层团建工作得到团中央肯定】 5月，团中央书记处第一书记秦宜智在团中央办公厅主任鲁亚陪同下，参观骆驼街道南一社区服务中心和青年小屋、青少年手工吧、青年志愿服务驿站等青少年活动阵地，实地考察社区共青团工作。同月，全国城市街道区域化团建工作第二片区调度会暨示范培训班与会代表实地考察镇海区骆驼街道区域化团建工作，团中央网站区域化大讲堂以《区域联动 凝心聚力 共促成长》为题，播出镇海区域化团建工作视频。

秦宜智(右一)在南一社区考察基层共青团工作

【开设“煤尘整治监督员微记事”栏目】 年初，依托《今日镇海》、镇海新闻网和网络问效等平台，团区委开设“煤尘整治监督员微记事”栏目，引导公众分享、关注和参与煤尘整治。累计开展煤尘监督行动98次，更新“微记事”51期，网民浏览2.2万余次，评论交流600余次。

【实施“小鱼治水与我同行”专项行动】 3月，团区委与区五水共治办公室联合启动实施“小鱼治水与我同行”共青团助力“五水共治”专项行动，推出“护水”“亲水”“爱水”“寻水”“滴水”五大主题实践活动。活动建立区内重点河道段长制，组建河段工作队伍，成立治水环保青年社团联盟，测量汇编《九龙湖水质监测报告》，《今日镇海》“小鱼治水日记”连载40余期。

【全省“双网互动”工作现场推进会在镇海召开】 9月，全省城市街道层面“双网互动”工作现场推进会在镇海召开，全省150余名市、县级团委负责人参加。团区委在会上介绍镇海探索居住社区型、商圈楼宇型、商贸街区型、工业园区型和村居混合型等网格团建模式经验，会议确定镇海区为全省城市街道层面“双网互动”工作示范点。

(张子津)

宁波市镇海区妇女联合会

【概况】 2014年，全区各级妇联组织拓展妇女参与经济建设的渠道。区妇联、区人社局联合举办“庆三八、架金桥”巾帼就业专场洽谈会4场，74家企业提供女性岗位2406个，1048人达成就业意向。举办“镇海月嫂”、“海田阿姨”、育婴师等培训班14期，560人参加，49人获养老护理员资格证书、217人获月嫂上岗证书、117人获烹饪中级资格证书、64人获育婴师资格证书。成立“雄镇巧妇”家政服务实践基地，完善家政服务培训体系。扩大“巾帼建功创建活动”覆盖面，推动活动向女性集中的“两新”组织等领域延伸，新创全国岗1个，省级5个，市级岗5个，区级岗21个。开展巾帼护水专项行动，成立84支巾帼护水志愿队，890人参加，开展活动246次。推进家庭建设活动，建成省级文明家庭4户，省级最美庭院（阳台）2户，省级绿色家庭2户，市级绿色家庭7户，市级最美家庭9户，区级星级特色家庭100户。

继续关爱妇女儿童，区政府投入11.4万元全市率先落实妇女人均新增1元钱的妇女工作专项经费。2.5万名妇女接受妇女病免费检查和“两癌”筛查，占全区已婚育龄妇女的40.06%。募集市“康乃馨救助金”和区“妇女儿童爱心援助基金”8.5万元，帮扶患病妇女45人。关爱留守儿童、老妇女主任229人，发放慰问金及实物6.62万元。开展妇科保健知识送基层活动5场，300名妇女参加。举办专项沙龙讲座17次，3000余人受益。成立“梓荫女子大讲堂”，推出80场公益健身操，开展传统文化等培训50余场，帮助妇女提升发展能力。在区民政局离婚登记处设立离婚劝和工作室，386对夫妻接受离婚前调解，劝和40对。关爱失足妇女，为11名失足妇女进行心理疏导。

巾帼护水志愿队开展护水行动

【召开全区第十五次妇女代表大会】 3月13日，区第十五次妇女代表大会在区人民大会堂召开，共有170名正式代表、100余名列席代表和特邀代表参加。大会选举产生第十五届妇女联合会主席1名，副主席2名，常务委员7名，执行委员23名，组成新一届的区妇联领导班子。

镇海区第十五次妇女代表大会召开

【成立镇海区妇女儿童活动中心】 10月27日，镇海区妇女儿童活动中心成立。中心位于招宝山街道龚家弄37号，占地717.87㎡，由培训教室（多功能厅）、健身运动室、美容保健中心及维权服务室组成。中心主要开展教育培训、维权等活动，为全区妇女儿童提供月嫂介绍、教育培训、法律咨询等公益性服务。全年开展茶艺、健身操、传统文化、亲子教育和业务知识等培训72场，法律咨询83人次，月嫂介绍26人次。

【成立2个母亲素养工程实践基地】 2014年，区妇联在镇海宝山幼儿园、镇海景和学校建立2个母亲素养工程实践基地。基地主要开展“父母第一课”等早教系列公益活动，共举办母亲素养工程培训班353期，22700人次参加，实现家长、幼儿园和社区有效对接，推进全区0～3岁儿童早期家庭教育的健康发展。

【台湾高雄市前金区妇女会考察团到访】 5月8日，台湾高雄市前金区党部主委黄荣权、妇女会理事长黄陈素珠一行25人到镇海交流妇女儿童发展与社区管理工作。考察团参观了宁波帮博物馆、在镇台企与镇海防空博览园，与招宝山街道总浦桥社区开展座谈，分组到招宝山街道5户普通居民家庭中感受镇海寻常百姓家的家庭文化和真实生活。

高雄市前金区妇女会访问镇海

【启动“海燕计划”项目】 10月11日，区妇联、区残联在蛟川街道景和学校举行“海燕计划”——镇海区特殊儿童、特殊家庭及残疾妇女心理健康三年公益服务项目启动仪式。该项目以“项目化管理、社会化运作、专业化服务”为模式，对特殊儿童、家庭及残疾妇女进行心理健康公益服务，改善他们的心理健康问题。全年开展12次个案心理咨询、2次团队心理辅导、2场父母集体课堂、4次亲子活动。

（高中秋）

宁波市镇海区工商业联合会

【概况】 2014年，镇海区工商联围绕“两个健康”①工作主题，结合全区非公经济的实际，强化服务、夯实基础，推进各项工作。引导和组织工商联界别的政协委员深入实际、撰写提案和建议，完成《目前我区实体企业存在的困难和对策》调研。参与省工商联的“基层商会承接政府职能转移”工作研究，骆驼商会、紧固件行业协会作为典型赴宁海现场会交流心得体会。发挥融资平台作用，全年商会企业转贷互助资金为177家企业转贷963次，转贷金额31.44亿元；所属联合担保公司全年为30多家企业融资担保及自有资金投资约1.1亿元；小微企业互助促进会全年提款户数271户，提款最高金额3.01亿元。

是年，召开区工商联（总商会）八届九次执委会，选举首位企业家担任工商联主席、总商会会长。召开第八届执委会第十次会议，增补5名执委会委员。成立澥浦、招宝山、蛟川“创二代”联谊小组，实现全区“创二代”组织的全覆盖。指导蛟川商会、骆驼商会、九龙湖商会、直属商会完成换届工作。指导镇海区紧固件行业协会成功创建市工商联系

①“两个健康”：即非公有制经济健康发展和非公有制经济人士健康成长，是非公有制经济领域统战工作的重要指导思想。

统示范商会、市工商联“五有五好”基层商会。

是年，继续开展理想信念教育实践活动，在“三信”①的基础上增加“对社会的信誉”的内容，扩大理想信念教育覆盖面，实现协会商会组织和会员覆盖率100%。邀请浙江大学城市学院教授为执常委作《过剩经济下的创新路径》讲座，举办全区首届企业学习运动会、“五水共治”法律知识竞赛、《企业营销策略与客户管理》研修班和《会展策划师》紧缺人才认证培训。倡导非公经济人士积极参与践行“五水共治”专项活动，全区企业“五水共治”捐款约3500万元。

【首届全区优秀中国特色社会主义事业建设者表彰活动召开】 6月25日，首届全区优秀中国特色社会主义事业建设者表彰大会在招宝山饭店威远厅召开。年初，推荐评选活动启动，经过推荐、审定、公示等环节，浙江野马电池有限公司总经理余谷峰等11人受到表彰。

镇海区优秀中国特色社会主义事业建设者受表彰

【建立光彩事业基金】 5月23日，全区光彩事业基金在区慈善总会建立。该基金由区委统战部、区工商联发动区内非公有制企业、非公有制经济人士和港澳台海外人士自愿捐赠给区慈善总会，三方组成管理小组，专项负责基金募集、管理、运作、使用和监督等日常工作。根据协议，基金首期注资100万元，用于扶贫济困、助学、关爱老年人等慈善救助项目。

【开展“五好”县级工商联建设】 2014年，区工商联根据《浙江省工商业联合会2014年“五好”县级工商联建设工作实施方案》的精神要求，对照“领导班子好、会员发展好、商会建设好、作用发挥好、工作保障好”的“五好”建设标准，在实现“五有”②的基础上，逐条对照找差距、找不足，制定整改措施，破解工商联体制机制和作用发挥方面的问题。年底，区工商联被评为首批省级“五好”县级工商联。

【骆驼商会人民调解委员会成立】 9月，区工商联会同区司法局指导骆驼商会成立全市首家基层商会人民调解委员会。调委会主要调解商会会员之间、会员与第三人之间的民商事纠纷，商会会员与员工之间的劳动争议纠纷等，同时承担矛盾纠纷排查、法律法规宣传等职责。骆驼商会人民调委会，是全市8家首批试点单位之一。

（虞春娜）

①“三信”：即增强对中国特色社会主义的信念，增强对党和政府的信任，增强对企业发展的信心，是开展理想信念教育实践活动的重点内容。

②“五有”：有满足工作需要的人员编制，有保障工作正常运转的工作经费，有独立的办公场所，有必要的办公设备，有丰富的活动内容。

宁波市镇海区残疾人联合会

【概况】 2014年，全区新增残疾人590人，累计7393人，其中肢体残疾4045人，言语听力残疾1106人，视力残疾724人，精神残疾857人，智力残疾579人，多重残疾82人。是年，区残联对1343名纳入低保、基本生活保障范围的残疾人发放生活保障金，补助金额560多万元。对1000余名无固定收入、年满50周岁且无收入的老年残疾人，每人每月给予100元的生活补助，补助金额达90万元；对52名原残疾车主发放生活补助12万元、社会保险补助27.58万元；修缮4户贫困残疾人家庭危房，补助资金4万元；助学288名残疾学生、残疾人家庭子女，提供补助49万元；临时救助260名贫困残疾人家庭，救助金额达70万元；补助47名安置在绿化、保洁等岗位残疾人27万元；补助55名残疾人就业创业资金15万元；补助985名参加养老保险或一次性补缴养老保险人员356万元；补助1468名三、四级残疾人医疗保险87.86万元，节日走访慰问贫困残疾人500余户，慰问金额21.6万元。

全年新增残疾人就业153名，举办残疾人专场招聘会，开展残疾人面点、插花等技能培训，124名参加各级残疾人职业技能和实用技术培训。抓好残疾人白鹅养殖、岚山村残疾人蔬果种植、阿东兰花等10个残疾人扶贫基地建设，新增扶助资金40万元。继续做好托（安）养工作，新建澥浦、蛟川和招宝山“康馨”3个残疾人日间照料中心。投入200万元，扩大重度残疾人托（安）养工程实施范围，全年共纳入重度残疾人649名。举办“声光杯”残疾人文艺会演，丰富残疾人精神文化生活。制定《关于进一步完善残友服务大厅运行的意见》，完善残友服务大厅运行机制。

全年投入156余万元，实施残疾人内障复明手术等阳光品质康复工程项目24个，共有1241名贫困残疾人得到康复救助和免费康复服务，招宝山街道总浦桥社区康复站建成浙江省首批康复示范站。在康宁医院和精神病医院施行精神残疾康复试点，建立“医保先报、符合条件医疗救助、残联（慈善）专项补助”的医疗保障模式，共对658名精神病患者实施免费服药。

【残疾人就业保障金征收同比增长27%】 1月起，残保金征收标准从每人每年12元调整到每人每年16元。3月起将全区300多家“外商独资企业”纳入征收范围。至年底共收取残保金3664万元，比去年同期增长27%。

【区残疾人康复服务指导中心启动】 7月8日，区残疾人康复服务指导中心启动仪式举行，市残联和区有关领导为指导中心揭牌。全年指导中心举办脑瘫儿童康复、助听助视器验配、假肢使用培训等活动35次，500余名残疾人受益。

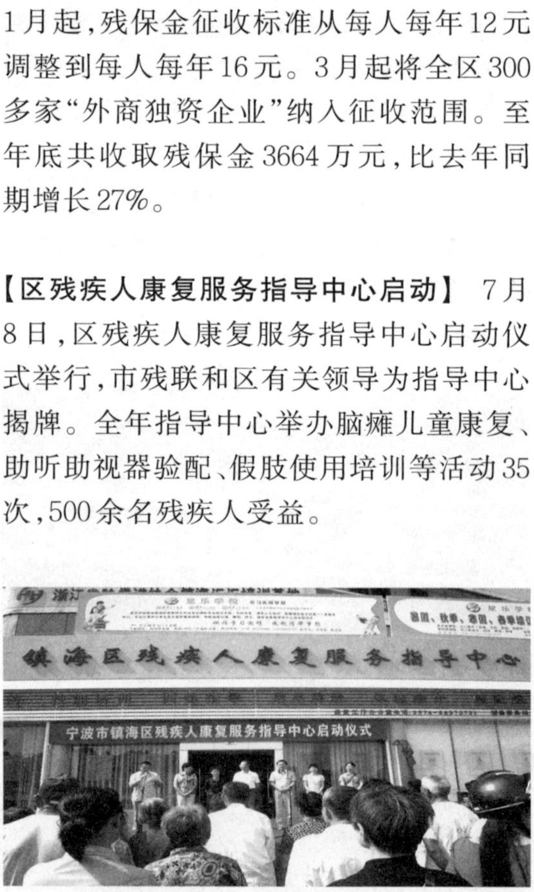

镇海区康复服务指导中心启动

【开展第二十四次全国助残日活动】 5月18日，区残联会同区民政局、区卫生局等10余家残工委成员单位在区人民大会堂开展广场助残活动。活动包括残疾人朋友汇报演出、残疾人工疗产品认购、残疾人“微心愿”认领、政策法规宣传及残疾人回报社会爱心服务，现场认购工疗产品价值4万余元，认领“微心愿”28个，受理咨询50人次，发放宣传资料1000份。

【残疾人基本服务状况和需求专项调查启动】 12月2日，镇海区“全国残疾人基本服务状况和需求专项调查”正式启动。本次调查对象为在浙江省残疾人人口基础数据库中登记并持有第二代“中华人民共和国残疾人证”的拥有镇海区户籍残疾人，重点了解各类残疾人在生活救助、扶贫开发、权益维护等方面现有保障政策落实、服务状况、托底服务需求等内容，全国卷调查表和社区调查表共有47项指标，浙江卷调查表有22项指标。通过调查动员、落实经费人员、业务培训等前期工作，12月15日起进入为期一个月入户调查实施阶段，6个镇（街道）全面开展残疾人调查表入户登记工作，到12月底完成全区7358名被调查残疾人65%的工作量。

【5名运动员打破7项省、市记录】 8月6日至8日，区残联组织19名运动员参加宁波市第八届残疾人运动会，5名运动员打破7项省市记录。他们分别为：张路破三项省纪录（F36女子铅球、铁饼、标枪），张幼红超省最好成绩（T36女子100米），郎云龙破一项市纪录（T37男子跳远），王哲睿破一项市纪录（S5女子25米仰泳），陈行破一项市纪录（SB6男子50米蛙泳）①。区残联代表团获团体总分第六名。

张路在F36女子标枪比赛中

【4家福利企业冠名推动残疾人体育运动】 2014年，区残疾人体育协会通过简便好学、分级组织和互惠共赢的原则，以体育活动企业冠名的模式，发动爱心企业关心支持残疾人体育事业，共有镇海永大构件有限公司、镇海合金减摩有限公司、镇海剑杆头有限公司、镇海九龙玻璃制造有限公司等4家福利企业参与冠名活动。全年冠名企业组织开展“永大杯”残疾人趣味运动会、“中平杯”钓鱼比赛、“航海杯”残疾人门球比赛、“甬波杯”残疾人象棋比赛等活动，250人次参加。

①T/F36——中度手足徐动或运动失调，影响到四肢运动功能，下肢功能较好，跑步时，动态和静态平衡功能良好，能独立步行。T/F37——是特别为能独立步行的偏瘫运动员，走路不需要辅助工具，但由于下肢痉挛而瘸行。SB6——中度双肢瘫痪。轻度偏瘫或身高不超过130厘米，或一侧上肢瘫痪，伴有同侧重度下肢功能障碍。S5——重度双肢瘫痪，重度偏瘫。中度手足徐动。或四肢关节变形，但有一定功能，或中度是三肢短缺畸形。

中平杯残疾人钓鱼比赛

【开设残联专属电视频道】 8月，借助电信电视媒体，在区残联开设残疾人专属频道，设立残联概况、政策法规、阳光政务、涉残知识、康复服务、教育就业、托(安)养服务、信息超市、自强典范、工作动态、爱心助残、办事指南等12个板块43个子项栏目。至年底，全区1300户残疾人家庭享受到这些方便直观的服务。

(殷晓华)

宁波市镇海区红十字会

【概况】 2014年，镇海区出台《关于加快红十字事业发展的意见》，红十字事业发展环境得到优化。是年，成立4个社区红十字服务站、3支村(社区)赈济救援队伍，组建红十字会海天户外救援队和港城博爱车队，基层救援能力增强。全区新增造血干细胞捐献志愿者102人，累计568人；实现捐献2例，累计5例。新增器官捐献登记9例，累计18例；实现捐献3例，累计6例。新增遗体(角膜)捐献登记16例，累计79例；实现捐献2例，累计5例。全年共募集款物102.4万元，其中镇(街道)募集人道救助金30万元，爱心单位和个人自主捐赠72.4万元。依托人道救助金和博爱基金，累计救助因重大疾病致困人群36人，发放救助款9.4万元；累计救助生活困难人群560余人，发放救助款18万余元。筹集云南省昭通市地震灾区救灾款66317元。继续开展红十字博爱送万家活动，市、区两级共投入款物17万余元，慰问困难家庭185户。开展公益性应急救护培训，全年培训救护员2767人，普及培训13392人次。当年，镇海区荣获首批省级"红十字工作示范县(市、区)"称号。区职业教育中心学校、区仁爱中学、区蛟川中心学校被评为省级红十字达标学校。

【出台加快红十字事业发展的意见】 3月7日，区委、区政府出台《关于加快红十字事业发展的意见》，涵盖红十字会的作用、红十字会依法履职、红十字会组织队伍建设、红十字事业发展环境和红十字会工作组织领导等5方面内容，对红十字工作的定位、职责、发展方向、队伍建设、政策支持等做出明确要求。

【首家社区红十字服务站成立】 9月2日，招宝山街道城东社区红十字服务站成立。服务站按照一个救护培训体验室、一个红十字博爱超市、一个救灾备灾仓库、一组宣传阵地、一个博爱救助基金、一支赈济救援志愿服务队伍的"六个一"标准建立。全区首家社区红十字服务站的成立，推进了社区红十字工作。

(沈柯逸)

宁波市镇海区关心下一代工作委员会

【概况】 2014年，宁波市镇海区关心下一代工作委员会按照"围绕中心、突出重点、勇于创新、务求实效”的总体要求，切实加强青少年思想道德建设，积极参与和创新社会治理，扎实推进关工委基础工作。全区各级关工委组织建设取得新进展，区关工委首次配备专职副主任；镇（街道）关工委常务副主任全部配备到位；新成立15家民营企业关工委，总数达97家。

是年，区关工委组织宣讲团深入学校、社区、农村对青少年进行社会主义核心价值观教育，宣讲62场次，受教育青少年9750人次。组织关爱工作团与失足未成年人开展结对帮教、社会观护工作，全年结对帮教关押在省少管所及区看守所的少年犯34名，受理司法机关委托的涉及52名未成年犯的105件次社会观护工作。联合区民政局在“六一”前夕实施“关爱春苗”特别行动，出资5万元资助100名孤儿及经济困难单亲家庭子女。联合区教育局向全区青少年发放“治水我行动，节水过暑假”倡议书35000份，号召青少年做“五水共治”的宣传员、监督员及践行者。开展“缅怀革命先烈，追寻中国梦想”清明节主题教育活动及“践行核心价值观，老少共筑中国梦”暑期校外教育电话，受教育青少年近42000人次。

是年，区关工委组织开展全区关心下一代工作先进集体、先进个人评比活动，表彰先进集体33个，先进个人61名。在省、市关工委开展的各类先进评比中，镇海区获省关心下一代工作先进集体1个、省关心下一代工作先进个人1人、市关心下一代工作先进集体4个、市“五好”镇乡（街道）关工委1个、市“五好”民营企业关工委2个、市关心下一代工作先进个人5人。当年，镇海区关工委被评为浙江省关心下一代工作先进集体。

【印发镇（街道）关心下一代工作目标管理考核评分细则】 4月，区关工委印发《宁波市镇海区2014年度镇（街道）关心下一代工作目标管理考核评分细则》，围绕党政领导重视、组织建设、“五老”骨干队伍建设、开展主题教育活动、校外教育阵地建设、自身建设等6方面，首次对镇（街道）关工委工作进行规范化考核。年底，镇（街道）关工委全部通过考核。

【演讲比赛获全市第一】 5月24日，在宁波市关工委举办的“老少共颂中国梦”演讲赛中，代表区关工委参赛的蛟川书院初三（14）班任涵鑫同学，以9.743分的优异成绩取得比赛的最高分，荣获“最佳节目奖”。

【开展“老少共筑中国梦”系列活动】 2014年，区关工委联合区文明办、区教育局、区老龄办开展“老少共筑中国梦”系列活动。其间，举办“老少共话中国梦”座谈会、“老少共绘中国梦”手抄报比赛、“老少共颂中国梦暨庆祝新中国成立65周年”文艺会演等活动，共有1000余人次老同志及青少年参加。

“老少共颂中国梦暨庆祝新中国成立65周年”文艺会演

【校外教育阵地网络进一步形成】 12月，宁波帮博物馆、澥浦镇关工委七彩少年之家通过市关工委评审，被命名为“宁波市关心下一代校外教育阵地”。骆驼街道南一社区青少年教学实践基地、庄市街道陈倪路社区青青俱乐部达到区级创建要求，被命名为“镇海区关心下一代校外教育阵地”。至此，全区有市级阵地6个，区级4个，镇（街道）37个，假日学校95所。

（余维静）

宁波市镇海区科学技术协会

【概况】 镇海区科学技术协会下属6个镇（街道）科协和21个区级学会（协会），全区93个村（社区）都成立科普分会和科普志愿者服务站。21个区级学会（协会）是：自然科学协会（包括农学分会、蔬菜分会、兰花分会、老年学分会）、医学会、中医学会、城乡社区卫生协会、癌症康复协会、财政学会、珠算协会、税务学会、国际税收研究会、土木建筑协会、风景园林协会、质量技术学会、环境科学学会、青少年科技辅导员协会、档案学会、高新技术企业协会、创造发明协会、老科技工作者协会。2014年，新福钛白粉、杜亚机电、德泰化学、石化建安、大学科技园科协等5家公司成立企业科协，加上原已成立的华通电器集团等10家，全区企业科协总数达15家。

是年，区科协在推进镇海区科学技术进步中发挥自身作用，先后承办“镇海杯”第九届国际工业设计大赛、推进高端智力对接、开展学术交流等活动，参与海外高层次人才创业项目征集和评审、工业设计论坛、新材料与产业化国际论坛、科普教育基地建设等工作，实施科技（科普）惠农兴村计划。共开展各类学术交流活动达28次。

【召开区科协第十次代表大会】 8月，区科协第十次代表大会召开。大会选举产生区科协新一届领导班子，区财政学会、反邪教协会、自然科学协会兰花分会完成换届工作。区癌症康复协会被评为全省系统工作先进单位，区珠算协会连续四年被评为市级先进协会，区财政学会、区老科技工作者协会被区民政部门评为AAAAA级社会组织。

【开展科普宣传活动】 2014年，在全区科技活动周和全国科普日活动其间，区科协通过开展幼儿“七巧科技”大赛等青少年科技比赛、“3D魔幻科普图片展”等科普教育基地参观活动、科普讲座、专家义诊咨询、科普展览等，广泛宣传科技知识，参与活动的市民和学生近万人次。开展科普微博互动活动，举办《芝麻开门》科普抢答，吸引众多博友参加，微博阅读量达30.7万人次，总转发量为16083条，新增科协微博粉丝量达3000余人。

【科普画廊实现全覆盖】 8月，区科协在庄市街道陈倪路社区、庄一社区、骆驼街道静远社区等12个村（社区）设立科普画廊。至此，全区62个村（社区）建立标准科普画廊，共有画板近500块，区科协每两个月对全区科普画廊进行更新。

【实施科技（科普）惠农兴村计划】 2014年，区科协下派区级科技特派员3名，推进6家市级科技特派团队与区农业企业签订长期技术合作协议。开展农业科技合作洽谈活动4次,组织各类农业种植技术培训10余场,举办农函大培训班20班,发放农村实用技术资料、农业科普宣传挂图5000余份,参与农业科技培训、科普活动的人数3000余人。参与农村文化礼堂建设,指导建成全区首个农村科普馆——迎周村科普馆。

【多项农业科技获奖】 2014年,全区多项农业科技获得奖项:庄市繁荣瓜果蔬菜试验示范场、果乐农业开发有限公司分别被评为省、市级农村科普示范基地,招宝山街道后大街社区被评为市级优秀科普示范社,江南家禽和大丰蔬菜的负责人分别被评为省、市级农村科普带头人。另有11篇"建言献策"得到区主要领导批示或有关部门采纳。

【推进高端智力对接】 2014年,区科协推进多项高端智力对接:顾玉东院士和杨小牛院士分别在镇海二院和宁波西电研究院挂牌成立上海市手外科研究所、镇海二院显微外科实验室及中海电——西电宁波研究院智慧海洋联合实验室。周翔、孙晋良、俞建勇3位院士到百隆东方有限公司现场指导,汪燮卿院士、沈寅初院士分别到院士工作站进行指导。徐芑南院士返乡为骆驼中学做《蛟龙号与科技创新》讲座并赠送蛟龙号模型。海智专家严晋跃教授参与的"中国太阳能光伏提水修复草场和农田技术"项目荣获"全球人居环境绿色技术奖"。协助人才办聘请19名来自国内外的镇海中学校友为镇海区"引才大使",海外(加州)引才办公室同步设立。

蛟龙号总设计师徐艺南院士为骆驼中学学生作科普报告

【举办创新设计专家论坛】 6月,区科协举办中国创新设计论坛和国际应用能源大会2014(宁波)专家论坛,邀请国内工业设计和国际能源、环保领域顶尖专家进行高水平学术讲座和交流。路甬祥、薛群基院士和毛光烈副省长分别作《设计与材料的进化——中国设计与材料创新》《材料创新设计》主题报告。

【为科技发展建言献策】 2014年,区科协组织开展课题调研27项,交流论文80篇。区税务学会撰写的调研论文《"营改增"后部分交通运输企业税负"不减反增"现象的思考与建议》,分别被国务院办公厅、省政府办公厅、市政府办公厅和区府办录用,并由国务院主要领导批示。区财政学会的调研课题《镇海区财政扶持企业转型发展的对策探析》获省财政学会课题评选二等奖。

【开展"讲创新 比贡献"活动】 2014年,区企业科协组织300多名科技人员参加"讲创新 比贡献"活动,提出合理化建议200多条,被企业采纳100多条。华通电器集团股份有限公司科协被评为浙江省"讲比"活动先进单位。宁波埃美柯铜阀门有限公司林岗被评为省"讲比"活动先进个人。

（周德敏）

宁波市镇海区文学艺术界联合会

【概况】 2014年，区文学艺术界联合会共有团体会员12家，其中专业协会10家，基本涵盖各个艺术领域；另有高校分会2家，街道文联1家。区文联专业协会会员人数700余名，其中加入国家级文艺家协会的会员29名，加入省级文艺家协会的会员89余名，加入市级文艺家协会会员225名。全年发表（展出）、获奖作品400余部（件），其中获省、市级奖项100余部（件）。是年，区文联组织"送欢乐·下基层""藏画于民·书画惠民"等文艺活动10余场；举办"雄镇问春"镇海书法美术作品展，"工业之光"——镇海摄影艺术主题展等书法、美术、摄影作品展示活动20余场；召开报告文学《好人刘国娟》研讨会、改稿会、创作笔会等活动30余场；出版儿童长篇小说《疯狂海螺牛咕咚》、长篇报告文学《肝胆相照》等文学作品五部，其中长篇报告文学《肝胆相照》获宁波市"五个一"工程奖。区文联首次获全省文联系统先进集体荣誉称号。骆驼街道文联被评为"省基层文联建设发展典型示范点"。

【"春天送你一首诗"大型诗歌朗诵会举行】 4月26日，"春天送你一首诗"大型诗歌朗诵会在区人民大会堂举行。此次在镇海举办，是该活动首次走进基层县（市）区。本次诗会共征集到诗歌百余首，诗会现场首发《中国梦想·美丽宁波——2014年"春天送你一首诗"诗歌征文优秀作品选》。

春天送你一首诗诗歌朗诵会

【儿童长篇小说《疯狂海螺牛咕咚》出版】 6月20日，镇海本土女作家袁晓君创作的儿童长篇小说《疯狂海螺牛咕咚》首发式暨研讨会举行。该书于5月由清华大学出版社出版，为宁波市重点文艺扶持项目。首发式上，与会来宾共同向区图书馆、中心学校等单位赠送新书。

【1篇报告文学获市"五个一工程"奖】 2014年，区长篇报告文学《肝胆相照》获市第十二届精神文明建设"五个一工程"奖。该书曾列入2011年中国作协重点扶持项目和2013年浙江省作协"浙江记忆"文学书系。

（裘贤君）

社团登记

【概况】 2014年，全区共有登记在册的社会组织316家，备案在册的基层社会组织1154家，每万人拥有的社会组织数达28.02家。建立区社会组织公益服务中心，实现区级服务平台"一会一中心"建设，镇（街道）社会组织服务中心建成5个，覆盖率达83.3%，社区社会组织服务站建成16个，覆盖率达48.5%，全市首建村级社会组织服务站——庄市街道光明村村级社会组织服务站。推进社会组织评估工作，首次试水第三方评估。率先全市试行基层社会组织等级评估，并按评定等级实施差异性经费补助。首次启动社会组织网上年检工作。联合区委组织部、文明办举办镇海区首届公益月活动。

【完成2014年度社会组织评估】 12月，全区完成社会组织评估，42家社会组织获星级评估。其中AAAAA级社会组织4家、AAAA级7家、AAA级14家。评估等级有效期为5年，在有效期内，获得AAA以上评估等级的社会组织可以优先接受政府职能转移、购买服务，享受政府公益性捐赠税前扣除等有关政策以及获得评优评先活动的资格。获AAAA以上评估等级的社会组织，还可以依照有关规定获得奖励，且当年年度检查予以免检。

【社会组织网上年检启动】 3—7月，全区首次社会组织网上年检启动。年检对象为2013年6月30日前经区民政局核准登记的社会团体及民办非企业单位，全区248家社会组织通过镇海社会组织管理系统年检平台参加年检，247家合格，合格率为99.6%，同比增加3%。

【区社会组织公益服务中心启用】 11月28日，区社会组织公益服务中心启用。中心由区民政局、区文明办、区委两新工委联合筹建，含机构办公、孵化服务、公众体验3大功能板块，可为公益项目提供“评估——筹资——孵化——推介——运行”一站式服务。年底，24个社会组织入驻服务中心，涵盖扶贫、助学、教育、环保、社区服务、特殊人群关爱等领域。

区社会组织公益服务中心启用

【社会组织保持10%以上增速】 2014年，全区以社会组织“扩面、提质、增效”为目标，通过建设区级社会组织公益服务中心，扩面村(社区)级社会组织服务站，建立社会组织服务项目“购买+补助”机制等措施，推动社会组织稳步有序发展。全年新登记社会组织33家(社团10家，民非23家)，增幅11.66%，连续三年保持10%以上增速；基层社会组织新增147家，增幅14.60%。

【完成基层社会组织发展三年目标】 2014年，全区完成基层社会组织发展三年目标：截至年底，全区共备案公益服务、社会事务、文化体育、慈善救助、权益保护类、促进和谐等六类基层社会组织1116家，会员总量达81057人，居民受惠面超40%；社区、村平均拥有基层社会组织分别达17.6个和9.7个，分别完成三年发展目标的175.9%和194.4%。自2011年启动实施基层社会组织发展三年计划以来，通过建立以福利彩票公益金扶持为基础，区、镇(街道)、社区(村)三级补助为补充，社会多元投资为创新的“1+3+X”资金投入模式等举措，推行登记、备案双轨并行模式，搭建“枢纽型”社会组织服务平台，提升社会组织发展质效。

(赵　彬)

农　业

综　述

2014年，镇海区农业工作按照“一带三区五基地”①的产业布局，以农业“两区”建设为抓手，以全域城市化为导向，强化农业“生态、高效、保障”功能，巩固“森林镇海”成果，扎实推进“五水共治”专项行动，不断深化农业农村改革，努力实现农业增效、农民增收、农村繁荣。

是年，全区实现农林牧渔业总产值11.17亿元，同比增长0.1%。总产值中，种植农业产值占比77.9%，主要由粮食4776万元、蔬菜28480万元、花卉园艺32015万元、水果12850万元构成。林业主要为生态建设服务，产值占比仅为2.3%。牧业产值占比15.5%，主要由生猪养殖6916万元、家禽饲养1818万元和活畜禽产品3586万元构成。渔业产值占比最小，仅为1.6%，以淡水养殖为主。

（俞明敏）

表6　2014年全区农业产值情况

单位：万元

项目 年份	农业	林业	畜牧业	渔业	农林牧渔服务业	农林畜渔业合计
2014年	87016	2600	17304	1775	3025	111720
2013年	79207	2236	25704	1655	2792	111594

农业格局及开发建设

【概况】 2014年，镇海区以粮食生产功能区、现代农业园区“两区”建设为主平台，推进生态林带、生态农业、休闲农业等建设，高效生态农业加快发展。区农业局会同各镇（街道）继续推进都市农业开发建

①“一带三区五基地”：“一带”指生态林带，“三区”指粮食功能区、现代农业产业园区、生态农业休闲区，“五基地”指葡萄基地、草莓基地、蔬菜基地、花卉基地、淡水养殖基地。

设，实施区级农业产业项目26个，总投资5600万元，涉及农田基础设施建设、新品种新技术引进、生产设施提升等，年内大部分项目竣工。在2008年农业建设以来的“五园一带一基地”布局基础上，初步形成以“一带三区五基地”为主体的都市农业发展格局。

【2个园区创建成省级现代农业园区】 7月，镇海区2个园区通过省农业厅验收组验收，创建成省级现代农业园区。九龙湖蔬果产业示范区占地504.3公顷，其中蔬菜面积202.7公顷、葡萄237.9公顷、草莓40.8公顷，涉及长宏、长石、汶溪、中心、杜夹岙等村。自2011年启动建设以来，园区累计投入资金11980万元，新建道路32073米、排灌沟渠11546米、各类管理与仓储用房2800平方米，整治河道2940米，培育科技示范户40户；新增农业标准化生产面积254.3公顷，新增蔬果合作社29个，与21家大型超市建立订单合作，有农产品品牌12个，农业龙头企业3个、合作社带动功能区块50个，辐射带动面积1709.3公顷，带动农户2500户，产业园基地及带动农民增收总量6256元，人均劳动生产率提高3055元，年总产值11063万元，公顷均产值8913元，比周边地区增收22%。宁波花木世界东临329国道，南至联勤北路，分布在绕城高速两侧，规划面积66.7公顷。自2009年年底动工建设以来，园区累计投入资金11579万元，共建成精品兰花园、薄膜温室、玻璃温室、盆景区等4个交易区；完成河道整治1870米，新增园区绿化5.2万平方米，新建园区道路9500米，初步形成集“生产、交易、休闲、创业、研发”于一体的“公园式”现代农业交易综合体。

【沙河村73.3公顷土地整村委托流转完成】 12月，沙河村73.3公顷土地整村委托流转试点工作结束。其中20公顷用于建设林带，35.3公顷用于种植水稻，其余由骆驼街道负责，用于现代农业开发。试点成功，标志着全区在推进土地流转上向规范化、规模化跨出一大步。

（俞明敏）

种植业

【概况】 2014年，全区农作物播种面积9436公顷，同比下降7.8%，主要种植粮食、蔬菜、水果和花卉，油料、棉花等经济作物种植量很少。粮食作物播种面积2899公顷，总产量19507吨，面积和产量分别同比下降27%和23.4%，其中谷物2541公顷，产量18137吨；豆类227公顷，产量665吨；薯类131公顷，产量705吨。蔬菜（含菜用瓜）种植面积3083公顷，总产量81421吨，面积和产量分别同比下降6.4%和4.4%，主要品种有大白菜、青菜、甘蓝、花菜、绿花菜、番茄、黄瓜等。水果种植面积（含果用瓜）1799公顷，总产量32568吨，面积和产量分别同比增长1.9%和5.2%，主要为西瓜12893吨、草莓2658吨、葡萄6026吨、柑橘3645吨，另有甜瓜、梨、桃等种植。花卉苗木种植面积1547公顷，与上年基本持平，其中花卉561公顷，观赏和绿化苗木951公顷，草皮35公顷。茶园总面积80公顷，茶叶产量127吨，与上年基本持平，主要为白茶和绿茶。

表7 2014年水稻生产情况

指标名称	计量单位	2014年	2013年	同比增加+%
种植面积	公顷	2345	2834	-17.3
总产量	吨	17182	20620	-16.7
1. 早稻面积	公顷	756	808	-6.4
公顷单产	公斤	6675	6670	—
产　量	吨	5046	5389	-6.4
2. 晚稻面积	公顷	1589	2026	-21.6
公顷单产	公斤	7612.5	7489	—
产　量	吨	12136	15231	-20.3

注：根据《镇海统计年鉴2015》第39页的"粮食作物"制作。

【粮食作物播种面积与产量双下降】 2014年，全区粮食种植面积2899公顷，比2013年减少1074公顷；粮食产量19507吨，减少5949吨。其中主要粮食作物水稻的种植面积2345公顷，比2013年减少489公顷；水稻产量12136吨，减少3096吨；早稻、晚稻的产量分别出现6.4%、20.3%的下降。由于受农资价格、人工费用等上涨的影响，农业生产投入持续加大，粮食惠农政策效应遭到冲抵，同时花卉苗木等种植经济效益持续向好，农民的种粮积极性受到打击，种植面积和产量收到较大的影响。

【蔬菜种植面积与产量均下降】 2014年，全区蔬菜（含菜用瓜）播种面积3083公顷，比2013年减少210公顷；公顷单产26408千克，增加555千克；总产量81421吨，减少3708吨。主要是自2013年遭受"菲特"台风以来，九龙湖镇等部分低洼地蔬菜作物受淹严重，种植户对蔬菜种植区域进行适当调整，同时受城市建设征地影响，蔬菜种植面积下降明显。

【试制红茶成功】 4月，九龙湖镇秦山春毫茶场投资42万元，改造茶叶生产车间，购置红茶生产设备，用白茶成功试制红茶，当年试制红茶总量75公斤，售价达3000元/斤。

【"万元地"面积达到1066.7公顷】 2014年，区农业局继续推进多种形式的"万元地"建设。至年底，全区"万元地"面积达1066.7公顷，其中大棚栽培866.7公顷，露地栽培200公顷。主要分布情况为庄市133.3公顷、澥浦333.3公顷、九龙湖533.3公顷和骆驼66.7公顷。"万元地"的推广，进一步促进农民增收。

（俞明敏）

畜牧业

【概况】 2014年，全区畜牧业由于实施畜牧业环境整治提升工作而出现下降，全年肉类总产量4530吨，同比下降94.37%。其中猪肉2744吨，同比下降82.62%；禽肉1340吨，同比下降8.9%；另有少量兔肉、牛肉和羊肉。其他畜牧产品中，禽蛋产量

表8 **2014年主要畜牧品种生产情况**

	计量单位	2014年	2013年	同比增幅+%
一、年末生猪存栏量	万头	1.13	2.54	-55.51
年内生猪出栏量	万头	2.95	5.89	-49.92
二、年末家禽存栏量	万只	36.28	55.3	-34.39
其中:肉 禽	万只	16.14	27	-40.22
蛋 禽	万只	20.14	28.3	-28.83
年内家禽出栏量	万只	56.86	190.9	-70.21
三、年末兔存栏量	万只	4.57	6.29	-27.34
其中:獭 兔	万只	3.8	5.59	-32.02
长毛兔	万只	0.77	0.7	10.00
年内兔出栏量	万只	12.4	16.74	-25.93

注:根据《镇海统计年鉴2015》第43页的"畜牧业生产情况"制作。

2925吨,同比下降48.59%;牛奶产量681吨,同比下降4.08%;另有少量蜂蜜、兔毛等产品。

【启动畜牧业环境整治提升工作三年行动计划】 2014年,按照全省开展"五水共治"总体部署,区政府办公室下发《镇海区畜牧业环境整治提升工作三年行动计划实施意见》,划定全区畜禽禁、限养区域,计划通过三年努力,逐步关闭拆除全区污染大、群众反响强烈的畜类和主要河道临河家禽养殖场(户)156家,改造提升规模畜禽养殖场11个,实现禁养区内传统的畜类养殖(除羊、兔养殖和允许整治提升的养殖场外)全部关闭,粪便综合利用率达到98%以上,2014年计划关闭拆除畜禽养殖场60家,改造提升规模场4家。到年底,全区共关闭污染畜牧场80家,复耕覆绿面积5.83万平方米,累计下发关闭转产补助资金1321.98万元,完成巨高兔业、方

污染畜禽场整治前后对比图

针奶牛场、江南家禽、里洞桥养殖小区等4个规模场的改造提升工作。

【开展重大动物疫病防控】 2014年，区农业局继续落实免疫、监测等综合性措施，开展重大动物疫病防控。全年全区免疫家禽禽流感71.85万羽、牲畜口蹄疫3.68万头、生猪高致病性蓝耳病1.38万头，三类重大动物疫病免疫率均达100%。免疫家犬狂犬病1.64万只，免疫密度达90%以上。全年共采集各类动物血清2768份，主要开展禽流感H5、H7型，新城疫，猪瘟，口蹄疫、蓝耳病抗体监测，均达到国家、省、市相关规定的水平70%以上。全年没有发生重大动物疫情。

【强化动物及动物产品调运监督管理】 2014年，全区共计省外动物调运动物及动物产品备案958批次，省外调入食用动物产品合计107.44吨，省外调入动物和动物产品备案率达100%；全区共产地检疫生猪1.74万头，家禽22.57万羽。

【开展家禽H7N9禽流感剔除计划】 9月10日，根据农业部《全国家禽H7N9流感剔除计划》（农医发〔2014〕22号）和《宁波市家禽H7N9流感剔除计划实施方案》（甬牧〔2014〕21号）文件要求，区农业局结合全区秋季重大动物疫病防控计划，开展为期1个月的家禽H7N9流感剔除计划。全区67个禽场共采集血清2010份及对应的咽/肛拭子，所有血清进行实验室H7亚型禽流感病毒血凝素抗体检测，检测结果全部为阴性，为全区养禽业的健康发展和社会公共卫生安全提供准确、可靠的数据。

【制定病死动物无害化处理工作制度】 2014年，区农业局制定《镇海区病死动物无害化处理工作制度》，要求区内病死动物无害化收集点严格落实操作规程、工作职责、工作流程图和收集凭证等制度，进一步从源头上遏制病死动物流向市场。全年与生猪养殖户共签订病死动物无害化处理告知承诺书300余份，初步建立病死动物无害化处理、收集网络。当年，累计处理病死猪1853头，处理病死动物99.7吨，下拨补助经费6.54万元，避免动物尸体到处乱扔的危害。

【认定3家养殖场为区级保障性菜篮子基地】 2014年，全区继续开展保障性菜篮子基地认定活动，在各镇、街道申报推荐的基础上，经区商务、农业、财政等部门人员组成的验收小组现场考核验收，认定宁波市镇海区绿翔禽业养殖场（主要养殖鹅）、宁波市镇海区冯记家禽养殖场（主要养殖鸡）、宁波市镇海区骆驼阿文养猪场（主要养殖生猪）3家为区级保障性菜篮子基地。畜禽养殖场纳入菜篮子基地，使区“菜篮子”在数量品种、应急调控、质量安全方面得到进一步保障，增强全区菜篮子商品自给能力。

【在全市动物防疫与检疫技能比武中获奖】 10月，在宁波市动物防疫技能大比武中，区畜牧兽医总站选手秦光、应荣明、黄旭杰代表镇海区参赛，获得团体第二名，黄旭杰被授予“动物防疫能手”荣誉称号。11月，在宁波市动物检疫技能大比武中，镇海区获得团体第三名，秦光同志获个人奖第三名。

（俞明敏）

海洋渔业

【概况】 2014年，按照浙江省委、省政府启动实施修复振兴浙江渔场计划的总体部署，区委、区政府实施“一打三整治”[1]专项执法行动，全面整治区内涉渔“三无”船舶，非法捕捞、养殖的局面得到有效改善。是年，全区无海洋渔船，海洋捕捞产量锐减，渔业以淡水养殖为主，养殖面积850.7公顷，水产品总产量810吨。

【启动“一打三整治”专项行动】 2014年，根据省、市“修复振兴浙江渔场计划”工作部署，由区农业局牵头开展“一打三整治”专项行动。是年，区委、区政府下发《镇海区修复振兴浙江渔场实施意见》和《“一打三整治”专项执法行动方案》，计划用三年时间，开展“一打三整治”专项行动，改变“东海无鱼”的现状。11月17日，区农业局会同有关部门开始分批集中进行拆解，拆解地位于新泓口闸和澥浦大闸，至年底，累计完成88条涉渔“三无”船舶拆解。

新泓口拆解现场

【开展伏休执法专项检查】 2014年，区农业局加大伏休执法专项检查力度，对区内海域及相关渔业码头开展执法检查，在伏休期。全年共出动执法船只67航次，执法人员340余人次，检查渔船160余艘，查获违规渔船3艘，行政处罚3艘渔船。其中1艘“三无”渔船予以没收拆解，维护了正常伏休管理制度。

【开展保护重点海域生态资源活动】 2014年，区农业局对泓口东侧至甬江口滩涂重点海域生态资源开展保护活动。其间，建立健全日常巡查制度，沿海3个镇（街道）设立日常巡查小组，全年共出动渔政艇72航次，执法人员400余人次，清除各类网具1600余张，防止违规现象的反弹。

【实行河道生态放养】 2014年，区农业局安排资金20万元，用于河道的鱼苗生态放养。共投放鲢、鳙、鲫及其他各类鱼苗500余万尾，放养水面400余公顷。生态放养可改善河道水质，并为市民提供垂钓休闲娱乐。

【完成年度海域使用权属复核工作】 2014年，区农业局完成全区历史海域使用权属复核工作，经复核调查，对宁波港镇海港区19.8公顷、镇海污水处理厂尾水排海管道工程8.12公顷、镇海污水处理厂污水排海管道5.49公顷、北区污水处理厂尾水排海管道工程14.6公顷、宁波化工区污水处理排海管道工程21.51公顷、新泓口排涝工程9.13公顷、宁波——舟山海底光缆澥浦登陆点1.83公顷等7个用海项目进行坐标调整，并重新换发海域使用权

①“一打三整治”：“一打”即依法打击无船名号、无船籍港、无船舶证书的涉渔“三无”船舶和违反伏休规定等违法生产经营行为；“三整治”，即全面开展渔船‘船证不符’整治、禁用渔具整治和海洋环境污染整治。

证，保障依法用海，减少用海纠纷。

【完成5个海域使用项目确权发证和海域使用金征收管理】 2014年，全区确权海域使用项目5个，分别为宁波安捷化工物流有限公司物流仓储基地建设工程47.93公顷、宁波镇海蛟川物业管理有限公司物业管理基地建设工程8公顷、宁波福瑞特气体储运有限公司罐区工程24.3281公顷、15000吨/年三元乙丙橡胶助剂(ENB)及12000立方米碳五仓储项目3.3433公顷、三期10万吨合成橡胶一体化项目7.875公顷，确权面积91.4774公顷，完成年度海域使用金收缴9950万元。

（俞明敏）

林　业

【概况】 2014年，镇海区有林业用地①5658.9公顷。其中林地②面积4841.5公顷，灌木林地③面积596.4公顷，无立木林地④184.7公顷，宜林地⑤面积21.9公顷，苗圃地⑥14.4公顷。全区森林覆盖率⑦26.3%，林木绿化率⑧29.1%，活立木总蓄积量⑨为176867立方米。自然分布的主要是马尾松和阔叶树次生林，人工栽培的有杉木林、马尾松林、竹林及茶叶、杨梅、柑橘等经济林。全区林业工作以生态绿化建设和森林资源保护为主，区农业局重点实施平原绿化、通道河道绿化，启动雄镇林带提升，推进森林村庄建设，召开森林基金第一届理事会，落实2014年度森林基金投资项目。完成73.3公顷森林抚育，完成3公里生物防火隔离带建设。林业除对全区城市绿化、生态环境和水果生产、休闲旅游做出贡献外，自身产值只有2600万元，由人造林木生长296万元、林产品357万元、竹木采运569万元和野生植物采集1378万元四类构成。

【落实2014年度森林基金项目】 6月13日，区森林基金理事会召开森林基金第一届理事会议，拟定《镇海区森林基金管理办法》，决定2014年度森林基金7个投资项目：由九龙湖镇实施的九龙湖镇中幼林抚育工程，总投资40.3万元，完成森林抚育74.3公顷，森林基金补助25万元；由庄市街道实施的庄市街道阮家绿化改造工程，总投资40万元，完成绿化改造约0.6公顷，森林基金补助30万元；由蛟川街道实施的海天林带棉丰区块提升工程，总投资165万元，完成绿化约4.5公顷，森林基金补助50万元；由骆驼街道实施的沈家河头休闲绿地，总投资61.2万元，完成绿化约0.7公顷，森林基金补助30万元；由招宝山街道实施的绿化家园行动，总投资54万元，完成绿化0.3公顷，森林基金补助50万元；由宁波镇海箭湖农业开发有限公司实施的宁波植物园花卉园艺示范区景观工程，总投资539万元，完成绿化约10公顷，森林基金补助75万元；由宁波化工开发有限公司实施的舟山大桥下庄俞公路沿线绿化景观项目，总投资1500万元，完成绿化约10公顷，森林基金补助100万元。这些项目的实施，以小资金带动大项目，进一步提升森林基金的使用效率。

【新增3个省、市级森林村庄】 2014年，

---

①②③④⑤⑥⑦⑧⑨专业名词说明详见《镇海年鉴2012》第106页。

镇海区继续开展森林村庄创建，投入绿化资金200万元，绿化面积6.3公顷。是年，庄市街道万市徐村创建成省级森林村庄，骆驼街道沙河村、九龙湖镇长石村创建成市级森林村庄。至年底，全区省、市级森林村庄增至37个。

【九龙湖湿地公园入选省级重要湿地名录】 11月，九龙湖湿地公园入选省政府办公厅发文公布全省首批32个重要湿地名录。九龙湖湿地公园于2013年12月被省林业厅批准建设，以九龙湖为核心，位于九龙湖镇十字路水库（九龙湖），东至庙山九龙山庄，南至环湖南路，西至九龙源景区，北至达蓬山慈溪界，面积约566公顷，属库塘湿地生态系统。

九龙湖湿地公园一角

【九龙湖镇发生1起森林火灾】 1月2日17时，九龙湖镇九龙湖村风猛高[①]发生1起森林火灾，于当日20时扑灭，火灾持续时间为3小时，过火面积为0.8公顷，受害森林面积0.6公顷，火灾等级为一般火灾，出动人员75余人，估计损失为1.92万元，无人员伤亡。

【开展森林病虫害防治】 2014年，区农业局按照“全面监测，科学防治”的原则，开展全区枯死松树秋季疫情调查监测3次，累计完成疫木处理570株，处理面积62.8公顷，在松林重点保护区落实7万支松材线虫病免疫制剂。

（俞明敏）

水 利

【概况】 2014年，镇海区以保障和改善民生为出发点，以生态环境整治为突破口加快转型升级，围绕省委、省政府“五水共治”决策部署、宁波市“治水强基”工作目标和全区水环境综合整治三年行动计划，开展治污水、排涝水、防洪水、保供水、节用水，截至年底，全区累计完成水利投资约6.06亿元（含围垦工程2.07亿元），占年度计划的110%，其中重点工程完成投资约4.94亿元，面上水利工程完成投资1.12亿元。相继实施姚江东排镇海段三期工程（西经堂——上河严段）、镇海东排南线工程试验段、河道生态修复、河道清淤、农业节水工程等水利工程，为推进全区经济和社会发展提供强有力的保障。围绕“防汛保平安”的目标，开展汛前专项检查，成功应对“凤凰”台风。区农业局被评为全省“五水共治”先进集体。

【姚江东排镇海段三期工程Ⅰ标段完工】 12月，2013年开工建设的姚江东排镇海段三期工程Ⅰ标段完工。工程起于子贡桥，止于西经堂，全长1.9公里，年底完工。工程当年投入1.01亿元，累计完成投资4.19亿元。

①风猛高：山名，位于九龙湖镇横溪村北侧约700米处。

【实施5条河道综合整治工程】 2014年，全区有5条河道实施以护岸驳坎、清淤疏浚、两岸绿化为主的综合整治，整治长度6.5公里。其中九龙湖镇2条，秦山溪坑整治长度1740米，总投资1091万元，截至年底完成总工程量的80%，庙根港河整治长度951米，总投资404万元，年底基本完工；澥浦镇1条，东大河（觉渡大河——广济桥）整治长度1703米，总投资790万元，截至年底完成总工程量的80%；蛟川街道2条，王家门前河整治长度1215米，总投资670万元，年底基本完工，威海河整治长度1100米，总投资1080万元，截至年底完成总工程量的80%。

【新泓口泵站工程通过试运行条件验收】 7月14日，新泓口泵站4台泵组通过试运行条件验收，率先在全市实现"7月15日主汛期前满足排涝要求"的市定目标，得到市级党政领导肯定，并入选全市十大治水经典案例。该项目系全市"五水共治"重点工程、全市五大应急泵站工程建设项目之一，于1月16日开工建设，工程总投资8500万元，设计排涝流量40立方米每秒，总装机容量2250千瓦。

新泓口泵站试运行现场

【完成71条52公里河道的清淤工程】 2014年，全区有71条、全长约52.899公里的河道及35个河槽实施清淤疏浚治理，总投资1625万元。其中九龙湖镇清淤民主河、刘张河、杜郭门前河、斗底洪港、正二房河、下周河、田顾河等16条河道总长度8376米，总清淤方量约63945立方米；澥浦镇清淤红旗河、五星河、中星河、向阳河、汪家港等共22条河道30个河槽，总长度13677米，总清淤方量约124870立方米；骆驼街道清淤一横河、二横河、老李港、爱登港、大善寺港、薛家河等14条河道，总长度13106米，总清淤方量约96758立方米；庄市街道清淤庄市街河、路林港延伸段、周林港、塔前河等7条河道，总长度11490米，总清淤方量约56201立方米；蛟川街道清淤万弓塘河俞范段、柴家港、前大河清水浦段、中一河、董家河丁董段等10条河道5个河槽，总长度6260米，总清淤方量约54767立方米。

【开展涉水"清障拆违"专项行动】 2014年，根据镇海区"五水共治""三改一拆"整体工作部署，区农业局集中力量清理一批影响行洪、排涝、水工程安全和饮用水水源安全的涉水违法建筑及内河水域的设障。全年共排摸涉水违建44处，至年底共拆除39处，面积近3万平方米，3处缓拆，1处保留、1处整改到位，通过市级考核。

【河道保洁水平进一步提升】 2014年，由区农业局负责纳入河道保洁范围的河道总长达334公里，水面面积约669.51万平方米。其中蛟川街道77.8939万平方米，骆驼街道192.9138万平方米，庄市街道97.1745万平方米，九龙湖镇149.9772万平方米，澥浦镇151.5506万平方米，全区河道保洁率达到80%以上。是年，在骆驼街道开展河道保洁市场化试点工作，将103公里192.9138万平方米水面以公开招标的形式由专业公司实施市场化保洁服务，进一步转变了政府职能。至年底，全区保洁人员共131名，分21组，保洁船只76艘，其中钢质船6艘、玻璃钢船双体船36只、单体船34只。

（俞明敏）

【实施澥浦大闸外移工程】 7月底，镇海澥浦大闸外移工程全面开工，至年底累计完成投资6700万元。此工程是泥螺山北侧二期围垦工程先行实施项目，被列入宁波市“五水共治”重点项目，3月份通过市发改委初步设计批复与项目招标工作。

（方莉莉）

农业经营方式

【概况】 2014年，区农业局把农业经营方式转型升级作为发展都市农业的抓手，加快推动农业产业化发展。区农业龙头企业通过技术改造，从传统农业向高科技农业转变，增强企业综合实力，提升市场竞争力，至年底，全区市、区两级龙头企业达16家，年销售额达5.3亿元。新增家庭农场41家，家庭农场总数134家，从业劳动力723人。全区共有农民专业合作社64家，创建成1家国家级合作社，市级规范性合作社11家。通过引进工商资本的方式，新建1个休闲农业基地，改扩建2个休闲农业基地，全区农家乐休闲旅游点达到30个，市级农家乐示范点8个。全区拥有种植1.3公顷以上的种粮大户263户，种植1.3公顷以上的葡萄专业户46户，年出栏50头以上生猪的规模养殖户77户，年出栏2000只以上的肉禽规模养殖场51家。家庭联产责任制下仅耕作自家承包地且自产自销的农民越来越少，个体农户在向专业化、规模化转变的同时，逐步打破“龙头企业+基地+农户”经营体系，创新向“中介组织+农户”“农业科技机构+农户”“农产品市场+农户”等农业合作组织机制转变，实现农产品生产、加工、营销、科研一体化经营的农业产业化经营体系。农业电商越来越受到农业生产经营业主的青睐，从草莓、葡萄等优势农产品的销售逐渐向休闲、绿色、生态农业转移。

表9　**2014年全区区级以上农业龙头企业生产经营情况**

企业名称	经营类型	主营产品	资产总额（万元）	销售额（万元）	备注
宁波海龙罐头食品有限公司	加工基地型	糖水橘子罐头、糖水黄桃罐头	5400	5019	市级龙头（2002年）
宁波启盛生物食品发展有限公司	加工基地型	水煮笋	9413	6885	市级龙头（2007年）
宁波飞洪生态农业发展有限公司	加工基地型	精品蔬菜	4465	4977	市级龙头（2007年）

续表9

企业名称	经营类型	主营产品	资产总额（万元）	销售额（万元）	备注
宁波市巨高兔业发展有限公司	种子种苗型	浙系长毛兔、美系獭兔	13143	7125	市级龙头（2010年）
宁波市镇海德信兔毛加工厂	加工基地型	兔毛、兔绒产品	5015	4650	市级龙头（2012年）
宁波甬洋食品有限公司	加工基地型	虾仁、宠物食品	5340	3142	市级龙头（2004年）
浙江青青实业有限公司	加工基地型	南北干货、食用菌、蜜饯、炒货	2800	3300	市级龙头（2008年）
宁波佳绿食品有限公司	加工基地型	冷冻蔬菜	2017	1089	区级龙头
宁波市镇海江南家禽育种有限公司	种子种苗型	青壳系列鸭蛋、鸭苗	401	440	区级龙头
宁波花无缺花木有限公司	加工基地型	花卉、盆景、绿化苗木	11951	3086	区级龙头
宁波合一生态农业开发有限公司	加工基地型	草莓、苗木	1121	2093	区级龙头
宁波天一家饰用品有限公司	加工基地型	藤席、草席、保健枕	332	532	区级龙头
宁波北大荒物流集团股份有限公司	市场流通型	五谷杂粮、食用菌、豆油	234688	9697	区级龙头
宁波市镇海九龙湖种苗培育有限公司	种子种苗型	花卉种苗、水稻、蔬菜种苗	1142	945	区级龙头

【5家农民专业合作社通过考核验收】 2014年，区农业局对区属专业合作社进行规范化建设考核验收，最终确认宁波市镇海绿丰农产品专业合作社、宁波市镇海味满园果品专业合作社、宁波市镇海区澥浦海田蔬菜专业合作社、宁波市镇海九龙蔬菜专业合作社、宁波市镇海骆驼禽蛋产销专业合作社5家专业合作社通过复核验收。至此，全区共有64家农业合作社，其中市级规范性合作社11家。

【1家合作社创建成国家农民合作社示范社】 9月，根据《国家农民专业合作社示范社评定及监测办法》，经全国农民合作社发展部际联席会议审定，宁波市镇海区绿丰农产品专业合作社创建成国家农民合作社示范社。该社成立于2007年10月，注册资本120万元，成员140户，其中普通农户社员138户，土地面积约100公顷，固定资产148万元，年生产蔬菜瓜果总量3800吨，销售收入1377.9万元，其中95%产品销往宁波市场、餐饮公司、各大超市。

【5家家庭农场被评为省、市级示范性家庭农场】 3月，百卉农场、繁荣瓜果示范场获评省级示范性家庭农场。12月，九龙康得助农庄、骆驼冯记家禽养殖场和九龙湖伟定家庭农场3家被评为市级示范性家庭农场。至此，全区有省示范性家庭农场2家、市级5家。示范性家庭农场年销

售农产品产值1.2亿元，数量和质量上均属于全市前列。

【1家养殖场产品获2014年浙江农业博览会优质奖】 11月，根据浙农博〔2014〕1号文件精神，经过各县（市、区）组织申报、市地审核推荐、专家组现场评审和组委会评审委员会审定，澥浦岚山水库生态养殖场的野生甲鱼获2014年浙江农业博览会优质奖产品。岚山水库生态养殖场成立于2008年，依托岚山水库220公顷平面水库进行大水面综合开发和利用，形成年产淡水鱼300余吨常规鱼类，同时能提供一定数量的野生状态下鳜鱼、中华鳖、河鳗等特种水产品，可作为苗种生产企业的亲本。拥有固定资产300余万元，养殖场年产各种水产品305余吨，实现年产值300万元，销售总额300万元，实现销售利润50万元。

【农家乐休闲旅游发展态势良好】 2014年，区农业局加强休闲农业建设，指导农户通过引进工商资本建设休闲农业基地，新建闲云阁农场、扩建九龙农场、金池农场等休闲农业基地。至年底，全区共有农家乐休闲旅游点11个，其中省级旅游点1个，市级6个，直接从业人员300人。全年休闲农业累计接待游客135万人次，直接经营收入4828万元，分别同比增长4.6%和16.9%。

【2014浙江迎春花展在骆驼街道举行】 1月17—26日，由省花卉协会、市林业局和区政府联合主办，区农业局、骆驼街道和宁波花木世界共同承办的2014浙江迎春花展在骆驼街道的宁波花木世界举行。本次展会总面积73000多平方米，设插花展示区、盆花展示区、花卉展销区、盆景园、兰花园等多个展区，吸引参展商铺100多家，参展花卉品种超过200种，吸引2万余人次的市民前来观赏、购买，实现200多万元销售额。

（俞明敏）

农业科技

【概况】 2014年，区农业局加大以科技促农业转型升级的力度，促进农产品提高科技含量，增强市场竞争力。全年完成2家市级农业龙头企业技改项目，完成3个市级农科教项目。加强“三品一标”①认证工作，对到期的4家无公害农产品基地进行复查换证。通过无公害农产品产地认定和产品认证4个，新增浙江省著名商标和宁波市名牌产品各1个。

【实施2个市级农业龙头企业技改项目】 2014年，镇海区实施龙头企业技改项目2个，投资用于机器换人、节能环保，有效促进龙头企业转型升级。镇海区启盛公司和海龙公司两家公司分别完成技改项目，并通过区级初验，等待市级验收。其中，启盛公司投入资金251万元，购置脱盐池5台，对原有的烧油锅炉进行改造，改为使用蒸汽，污水池进行改造添加设备、洁净室改造、购买液体灌装机1台、弹衣机2台；海龙公司投入资金238万元，在利用原有车间场地及可通用设备设施的基础

①“三品一标”：“三品”是指无公害农产品、绿色食品、有机农产品，“一标”是指农产品地理标志。

上增加购入果杯及果冻的生产线，产品主要特点是采用国际先进工艺和包装、真正摆脱防腐剂的束缚，销售市场广阔，发展潜力大。

【完成3个市级农科教项目】 10月，经市科技局专家评审，3个市级农科教项目通过验收，分别为：骆驼街道冯记家禽养殖场的镇海区林带养鸡关键技术研究与示范，骆驼街道成人中等文化技术学校的翠玉梨高产高效栽培关键技术研究、示范与推广，澥浦镇成人中等文化技术学校的优质丰产草莓的高效节能补光技术的培训与推广。

【新增浙江省著名商标1个】 2014年，宁波启盛生物食品发展有限公司注册商标“启盛食品”被认定为浙江省著名商标。该公司是一家注册资金600万美元的大型综合性食品加工、研发企业，主营水煮笋、水煮薇菜及其他水煮类混合蔬菜及各种调理产品，其中水煮笋年生产销售70万罐，全年各类产品营业额1200万美元。

【新增宁波名牌产品1个】 2014年，宁波市镇海德信兔毛加工厂其产品被认定为宁波名牌产品。该工厂从事兔毛、兔绒、兔毛条收购、加工、销售已有二十多年，是浙江省畜产进出口公司定点兔毛生产厂家，产品主要销往日本、美国、意大利等国家和国内毛纺厂。工厂现有加工人员100余人，具有加工成品兔毛800吨/年的生产能力，在四川、山东、河南等兔毛产区设有养殖基地和原料收购点，当年产值达4650万元。

【4家种养殖基地获无公害产地认证】 12月，庄市街道繁荣瓜果蔬菜试验示范场的西瓜，骆驼街道绿翔畜禽养殖场的活鹅、鹅蛋，九龙湖镇伟定家庭农场的活鸡、鲜鸡蛋及岳军特种养殖场的活鸡、鲜鸡蛋等经市农产品安全工作协调小组办公室审核，符合无公害农产品产地相关标准和要求，被认定为市无公害农产品产地。年末，全区无公害蔬菜、水果基地达到19家。

【完成3个农业节水灌溉工程】 12月，3个农业节水灌溉工程完成。澥浦核星蔬菜基地（二期）投资20万元建成应用喷灌、微灌技术新增节水灌溉8公顷，骆驼阿四农场投资26万元建成应用微灌技术新增节水灌溉面积10.7公顷，九龙湖镇白枇杷、铁皮石斛、三叶青基地投资40万元建成喷灌技术新增节水灌溉面积14.7公顷，可节约农田灌溉用水，提高水资源的使用效率和农业综合生产能力。

（俞明敏）

农业机械化

【概况】 2014年，全区农业机械化总动力达6.58万千瓦，比上年增加3.8%，总投入1472万元，引进各类农机具189台（套），其中插秧机38台，耕整地机械40台，收割机1台，大中型拖拉机4台，育秧流水线4台。至年底，全区主要农机保有量达到5551台（套）。其中上道路拖拉机325台，纯农田拖拉机287台，联合收割机43台，插秧机161台，育秧流水线17台（套），育秧硬盘23万张，烘干机47台，烘谷总吨位410吨。

区农机局制订《2014年镇海区农机购置补贴资金实施方案》，全年共发放中央、市、区三级购机补贴资金331.19万元，其中中央资金111.08万元、市级资金21.75万元、区级资金198.36万元。

围绕创建全国“平安农机”示范区的工作要求，层层落实农机安全生产监管责任，开展农机安全生产大检查专项活动，监督完善农业机械行政许可、年检等事项。是年，镇海区荣获全国“平安农机”示范区称号，区农机局荣获宁波市农机化工作、“平安镇海”创建先进集体等称号。

【创建成全国“平安农机”示范区】 12月24日，镇海区被农业部、国家安全监管总局评为全国“平安农机”示范区。2014年以来，全区以开展“平安农机”示范镇、村创建为抓手，通过区、镇(街道)、村三级联动，构建起源头管理、执法监管、宣传教育三大防线，形成区、镇、村、组四级农机安全监管网络。是年，全区有省级“平安农机”示范镇(街道)3个，省级“平安农机”示范村4个，市级“平安农机”示范村40个，市级“平安农机”示范合作社4个，组建33个农机驾驶人员安全片组。全区拖拉机注册率、持证率、检验率分别达90.16%、98.5%、94.46%，联合收割机注册率、持证率、检验率分别达95.83%、99.1%、95.83%，未发生一起农机亡人事故和三人以上伤亡事故，6月17日，全区通过全国“平安农机”示范区认定组检查。

【全区机插率达77%】 2014年，区农机部门继续大力推广水稻机械化育插秧技术，并在种粮大户中广泛应用。全区机插秧作业面积达1533.3公顷，占全区水稻种植面积76.9%，比2013年增加7%。其中粮食功能区内水稻机插率达90%以上。全区水稻耕种收(机耕、机插、机收)综合机械化率水平达到93.1%。

【水稻机械化育秧水平大幅提高】 2014年，区农机局采用大棚内播种、叠堆催芽，小拱棚培育方式，推广试验“旱播水育”、“堆包催芽”育秧模式。至年底，共建成育苗工厂2个，育秧基地5个，集中育秧点10个，年供工厂化秧苗32万盘，可机插大田面积800公顷(27盘1亩)，工厂化育秧率达到52%(其中早稻工厂化率77%)。

薛维海调研九龙湖育秧中心

【设施农业获补贴资金248万元】 2014年，全区14个设施农业项目获中央、区两级补贴资金248.16万元，其中中央资金补贴207.41万元，区级资金补贴40.75万元，带动农户投入 461.87万元。补贴设施农业面积13.4万平方米，单体大棚面积9.8万平方米，连栋大棚面积3.4万平方米，玻璃温室面积1728平方米。

【“智慧农机”建设取得实效】 2014年，全区投入48万元，在庄市街道万市徐精品蔬果园、澥浦镇瑞雪花卉园、九龙湖镇育秧中心与烘谷中心安装视频监测系统与互联网技术指导系统等精准农业设施，实现实时、全面监控采集影响作物生长的温湿光等关键指数，使作物产量提高15%～20%，经济效益提高10%，生产率提高20%，化肥，农药和灌溉用水减少20%～30%。

【农机综合服务中心建成投用】 12月，区农机综合服务中心建成投用。该中心位于九龙湖田杨陈村田舍陈粮站，总投入50余万元，总面积2698平方米，整修后作为区行政服务中心农机分中心，具备农机具上牌、保养维修、机具停放等一站式综合服务功能。

【建立“农机110”服务队】 2014年，区农机局开通“农机110”服务专线，成立一支由4位农机局干部、4位乡镇人员和5位专业农机技术人员组成的“110”农机维修专业服务队，农忙时节为农户提供免费就地技术服务。全年服务队在备春耕其间共接听电话393次，为全区农民和农机户共开展巡回检修服务347台次，保障春耕安全高效进行。

（季柳巧）

农业管理与服务

【概况】 2014年，区农业局按照“高效、生态、保障”的要求，继续做好农业政策性保险等工作，强化农产品质量安全监管和农业面源污染治理，实施“肥药双控”，做好农民培训、实用农技推广等服务，引进蓝莓、樱桃、火龙果等新品种，推进都市农业绿色、生态发展。

是年，区农业局全年共抽检地产蔬菜农药残留206批次，合格204批次，合格率为99.03%；抽检地产草莓、葡萄、茶叶35批次，合格率100%。抽检养殖生猪尿样1254份，结果均为阴性。抽检化肥、农药、兽药、饲料等农业投入品62批次，立案查处农资违法案件3起，涉案金额3.8万余元。全区未发现销售高毒农药、瘦肉精、毒鼠强等违禁农业投入品的行为。

【开展农村实用人才培训】 2014年，区农业局开办绿色证书培训班22期，实用技术培训班33期，累计培训农民2715人次；举办粮食、蔬菜、瓜果、畜禽等农产品质量安全培训班27期，培训农民1370人次。

【6个农产品质量安全快速检测室免费向公众开放】 6月23日，按照省政府实事工作有关要求，全区6个农产品质量安全快速检室首次免费向公众开放使用，快速检测项目包含瘦肉精、有机磷和氨基甲酸酯类农药残留定性检测等，让检测服务于民，惠及于民。至年底，全区累计为公众免费快速检测1510批次，提高农产品质量安全水平，保障“舌尖上的安全”。

【开展食品安全百日严打行动】 3月1日—6月10日，按照全省统一部署，全区开展食品安全百日严打行动。行动以全面检查区内农资市场和种养殖大户销售、使用国家明令禁止的各类禁限用农药、兽药和违法添加隐性物质为重点，督促经营单位和种植大户及时退回或上交各类禁限用农药，做到制度和承诺上墙。其间，执法人员共监督抽检农产品52批次，其中蔬菜26批次、畜产品10批次、水产品10批次、林产品6批次，均未发现有违禁农药、兽药、渔药和非法添加物。依法查处不合格农产品（蔬菜农药残留超标）案件1起，涉案金额1500元，罚没款6500元。

【建成6个绿色防控示范点】 12月，全区建成水稻绿色防控示范区1个，为九龙湖科奥农业服务公司，面积33.3公顷；建成蔬菜绿色防控示范基地4个，为庄市繁荣瓜果试验示范场、澥浦核星蔬菜基地、澥浦镇岚山村露地蔬菜基地服务，面积233.3公顷；建成市级生态修复区1个，位于九龙湖镇绿鑫生态农场，面积13.3公顷。

【实施“肥药双控”见成效】 2014年，根据区委、区政府“五水共治”工作部署安排，区农业局开展“肥药双控”①工作，推进农业面源污染治理。至年底，全区共推广测土配方施肥4666.7公顷，推广配方肥150吨，应用面积400公顷；推广有机肥3300吨，化肥减量69吨。发布病虫情报9期，从6月份，即第四期病虫害情报开始实施统防统治，共6次；推广病虫害统防统治面积1333.3公顷，全年农药减量控害15.1吨。

【实行五项农业政策性保险】 2014年，根据甬农保〔2014〕2号文件精神，由区农业局牵头，对水稻、大棚、生猪、公益林、能繁母猪办理农业政策性保险。投保水稻969.5公顷，大棚14.9公顷，生猪650头，公益林1320.1公顷，能繁母猪89头，总保费926179元。政府对政策性农业保险实行补贴，其中中央财政补贴302311元，市级财政补贴265230元，区级财政补贴235976元。

（俞明敏）

①“肥药双控”：指肥药减量控害，减少化学肥料、药物等使用量，降低对水体等污染。

工　业

综　述

2014年,镇海区实现全社会工业总产值2629.7亿元,同比增长4.1%。其中省部属企业工业总产值1508.6亿元,同比增长1.4%;完成全社会工业投资121.2亿元,同比增长21.4%,其中完成技改投资52.02亿元,同比增长19%。中金石化、镇海炼化、动力中心等大项目支撑效应明显。

至年底,全社会共有工业企业2942家,主营业务收入2331.5亿元,同比下降5.1%;利税总额245.3亿元,同比下降10.9%;利润总额66.3亿元,同比下降31.2%。全社会主营业务收入2000万元及以上的工业企业(以下简称规上工业企业)576家,按登记注册分类,内资企业379家,港澳台投资企业99家,外商投资企业98家。规上工业企业资产总计1352.9亿元(其中固定资产551.9亿元,流动资产686.5亿元),负债合计778亿元,所有者权益574.6亿元。

全社会能耗总量955.5万吨标准煤,同比下降4.2%;其中工业能耗891.6万吨标煤,同比下降4.51%,占能耗总量的93.3%。能耗高度集中在化学原料及化学

表10　　2014年工业经济主要经济指标

单位:万元

指　标	工业总产值	同比增长	利润总额	同比增长
澥浦镇	623982	6.3%	8772	-12.1%
九龙湖镇	759785	-7.5%	13765	-39.8%
招宝山街道	1062596	-4.9%	-17761	-75.1%
蛟川街道	3070875	4.5%	140682	41.1%
骆驼街道	2187654	12.9%	74114	-29.9%
庄市街道	537127	-1.9%	10988	114.2%
石化开发区	2934230	21.3%	21857	200.8%
部省属单位	15086086	1.4%	414868	-44.8%
合计	26262335	4.1%	662841	-31.2%

制品制造业、石油加工及炼焦业、电力热力的生产和供应三个高能耗行业，占全区规上工业企业能耗总量的90.52%。全社会用电量69.11亿千瓦时，同比上升4.72%。其中工业用电量60.59亿千瓦时，同比上升5.67%，占全区总用电量的87.68%。

区属工业企业

【概况】 2014年，全区区属工业企业2937家；资产总计1055.6亿元，同比下降0.6%；负债合计706.2亿元，同比下降4.8%。是年，区属工业总产值1121.1亿元，比上年增长8.1%，主要得益于宁波富德能源有限公司、宁波浙铁江宁化工有限公司、宁波乐金甬兴化工有限公司等大项目产值贡献。区属工业全年完成主营业务收入1080.4亿元，比上年增长2.2%；利税总额50亿元，比上年增长18.4%；利润总额24.8亿元，比上年增长16.9%。区属工业企业从业人员平均人数139120人，同比下降0.3%。

区属规上工业企业571家，按登记注册分类，内资企业376家，港澳台投资企业97家，外商投资企业98家。规上工业企业资产总计927.5亿元（其中固定资产285亿元，流动资产535亿元），负债合计617.4亿元，所有者权益309.9亿元。规上企业全年完成工业产值996.6亿元，占区属工业总产值的88.9%。主要经济指标完成情况是主营业务收入958.6亿元，同比增长1.5%；利税总额44.5亿元，比上年增长15.7%，利润总额23.5亿元，比上年增长7.8%。规上工业企业中，亏损181家，占比31.7%；亏损金额17.5亿元，同比增长19.5%。

是年，区经信局根据区属工业企业的规模特征、发展速度、行业结构等现状，通过综合评价等方法，筛选一批优秀企业实施分类管理，进行梯队式培育：9家企业列入初创期企业培育计划，20家企业列入创新成长型企业培育计划，2家企业入围省级创新型示范中小企业，3家企业入围市高成长企业培育，12家完成“小型巨人”企业年度考核和复评。42家作为小微企业“上规升级”培育。推进九龙湖镇、澥浦镇小微企业集聚区建设。举办培训班10次、培训800多人次。8家企业通过市级管理咨询项目考核验收。组织近200家次企业参加各类展览展销活动，现场签单100余个。建立民爆企业货物进出库即时报送制度，加强日常监管和突击检查。民爆行业监管考核位列全市第一。

镇海区企业组团参加宁波智博会

是年，区经信局开展以“转作风、强服务、保落实、促转型”为主题的“企业走亲”活动，采用联系重点企业和定点服务模式，深入企业走访慰问、蹲点调研和协调指导，助推企业产业转型升级、工业提质增效。全年累计走访企业180多家次，发放便企联系单和活动调查表160多份，搜集各类困难问题和意见建议100多条次，协调、帮助或解决问题近80个次，基本实现走访全覆盖、登记全覆盖、服务全覆盖。是年，新增年产值上亿企业21家，全区年产值超亿元工业企业达到185家。其中年产值超10亿元的19家，比上年新增4家。

表11　　2014年区属工业销售收入前100位企业情况

单位：万元

序号	企业名称	销售收入	利润总额
1	宁波乐金甬兴化工有限公司	1095006	63408
2	宁波富德能源有限公司	725393	39800
3	百隆东方股份有限公司	351693	43199
4	宁波阿尔卑斯电子有限公司	182687	6184
5	爱敬(宁波)化工有限公司	134280	51
6	宁波市镇海天地特种钢有限公司	129331	-251
7	宁波市镇海盛发铜业有限公司	123878	-776
8	浙江恒河石油化工股份有限公司	123574	688
9	宁波市镇海泰达化工有限公司	115107	92
10	浙江杭州湾腈纶有限公司	113757	-8050
11	宁波市金龙铜业有限公司	103756	-7474
12	阿克苏诺贝尔乙烯胺(宁波)有限公司	96962	-9842
13	宁波新福钛白粉有限公司	96401	1175
14	宁波埃美柯铜阀门有限公司	93107	8855
15	宁波镇洋化工发展有限公司	92562	493
16	宁波金海德旗化工有限公司	91097	3484
17	宁波浙铁江宁化工有限公司	90885	-19323
18	宁波巨化化工科技有限公司	83615	5985
19	宁波杜亚机电技术有限公司	81741	6371
20	宁波市野马电池有限公司	80488	8005
21	金丰(中国)机械工业有限公司	80106	8261
22	宁波合恒钢铁有限公司	79276	-10451
23	宁波伟峰影像设备集团有限公司	77003	1372
24	镇海石化工业贸易有限责任公司	76593	2258
25	宁波市镇海泰纳化工有限公司	72165	14
26	宁波金鼎紧固件有限公司	70293	1283
27	宁波大安化学工业有限公司	69688	15688
28	约翰迪尔(宁波)农业机械有限公司	68912	-8165
29	阿克苏诺贝尔化学品(宁波)有限公司	63585	-12210
30	宁波中鑫毛纺集团公司	63370	1331

续表11

序号	企业名称	销售收入	利润总额
31	宁波金亿合金材料有限公司	62205	–254
32	宁波甬兴化工有限公司	56701	484
33	阿克苏诺贝尔过氧化物(宁波)有限公司	56094	13523
34	宁波久丰热电有限公司	56009	2995
35	宁波宁力高强度紧固件有限公司	54180	334
36	宁波家联塑料科技有限公司	53348	1672
37	宁波天翼石化重型设备制造有限公司	46453	959
38	宁波达尔轴承有限公司	46397	3639
39	宁波市海达塑料机械有限公司	45810	3816
40	宁波特艾科机械制造有限公司	45219	2500
41	宁波康兴电缆有限公司	44519	0
42	宁波富邦精业集团股份有限公司	42631	518
43	宁波德泰化学有限公司	40133	6447
44	宁波中化化学品有限公司	40023	–446
45	宁波市镇海银球轴承有限公司	38984	1428
46	华美线业有限公司	38374	4015
47	宁波汉博贵金属合金有限公司	37834	179
48	浙江鑫甬生物化工股份有限公司	37076	150
49	宁波中江高强螺栓有限公司	36790	1681
50	宁波明欣化工机械有限责任公司	36305	170
51	宁波市成龙机械有限公司	34674	270
52	宁波顺泽橡胶有限公司	34486	–6136
53	宁波人健医药化工有限公司	33979	5602
54	宁波招宝磁业有限公司	33635	1311
55	宁波连通设备制造有限公司	32554	1421
56	摩士集团股份有限公司	32196	–667
57	宁波龙欣精细化工有限公司	31426	2753
58	阿克苏诺贝尔聚合物化学(宁波)有限公司	31066	4408
59	宁波陆霖机械铸造有限公司	31028	5958
60	鼎鑫(宁波)合金制造有限公司	29518	–3733
61	宁波市镇海永大构件有限公司	29283	296
62	宁波天衡药业股份有限公司	29037	639
63	镇海九龙紧固件制造有限公司	28005	562
64	宁波中鼎构件有限公司	27487	128
65	宁波佳信旅游用品有限公司	27141	62
66	宁波四明化工有限公司	26134	–816

续表11

序号	企业名称	销售收入	利润总额
67	宁波永顺精细化工有限公司	26058	16
68	宁波金海电子有限公司	25702	2832
69	宁波先安化工有限公司	25700	-833
70	宁波华一包装有限公司	25515	711
71	宁波亿家日用品制造有限公司	25288	-944
72	宁波萌恒线业有限公司	25117	460
73	宁波蛟川构件有限公司	24988	-74
74	宁波博汇化工科技股份有限公司	24643	3378
75	宁波市镇海热力有限责任公司	24637	653
76	瑞麦(宁波)机械设计制造有限公司	24470	1076
77	宁波康力玻璃有限公司	24068	8
78	镇海光鑫铸业有限公司	23917	-998
79	宁波市镇海创业电镀有限公司	23774	593
80	宁波海信紧固件有限公司	23326	114
81	宁波市汇水投资集团有限公司	23320	973
82	宁波甬华树脂有限公司	23169	532
83	宁波富海环保科技有限公司	23160	594
84	宁波立华植物提取技术有限公司	22954	1242
85	宁波争光树脂有限公司	22851	1610
86	海发(宁波)办公设备有限公司	22831	225
87	宁波浙华重型钢管制造有限公司	22784	-890
88	宁波华通电器集团股份有限公司	22612	-2574
89	宁波广昌达石油化工有限公司	21843	-1451
90	宁波新福化工科技有限公司	21775	308
91	宁波凯达汽车部件有限公司	21619	2503
92	宁波万盛轴业有限公司	21067	300
93	宁波天益齿轴齿轮有限公司	20868	1959
94	宁波海德针织漂染有限公司	20283	-49
95	九龙混凝土有限公司	20153	1424
96	浙江中平粉末冶金有限公司	19757	1739
97	宁波九龙机械制造有限公司	19628	631
98	宁波镇明转轴有限公司	19149	2626
99	金利合金制造工业(宁波)有限公司	18146	200
100	宁波市镇海景联混凝土有限公司	17440	92

【全面实施“四换工程”】 2014年,区经信局根据省、市统一部署,在全区工业企业中全面实施“四换工程”:推进“腾笼换鸟”,淘汰16个市级落后产能计划项目,完成化工、铸造、印染等十大行业发展情况调研报告;出台《镇海区金属表面处理(紧固件)行业整治提升三年行动计划》,建成投用九龙湖酸洗中心(一期);改造旧厂区14.21万平方米,分别完成市定、区定目标任务的203%、197%。推进“机器换人”,举办全区制造业工程技术突破暨机器换人培训班、机器换人技术对接现场会,开展项目精准对接;全年实施“机器换人”项目107个,重点支持30个区级重点产业技术改造(机器换人专项)计划项目。推进“空间换地”,出台《镇海区工业企业绩效评价办法(试行)》,85家获土地使用税奖励的规上工业企业公顷均销售、公顷均税金分别同比提高110万元和1万元。推进“电商换市”,出台《镇海区促进电子商务发展政策实施细则》,启动阿里巴巴·镇海装备制造产业带建设,全年入驻企业140家,线上销售额近5000万元,流量排名多次居全国前三。

【2家企业通过工信部铸造行业准入条件审核】 工信部公布2014年度首批《铸造行业准入条件》审核名单中,镇海区宁波天业精密铸造有限公司、宁波陆霖机械有限公司榜上有名。铸造行业准入旨在促进铸造产业结构优化升级,遏制低水平重复建设和产能盲目扩张,推进节能减排,提高资源能源利用水平,引导产业健康、有序和可持续发展。通过审核的企业在工艺设备、产品质量、节能减排等方面较为先进,多为区域行业龙头企业。

【31家企业产品列入市自主创新与优质产品推荐目录】 3月,宁波市2014年度自主创新与优质产品推荐名录公布,镇海区有31家企业产品入选,涉及整机制造、建材、电子电器、紧固件、液压马达、汽车零部件、医药化工等10多个行业。

表12　　**2014年度镇海区入选宁波市自主创新产品和优质产品推荐目录**

序号	产品名称	企业名称	产品类别
1	电线电缆	宁波康兴电缆有限公司	电气机械和器材
2	低压成套设备、低压电器元件	宁波恒升电气有限公司	电气机械和器材
3	避雷器、断路器、熔断器	宁波镇海国创高压电器有限公司	电气机械和器材
4	电磁继电器、热定序器、热时控器	宁波金海电子有限公司	电气机械和器材
5	高低压配电柜	宁波电业局电力成套设备公司	电气机械和器材
6	高低压开关成套设备、变压器、互感器、断路器、密集母线等	宁波华通电器集团股份有限公司	电气机械和器材
7	移动通信户外机柜、三网合一光纤(光缆)分配箱	宁波天韵通信设备有限公司	电气机械和器材

续表12

序号	产品名称	企业名称	产品类别
8	电子元器件及触点	宁波金点电子有限公司	电气机械和器材
9	电机转轴	宁波镇明转轴有限公司	电气机械和器材
10	管状电机、智能家居控制系统	宁波杜亚机电技术有限公司	电气机械和器材
11	电圆锯	宁波黑松工具有限公司	电气机械和器材
12	塑料注射成型机	宁波市海达塑料机械有限公司	电气机械和器材
13	粉末成型机	宁波汇众粉末机械制造有限公司	电气机械和器材
14	G800高精度行星齿轮减速机	宁波市镇海减变速机制造有限公司	电气机械和器材
15	液压马达	宁波欧易液压有限公司	电气机械和器材
16	高压消防管件、天然气石油管件	宁波中安锻造有限公司	建筑材料
17	阀门、水暖器材、水表等	宁波埃美柯铜阀门有限公司	建筑材料
18	铝塑板、建设用金属板	宁波红杉高新板业有限公司	建筑材料
19	木塑制品、木塑复合材料	宁波艾科木塑制品有限公司	建筑材料
20	RO净水器	宁波灏钻科技有限公司	电力器具
21	粉末冶金件	浙江中平粉末冶金有限公司	其他
22	碱锰电池	浙江野马电池有限公司	其他
23	热聚碳九石油树脂	浙江恒河石油化工股份有限公司	其他
24	碳五石油树脂	宁波甬华树脂有限公司	其他
25	新工艺硬质炭黑	宁波德泰化学有限公司	其他
26	有机着色剂	宁波龙欣精细化工有限公司	其他
27	502瞬间黏合剂	浙江久而久化学有限公司	其他
28	紧固件、高强度螺栓	宁波市镇海甬鼎紧固件有限公司	其他
29	组套工具	宁波市杰杰工具有限公司	其他
30	汽车玻璃升降器	宁波世通汽车零部件有限公司	其他(汽车零部件)
31	天然维生素E	宁波大红鹰生物工程股份有限公司	医药

【6家企业通过小型巨人企业认定】 6月，经区经信、区财政部门对企业销售收入增长率、税收增长率、销售利税率等经济指标及行业地位、科技创新、名牌创建等发展情况的综合评定，区内宁波天衡药业股份有限公司、宁波德泰化学有限公司、宁波汇众粉末机械制造有限公司、宁波市联成机械有限公司、浙江中平粉末冶金有限公司和宁波明欣化工机械有限责任公司等6家企业被认定为小型巨人企业，其中5家企业列入宁波市高成长企业培育计划。上述企业培育期内销售收入、利润、利税年均增幅达17.7%、9%、13.9%，分别高出区属平均水平。

【工业化无血清培养基项目落户镇海】 4月，国内首个工业化无血清培养基项目落户镇海。项目总投资1.2亿元，所在企业普奥思生物是市“3315”团队资助项目，主要研发并生产工业化无血清细胞培养基等产品，可应用于单抗、人用疫苗、兽用疫苗及细胞治疗产业。投产后，可填补国内高等生物细胞培养基生产、研发的空白。

【2家企业入围省级创新型示范中小企业培育计划】 3月，2014年度浙江省创新性示范中小企业培育计划公布，镇海区有2家企业榜上有名，分别是宁波创世轴业有限公司、宁波天衡药业股份有限公司。入选该培育计划的企业须满足“企业经营运行状况良好、企业研发费用占主营业务收入比例高、拥有自主知识产权、具有行业带动性和自主品牌”等条件。

【29家企业列入“两创”培育计划】 2014年，镇海区宁波骏力紧固件制造有限公司等9家企业列入初创期企业培育计划，宁波特艾科机械制造有限公司等20家企业列入创新成长型企业培育计划。上述29家企业涵盖战略性新兴产业和传统装备制造业，成长性普遍较好，且大部分具有工程技术中心和自主品牌。其中9家初创期企业全年销售收入1.6亿元，同比增长60%；20家创新成长型企业全年销售收入24.5亿元，同比增长33.2%。列入培育计划的企业将享受最长不超过3年的贷款贴息和担保费补助等扶持政策，区财政每年安排750万元专项资金予以保障。

工业行业

【概况】 2014年，区属571家规上工业企业中，轻工业企业共有160家，完成工业总产值206亿元，利税总额13.6亿元。其中亏损企业61家，亏损总额2.4亿元。重工业企业共有411家，完成工业总产值799.7亿元，利税总额32.8亿元；其中亏损企业120家，亏损总额15.1亿元。29个工业行业中，制造业所属的27个行业共有规上企业565家，完成工业总产值992.4亿元，利税总额45.5亿元；电力、燃气及水的生产和供应业所属的2个行业共有规上企业6家，完成工业总产值13.4亿元，利税总额9161.3万元。区属29个工业行业571家规上企业全年完成工业产值1005.7亿元，29个工业行业中，18个行业产值增长，11个行业下降；8个行业利润总额增长，21个行业下降；20个行业盈利，9个行业亏损，亏损行业只要集中在废弃资源综合利用行业。

表13

2014年度区属工业行业情况

单位:万元

序号	行业名称	企业数	工业总产值	资产总计	所有者权益合计	利税总额
1	食品制造业	5	364361	342313	136228	9483
2	纺织业	25	6164014	9016366	6574855	598057
3	纺织服装、服饰业	19	779559	575377	272937	18880
4	皮革、毛皮、羽毛及其制品和制鞋业	4	165851	196077	22805	-925
5	家具制造业	4	155178	207685	87690	1663
6	造纸和纸制品业	2	54830	67972	5107	-4477
7	印刷和记录媒介复制业	9	553016	524991	142519	17399
8	文教、工美、体育和娱乐用品制造业	21	895306	719752	250662	35898
9	石油加工、炼焦和核燃料加工业	4	749715	525873	171678	66747
10	化学原料和化学制品制造业	59	36230466	31479157	8786337	1750422
11	医药制造业	4	1102914	1185323	642486	154573
12	化学纤维制造业	2	1805549	2601954	750612	153083
13	橡胶和塑料制品业	24	2104009	1458347	507778	48378
14	非金属矿物制品业	12	1683670	2282334	460003	131735
15	黑色金属冶炼和压延加工业	16	4394729	2702876	432182	-70060
16	有色金属冶炼及压延加工业	20	5017993	3721748	948823	-57896
17	金属制品业	43	3314232	3531428	1524028	239464
18	通用设备制造业	127	12335445	10114411	4195547	905601
19	专用设备制造业	28	3727166	3974358	1345615	141238
20	汽车制造业	15	1475156	1075084	385950	186150
21	铁路、船舶、航空航天和其他运输设备制	9	600847	675897	97039	-12185
22	电气机械和器材制造业	36	4603020	5497735	1526604	310762
23	计算机、通信和其他电子设备制造业	21	3260352	1951731	898476	176664
24	仪器仪表制造业	4	187116	119381	48992	16847
25	其他制造业	4	346845	496087	23878	10659
26	废弃资源综合利用业	46	7074454	2083792	-310713	-319949
27	金属制品、机械和设备修理业	2	90031	94570	77898	37577
28	电力、热力生产和供应业	4	1197603	4247826	758880	35130
29	水的生产和供应业	2	140207	1283150	229795	56483

注:数据为年主营业务2000万元以上企业。

2014年,镇海区依托现有产业基础和港口优势,推进工业和信息化深度融合,促进石油化工、装备制造和纺织服装三大优势特色产业不断转型升级、提质增效。同时以新材料科技城、大学科技园、西电产业园和留学生创业园等为平台,继续优化空间和产业布局,助推新材料、新能源、新装备、新一代信息技术、节能环保、生命健康、海洋高技术、工业设计与创意等八大战略性新兴产业发展,打造新的经济增长极,夯实"3+1"产业发展格局。

是年,区属三大优势特色产业实现产值725亿元,占区属工业总产值64.7%。石油化工业以LG甬兴、爱敬化工、镇洋化工等为代表,实现产值369.6亿元,占区属工业总产值33%。装备制造业包括成套装备、机械基础件、电子电器产业等,主要代表企业是约翰迪尔拖拉机、埃美柯铜阀门、金丰机械、金鼎紧固件、摩士集团等,全年实现产值289.7亿元,占区属工业总产值25.8%。其中紧固件、轴承、液压马达列入宁波市机械基础件产业,分别实现产值36亿元、27.6亿元和5.5亿元。纺织服装业包括以百隆东方、中鑫毛纺、康赛尼为代表的纺织业和以振纺制衣、洛克牛仔、艾特制衣为代表的服装业,全年产值65.1亿元,占区属工业总产值5.8%。三大优势特色产业中,占据绝对优势的石油化工业在促进工业经济发展的同时,也带来环境污染和环境容量问题;装备制造业存在单件产品值大、技术含量高的整机少,单件产品值小和零部件、小型终端产品多等问题。

是年,八大战略性新兴产业实现增加值66亿元,占规上工业增加值的17.8%。八大新兴产业大部分依托原有三大产业优势,且化工类新材料居多,新能源刚刚起步,新兴产业要形成规模、提高在工业中的比重,尚需时日。

是年,根据区人大常委会《关于强化化工产业布局管理加强环境保护推进生态文明建设的决定》,区政府严格限定化工产业布局范围,实行统一规划管理,提升石油化工业整体发展水平。依托装备制造产业协作联盟等平台,区政府推进装备制造业产学研协同合作和产业链抱团发展。

表14 2014年度区属三大优势特色产业产值情况

单位:万元

产业名称	工业总产值
石油化工产业	3695866
装备制造业	2897302
其中:紧固件	359853
轴承	275610
汽车零部件	161197
液压件	55122
纺织服装业	654486

【镇海装备制造出口基地被认定市出口基地】 2月,镇海装备制造出口基地被认定第三批宁波市出口基地。至此,区内共有市级出口基地2个。基地依托区装备制造产业协作联盟,以机电产业为特色,优势产品涵盖轴承、液压马达、电工电器、汽车零部件和整机制造等行业,拥有杜亚、摩士、杰杰、阿尔卑斯、埃美柯5个重点出口品牌,在出口规模、出口潜力和技术水平均位居全国前列。截至年底,区内共有规上装备制造企业共276家,实现工业总产值289.7亿元,同比增长6.3%,占区属工

业总产值25.8%；利润11.1亿元，同比下降4.1%；完成出口交货值102.6亿元，同比增长7.3%。其中紧固件、轴承、液压马达列入宁波市机械基础件产业，产值分别为36亿元、27.6亿元、5.5亿元。

工业投入与技术改造

【概况】 2014年，全区推进重点工业项目建设，完成区属工业投资99.6亿元，同比增长7%。全年实施技改项目127个，计划总投资87亿元，完成年度投资额30.5亿元，同比减少17.7%。共完成投资额1000万以上工业投资项目82个、500万元以上技改的技改项目108个，大项目支撑带动效应明显。

是年，区经信局建立项目分级管理机制，对投资500万元以上的工业（技改）投资项目进行动态跟踪，对投资1000万元以上项目实行监测分析，对省、市、区三级重点项目建立台账和月报表制度。组织企业申报并公布两批重点产业技术改造项目计划，涉及60个项目，计划总投资70861万元，固定资产投资62722万元。其中"机器换人"专项30个，计划总投资36031万元，固定资产投资32161万元。争取市级技技改资金支持，及时兑现区技改奖励政策。5个项目列入市智能制造及强基工程专项项目计划，4个项目列入市高成长企业重点技术改造项目计划，获市财政补助资金822万元。区财政下达补助资金1593.29万元。

表15　　2014年度区属3000万以上工业投资项目情况

单位：万元

序号	项目名称	投资单位名称	计划总投资	历年累计投资	本年累计投资
1	年产200万吨芳烃项目	宁波中金石化有限公司	909805	466282	466282
2	年产5万吨乙丙橡胶项目	宁波爱思开合成橡胶有限公司	157824	136236	102199
3	年产20万吨聚苯乙烯项目	道达尔石化（宁波）有限公司	51998	48240	24133
4	年产17万吨碳五碳九综合利用技改项目	浙江恒河石油化工股份有限公司	37870	35830	23194
5	扩建2万吨/年、迁建6万吨铜棒加工生产项目	宁波市金龙铜业有限公司	25000	20768	20768
6	10万吨/年非光气法聚碳酸酯联合装置工程	宁波浙铁大风化工有限公司	177168	167600	20283
7	7万吨/年无机颜料项目	朗盛（宁波）颜料有限公司	47184	18315	18315
8	镇海泥螺山北侧围垦工程	宁波市镇海区围垦局	144630	47776	12082
9	扩建年产2500万只阀门、1000万只水暖件、100万只水表项目	埃美柯集团有限公司	17600	11216	11216
10	年产三万吨异戊橡胶装置项目	宁波金海德旗化工有限公司	18035	18185	10511
11	年产250台粉末成形机，年产50台烧结炉项目。	宁波众迅机械制造有限公司	9100	9538	7940

续表15

序号	项目名称	投资单位名称	计划总投资	历年累计投资	本年累计投资
12	年产9600吨生物全降解材料餐具项目	宁波家联塑料科技有限公司	25600	7873	7873
13	云计算宁波分中心项目一期	中国电信股份有限公司宁波镇海区分公司	34651	5988	5988
14	15000吨/年三元乙丙橡胶助剂(ENB)及12000立方碳五仓储项目	浙江恒河石油化工股份有限公司	10989	5760	5760
15	100Kt/a多品种高档专用型钛白粉技术改造项目	宁波新福钛白粉有限公司	15259	5738	5537
16	年产65万吨水煤浆生产线技改	宁波市宝盛新能源科技有限公司	5400	5500	5500
17	23万吨/年甲烷氯化物技改扩能项目	宁波巨化化工科技有限公司	6000	5997	5367
18	年加工处理36万吨紧固件成品丝项目	宁波日高金属精线材料有限公司	6276	7615	5305
19	年产900万套汽车排气管生产线	宁波特艾科机械制造有限公司	5000	5131	5131
20	年产1800万件传感器生产线技改(阿尔卑斯)	宁波阿尔卑斯电子有限公司	4961	4961	4961
21	年产350台机械设备,100万套汽车配件项目	宁波和创机械设备科技有限公司	7000	6352	4932
22	8万吨/年四氯乙烯技改扩能项目	宁波巨化化工科技有限公司	7410	7403	4825
23	100吨/年高性能碳纤维	浙江泰先新材料股份有限公司	34575	38801	4465
24	3万吨/年异戊橡胶生产项目配套设施	宁波金海德旗化工有限公司	5350	4327	4327
25	化学深加工项目一期(4.7万吨/年高纯异丁烯装置)	宁波昊德化学工业股份有限公司	24616	4174	4174
26	污泥处置工程项目	宁波华清环保技术有限公司	17488	3843	3843
27	年产64.3万吨ABS常规性能维护项目	宁波乐金甬兴化工有限公司	3500	3805	3805
28	年产75000套拖拉机底盘油漆线改建	约翰迪尔(宁波)农业机械有限公司	6500	7600	3720
29	90万吨/年硫黄制酸资源综合利用项目	宁波新福化工科技有限公司	46800	32842	3563
30	年产3000万套汽车滤清器	宁波旭友滤清器制造有限公司	8000	6166	3450
31	新城核心区B5地块	浙江省二建建设集团有限公司	13775	13853	3398
32	镇海污水处理厂二期扩建及一期提标改造工程	宁波市城市排水有限公司镇海区排水分公司	8882	3348	3348
33	年产汽车传动轴50万根项目	宁波两仪机械有限公司	3300	3303	3303

续表15

序号	项目名称	投资单位名称	计划总投资	历年累计投资	本年累计投资
34	年产25条软糖生产线、75台包装机项目	宁波威新机械有限公司	6350	4874	3274
35	年产500万套(件)汽车零配件及工业缝纫机零件	宁波洁星压铸模具塑胶有限公司	3280	3159	3159
36	新建年产200万只液压阀电磁铁项目	宁波市镇海华力液压机电有限公司	3500	3100	3100
37	8万吨/年液相法一氯甲烷项目	宁波巨化化工科技有限公司	5250	5250	3066

【"机器换人"技术对接活动现场会举行】 10月28日,"机器换人"技术对接活动现场会在区政府会议中心举行,区经信局、区科技局等部门以及区内60余家企业负责人参加会议。对接会上,区经信局开展"机器换人"培训,60家企业参加并与省级"机器换人"专家服务指导组交流意见;组织区内12家企业参加上海自动化装备博览会以及相关装备制造企业参观对接;开展"机器换人"示范企业和"机器换人"示范项目评选,确定宁波埃美柯铜阀门有限公司等4家企业为镇海区"机器换人"示范企业。

"机器换人"技术对接现场会

节能降耗与淘汰落后产能

【概况】 2014年,区政府对区内586家企业(单位)实行节能考核,落实节能专项资金1300万元。全年完成节能改造项目94个,对37家企业开展清洁生产审核,实施能源监察企业25家,淘汰落后产能项目16个、关闭企业8家,腾出用能空间9.45万吨标煤。整治提升铸造行业,对其中13家低效企业征收差别电价。能耗总量和单位GDP能耗下降率均超额完成市政府下达目标。

是年,区属能耗总量323万吨标煤,同比下降4.5%。其中工业用能260万吨,同比下降5.45%,占区属用能总量的80%。能耗主要集中在化学原料及化学制品制造业、石油加工及炼焦业、电力热力的生产和供应三个行业,占全区规上能耗总量的90.52%。区属GDP能耗0.8595吨标煤/万元,同比下降8.99%,规上工业增加值能耗同比下降10.9%。全区年综合能耗1000吨标煤及以上的企业180家,能耗总量846.12万吨标煤,占全社会规上工业能耗的99.68%,其中区属综合能耗5000吨标煤及以上企业31家,区属工业用电量45.60亿度,同比上升9.13%。

表16 2014年度区属综合能耗5000吨标煤及以上企业名单

单位:吨

序号	企业名称	综合耗能
1	宁波富德能源有限公司	312351
2	宁波四明化工有限公司	87917
3	宁波久丰热电有限公司	86822
4	宁波镇洋化工发展有限公司	79543
5	宁波乐金甬兴化工有限公司	69208
6	宁波中科绿色电力有限公司	61876
7	宁波康力玻璃有限公司	59755
8	浙江杭州湾腈纶有限公司	55305
9	宁波新福钛白粉有限公司	53041
10	阿克苏诺贝尔乙烯胺(宁波)有限公司	50125
11	宁波大安化学工业有限公司	47841
12	宁波巨化化工科技有限公司	39253
13	宁波金海德旗化工有限公司	30000
14	阿克苏诺贝尔化学品(宁波)有限公司	28746
15	宁波海德针织漂染有限公司	26206
16	宁波市镇海光鑫铸业有限公司	17596
17	浙江恒河石油化工股份有限公司	14170
18	爱敬(宁波)化工有限公司	11702
19	宁波合恒钢铁有限公司	10411
20	宁波先安化工有限公司	10314
21	浙江鑫甬生物化工有限公司	9842
22	宁波市镇海天地特种钢有限公司	7289
23	宁波富邦精业集团股份有限公司	7140
24	宁波市镇海泰纳化工有限公司	6390
25	宁波九龙玻璃制品有限公司	5886
26	华美线业有限公司	5870
27	宁波市镇海创业电镀有限公司	5739
28	宁波博汇化工科技股份有限公司	5223
29	宁波宁力高强度紧固件有限公司	5103
30	宁波盛发铜业有限公司	5085
31	百隆东方股份有限公司	5010

【区能源综合管理服务平台启用】 3月7日,镇海区能源综合管理服务平台启用。平台集区域、行业能源综合管理于一体,设置数据报送、节能考核、项目管理、节能评估与审查管理、在线办公等功能,实现对全区120多家重点用能企业数据采集处理、节能考核办理和能源综合管理的“信息全覆盖”和“全程数字化”,达到“管理节能”和“绿色用能”的双赢,为实现数字化用能奠定基础。

【51个项目入选市重点节能改造项目】 4月,全市重点节能改造项目公布,镇海区51个项目位列其中,其中节能改造项目48个,合同能源管理项目3个,涉及企业(单位)24家。计划总投资8.9亿元,年度计划投资7.44亿元,节能7.93万吨标准煤。除2个项目外,其余项目均在年内完成。改造主要行业有石油化工业、紧固件(通用零部件制造)业、棉纺织及印染精加工业。改造重点为节能新产品、新技术和新工艺的应用。

宁波百隆东方有限公司实施光伏发电节能改造项目

【1家企业入选国家工业清洁生产示范项目计划】 6月,国家工业清洁生产示范项目计划公布,镇海宁波巨化化工科技有限公司的四氯化碳无害化、资源化处置项目

入选，并获财政部、工信部清洁生产示范项目补助资金700万元。该项目系国内首个实现将臭氧层“杀手”物质（四氯化碳）高效转化为环保物质（四氯乙烯）的工业化项目，总投资8466万元，8月竣工投产。项目实施后，每年可资源化利用四氯化碳2.3万吨，减排二氧化碳6570吨，产品四氯乙烯可新增利润5000多万元，实现经济和社会效益双赢。

【完成节能技改项目94个】 2014年，全区实施节能技改项目130个，完成94个，跨年度实施36个。实施节能技改造的44家企业投入资金约4.3亿元，技改完成后可实现年节能量6.56万吨标煤。区财政用于节能改造项目奖励资金95万元。

【34家企业通过清洁生产审核】 2014年，全区共有48家企业开展清洁生产审核，其中34家通过验收，14家跨年度实施。34家企业累计投入资金6630万元，实施改造项目94个，可实现年节能0.81万吨标准煤，节水41万吨，产生经济效益5059万元。

【25家企业获市清洁生产奖励】 8月，宁波市清洁生产奖励企业名单公布，镇海区宁波甬友电子有限公司、宁波金鑫粉末冶金有限公司、宁波金海德旗化工有限公司等25家企业入选，入选数居全市第二。该批企业自2012年通过实施系列清洁生产以来，节能减排成效明显：年节能1.5万吨标煤、节水9.6万吨、减排“三废”近6万吨，综合经济效益达1亿元。

【25家企业实施能源监察】 2014年，全区安排化工、印染、电镀、纺织、紧固件等重点耗能行业中的25家企业实施能源监察，引导企业淘汰1706台（套）高耗能落后机电设备（产品）（其中落后电机 1699台）、完善14家企业的能源计量器具配备情况。

【启动酸洗行业整治】 2014年，区政府制定出台《镇海区金属表面处理（紧固件）行业整治提升三年行动计划》，对以紧固件、拉丝酸洗工艺为主的90余家重污染企业，全部制定分类整治计划并明确完成时间表。

（卫良志　余雷鸣）

产 业 园 区

综 述

20世纪90年代开始，镇海区逐步改变“村村冒烟”的县域经济发展模式，通过招商引资进行工业行业结构和企业布局上的调整。1992年后，浙江省镇海经济开发区、宁波化学工业区（后改名为宁波石化经济技术开发区）、宁波（骆驼）机电工业园区（后改为城市工业功能区）相继建立，并逐年形成工业企业在园区的集聚。随着经济转型和产业结构调整，2003年后，区相继成立宁波市大学科技园、宁波（镇海）大宗货物海铁联运物流枢纽港两个管委会，致力于大宗商品贸易和新兴产业、创意产业的发展。

宁波石化经济技术开发区

【概况】 宁波石化经济技术开发区原名宁波化学工业区（简称化工区），成立于1997年11月，当时主要为接纳宁波市区因腾笼换业而搬迁的化工企业和引进精细化工、生物工程、化工新材料等企业，规划面积为117.8公顷。1998年9月，由宁波化工控股（集团）有限公司、宁波交通投资开发有限公司和宁波澥浦经济开发中心共同出资，组建宁波化工开发有限公司，注册资本5000万元，是为化工区的开发主体。2003年2月，宁波化工区实行“市区联合开发属地管理”体制，由镇海区正式成立宁波化学工业区管委会。同年3月，镇海区海江投资发展有限公司出资8920万元加入宁波化工开发有限公司，占公司注册资本的53%，化工开发公司注册资本增至1.68亿元，股东增加到四个。2005年4月，在国家对开发区进行治理整顿时，原属蛟川街道管理的蛟川工业区成建制划入，成为化工区蛟川区块。2006年4月，经国家发改委批准，宁波化工区升级为省级开发区。2010年12月30日，国务院正式批准宁波化工区升格为国家级开发区，定名为宁波石化经济技术开发区（简称石化开发区）。

2014年，石化开发区加速推进规划编制工作，《宁波石化经济技术开发区总体规划2002—2020（2014年修订）》获市政府批复同意，澥浦片控规优化调整方案上报市政府审批，湾塘新区控规编制工作启动。

是年，石化开发区着力推进经济转型发展，入选国家循环化改造示范试点园区并获3亿元专项资金支持；试行能源管理新模式，引导金海德旗、大地环保2家企业开展合同能源管理，成为向园区其他企业推广的样本；加快淘汰落后产能，完成富海环保、友茂纺织品两家企业的淘汰落后产能工作；推广清洁生产，完成巨化化工等12家企业的清洁生产审核工作。

是年，园区内企业7个项目列入市重大工业项目，其中3个项目建成投产，3个在建项目顺利推进，1个前期项目一期开工。全面推进生态环境建设，深入实施"五水共治"和"三改一拆"专项行动，13个"五水共治"重点工程项目完成投资8200万元，园区累计完成拆除违法建筑5.9万平方米，创建成"无违建"园区。推进舟山连岛大桥、澥浦大河西侧绿化景观和通海路改造提升工程等5个项目建设，当年累计完成绿化面积约13万平方米，有效提升园区整体形象。

是年，石化区不断提高园区地理信息资源有效共建、共享，初步完成地形地貌三维数据及地理信息平台功能开发、园区约80公里地下市政管线（2006年以后建的）与89根危化管线的测绘与电子数据核对及数据入库、地面建筑与地下管线的三维建模。采用企业出资、政府补贴方式，由第三方安全技术服务机构为园区66家危化生产、使用、储存、经营企业提供危险作业现场确认、日常巡查、安全培训、风险辨识、应急体系建设等技术服务，重点针对动火、受限空间等七大危险性作业进行现场服务。在园区55家企业开展LDAR技术(气体泄漏检测与修复技术)，25家企业试点OGI（光学气体成像）红外成像技术，完成13家企业"第四批百日环保行动"14个项目整改。承办全省重污染高耗能行业整治提升工作现场推进会，园区全过程有机废气治理做法和经验被省环保厅列为典型，将在全省推广。

是年，石化开发区内投产的工业企业153家，其中规模以上的企业100家，占65%。完成工业总产值1901.86亿元，比上年增长4.54%，其中实际控制区域实现工业总产值293.42亿元，增长21.25%；实现财政一般预算收入9.24亿元，增长46.67%，完成全社会固定资产投资74.47亿元，增长16.17%。全年规模以上工业总产值1897.54亿元，无第一产业,第二产业产值1897.54亿元,第三产业产值46.25亿元。全年没有新批外商投资企业；合同利用外资1.40亿美元，增长-10.03%；实际利用外资1.30亿美元，增长-29.44%。完成外贸进出口总额11.8亿美元，增长8.26%。高新技术产业产值307.2亿元。

【石化开发区总体规划获市政府批准】 12月26日，石化开发区总体规划2002—2020（2014年修订）获市政府批准。本次总体规划修订重新调整石化开发区规划范围，具体为南起威海路，北至通海路，西起镇浦路，紧邻澥浦镇镇域范围，东至现状海塘——海呈路——新泓口围垦一、二期，总用地面积约40平方公里。规划期限为2014至2020年，与宁波总规修改期限一致。功能定位为以炼油乙烯为龙头，以液体化工码头为依托，发展基本化工原料及石化深加工产品，打造成我国最具竞争力的国家级石化产业基地和国家级循环经济示范区。城市空间结构以发展三类工业为主，园区澥浦南片和蛟川片、外围临俞片以发展一、二类工业为主，园区中部为生态隔离带，并向西与城市生态带融合，最终城市空间由东向西形成“海洋——化工产业区——产业缓冲区——防护林带—生态缓冲带—城镇集聚区”的发展格局。园区规划结构为“一带两心四轴四区”[①]，同时进一步优化完善石化区的发展规模、用地布局、产业布局、综合交通、公用设施、环境保护和公共安全等规划内容。

【7个重点工业项目有序进展】 2014年，石化开发区有7个工业项目被列入市重点工业项目建设。其中3个项目建成投产，分别是：投资2亿元的金海德旗年产3万吨异戊橡胶项目、投资5.2亿元的道达尔石化年产20万吨聚苯乙烯项目和投资4.9亿元的恒河石化C5C9综合利用项目分别于8月3日、9月15日和10月24日进入试生产。在建项目3个，分别为SK乙丙橡胶项目，总投资17.5亿元，完成土建工程建设，进入设备安装；朗盛无机颜料项目，总投资约4.7亿元，完成土建工程65%以上，进入设备安装；中金石化年产90万吨芳烃项目调整为年产200万吨芳烃工程项目，总投资105亿元，完成环评、能评报告初稿，环评相关的公众参与方案获得省、市环保局同意。前期项目昊德化学深加工项目一期（4.7万吨/年高纯异丁烯装置），完成环评批复和7个单体的质监、安监资料备案，进入桩基施工阶段。

【德国朗盛化学无机颜料项目奠基仪式举行】 6月12日，德国朗盛化学7万吨无机颜料项目奠基仪式在园区举行。中国石化联合会常务副会长李寿生，浙江省石化协会会长杜世源等出席。德国朗盛化学集团是塑料、橡胶、中间体和特殊化学品等领域全球领先的研发、制造商，其产品种类超5000种，是世界500强企业。项目总投资7800万欧元，采用朗盛自主的生产工艺，将配备最先进的生产工艺设备和高标准的节能减排环保措施，代表着国际无机颜料行业最先进、最环保的水平。项目计划于2015年第四季度竣工并于2016年第一季度投产。

朗盛（宁波）有限公司奠基仪式

【实施13个“五水共治”重点工程项目】 2014年，石化开发区有13个“五水共治”重点工程项目。其中治污水项目5个，分别是：投资0.03亿元的蛟川片污水管网改造工程、投资0.0433亿元的海祥路动力中心污水支管工程、投资1.8亿元的宁波华清环保技术有限公司污泥处置项目完工；投资0.7亿元的一般工业固废填埋场项目完成前期工作；投资0.015亿元的石化区河网调水、保洁、清淤项目，向阳河清淤施工结束，北海河清淤完成60%。防洪水、

①“一带两心四轴四区”：“一带”为城市生态带，“两心”为公共服务配套中心和生态带景观中心，“四轴”为澥浦大河、甬舟高速公路、威海路和二线海塘四条生态防护轴，“四区”由南向北依次为俞范片区、湾塘片区、岚山片区和澥浦片区。

排涝水项目5个，分别是投资0.25亿元的湾塘片护塘河及直河工程，生态挡墙完，绿化回填土40%；投资0.2193亿元的湾塘片新泓口河网2#排水泵站工程，泵室主体完成；投资0.018亿元的石化区澥浦片山体排水工程、投资0.03亿元的水闸、强排泵站改造提升工程完工；投资0.08亿元的跃进塘路二侧及河网西侧绿化工程，方案确定。保供水、抓节水项目3个，分别是：投资1.9822亿元的6万吨/日工业水厂扩建工程，施工图审查；投资1.3亿元的工业水厂二期扩建工程配套出水及应急管网工程，配套管线设计方案完成；投资0.035亿元的碧海水厂澥浦老厂区改造提升工程完工。

【宁波石化开发区挺进全省国家级开发区前十强】 6月，浙江省商务厅发布《2013年度浙江省开发区综合考核评价报告》，宁波石化经济技术开发区在全省21家综合性国家级经济技术开发区中位列第十名，较上年上升7个位次，完成“争先进位”目标。本次考评分类指标包括经济规模、发展质量、综合效益和增量增速等4个方面，园区克服单纯工业性开发区在三产、能耗、环保、专利等指标上的竞争劣势，练好内功、夯实基础，成为全省唯一没有经过整合提升而实现位次大幅度提升的国家级开发区。

【入选国家循环化改造示范试点园区】 7月2日，石化开发区入选国家循环化改造示范试点园区，获3亿元专项资金支持。根据国务院和省政府的要求，石化区2017年底投资近80亿元，通过优化空间布局、调整升级产业结构、构建循环经济产业链、加强污染集中治理、完善基础设施一体化、创新示范管理模式等措施，实施园区内污染集中防治设施建设及升级改造、副产物综合利用、污染物零排放、资源共享设施建设、能量阶梯利用、产业链延伸、关键链接等七大类共22个项目，着力构建“四链、双环、一优化”①的循环经济网络体系。

【完成13家企业“第四批百日环保行动”14个项目整改】 2014年，石化开发区开展第四批百日环保专项行动，共完成中科绿电、杭州湾腈纶等13家企业14个项目的整改工作，分别是中科绿电80吨/天飞灰固化处理装置建成投用，炉排炉建设、改造垃圾收集大厅完成；海德生化反应釜密闭化改造和落户设备淘汰完成，加强对无组织废气的有效收集；欧迅化学废水、废气管线内部改造及部分设备整改安装完成；镇洋化工新建一台热水炉作为MIBK尾气焚烧炉完成；杭州湾腈纶污水站加盖及二甲基乙酰胺回收装置改造完成；富德能源污水站加盖及生物除臭完成；兴怡紧固件酸雾收集改造完成；爱普

①“四链、双环、一优化”：“四链”是补链延伸完善石化产业的四大产业链，即：烯烃、芳烃两条主导链和石化副产综合利用、副产/基础化工两条副产链，提高资源综合利用率和资源产出率；“双环”是着力构建物料资源环和水资源环，基本形成园区内的闭路循环，构建起资源—产品—污染排放—再生利用的资源循环流动模式，有效减少三废排放，促进减量化和再利用；“一优化”是推进能源梯度利用和使用结构优化，明显提高能源利用水平，提高能源产出率。

环保停止进水;大红鹰生物全厂搬迁改造,按计划推进中;大地化工环保一期焚烧炉改造完成,危废规范化包装完成;鼎泰化工生产设备、工艺密闭化改造完成。博汇石油装卸、储罐尾气收集处理项目完成;求是化工停产。

【成立危化领域电力应急抢险队伍】 4月16日,石化开发区组建一支由镇海区供电局基干抢险队伍和专家组成的危化领域电力抢修队伍,主要承担园区电力范畴的应急抢险工作。2012年以来,石化开发区管委会先后组建由9家重点化工企业参加的6支工程抢险队伍,分别是易燃易爆带压危险化学设备堵漏、倒罐的工程抢险队伍,丙烯腈泄漏工程抢险队伍,氯气、液氨等有毒气体及其他高腐蚀产品泄漏工程抢险队伍,危险化学品道路运输交通事故工程抢险队伍,危险化学品废弃处置工程抢险队伍,危险化学品环境污染处置工程抢险队伍。

【园区全过程有机废气治理做法被省环保厅列为典型】 10月15—16日,由省环保厅主办的全省重污染高耗能行业整治提升工作现场推进会在宁波石化开发区举行,副省长熊建平等省领导出席,各市、县(市)区相关负责人参会。其间,与会代表现场考察石化开发区化工行业整治提升工作情况,园区介绍全过程有机废气治理做法,重点介绍LDAR技术、化工管廊建设、污水处理等先进工艺和技术,成为国内化工行业整治提升的"样本",得到副省长熊建平的评价与赞赏,省环保厅将该做法在全省推广。

熊建平副省长现场考察宁波富德能源有限公司

【富德能源成为首个海外购置甲醇原料特色试点】 2015年1月9日,在北京举行的2014年度国家科学技术奖励大会上,"甲醇制取低碳烯烃"项目(工艺名称:DMTO)摘取本年度国家技术发明奖一等奖,宁波富德能源有限公司(原宁波禾元化学有限公司)是这一技术的应用者。"甲醇制取低碳烯烃"项目的完成人为中国科学院大连化学物理研究所刘中民团队。该技术在全国投产的DMTO装置共有7套,烯烃总产能达400万吨烯烃/年,其中2013年在宁波富德能源有限公司投产运行的工业装置成为首次海外购置甲醇原料的特色试点,对煤炭资源缺乏、烯烃需求旺盛的沿海发达地区经济发展具有借鉴意义。

(许华锋 郭明豪)

镇海经济开发区

【概况】 2014年,镇海经济开发区共有工业企业603家,其中产值2000万元以上的规上企业153家。大企业集团培育发展平稳,产值上亿元企业43家,其中5亿元以上6家,1家企业产值上百亿。开发区全年完成工业总产值307.1亿元,同比增长4.5%。其中精细化工、装备制造、纺织服装产值分别为134.69亿元、61.05亿元、

3.75亿元，三大行业产值199.49亿元，占工业总产值的65.0%。出口交货值77.44亿元，同比增长5.2%；工业利税总额22.28亿元，其中利润14.07亿元。工业投资6.35亿元，其中技术改造4.77亿元，同比增长95.4%。合同利用外资6248.55万美元，实际利用外资5531.59万美元；引进区外内资3.6亿元。进出口总额21.65亿美元，同比增长102.5%，其中出口12亿美元，同比增长108%。

是年，新引进海创项目9家，其中列入省千人计划项目、市"3315"项目各1家。科技人才工作稳步开展，2家企业创建成市级工程技术中心，2家企业获市级科学技术奖一等奖，3家企业创建成区级工程中心，宁波市创新初创企业备案完成40家。

是年，创建6家创新成长型企业、1家初创期企业和15家小升规企业。3家企业成功申报市级管理咨询项目，完成工业技改项目15个、落后产能淘汰改造企业4家、关停并转企业4家。7个清洁生产改造项目完成，22个节能项目竣工验收。锅炉淘汰、酸洗行业整治有序推进。检查企业282家(次)，完成整改1180条，下达整改责任通知书10份，基本实现安全生产网格化区域全覆盖。培训安全管理人员545人，落实91家企业参与安全生产标准化创建。

【工业总产值首破300亿元】 2014年，蛟川街道新增规上企业12家，工业总产值首破300亿元大关，其中工业利税和利润总额分别达到22.28亿元和14.07亿元，同比增长26.1%和41.1%。宁波创世轴业有限公司当年实现工业产值10034万元，首次突破亿元大关。

【蛟川商会帮扶企业发展】 2014年，蛟川商会受理各类劳动纠纷调解案件100件，涉及人员289人，涉案金额564.7万元。商会转贷资金为45家企业转贷114次，合计金额4亿元。加大企业帮扶力度，第一批共确定包括凯亿轴承、中正园艺在内等3家企业为帮扶对象。

(邬聪颖)

宁波(镇海)大宗货物海铁联运物流枢纽港

【概况】 宁波(镇海)大宗货物海铁联运物流枢纽港，是宁波市与铁道部加快宁波地区铁路建设、推进海铁联运的重点项目之一，列入宁波市十大功能区块。2014年，物流枢纽港贯彻实施"六大战略"，围绕现代化生态型港口强区建设目标，全力推进"贸易港""物流港"和"智慧港"建设。是年，物流枢纽港引进企业297家，完成注册资金22.38亿元，其中服务业投资4.3亿元，市外内资3.25亿元，浙商回归1.6亿元，网上交易额60亿元。镇海港货物吞吐量达4700万吨，港口集装箱吞吐量66万标箱。大宗生产资料交易中心交易额299.6亿元，跃居全区各大专业市场之首。

是年，物流枢纽港参加山东能源周石油行业峰会、2014中新亚首届煤化工及甲醇聚烯烃行业峰会等招商洽谈会，与大型企业开展合作，宁波港国际贸易公司落户园区，与巨化集团达成合作意向。园区先后获"浙江省现代服务业集聚示范区""中国商品交易市场百强""浙江省四星级文明规范市场"等荣誉称号。

【宁波港通钢铁仓储(二期)扩建项目开工】 10月9日,宁波港通钢铁仓储有限公司物流仓储(二期)扩建工程开工。该项目位于招宝山街道大通路东侧、海天路南侧的物流枢纽港园区内,总用地面积16743平方米,总投资800万元,新建约5500平方米生产车间,为物流枢纽港车辆服务中心的配套辅助用房和汽修车间,计划于2015年6月建成投用。

【城市物流功能区控规通过会审】 10月17日,《宁波大宗物流海铁联运物流枢纽港生态综合区(城市物流功能区)控制性详细规划》通过镇海区部门会审。该规划将物流枢纽港空间布局规划中的生态综合区调整为城市物流功能区,作为全区发展城市物流产业的核心区块。该区块东起招宝山、南至古海塘、西到威海路、北至洪镇铁路支线,发展与城市生活密切相关的生活资料仓储配送、展示体验、电子商务等相关产业。

【镇海保税物流中心(B)型获批】 10月,宁波镇海保税物流中心(B)型获国家海关总署、财政部等四部委批复同意设立,标志全区在口岸开发和国际贸易上获新突破。中心总占地面积约29.3公顷,建成储罐总容积约20万立方米,分1#、2#两大区块设置。中心将通过为液化品加工贸易企业提供"进口保税、进中心退税"及产品"一日游"等服务,降低液化品进出口成本与物流安全风险,为全区打造液化品国际物流分拨中心奠定基础。

【获中央大气污染防治专项资金补助】 12月,物流枢纽港获2014年中央大气污染防治专项资金煤堆场煤尘治理部分的补助。始于2012年的煤尘整治行动,经过三年的不懈努力,防风抑尘网、中水回用工程、洗车台、高空喷淋系统等的相继投入使用,使后海塘综合环境得到明显改善,降尘量较整治前同比减少72.7%。

(王莞乔)

宁波市大学科技园

【概况】 2014年,宁波市大学科技园新注册企业147家,入驻企业总数507家,从业人员数4500人,营业收入6.6亿元。全年引进市外内资2.32亿元,招商文化创意产业147家,其中注册资金500万元~1000万元企业29家,1000万元以上企业24家,基本形成以信息服务、动漫游戏、影视传媒、设计服务、软件产业、智慧城市应用等文化创意类项目为主导的新兴产业集聚示范园区。

是年,大学科技园重点引进国内工业设计行业龙头洛可可创意设计公司在园区设立创意设计体验中心,带动全区文创产业整体提升。引进清华校友创业创新基地、西电宁波研究院、中欧国际应用能源创新研究院、宁波新材料初创产业园、全国科技兴海技术转移宁波中心、宁波市动漫游戏产业研究促进中心、宁波人才金港、设计艺术平台等协同创新平台8个,打造海外高层次人才创业创新基地、文创产业园、数字产业园、大学生创业园、西电宁波产业园等产业平台5个,引进希磁科技、清车电气等国内外校友高科技项目37个,北斗民用等校友项目23个,晶钻科技等高科技项目12个;成功申报国家"863计划"项目2项,其中太阳能提水灌溉项目获联合国“全球人居环境绿色技术奖”。大学科技园共集聚硕士、博士等高层次人才300余人，其中入选国家“千人计划”人才7名、省“千人计划”人才11名、市“3315计划”人才9名、“市3315计划”团队4个，集聚各类文创人才10000余人。

是年，大学科技园区文创企业获工业设计红点奖、红星奖等行业高级别奖项20余项，2部动漫作品获市“五个一”工程奖。至年底，园区内企业研发经费投入822万元，获版权登记773件，专利授权343件。2014年，大学科技园获评浙江省广告产业园、市首批文化产业示范园区等荣誉称号。

【设立宁波新材料初创产业园】 3月，大学科技园设立宁波新材料初创产业园。产业园位于庄市街道中官西路1818号的原俊诚管业厂房内，面积近3万平方米，分为苗圃区、孵化区、加速区、办公区、生活区等功能区块，可容纳50家在孵企业，总体改建费用匡算1995万。

【3家企业通过市重点动漫游戏企业认定】 7月，在市文广新局公布的2014年度宁波市通过认定和年审的19家重点动漫游戏企业名单上，大学科技园共有3家企业名列其中，其中A类动漫企业有宁波千懿文化传媒有限公司1家，B类动漫游戏企业有宁波一坤数码科技有限公司、浙江中数动漫文化有限公司2家。

【1个项目获联合国全球人居环境绿色技术奖】 8月11日，在2014全球人居环境奖颁奖典礼上，由宁波市大学科技园园区内镇海区科技创新平台——中欧国际应用能源创新研究院(AEII)、中国水利水电科学研究院(IWHR)、瑞典皇家理工学院(KTH)、玛拉达琳大学(Mälardelen University)共同完成的“中国草原及农业太阳能提水灌溉技术”(Photovoltaic Solar Water Pumping for the Conservation of Grasslandand Farmland in China)成果荣获“全球人居环境绿色技术奖”(Global HumanSettlements Award of Green Technology)。

全球人居环境绿色技术奖

【市动漫游戏产研促进中心在大学科技园揭牌】 3月12日，宁波市动漫游戏产业研究促进中心暨艺术设计协同创新中心在大学科技园产学研中心揭牌。该中心通过搭建协同创新的合作平台，整合高校、企业、政府的资源要素，发挥三者在人才、科技、资金、政策等方面的优势，全力推动宁波动漫游戏等创意文化产业的创新发展。北京电影学院副校长、中国动画研究院院长，市文广新局、市教育局等有关人员出席。

【版权工作服务站在大学科技园成立】 4月22日，大学科技园管委会与市版权协会签署版权工作服务站共建协议书，成立大学科技园版权工作服务站。工作服务站采取现场咨询、重点企业上门服务、互动交流等方式对园区企业开展版权政策宣传和版权知识培训，强化企业版权意识。同时，园区专门引进版权申请代理机构，出台相关版权优惠帮扶政策，对企业授权专利和版权登记进行奖励，推进企业版权的申请、保护和运用。至年底，工作站共举办培训2期，50余家企业受训；10家企业获园区版权优惠奖励，奖励资金6万元。

【2件动漫作品获市“五个一工程”奖】 9月，大学科技园宁波市千懿文化传媒有限公司的动漫作品《海星兄弟》和宁波木木丁文化传媒有限公司的动漫作品《阿木狗和丁丁猫》获宁波市第十届精神文明建设“五个一工程”奖。

【市委书记刘奇到大学科技园调研】 12月23日，省委常委、市委书记刘奇到大学科技园区调研。其间，刘奇一行听取园区发展现状和三年发展规划(2015—2017)情况汇报，考察浙江首游网络科技有限公司和宁波千懿文化传媒有限公司。

刘奇考察大学科技园

【6家企业获评全区十大文化创意示范企业】 2014年，大学科技园有6家企业获评全区十大文化创意示范企业，它们是宁波东蓝控股有限公司、浙江省易得融信软件有限公司、宁波晟欧信息科技有限公司、宁波千懿文化传媒有限公司、宁波卓一工业设计有限公司、宁波市镇海拓迪工业产品设计有限公司等6家企业。

（方剑君）

驻镇省部属单位

综　述

20世纪70年代中后期，浙江炼油厂、镇海发电厂、宁波港镇海作业区、镇海渔业基地“四大工程”在镇海建设，一改过去镇海只有县办小企业局面。随之，一批为大工程建设配套的建筑工程、安装工程、交通工程、仓储企业迁入镇海或相继在镇海兴办。镇海地方政府和人民通过无偿划拨土地、提供劳动力，给予生活供应保障等措施支持和支援国家重点工程建设。省部属大工程企业的发展，促进镇海区域经济发展，镇海成为宁波重要临港产业基地。2014年，驻镇部省属企业共22家，行业分类有石油化工、电力等工业，建筑、安装等建筑业，港口、海陆运输以及大宗商品贸易、仓储等服务业。是年，驻镇省部属企业工业总产值1508.6亿元，占区全社会工业总产值57.4%。

镇海炼化

【概述】 中国石油化工股份有限公司镇海炼化分公司(简称镇海炼化)是国内最大的炼化一体化企业，位于浙江省宁波市镇海区蛟川街道，前身为始建于1975年的浙江炼油厂。镇海炼化集2300万吨/年原油加工能力、100万吨/年乙烯生产能力、4500万吨/年深水海运码头吞吐能力，以及超过350万立方米的罐储能力为一体，构成“大炼油、大乙烯、大码头、大仓储”的产业格局，集中代表中国炼油化工行业的先进水平，并正在向着“建设世界级炼化一体化标志性企业”的目标扎实迈进。镇海炼化致力向社会提供清洁产品、开发高端石化产品，致力于带动下游产业发展促进区域协作。主要生产各种规格的汽油、柴油、3号喷气燃料、液化气、道路沥青、乙烯、苯类、丁二烯、环氧乙烷、乙二醇、环氧丙烷、苯乙烯、聚丙烯树脂、聚乙烯树脂等50多种优质石油化工产品。汽油、3号喷气燃料、柴油等产品销注美国、日本、印度、韩国、新加坡等国及中国香港、台湾等地区。生产的“东海”牌道路沥青铺进上海F1赛道，铺进世博场馆、世界最大的隧桥、高铁以及美洲、澳洲等多个地区；欧V超低硫柴油实现国产柴油供应香港市场“零的突破”；高熔体强度聚丙烯、高熔指聚丙烯纤维料、高熔指抗冲击共聚聚丙烯、超薄BOPP专用料等高端产品成为市场标杆。镇海炼化是中国首批8

家“国家环境友好企业”之一，先后获得“中国节能减排功勋企业”“低碳经济发展突出贡献企业”“全国模范劳动关系和谐企业”等国家级荣誉称号。

2014年，镇海炼化生产经营再创佳绩：全年原油加工量2094.57万吨，生产乙烯97.06万吨，利润33.96亿元，其中炼油12.64亿元、化工21.32亿元，盈利水平保持行业领先。产品结构持续优化，主要高附加值产品产量均创历史新高，全年产销国Ⅴ95#、国Ⅳ97#等高标号汽油161万吨，车用柴油475万吨，航煤223万吨，沥青128万吨，聚烯烃新产品及专用料41.6万吨。成本费用、能量消耗等技术经济指标保持领先，全年实现吨油完全费用101.29元、吨化工品完全费用927.35元、炼油综合能耗46.05千克标油/吨、乙烯综合能耗542.46千克标油/吨、乙烯高附收率61.17%。公司荣获“第四届全国文明单位”和“2014年度中国石油和化工·企业公民楷模榜十佳企业”称号；被评为“浙江省思想政治工作优秀单位”。

【完成史上最大规模大修改造】 2014年，镇海炼化完成历史上规模最大的大修改造。本次大修改造是乙烯工程自2010年原始开车以来首次全面大修改造，共涉及炼油、乙烯、芳烃三大专业40套装置、5560项检修任务、72项改造任务，总投资达17亿元，检修高峰期人数达1.7万人。本次大修改造完成，得到中国石化集团公司董事长、党组书记傅成玉的高度肯定。

【100万吨/年乙烯工程获世界工程咨询界“诺贝尔奖”】 10月，在巴西里约热内卢举行的国际咨询工程师联合会(FIDIC，菲迪克)2014年会上，镇海炼化100万吨/年乙烯工程获得年度“菲迪克工程项目奖”优秀奖，这是该工程继2012年12月27日荣获国家优质工程金奖后获得的又一殊荣，也是中国石化首次获得这一奖项。“菲迪克工程项目奖”被称为世界工程咨询界“诺贝尔奖”。

【获颁全国首张生物航煤生产许可证】 2月12日，镇海炼化获得中国民用航空局颁发的1号生物航煤技术标准规定项目批准书(CTSOA)，成为国内首家获得生物航煤生产许可的企业。这标志着中国石化成为国内唯一同时具备生物航煤技术研发、批量生产能力和商业化能力的企业；也标志着全国生物航煤正式迈入产业化和商业化阶段，成为继美国、法国、芬兰之后第四个拥有生物航煤自主研发生产技术的国家。

镇海炼化获颁我国首张生物航煤生产许可证

【向镇海区森林基金捐款500万元】 4月8日，经中国石化批复同意，镇海炼化向镇海区森林基金捐款500万元人民币。

【再登宁波市“纳税50强”榜首】 4月24日，宁波市发布2013年度创业创新风云榜，镇海炼化再次荣登“纳税50强”榜首，同时连续五年纳税超百亿元。

【泄漏监测再添利器】 3月，镇海炼化引进国际先进红外成像检测仪，用以检测VOC(挥发性有机物)泄漏点情况。这种仪器能快速扫描大片区域，并以图片、视频形式保存泄漏情况。至此，镇海炼化已应用红外成像仪查找泄漏点和便携式仪器测定泄漏浓度两项LDAR(泄漏检测与维修)技术。

【CFB锅炉脱硫脱硝项目投运】 6月30日，镇海炼化“碧水蓝天”工程—CFB(循环流化床)锅炉脱硫脱硝项目投运，CFB锅炉排放达到国家新标准。

镇海炼化CFB锅炉脱硫脱硝设施建成投用

【中国国际工程咨询公司调研石化产业规划布局】 7月22—23日，中国国际工程咨询公司总经理肖凤桐一行到镇海炼化调研，旨在为国家制订和完善《石化产业规划布局方案》提供科学依据，从源头上破解邻避困境，促进石化产业提质增效升级，实现绿色、安全、高效发展。

【新增一套国V汽油生产装置】 7月31日，镇海炼化新建90万吨/年催化汽油脱硫装置成功产出国V标准汽油。至此，镇海炼化催化汽油脱硫能力达到240万吨/年。

【首支环保公益广告首发式在镇海炼化举行】 8月4日，中国石化与中央电视台联手打造的首支环保公益广告“为了碧水蓝天，我们一起行动”首发式在镇海炼化举行。该公益广告片以白鹭在镇海炼化安家为背景，通过一名石化员工的视角，诠释用心就能与环境和谐的环保理念，于8月4日起在央视1至4套及新闻频道黄金时段、次黄金时段循环播放三个月。

中国石化、中央电视台环保公益广告首发式

【后施菜场完成改造投用】 8月20日，后施菜场经过镇海炼化为期5个多月的改造施工投用。改造后的后施菜场含周边停车场占地面积约960平方米，建筑面积约5200平方米，共分区设置摊位228个(含蔬菜、肉、蛋、水产等)，店面96间(含水产、干货、水果、禽类等)，改造总投入约865万元。投用后，后施菜场移交给镇海区市场监督管理局。

【Ⅲ焦化装置建成投产】 10月10日，镇海炼化新建Ⅲ焦化装置开工投产一次成功。该装置是中石化首套引进美国柏克德公司技术的延迟焦化装置,其远程自动除焦系统等先进工艺与设备系国内首次使用,可以年减少碱渣产量60%~70%、直接提供优质乙烯裂解原料60万吨,对提升公司含硫原油加工量、解决含硫渣油平衡矛盾,进一步优化装置配置、原料结构和生产加工方案具有显著的经济效益与环保效益。

【乙烯装置再次进入世界第一群组】 11月,所罗门公司发布2013年度全球烯烃装置绩效评价结果,镇海炼化乙烯裂解装置继2011年之后再次成为中国石化唯一达到“世界领先”标准的装置。

【获“2014年度中国石油和化工·企业公民楷模榜”称号】 12月1日,在2014石油化工行业高峰论坛和“美丽化工”年度发布会上,镇海炼化因在持续的价值创造能力、显著的安全环保业绩、出色的改革管理业绩、突出的下游带动业绩、持续的公众开放示范等方面的出色表现,荣获“2014年度中国石油和化工·企业公民楷模榜十佳企业”称号。

【获“能效领跑者标杆企业”荣誉】 6月25日,在2013年度石油和化工行业能效领跑者发布会上,镇海炼化获“能效领跑者标杆企业”荣誉。

【获“2014年中国石油和化工行业质量标杆”称号】 11月25日,镇海炼化被中国石油和化学工业联合会授予“2014年中国石油和化工行业质量标杆”称号。

(李昊澍)

浙江浙能镇海发电有限责任公司

【概况】 浙江浙能镇海发电有限责任公司(简称镇电公司)地处蛟川街道虹桥,占地63.7公顷。1978年12月和1979年9月首期两台12.5万千瓦燃油机组建成投产。1990年6月4台煤机建成,全厂6台机组装机容量达105万千瓦,成为当时浙江省最大的火力发电厂。2003年9月,1、2号燃油机组退役拆除。2007年7月和2008年6月,油改气项目11、12号机组通过试运行投入生产。2012年2月,开展动力中心天然气热电联产工程建设,第一套、第二套联合循环机组分别于2014年5月25日、9月30日通过168小时满负荷试运行并投入生产。至2014年年末,该公司拥有燃煤机组4台,9F燃气机组2台,动力中心联合循环机组2套,装机总容量235.4万千瓦,除向浙江电网供电外,还对石化经济开发区及周边厂家供热。

镇电公司前身为镇海发电厂,在三十余年发展中几经改组和更名,于2008年6月最后一次由浙江镇海发电有限责任公司更名为浙江浙能镇海发电有限责任公司。2011年10月成立的浙江浙能镇海燃气热电有限责任公司(简称燃气热电公司)、2004年11月成立的浙江浙能镇海天然气发电有限责任公司(简称天然气发电公司),与镇电公司3块牌子、一套班子。

2014年,镇电公司四台煤机完成发电量41.78亿千瓦时,发电利用小时4858小时,实现营业收入166238万元,利润总额10029万元。天然气发电公司两台9F燃机完成发电量19.35亿千瓦时,发电利用小时2452小时,实现营业收入146827万元，利润总额125万元。燃气热电公司两台机组完成发电量2.96亿千瓦时，发电利用小时1011小时，实现营业收入30183万元，利润总额-4771万元。

是年，镇电公司、天然气发电公司推行精细化管理，推进技术进步，分别实施技改项目43个、5个，投入技改费用5108.64万元、781万元。围绕节能减排采取多项技改措施，提高效能，降低能耗。强化环保监督，实行有效管理，确保四台机组环保设施的稳定运行，优化脱硫设施的运行方式。实施废水、烟气排放的在线监测和监控，粉尘、煤尘的季度监测和噪声的年度监测。公司荣获浙江省节能技术监督表扬单位、浙能集团公司基建招标与投资管理先进集体等荣誉。

【脱硝改造项目完成】 4月25日，随着最后一台机组（#4机）通过168小时满负荷试运行，镇电公司脱硝改造工程的全部建设任务完成。2011年12月，镇电公司4×215兆瓦燃煤机组烟气脱硝改造工程启动，投资概算为28064万元。施工顺序为＃5（含脱硝公用系统）、＃6、＃3和＃4号机组。首台脱硝机组（#5机）于2012年5月开工，2012年12月8日投运；第二台机组（#6机）于2013年6月22日投运，第三台机组（#3机）于2013年11月28日投运。四台机组烟气脱硝装置性能测试结果显示，主要性能指标（脱硝效率、氨逃逸率、二氧化硫/三氧化硫转换率等）均满足设计要求，氮氧化物排放浓度符合国家相关标准的要求。

【多项科技成果获奖】 2014年，镇电公司进一步推行科技精细化管理，开展科技创新，多项科技成果获奖："融入城镇化进程的机组供热关键技术研究与应用"科技项目先后获2014年度浙江省科技进步三等奖、浙江电力科学技术一等奖和浙江能源科学技术一等奖。"智能烟气自吹灰系统（专利号201320458662.4）""供热可靠性高的供热装置（专利号201420026467.9）""供热改造后的电站锅炉热量平衡装置（201420027021.8）"等3项实用新型专利获国家知识产权局的授权。

【节能减排效果显著】 2014年，镇电公司实施节能减排技改项目取得成效：#4机组经过第8次"A"修，热耗值降低85.50千焦/千瓦时，漏风率减少3.27%，降低阻力0.23千帕，降低单机供电煤耗3.0克/千瓦时，年节电达237.60万千瓦时。完成9F#11燃机B级检修，优化两台9F燃气机组启停方式，供电气耗下降，年节约天然气量18.66万立方米。全年四台煤机供电煤耗322.97克/千瓦时，同比减少0.07克/千瓦时；两台9F燃机供电煤耗229.38克/千瓦时，同比减少0.09克/千瓦时；燃气热电两台机组供电煤耗236.98克/千瓦时。综合脱硫效率均达到90%以上，累计去除量为2.39万吨，排放量为2165吨；四台煤机脱硝改造后全年减少氮氧化物排放量2865吨。

（陈宏福）

浙江镇海联合发电有限公司

【概况】 浙江镇海联合发电有限公司成立于1994年11月，地处镇海区蛟街道虹桥，占地7.3公顷。2009年7月更名为浙江浙能镇海联合发电有公司（简称联合发电公司），由浙江省电力开发有限公司（省能源集团有限公司)、宁波市电力开发公司和浙能集团(香港)有限公司共同投资,投资比例分别占45%、30%和25%。公司所属电厂为浙江电网的主力调峰和事故备用电厂,拥有2套100兆瓦燃气轮发电机组和1套100兆瓦蒸汽轮发电机组,具有自动化程度高,能耗低、热效率高,启停速度快和调峰性能好等特点,其中调峰速率为同类燃煤电厂的10倍。

2014年,浙江镇海联合发电有限公司(简称联合发电公司)围绕安全生产、经营管理目标,钻研经济高效运营方式,深化内部改革,推进燃油改气工程,实施节能降耗和技改,取得显著成效:全年实现利润2939.03万元,为年初经营目标的6.68倍,全年发电116331.28万千瓦时,利用小时3381.72小时,发电气耗和综合厂用电率明显下降,供电气耗0.2311方/千瓦时,比预算下降2.9%;综合厂用电率2.04%,比预算下降34.19%。机组等效可用系数90.7%,比计划提高0.7个百分点,创造了四个百日安全无事故的业绩。公司董事长曹路,公司总经理潘北来。

【全面开展隐患排查治理】 2014年,联合发电公司按照“谁主管、谁负责”原则,全面开展隐患排查治理。通过电力安全生产大检查、“六打六治”、危险源辨识、技术攻关等措施,彻底解决#9机发电机转子内部导电杆开路、#9发电机定子电晕腐蚀、#7燃机缸体密封面泄漏等重大隐患,并高质量完成#7、9机组扩大性小修、#8机组计划小修,安全、质量、工期以及费用控制情况取得令人满意的结果。公司通过安全生产标准化二级达标企业的复审,为安全生产提供有力保障。

【降本增效措施显成效】 2014年,联合发电公司采取挖掘设备潜力、回收利用等节能降耗措施,取得成效:抓好发电管理,全年综合厂用电率比年预算下降1.06个百分点,增加上网电量收入1160万元;供电气耗下降2.9%,增加利润2200万元。细化利润成本控制,减少检修费用,全年节余修理费用257.21万元,节约年度总修理费用的13.3%。加强节能目标的考核和对标管理,公司坚持阳光采购,采取招投标、竞争性谈判等各种形式,60%以上备品都通过浙能商务网进行采购。部分燃机热通道部件维修价格比十年前降低近50%。公司荣获集团公司物流管理工作先进集体称号。

(卢亮　洪雷)

中交第三航务工程局有限公司宁波分公司

【概述】 中交第三航务工程局有限公司宁波分公司原名交通部第三航务工程局第四工程公司,成立于1974年,资质为港口与航道工程施工总承包特级,主要承接港口与航道工程、铁路、海堤工程及陆域形成等工程施工与航务工程设计和技术咨询服务。公司下设混凝土预制厂、船舶施工处、安装公司等部门和若干个项目总部,拥有大型打桩船等各类工程船舶29艘,拥有国内领先的通用门式起重机、固定式全回转起重机、固定式全回转起重机等风电拼装设备;拥有隧道内外通用新型架桥机、低位配套运梁车、轮胎式起重机等先进高铁设备。

从北仑算山油码头到20万吨矿石码头,从北仑港一期到五期国际集装箱码头工程，从大榭岛招商国际码头到梅山岛1—5#泊位，从舟山港、嵊泗港到洋山港，从杭州湾、芦潮港到金山港区，40年来，中交三航宁波分公司先后承建各类码头泊位近300个，累计泊位长度4.7万多延长米，成为一支有口皆碑的筑港劲旅。近年来，公司逐步由传统"水工为主"，转变为水工、路桥、高铁、市政、风电等多元发展格局，从一业独大，到多业共兴，转型发展步履铿锵。40年来，公司承建的工程有100多个工程项目获市（局）级以上优质工程奖。其中有"鲁班奖"5项；"詹天佑奖"3项；国家"金质奖"1项；国家"银质奖"7项；"全国用户满意工程"5项。先后荣获"全国水运建设行业优秀施工企业""全国工程建设质量管理优秀企业""全国实施卓越绩效模式先进企业""全国守合同、重信用企业""全国企业文化建设先进单位""全国质量管理小组活动先进企业""全国用户满意企业""全国交通运输文化建设优秀单位""全国模范职工之家"、上海市、浙江省文明单位、"浙江省行业单位养老保险缴费先进单位"等称号。

【企业产值创历史新高】 2014年，公司承建了68个国内外项目的施工，完成施工产值40.07亿元，再创历史新高，合同工期履约率100%。2014年，公司充分发挥水工优势，新兴领域有突破，完成新签合同额22.38亿元，其中全年中标水工类项目10.4亿元，内河航道项目2.54亿元，轨交新领域8.2亿元，其他1.24亿元。现有职工1051名，其中各类专业技术人员556名，中等级技术工人241名。

【承建工程创多项国家、省部级奖项】 2014年，公司工程创优工作显著，承建的中海油宁波LNG项目获国家优质工程，宁波市机场快速干道工程Ⅲ标段工程、浙江舟山武港码头——卸船码头工程、宁波——舟山港穿山港区中宅煤炭码头水工工程获中交优质工程奖；宁波港北仑五期集装箱码头10#、11#泊位水工工程、嘉兴港海盐港区C区1#及2#多用途码头工程获浙江省"钱江杯"优质工程。

宁波——舟山港北仑港区五期集装箱码头10#、11#泊位水工工程

【企业获多项荣誉】 2014年，公司连续第七次保持全国水运工程建设优秀施工企业称号；荣获"全国交通运输文化建设优秀单位"称号、全国工商总局"守合同重信用"企业称号、上海市重点工程实事立功竞赛优秀公司及上海市重点工程立功竞赛优秀公司称号；通过浙江省文明单位复评。

【开展科技创新工作】 2014年，公司以科技创新为导向、依托工程实施技术开发项目，推动公司整体技术水平的提升。全年新立局A类科研项目1项。"乐清湾地区悬浮状疏浚土加固技术研究"、"钢混复合桩设计、测试方法与适应性研究"、《海上风力发电工程施工技术规程》编制等取得阶段性成果，与上海东海风力发电有限公司合作在上海市科委成功立项"海上风电机组标准化组装基地及海上风电场应急维修技术研究与示范"项目。此外,质量工作受控,全年获国家优质工程奖1项,中交优质工程3项,省部级优质工程奖2项,局级优质工程奖7项(含优质混凝土),市级优质工程奖3项。共录用合理化建议62项,其中,公司7个QC小组被推荐国家级优秀QC小组,20多个QC小组获得省、市级奖项。

(徐科青)

中交上航局航道建设有限公司

【概况】 中交上航局航道建设有限公司(简称上航公司)地处招宝山街道沿江东路221号,成立于1975年,隶属中国交通建设集团有限公司。公司拥有港口与航道工程施工总承包一级、航道工程专业承包一级、勘察测绘甲级资质和市政公用工程、地基与基础工程专业承包等资质,主要从事国内外港口与航道疏浚工程、海岸与近海工程、市政公用工程等业务。2014年,公司抓住新一轮沿海沿江再开发机遇,通过跟踪大市场,对接大业主,新签合同金额23.69亿元,其中亿以上项目3个。全年实施工程36个,完成工程15个,收回工程款21.78亿元,实现营业额21.62亿元,利润2.37亿元。公司执行董事、总经理董江平。

是年,公司围绕疏浚机具研发与无砂软基处理工艺确立5项科技研发课题,其中2项通过专家组验收。加大知识产权申报力度,4项成果获实用新型专利,1项成果获软件著作权证书。加强工程项目管理目标责任制及风险防控体系建设,制订《工程项目廉洁风险防控工作手册》,入围市长质量奖现场评审,企业注册资本金由6亿元增加至8.8亿元,4项QC成果获中交优秀成果奖。坚定"走出去"战略,新海虎9轮远航14900海里赴乌拉圭。适应远海业务发展趋势,改造新海鲤轮进行装备,施工效率提升10%。加强纳税筹划,通过研发费用加计扣除,全年减免所得税支出550万元,海外项目合理节约税金支出550万美元,获政府税收财政补贴624万元。开展各类培训,全年举办70个班次培训756人,15人通过一级、二级建造师考试。

是年,上航公司取得市政公用工程总承包二级资质,首次从宁波市建筑业骨干企业晋升为建筑业龙头企业,荣获全国安康杯竞赛优胜企业、浙江省文明单位、浙江省建筑强、宁波市重点大户贷款资信等级AAA级企业等荣誉。

【实行成本管控新方式取得实效】 2014年,上航公司实行成本管控新方式取得实效:软基处理工程施工组织从专业分包转向劳务分包,为降低类似项目成本闯出一条新路;在苍南吹填与软基处理二期A2区吹填工程施工中采用"进塘管"新工艺,破解吹填效率降低、平整度较差、船舶停工成本上升难题;按照"零库存"理念,统筹安排各项目部原材料的进场备货,减少库存,加快资金周转速度;完善项目成本流程图,找出对毛利率变化有较大影响的单项,落实专人跟踪整改。

【开展节能减排活动】 2014年,上航公司开展节能减排活动:将新海鲤轮施工性能从原来3500立方米提升至4500立方米,全年总减排二氧化碳量约2682吨。该项目被中国交通建设集团有限公司评为第四批节能减排示范项目；全年使用低品种油10047吨，低品种油利用率达到42.35%。

（张　虎）

宁波港镇海港埠分公司

【概况】 宁波港股份有限公司镇海港埠分公司地处招宝山街道后海塘，建于1973年7月，有可使用自然岸线6120米，港区面积250余万平方米。2014年，公司在册人数2000余人，拥有生产泊位23座，其中万吨级以上泊位10座、5万吨级泊位5座；堆场、仓库面积93万平方米，液化油品储罐总容量100余万立方米；煤炭铁路装车能力600万吨/年；具备大中小泊位配套，专用及通用功能齐全，能满足煤炭、液体化工、散杂货、件杂货、集装箱、石油等货物装卸作业、贮存服务的需要。分公司总经理蒋一鹏。

是年，公司货物吞吐量4643.3万吨，同比减少12.2%；集装箱达66.4万标准箱，同比增长8.7%。营业收入完成8.4亿元，同比减少7.6%，利润总额完成2.03亿元，同比减少40%。年末，镇海港区①基本形成“华东地区主要的煤炭物流体系、全国主要的液体化工物流体系、宁波港内贸集装箱物流体系、浙江省主要的钢材物流体系”发展格局。组织文明港区行动宣讲会，开展“建设文明港区”专项行动，完成20个样板班组，展现老港人新精神、焕发老港区新面貌。

【2#泊位改造工程启动】 1月6日，港埠分公司启动2#泊位改造工程。该工程分两阶段进行，第一阶段使2号泊位具备进行简单杂货作业的能力；第二阶段通过改建集装箱铁路装车设施，提升堆场作业能力，最终实现原煤炭泊位的转型升级。

【煤炭接卸效率创新高】 5月4日，港埠分公司通用散货泊位仅耗22.75小时，将实载7.08万吨煤炭的“亚太1号”轮接卸完毕，创造平均每小时3112吨的接卸效率新纪录。

【两大工程通过环保验收】 5月9日，宁波——舟山港镇海港区通用散货码头工程、宁波镇海区后海塘及镇海港区煤堆场搬迁改造工程通过宁波市环保局组织的验收，标志两大工程项目正式投入运营。

【1企业在宁波市化工企业员工应急处置技能大赛获奖】 5月19日，宁波市第五届危化企业员工应急处置技能大赛在鄞州区消防大队举行，来自宁波13个县(市)区的27支队伍183人参加。镇海港区化工区众安仓储代表队经过理论知识测试和7个操作项目的比试，荣获团体三等奖。这该代表队连续五年参加此项比赛并获奖。

【省委常委、市委书记刘奇一行考察港埠分公司】 6月5日，省委常委、市委书记刘奇一行到港埠分公司考察煤尘综合治理情况。刘奇肯定公司打造环保型港区

①镇海港埠分公司，包括镇海港区和宁波港区，因宁波港区逐步缩减规模退出港口业务，主要业务在镇海港区，故镇海港埠分公司与镇海港区可以通用。

的措施，要求公司进一步配合镇海区做好煤尘治理，促进“生态宁波”建设。

【胡耀华获“浙江好人”称号】 6月，胡耀华被评为“浙江好人”。该推荐评选活动由省委宣传部、省文明办、浙江日报在全省联合开展。“浙江好人”分为助人为乐、见义勇为、诚实守信、敬业奉献、孝老爱亲等五类，每月共评选“浙江好人”20名左右。胡耀华是宁波市唯一入选者。

【2个泊位通过竣工验收】 7月29日，港埠分公司19号、20号液体化工码头工程通过宁波市交通运输委员会组织的竣工验收，标志液体化工码头及后方罐区投入生产。

【4期防风网建成投用】 7月底，港埠分公司建成4期防风网并投用。4期防风网总长1080米，高17米，顶部装有喷淋系统，能有效阻隔煤炭扬尘扩散，有效改善港区整体环境。

【宁波镇海保税物流中心(B)型通过四部委验收】 10月13日，宁波镇海保税物流中心(B)型通过海关总署、财政部等国家四部委批复，这是全国首家液体化工品保税物流中心，也是国内唯一以液化品为主要货种的保税物流中心。中心位于镇海港区和镇海石化经济区内，两个区域内建成储罐21.4万立方米，其中镇海港区19.4万立方米，占总容积的90.6%。

【杭甬运河宁波段首航成功】 10月14日，“浙越城0006”轮驶离镇海港区1号泊位，经杭甬运河将300吨电煤运至绍兴滨海电厂，标志杭甬运河宁波段(绍兴至镇海)物流航线首次试通航成功，杭甬运河全线具备通航能力，初步实现省政府“十二五”规划中的“东通海”战略。

【2#泊位改造验收成功】 12月2日，港埠分公司2号泊位改造验收完毕。该泊位于年初进行改造，配置2台新门机。1号至2号泊位后方的原煤炭堆场改建为专业集装箱堆场和件杂货堆场，总改造面积14.41万平方米，堆场设计年集装箱通过能力为13.06万标准箱。

【港区内首票甲醇期货交割完成】 12月7日，“丰帆17”轮卸下6432吨甲醇，缓缓驶离港埠分公司17号液体化工泊位，标志镇海港区甲醇期货交割库完成首票甲醇期货交割。

（王　勇）

浙江省二建建设集团有限公司

【概况】 创建于1958年的浙江省二建建设集团有限公司(简称浙江二建)是集房建、安装、钢结构、装饰、市政、地基与基础、高耸构筑物、房产开发等多元经营为一体的国有房屋建筑施工总承包特级资质企业，注册资金3.622亿元，在册职工1600余人。

2014年，浙江二建坚持以经营战略为抓手，加强企业管控，经营、产值双超百亿元并创历史新高。严把工程建设施工质量关，获国家优质工程鲁班奖1项，部省级质量奖20项，市级优质工程8项；工程项目部获工程建设优秀质量管理小组国家级1个、省级5个，市级3个。重视安全生产和文明施工，浙江中烟有限责任公司杭州制造部“十一”易地技改项目工程办公检验生活配套中心项目获全国安全文明标准化施工工地，9个项目获省、市级安全文明施工标准化工地。

是年，全公司完成产值110.41亿元，同比增长10.02%；利税总额3.46亿元，同比增长10.48%。集团荣获全国建筑业先进企业、浙江省工商企业信用AAA级“守合同重信用”单位等荣誉。是年，蒋莹任浙江二建集团董事长。

【实现超高层建筑零突破】 2014年，浙江二建承建的海宁开元名都大酒店项目，建筑总高236米，合同额2.6亿元，面积14万平方米，实现承建200米以上超高层建筑零突破。

【科技创新和应用成果获国家、省级奖项】 2014年，浙江二建在科技创新中取得较大成果：公司申报的《烟囱外模拉索薄钢板支模体系施工工法》获国家级工法，《圆弧形钢构件吊装施工工法》《纤维水泥加压板+岩棉整体板外保温施工工法》《低张拉控制应力下小直径单丝拉索施工工法》《百万机组主厂房钢结构吊装工法》《斗轮机防尘供水槽施工工法》《平房仓粮库工程拱板的空中滑移工法》《饰面瓦爿墙施工工法》《“纯内核切断原理”控制超长混凝土墙体结构裂缝施工工法》等8项工法获浙江省工法；《U形卸扣》《在框架式钢结构上安装连接梁的施工装置》《钢梁连接式平台的施工装置》《钢板吊具》《大跨度钢梁框架连接式平台的施工装置》《切割钢板的辅助工具》《在钢结构屋面铺设彩钢板时的安全装置》《钢结构立柱的混凝土承台》《大面积清水混凝土墙体的支模机构》《超长混凝土墙体构造》《超长混凝土墙体构造》等11项技术被授予国家实用新型专利。宁波北仑区——宁职院图书馆、宁波市妇女儿童医院北部院区一期项目通过浙江省建筑业新技术应用示范工程验收；宁波文化广场项目Ⅳ标段工程通过浙江省建筑业绿色施工示范工程验收。

【承建工程荣获多项工程质量奖】 2014年，浙江二建承建的工程获多项国家和省市优质工程奖：宁波文化广场Ⅳ标段（剧院工程）获国家优质工程鲁班奖；宁波博物馆建设工程获全国改革开放35年百项经典暨精品工程；宁波文化广场Ⅳ标段安装工程获“中国安装之星”优质工程；宁波北仑区——宁职院图书馆工程、宁波文化广场Ⅳ标段工程、宁波妇女儿童医院北部院区一期工程、浙江中烟杭州制造部“十一五”易地技改项目（一期）办公检验生活配套中心工程、阿克苏社会福利中心、阿克苏双语培训中心一期工程、柯坪县群众文化中心、柯坪县双语寄宿小学、乌什县综合福利中心、新和县丽水维吾尔族一期工程等10个工项目获省“钱江杯”优质工程；三亚市生活垃圾焚烧发电项目获海南省建筑施工优质结构工程；宁波文化广场项目Ⅳ标段安装工程、宁波北仑区——宁职院图书馆安装工程、苏州市轨道交通2号线工程主线车站机电安装及装修施工项目获省优秀安装质量奖。另获8项市优质工程。

宁波文化广场Ⅳ标段(剧院工程)获国家优质工程鲁班奖

【按要求推进整体上市工作】 2014年,浙江二建围绕浙江省建设投资集团有限公司推进整体上市部署,开展公司上市尽职调查和内控调查,启动下属宁波新天下劳务有限公司、宁波三江劳务有限公司、宁波钢杰人力资源开发有限公司、宁波紫光建设工程检测有限公司股权规范工作。

(张明星)

上海海事局宁波航标处

【概况】 2014年,宁波航标处设立并管理的航标1324座,其中公用航标616座,专用航标708座。是年,航标处发布航标动态156次,航标动态通报准确率达到100%;维护航标483216座天,航标正常率99.95%,航标维护正常率100%,可用性99.95%,修复率100%,内在失常率0.15%,所辖海域没有因航标失常而发生水上交通事故。

【完成七里屿灯塔两线现场划定工作】 6月,宁波航标处和宁波市文物保护主管部门深入岛礁灯塔进行现场勘察、测量、拍照等相关工作,完成“国保”单位——七里屿灯塔的“两线”(保护范围和建设控制地带)现场划定工作。

【完成金塘大桥灯浮起吊检查工作】 7月,宁波航标处完成金塘大桥18只灯浮的集中性起吊检查工作,并更换部分灯浮的电池箱及顶标架、漏水的浮筒等,确保台风来临前航标的正常发光。

【举行新材料灯浮碰撞实验】 9月,宁波航标处在七里屿灯塔附近海域对新材料超高分子量聚乙烯灯浮进行碰撞实验。试验用船舶由海巡1648轮(500吨级)担任,分2次撞击实验,撞击后检查发现灯浮整体完好。新材料灯浮应用后,不需要对浮体油漆保养,并且船舶碰撞灯浮后对船舶基本没有伤害,可以提高船舶的航行安全,对新型航标发展将具有里程碑意义。

【全国劳模叶中央及子孙三代作灯塔故事讲座】 9月,宁波航标处邀请全国劳模叶中央及其子孙三代讲述“明灯背后的故事”。叶中央20岁参加工作,在近10座灯塔上工作40年。5岁时亲眼看到父亲被台风刮走殒命;妻女赴岛探亲途中又双双罹难。虽然经历重重打击,1984年,叶中央又把小儿子又送上灯塔,成为叶家第四代灯塔工。

全国劳模叶中央作灯塔故事讲座

【AIS岸基系统4.0现场测试工作在镇海举行】 11月，AIS(船舶自动识别系统)岸基系统4.0现场测试工作在镇海举行。测试工作由交通运输部海事局主办，天津、广东海事局以及北海、东海、南海航海保障中心等10余位AIS管理技术人员参加。会议介绍了该系统的升级情况，对下一步全面升级AIS岸基系统做了部署。

（贯贵娟）

国家物资储备局浙江八三七处

【概况】 国家物资储备局浙江八三七处(简称八三七处)系国家发改委物资储备局下属、从事国家储备物资管理转运和口岸直拨、非国家储备物资保管与转运的大型综合仓库，地处后海塘片区。八三七处于1986年筹建，1998年竣工，2004年进行安全改造。仓库占地面积18.7公顷，其中库房44000平方米，堆场68000平方米，配有铁路专用线等设备设施，仓储能力达到20万吨，年物资吞吐能力超过120万吨。仓储品种主要有黑色金属、有色金属、固体化工等。自2001年开始，在区政府支持下，八三七处开展物流业务活动，相继成立宁波市镇海钢材市场有限公司、浙江国储物流有限公司，成功申办起海关监管公用型保税仓库，郑州商品交易所PTA指定交割仓库，大连商品交易所PVC和LLDPE指定交割仓库，上海期货交易所铝、锌、铅、铜指定交割仓库，成为天津渤海商品交易所和华商商品交易所化工产品现货交割库,拓展了仓库功能，提高市场竞争力。2014年，钢材销售额12.12亿元，利润-655.1万元，增值税494.6万元，所得税57.7万元，完成国家物资储备局的国储物资收储任务。

【获批棉花指定交割仓库】 9月1日，全国棉花交易市场根据《中华人民共和国合同法》《全国棉花交易市场商品棉花交易交割办法》《全国棉花交易市场纺织原料协议交易交割办法》《全国棉花交易市场制定交割(监管)仓库管理办法》等有关规定，批复八三七处成为全国棉花交易市场指定交割仓库。

【获批PP指定交割仓库】 2月28日，大连商品交易所根据《大连商品交易所指定交割仓库管理办法》等有关规定，经考查研究决定，批复八三七处成为大连商品交易所聚丙烯的指定交割仓库，核定库容1.5万吨。

八三七处获批大连商品交易所聚丙烯(PP)指定交割仓库

（林　涛）

宁波港铁路有限公司

【概况】 宁波港铁路有限公司是宁波港股份有限公司的子公司，1975年1月成立时称宁波港铁路支线工程指挥部，经多次职能调整和名称变更，于2001年5月组建后定名。公司主营业务是铁路货物运输、装卸和代理，铁路工程承建与设备维修。

主要经营场所为7.34公里的洪镇铁路线、13.71公里的北仑港区铁路和34.07公里的镇海港区铁路，轨道全长55.12公里。主要设施设备有道岔组数106组，信号机架数176架，轨道衡为动态1台，静态11台，机车10台。公司有职工585人，生产经营场地分镇海和北仑两大块。

2014年，公司承运的宁波港进出口物资的主要货种有金属矿石、油类、化肥、化工产品、水泥、钢铁、煤炭、粮食等十几种，形成“宁波港铁路——直通车”专列运输品牌，实现港口到企业(点到点)的铁路货物专列运输方式。全年完成货运量2005万吨，其中集疏港完成1666.5万吨，占总运量83.1%。集装箱海铁联运箱量135058标准箱，同比增长31.1%；铁矿石758.8万吨；煤炭507.4万吨；成品油270.4万吨。2014年，公司被评为全国地方铁路先进单位、全国交通行业质量管理小组活动先进企业。

【打通宁波港集装箱海铁联运西进物流走廊】 1月22日，434TEU海铁联运箱从新疆石河子发运到达宁波港，宁波港集装箱海铁联运西进物流走廊开始打通；次日宁波港始发新疆的集装箱海铁联运专列正式开行，实现与新疆地区集装箱海铁联运双路双重双向运输。3月中旬，公司启动广州中转宁波港进西北的海铁联运业务，采取“区域货源联动，消耗调空成本”等服务措施对接“一带一路”，进一步推动新疆物流通道建设。9月2日，宁波港开展全程代理中亚地区国际海铁联运业务，首个国际联运集装箱由宁波港经铁路顺利发往哈萨克斯坦的阿拉木图，实现宁波港集装箱海铁联运西北方向的新突破。至此，宁波港集装箱海铁联运西进物流走廊全面打通。

【开通货车“客运化”班列】 4月18日，公司启动鹰潭/上饶——宁波集装箱“天天班列”，标志宁波港铁水联运五定班列首次在国内实现货物列车“客车化”运作。全年班列运行稳定，共开行203班。

【海铁联运平台联运成功】 2014年，公司开展集装箱多式联运的全程代理业务。12月6日，18标准箱标准内贸集装箱由辽宁营口港下水、搭乘“集海之峰”轮到宁波港，公司海铁联运平台首次全程代理东北内贸箱业务获得成功，标志宁波港——营口港战略框架合作成功。

（疏　影）

表16

建筑业　房地产业

建筑业

【概况】 2014年，镇海区召开建筑业发展大会，加大对本地建筑业的政策扶持，引导建筑企业加快发展，从单一业务向多业务领域发展。作为省工程质量治理试点区，区住房建交局按照国家和省市建设部门部署，召开工程质量治理会议，贯彻落实上级精神，制订实施方案，开展工程质量治理两年行动，发起以"守法诚信，行业自律，全面落实工程质量治理两年行动"为主题的倡议签名活动，部署在建工程项目全面排查工作。

全年新增建筑企业17家。原有企业资质增项27家，企业资质升级21家，其中主项资质三级升二级6家、二级升一级3家，增项资质三级升二级9家、二级升一级3家。年末，注册在镇海区并有资质的建筑施工、勘察设计、监理、招标代理等建筑业企业共110家。其中，施工总承包企业42家、专业承包企业45家、劳务分包企业9家、勘察设计（含施工设计一体化）企业5家、监理企业4家、招标代理1家、质量检测机构3家、能评机构1家。42家施工总承包企业中，资质特级1家、一级8家、二级6家、三级27家。全区注册建造师等各类工程技术人员1218人。

是年，全区共受理招标项目报建209项，合同金额45.33亿元；办理与建设相关的审批1063件，发放施工许可证87件(开工面积217万平方米)；竣工验收备案96个。全区建筑业行政处罚13个案件，处罚金额31.08万元。全区建筑业总产值315.6亿元，同比增长38.06%，其中省外建筑业产值96.07亿元，同比增长34.55%。建筑业税收（地税）7.06亿元。

表17　　2014年区建筑业企业主要经济指标

单位：亿元

建筑业总产值	建筑工程产值	安装工程产值	其他产值	房屋施工面积（万平方米）	年末自有施工机械设备(净值)
315.63	286.28	17.55	11.80	1493.1	11.1

【11家建筑施工企业产值占比86.7%】 2014年,区内产值超5亿元的11家建筑施工骨干企业完成产值273.6亿元,占全区建筑业总产值的86.7%以上。其中浙江二建公司、上航局航道建设公司2家部省属企业完成产值145亿元,占总产值的45.9%。

表18　**2014年区骨干建筑企业经济指标**

单位:万元

企业名称	产值	利润	税金
浙江省二建建设集团有限公司	1104121	11500	14381
中交上航局航道建设有限公司	346096	31524	13412.9
宁波市第四建筑工程公司	221000	6396.7	11050
中亿建业集团有限公司	212563	7429	7995
浙江泰阳建设有限公司	207625	6958.8	4413.7
镇海建设集团有限公司	181392	3796	8097.4
天鸿建设集团有限公司	144473	3732.6	6456
浙江省二建建设集团安装有限公司	116682	1178	3363.9
浙江省二建钢结构有限公司	80263	1302	999.5
宁波市华欣建设工程有限公司	66813	1286.9	2442.8
浙江民欣建设有限公司	55643	563.8	3060

【2个工程获"宁波市甬江建设杯"优质工程奖】 2月,区2个建筑工程项目获评2013年度"宁波市甬江建设杯"优质工程奖,分别为镇海新城核心区D1、D3地块商务楼、中科院宁波材料所二期Ⅱ标段。2项工程都由浙江省建工集团有限责任公司建造、宁大工程建设监理有限公司监理。

【新城1商务楼获国家优质工程金奖】 新城核心区D1、D3地块商务楼获2013—2014年度国家优质工程金奖。工程由区城市建设投资开发有限公司出资,浙江省建工集团有限责任公司建造和申报,同济大学建筑设计研究院(集团)有限公司设计,宁大工程建设监理有限公司监理。

【开展建筑变形测量试点】 5月,区住房建交局确定龙赛医院改造一期工程为首个建筑工程变形测量试点项目。通过实时监控工程主体在施工过程中建筑沉降及重要结构的变形情况,测定施工质量,保障主体结构安全。

【新型建筑工业化PC技术落户镇海】 9月,全市第一所新型建筑工业化实验楼在新城南区万科城落户。万科住宅PC工业化技术,将工厂生产的预制外墙板、预制阳台、预制叠合楼板、楼梯等预制构件运至现场组装,通过预制构件上的预留钢筋和楼主体结构钢筋混凝土浇筑连接,达到安全牢固、节能环保、误差精确到毫米的效果。实验楼培育开发、设计、施工、制作等全产业链的建筑工业化技术,实现预制构建本地生产，推动新型建筑工业化的发展。

房地产业

【概况】 2014年，镇海区新增房地产开发企业5家，年末，注册登记房地产开发企业71家。房地产企业中，一级资质1家，二级资质3家，三级资质19家，余为暂三级或四级。是年，房地产开发投资114.24亿元，同比增长4.8%。其中，住宅77.36亿元，办公楼5.86亿元，商业营业用房12.14亿元，其他18.88亿元。住宅房屋施工面积59.80万平方米，其中新开工面积18.90万平方米；房屋竣工面积15.40万平方米。

是年，商品房销售48.29万平方米，其中，住宅38.63万平方米(90平方米以下住房6.93万平方米、140平方米以上住房8.75万平方米)，办公楼3.05万平方米，商业用房4.77万平方米，其他房屋1.84万平方米。商品房销售额453565.7万元，其中，住房362465.95万元(90平方米以下住房57055.87万元、140平方米以上住房92080.55万元)，办公楼19069.41万元，商业用房65173.53万元，其他房屋6856.8万元。万科城、公元世家、锦绣曙光、汇智家园等为主销楼盘。8月"限购"政策放开，新建商品住宅成交均价回升。年末，可销售商品住房6096套(其中90平方米以下住房2120套，140平方米以上住房1900套)。

是年，区住房建交局加强房屋交易登记和权籍管理，注重房产初始信息建立。推进住宅房屋安全信息建档，开展房屋安全综合等级判定，实施房屋安全常态化、网格化监管。区房地产管理处办结房地产买卖15169件，建筑面积153.36万平方米，成交金额101.24亿元。其中，商品房交易11462件，建筑面积104.60万平方米，成交金额78.43亿元；二手房交易3707件，建筑面积48.76万平方米，成交金额22.80亿元；首次上市的房改房479件，面积3.17万平方米，成交金额1.66亿元。办结房地产抵押登记12368件，建筑面积454.98万平方米。办理发放房屋所有权证33639本(其中初始登记权证14064本)、他项权证12339本，产权注销登记163件、抵押注销登记4954件。

【商品房成交价量齐跌】 2014年，全区商品房成交5744套，面积48.29万平方米。其中，商品住宅成交3201套，同比下降5.13%，成交面积38.63万平方米，同比下降5.55%；非住宅成交2543套，成交面积9.65万平方米。全区商品住宅销售均价9382元/平方米，同比降5.10%。

【二手房成交量下降】 2014年，全区二手房成交3707套，同比减少2.52%，成交面积48.76万平方米，同比减少29.18%。其中成交住宅3216套，同比减少1.17%，成交面积30.18平方米，同比减少0.26%；非住宅成交491件，同比下降10.56%，成交面积18.58万平方米，同比减少51.85%。

【16个新楼开盘交付】 2014年，锦汇财富广场、红墅湾、郁金香、新城核心区总部经济商务楼、果蔬交易市场、公元世家一期、锦绣曙光二期、东邑阳光保障房地块、万科城二期、汇智家园人才公寓、银凤晓月四期、镇海利时百货、金色荣湾、芳辰丽阳、保利城二期和合生国际城二期G区等16个楼盘新开交付。交付楼盘的总建筑

面积21.26万平方米，其中，住宅10809套（面积12.62万平方米），商业用房1196套，办公用房975套。

【房地产市场波动引发多起群体性事件】2014年，发生多起因房地产市场波动引起的群体性事件：世博花园、东来国际大厦、广怡大厦、欣海国际大厦等项目因投资建设方资金链出现问题导致停工引发的群体性事件，保利城等分期销售的楼盘在后期降价促销、商业开发延期等引发的群体性事件，对区域房地产市场和社会稳定造成影响。区住房建交局全年受理涉及房地产质量、延期交付、合同纠纷等信访、网络问效、来访投诉等共计360件次。

【住宅房安全等级判别和信息建档】2014年，区住房建交局将住宅房屋分2002年及之后竣工、2001年及之前竣工两部分，进行安全综合等级判别，建立住宅房安全信息档案。年内，对2001年及之前竣工的1262幢住宅排查定级全部结束，房屋安全等级为一级583幢、二级400幢、三级108幢、四级171幢。对2002年及之后竣工的住宅同时开展排查，完成3236幢（建筑面积1195.2万平方米）房屋的编码、信息录入和审核。

【建立三级房屋安全巡检系统】 9月，区房屋安全巡检系统运营。该系统涵盖全区6个镇（街道）的2838幢住宅房屋（大工程单位直管住宅房除外），实现从安全管理员、片区监管员、街道负责人的三级监管，区房管中心设巡检系统平台。至年末，巡检系统收到安全管理员上传的房屋巡检记录11937条，其中异常记录568条。

【启动个人住房信息系统建设】 7月，区住房建交局启动个人住房信息系统建设，实施房产业务系统升级、档案和测绘数据整理验收、网络硬件升级改造。至年末，完成26位房屋编码的升级，整理档案数据38000宗。着手测绘数据整理，计划用2年时间完成。

（冯国定）

商贸服务业

综 述

2014年,全区商贸服务业平稳有序发展。利时广场开业,1902万科广场等商贸设施建设稳步推进,城市商业形象进一步提升;中升搏勒4S店、锦福明海4S店落户庄市街道,17家汽车4S店成为拉动零售业态增长的主要动力;东州商城、骆驼建材市场、花木交易市场和骆驼蔬果交易市场等生活资料交易市场陆续建成营运,专业市场进一步集聚发展;宁波十七房·开元酒店开业,住宿餐饮业的规模和档次得以提升。全区社会消费品零售总额比上年增长14.1%,服务业增加值同比增长5%,专业市场营业额增长15.1%。

是年,全区限额以上批发和零售业企业264家,其中批发业企业233家,零售业企业31家。限额以上批发零售企业全年商品销售额750.23亿元,其中批发额700.46亿元(14.94亿元为出口),零售额49.77亿元。按批发行业商品分类,矿产品、建材及化工产品销售额636.45亿元,占绝对多数。按零售行业商品分类,汽车、摩托车、燃料及零配件销售额43.72亿元,占限额以上零售业企业商品销售额的绝对多数,其中汽车销售额36.85亿元,机动车燃料销售额6.87亿元,汽车已成为区内限额以上零售行业的主体,并带动石油制品类销售同步趋旺。其他销售额上亿的商品有:农畜产品2.6亿元,纺织服装及日用品10.3亿元,文化体育用品及器材10.78亿元,机械设备、五金交电及电子产品6.55亿元。(来源《镇海统计年鉴2015》192页)

是年,区商务局完善对各镇(街道)、园区的商贸服务业考核评价激励机制。制定出台《镇海区促进电子商务发展政策实施细则》,加大对电子商务的政策扶持。镇海区荣获宁波市商贸流通考评商贸民生发展铜奖、商贸管理优胜银奖。

(王海雁)

表19 2014年社会消费品零售总额完成情况

单位:万元

指标名称	2014年	同比增长%
社会消费品零售总额	1220195.7	14.1
1.批发和零售业	1122949.9	14.4
2.住宿和餐饮业	97245.8	11.1

零售业

【概况】 2014年,全区不含住宿餐饮业的社会消费品零售额112.3亿元,同比增长

14.4%。其中4S店汽车销售额38.66亿元，增幅达21.9%，占112.3亿元的34.4%。限额以上超市（卖场）达到14家。中升搏勒4S店、锦福明海4S店开业，全区4S店达到17家。利时广场开业，形成百货、超市、餐饮、休闲娱乐、文化教育等业态。社区邻里中心万科美邻里开街。

是年，区商务局落实"扩内需、保增长、促稳定"的各项政策，强化组织引导，挖掘消费潜力。推进商贸项目建设，完善商贸流通网络。加快月光经济发展，提高城市生活品质、满足市民和游客夜间消费需求。推进"电商换市"①工作，大力发展电子商务，推进电商产业园区建设。做好评先评优，指导商场超市创建"平安商场"、安全生产标准化建设，鼓励企业节能改造和开展清洁生产。加强监测调控，与成品油供应企业加强联系，确保区内成品油供应稳定。

【开展消费促进月活动】 4月，全区各大超市、家电卖场、汽车4S店开展各种让利和展示活动，通过消费促进活跃市场，拉动城乡居民消费，扩大企业知名度，全年共实现销售9000万元，同比增长10%。

表20　**2014年全区重点零售企业销售情况表**

单位：万元

企业名称	全年销售额	同比增减%
三江超市西街店	17262	-4.2
三江超市顺隆店	5451	-4.5
三江超市骆驼店	5238	7.8
三江超市庄市店	4606	1.5
三江超市棉丰店	5283	-0.7
三江超市蛟川店	6888	10.1
加贝购物大卖场	5790	-5.0
加贝超市骆驼店	2691	-16.8
加贝超市庄市店	2274	-15.9
欧尚超市镇海店	17412	-2.3
华润超市镇海店	9228	1.2
乐购超市镇海店	9706	-4.5
苏宁电器镇海店	3689	1.2
国美家电镇海店	6517	122
医药公司	32829	7.4
新华书店	2927	7.8
合计	137791	3.1

【举办第二届宁波（镇海）购物节】 8月1—17日，第二届宁波（镇海）购物节举行。购物节以"畅享购物、休闲镇海"为主题，由精品汽车展、幸福家装会、商超折扣季、便捷"美邻里"、美食天地、九龙湖葡萄节、休闲镇海游等主题活动组成，涵盖商场购物、餐饮美食、旅游观光、汽车展览等消费形式。其间，全区汽车4S店、广场、超市、餐饮、市场等200余家企业共实现营业额2.3亿元，同比增长17%。

【宁波商联网电商平台上线】 8月15日，区商务局牵头与专业机构开发的电商平台"宁波商联网"上线，平台集中整合区内餐饮、住宿、娱乐、家政、菜篮子等消费领域信息资源，至年底入驻商户200余家，上线产品逾千种，为消费者提供在线咨

①电商换市：以电子商务手段开辟新的销售渠道，实现商业模式的创新和提升，进一步扩大市场占有率。

询、购买、支付和评价等综合性服务。这是首个本土化消费促进平台。

【万科城美邻里开街】 6月15日，位于庄市街道的万科城美邻里开街，商家签约入驻率达90%，业态涵及便利店、生鲜超市、洗衣店、药房、汽车美容等，便利业主生活，提升社区商贸便民化水平。美邻里是宁波万科着力打造的社区商业品牌，其"四菜一汤"理念致力于为社区业主提供"每一天，美邻里"的优居生活体验。"四菜"是指银行网点或者ATM机、便利店或者生鲜超市、药店、洗衣店，"一汤"是指配合项目实际特点和业主需求，在各个项目上提供的特色业态。

【镇海利时广场开业】 6月20日，位于骆驼街道的镇海利时广场开业。广场占地3.5万平方米，其中1、2层为百货及商铺，3层为餐饮、美食广场，4层为KTV、健身房等，地下为超市。一站式商业模式集纳百货、超市、特色餐饮、休闲娱乐、文化教育于一体，最大限度地满足人们消费需求，填补了当地百货业的空白。

【"十一"黄金周消费市场供销两旺】 国庆黄金周，消费市场呈现繁荣有序，销售额出现较好增长的势头：全区15家重点商贸企业实现销售额3758万元，同比增长7.1%。其中欧尚、华润万家、乐购、三江超市西街店、三江超市蛟川店和加贝购物广场等6家超市实现销售额1344.1万元，与去年同期基本持平；开元华城度假村、招宝山饭店、九龙山庄、石浦大酒店、曙光丽亭酒店、海尚大酒店和四季永逸酒店等7家住宿餐饮企业实现营业额1515.5万元，同比增长7.4%；国美家电和苏宁电器等家电企业实现销售额898.4万元，同比增长21%。

【汽车零售业总体向好但竞争加剧】 2014年，全区17家汽车4S店销售汽车1236辆，销售额38.7亿元，同比增长21.9%。汽车销售历来是全区社会消费品零售的重要组成部分，占比达三分之一，主要依靠奔驰、路虎等高端品牌带动。随着周边县市区路虎、奔驰等高端品牌4S店的陆续进驻，汽车行业的区域竞争不断加剧，区内高端品牌汽车销售企业的市场份额不断减少。其中销售排名首位的天华路虎全年销售额10.8亿元，同比下降8.7%。

表21 2014年全区汽车4S店销售情况

单位：万元

企业名称	全年销售额	同比增减%
天华路虎	107564	-8.7
宁兴新宇	75094	16.3
中升汽车	23841	-16.1
腾峰4S店	39511	53.8
腾峰耀华	31179	25.3
康桥澳美	24378	126.4
英菲尼迪	22477	109.0
名爵汽车	7937	-10.2
海景汽车	9044	22.9
联众汽车	2273	16.4
腾峰锦华	8144	17.6
马自达汽车	7715	21.2
广菱汽车	550	-68.3
腾峰致华	3933	261.5
中升博勒	17095	0
龙华丰田	475	0
锦福明海	5374	0
合计	386584	21.9

【中升搏勒4S店开业】 年初，地处庄市街道的宁波中升搏勒汽车销售服务有限公司开业。该店系宁波地区最大的Jeep4S店，同时为克莱斯勒（中国）授权的四位一体标准店，占地面积7000平方米，其中展厅面积1000平方米，维修车间3500平方米。内设贵宾休息区、小型电影院、母婴室等设施，销售大切诺基、牧马人、自由客、自由光、指挥官、指南者、克莱斯勒300C、大捷龙、道奇酷威等车型。全年销售额1.7亿元。

【锦福明海4S店开业】 7月，地处庄市街道的宁波锦福明海汽车销售服务有限公司开业。该店系宁波地区最大的福特4S店，占地面积5721平方米，其中展厅面积800平方米，维修车间3000平方米。内设贵宾休息区、小型电影院、儿童乐园等设施，销售国产锐界、全新福克斯、翼虎、新蒙迪欧、新福克斯、经典福克斯、致胜、翼搏、嘉年华等车型。至年底销售额0.5亿元。

【成品油市场零售趋稳】 2014年，全区加油站和加油点销售成品油15.5万吨，同比增长3.3%。其中汽油7.5万吨，同比增长21%；柴油8万吨，同比下降9%。成品油销售总额10.66亿元，同比增长5%。其中汽油5.7亿元，柴油4.96亿元。年末，全区成品油经营企业38家，其中零售34家，批发仓储4家。

（王海雁）

住宿餐饮

【概况】 2014年，全区实现住宿餐饮业营业额9.72亿元，同比增长11.1%。年末，全区限额以上住宿餐饮企业25家，资产总计6.35亿元，营业额4.27亿元。6家住宿业企业中，属旅游饭店的5家，其中五星1家、四星2家，三星1家。

是年，全区餐饮业在发展中呈现以下特色：由于严格控制"三公"消费，社会团体性消费不断萎缩，高端餐饮等消费受到很大抑制，对整体餐饮市场形成较大影响。区内餐饮企业不断寻求突破，逐渐提高管理水平，餐饮业由低迷回归常态经营。大众化餐饮需求旺盛，早餐、单位团餐、社区快餐、外卖送餐等便民餐饮快速发展，品牌店、特色店深受消费者青睐，火锅、休闲餐饮、地方小吃、特色正餐、农家乐等逐渐成为大众餐饮消费的热点和亮点。受租金、人工、食材、能源等成本上涨影响，部分高端餐饮上座率有所回升但利润却出现下滑。

表22 **2014年重点住宿餐饮业经营情况**

单位：万元

企业名称	床位数（个）	客房出租率（%）	年营业额	同比增减%
开元大酒店	553	31.38	7381	-3.7
四季永逸大酒店	450	41	5051	9.1
招宝山饭店	235	34.99	2922	-8.9
九龙山庄	136	27.8	3743	38.4
曙光丽亭大酒店	176	50	3269	21.6
石浦大酒店			2089	4.9
山外山酒楼	18	55	1611	-13.1
海尚大酒店	157	65.58	3601	21.9
一串红大酒店			485	-40.2
雄镇大酒店	168	42.97	1444	15.4
新天天渔庄			180	-35
合 计	1893		31776	5.8

【十七房·开元酒店开业】 7月21日，宁波十七房·开元酒店开业。酒店位于澥浦镇开源路，是宁波首家博物馆式酒店，以郑氏十七房白墙墨瓦的明清建筑为本体，最大限度保留房屋的格局和面貌，酒店面积约2万多平方米，共有源茂房、鼎丰房、丰溢房、立房、恒祥房和金松房6片客房区，均为宅院式布局，客房数量达116间。年末，宁波十七房·开元酒店实现营业额772.9万元。

（王海雁）

专业市场

【概况】 2014年，在经济新常态和全面深化改革的背景下，镇海区围绕“港口经济圈”和“海洋经济发展”战略，进一步加快大宗商品交易平台、海陆联动集疏运网络、金融和信息服务支撑为核心的“三位一体”港航物流体系建设，在巩固生产资料专业市场优势地位的同时，开发建设建材、蔬菜水果等生活资料专业市场，着力形成新的亮点和重点。全区新增重点专业市场1家，累计11家，进场企业总数1627家，实现成交额884.4亿元，同比增长15.1%，继续保持稳中向好的发展态势。

表23 2014年专业市场营业额情况

单位：亿元

序号	市场名称	营业额	同比增减(%)
1	大宗生产资料交易中心	299.6	127
2	液化市场	182.2	2
3	煤炭市场	166.7	-12.7
4	金属园区	75.5	-21.8
5	厚恒物资城	85.9	-23.2
6	有色金属市场	24	44.2
7	八三七处钢材市场	13.5	-24.8
8	货运市场	10.7	8.7
9	泰来模具城	18.9	80.5
10	宁波东州商城	3.7	349.2
11	镇海骆驼蔬果交易市场	3.7	36.1
合计		884.4	15.1

【宁波镇海大宗生产资料交易中心】 系物流枢纽港首个核心发展项目，是镇海区政府性投资公司建设的市场平台，由宁波大宗货物海铁联运物流枢纽港开发有限公司开发建设，2011年投用，位于招宝山街道后海塘平海路。市场占地面积3.4万平方米，建筑面积6万平方米，集“市场货物交易、公共物流信息服务、物流中介服务、口岸及商务管理服务”四大功能于一体，为入驻企业提供市场交易、物流配送、仓储监管、电子信息、商务办公、口岸、船货代、金融、保险、法律等多功能服务。2014年，进场企业580家，实现销售额299.6亿元，同比增长127%。

【镇海液体化工产品交易市场】 成立于1999年，位于蛟川街道大运路，占地面积3.5万平方米，建筑面积7万平方米。拥有标准化物业服务、融资担保服务和第三方物流服务的三大服务功能。旗下的“中国液体化工在线网”是为更好的服务进场企业而建立的一个信息平台，为进场企业提供及时、准确的行情信息。依托镇海港区液化品码头、液化品储罐和石油化工行业优势，市场高速发展。

2014年，场内394家企业实现销售额182.2亿元，同比增长2%。

【镇海煤炭交易市场】 2007年搬迁到招宝山街道后海塘宏远路，占地面积50万平方米。市场建有办公大楼一幢设商务办公室104间，周边绿化面积达1.6万平方米。场内配备电子抑尘装置、双车道电脑程控排列喷嘴清洗台、高压喷枪和道路喷枪。市场销售辐射东至舟山、西至衢州、南至温州、北至杭州，是浙江省规模最大的煤炭交易市场和重要的煤炭集散基地。2014年，进场企业55家，实现销售额166.7亿元。

【镇海再生资源加工园区】 成立于2002年，位于招宝山街道后海塘定海路，2003年9月宁波检验检疫局向园区发放进境场站登记证，2003年10月被国家环保总局列为全国进口废物“圈区管理”试点园区。园区经营面积达64.7万平方米，共有企业60家，主要从事废旧金属加工再利用，有效缓解华东地区金属资源不足的问题。2014年，实现销售额75.5亿元，同比下降21.8%。

【厚恒物资城】 成立于2007年，位于骆驼街道机电园区，占地13.3公顷。主要从事大宗物资交易、石材贸易。随着市场的不断发展，成为宁波地区规模最大的钢材现货交易市场之一，除了占据省内市场外，在上海、江苏、福建等地都具有一定影响力。荣获2014年度镇海区服务业十佳企业、2014年度商贸业纳税六强。2014年，进场企业151家，实现销售额85.9亿元。

【骆驼有色金属市场】 成立于2009年，位于骆驼街道机电园区，占地3.3公顷，市场经营面积4万平方米，拥有200间标准的商务套间，2万平方米室内仓库，是宁波唯一的专业有色金属交易市场。市场以铜、铝、锌、铅、锡等有色金属原材料为主要交易品种，并兼营不锈钢、有色合金材料、黑色金属等。2014，进场企业49家，实现销售额24.04亿元，同比增长44.2%。

【八三七处钢材市场】 成立于2001年，位于招宝山街道后海塘片区，占地面积18.7公顷，室内库房面积3.4万平方米，库外堆场面积7万平方米，库存能力达16万吨。依托镇海港区的接卸优势，通过与港区的密切合作，主要经营线材、板材、碳结钢、特殊钢、不锈钢等各种材料。2014年，进场企业57家，实现销售额13.5亿元，同比下降24.8%。

【镇海货运市场】 成立于2001年，位于招宝山街道后海塘定海路，占地面积6.8万平方米，营业面积2700平方米。市场是交通部运输发展规划的全国四十五家公路主枢纽货运站之一，专营普通货运、仓储和危险品物流运输为主营业务。2014年，进场企业97家，实现营业额10.7亿元，同比增长8.7%。

【宁波东州商城】 成立于2013年，位于骆驼街道，占地面积5.4公顷，建筑面积7.5万平方米，总投资近3亿元。主营板材批发业务，并引进家具、卫浴、陶瓷、地板、门窗等批发零售商，配备餐饮、娱乐、停车场、办公场所等配套设施，致力于建成宁波地区最大的集商铺、酒店、休闲、仓储物流为一体的现代化建材交易市场。2014年，实现销售额3.7亿元，同比增长349.2%。

【镇海骆驼蔬果交易市场】 2014年开业，位于骆驼街道，占地1.65万平方米，总投资1.5亿元。场内共有固定摊位75个，商铺64间。分设外地蔬菜交易区、水产区、肉类商铺区、粮油禽蛋批发区以及干货区、熟食区等，是全区唯一一家蔬果批发市场，24小时营业。蔬果主要产自宁波、嘉兴和山东寿光的蔬菜基地，客户群体以餐饮企业和企业食堂为主。2014年，实现销售额3.7亿元。

注：按统计行业分类，金属园区内企业归属工业；货运市场归属运输业。“综述”中的批发零售额、批发额不含这两个市场的数据。

（王海雁）

菜篮子工程

【概况】 2014年，全区共有菜市场24个，其中城镇中心菜场7个，农村菜场17个，菜市场销售总额约28亿元。区商务局优化商贸流通环境，按照“政府引导、业主负责、部门参与、属地管理”原则，推进菜市场改造提升工作。开展省级“放心市场”、“放心柜”创建，提升菜市场规范管理水平。强化菜篮子商品保障供应，抓好“菜篮子”基地建设，增加地产蔬菜在区内市场的自给能力，全区有9个蔬菜基地成为市级“菜篮子”基地。生猪跨区域供应模式有序运行，区内肉品市场运行安全平稳。实施生活必需品储备，提升生活必需品应急保障供应能力。全面运行肉类蔬菜流通追溯体系，加强对菜市场农残监测，提升菜篮子商品消费安全水平。

【推进菜市场改造提升实事工程】 2014年，镇海区累计投入建设资金3600万元，重点推进西门和炼化后施菜场的改造提升，其中西门菜场改造提升被列为年度区政府实事工程项目。8月，炼化后施菜场完成改造提升投入运营；12月底，西门菜场基本完成改造提升，将于2015年1月底投入营运。

【举办第十二届春节年货展销会】 1月10—14日，区商务局在招宝山街道鼓楼广场举办镇海区第十二届春节年货展销会。展销会共设160个展位，120余家参展企业和经销商参展，商品种类500余种，销售商品除传统年货外，还引进各地特色产品及进口食品。进场购买年货的市民近11万人次，成交额660万元。

【菜市场蔬菜总体安全】 2014年，区商务局与工商部门配合，强化城乡居民的“菜篮子”安全。全区各菜场农残监测点抽检各类蔬菜样品83425个，合格率99.9%；抽检“六合一”（针对甲醛、亚硝酸盐、二氧化硫、吊白块、硼砂、过氧化氮含量的检测）样品24698个，合格率99.7%。从蔬菜和“六合一”样品抽检情况看，全区蔬菜总体安全。此外，区商务局对部分菜场的监测设施设备进行升级，为绿安、润家2家配送企业新建蔬菜农残监测室。

【开展肉品质量安全问题严打整治】 2014年，区商务局制订开展肉品质量安全问题严打整治方案，联合相关部门抓好组织实施。其间，共出动执法人员300人次，联合执法检查3次，约谈责任单位21家，在菜场肉品经营户、超市、养殖场共抽检肉类品20批次、尿样32份，经检测全部合格。

【开展菜市场H7N9禽流感疫情防控】 针对宁波市里出现多例人感染H7N9禽流感病例的现状，1月17日起，区商务局开展菜市场H7N9禽流感应对防控，在多部门配合下，暂停区内有活禽交易的菜场活禽交易及宰杀行为，且连续三天以上按规范消杀处理，疫情隐患得到有效控制。1月22日，区内主要中心镇菜场恢复本地养殖户活禽交易行为。

【开展省级“放心市场”“放心柜”创建】 2014年，镇海区开展省级“放心市场”“放心柜”创建，进一步提升菜市场规范管理水平。12月，招宝山街道南街菜市场、骆驼街道骆驼菜市场2家通过省级“放心市场”验收；三江城关店、乐购庄市店、华润万家镇海店3家通过省级城镇超市生鲜农产品“放心柜”验收。

（王海雁）

粮食购销

【概况】 2014年，全区粮食供应平稳有序。区商务局累计销售粮食14107吨，其中早籼谷6773吨，晚粳谷5662吨，糯谷28吨，粳米1300吨，小麦239吨，军供大米87吨，军供面粉18吨，实现销售总额3797万元。完成粮食收购8577吨，其中小麦234吨，早稻2876吨，晚稻5467吨，订单完成率达87.71%。

是年，继续推进星级粮库创建，长石粮站、贵驷粮站通过省二星级粮库复评，觉渡粮站获批省二星级粮库。10位种粮大户被评为镇海区2013年度“重合同、守信用”粮食订单农户。

【全面完成储备粮轮换工作】 2014年，区商务局结合粮食储备实际，合理制定镇海区地方储备粮和周转储备粮轮换计划，完成地方储备原粮轮换10427吨，其中2011年产早籼谷6563吨、2012年产晚粳谷3864吨，全部轮换为当年产新粮；完成地方储备成品粮每半年安排储备晚粳米销售出库一次，每次650吨，合计1300吨。完成周转储备粮轮换2870吨，其中2011年产早籼谷189吨，2012年产晚粳谷2681吨，全部轮换为当年产新粮。全年粮食轮出销售任务分11批次完成，补库粮源为2014年本地产和鄞州、余姚、余杭产新粮。

【粮食购销合同签订顺利】 5月，全区粮食购销合同签订工作顺利推进，共签订农户数350户，订单粮食播种面积1641.6公顷。粮食订单总量9827吨，其中早稻数量3062吨，晚稻6497吨，小麦269吨。

【中心粮库启用】 5月，位于九龙湖镇的镇海区中心粮库启用运行。粮库占地7.9公顷，总投资13741万元，储存能力7万吨（折合稻谷为5万吨），配套建成100吨/天的应急大米加工车间、210吨/天的稻谷烘干车间，于2011年12月动工，是集仓储、加工、应急体系于一身的多功能现代化粮食储备库。7月22日，粮库启动夏粮收购功能，实现粮食收购“一站式”机械化服务，农户满意度达100%。9月，粮库0P11—0P26号仓房（总仓容4.32万吨）获取中央储备粮代储资格。

【实施区域口粮消费量统计系统】 9月底，区商务局开始实施区域口粮消费量统计系统。系统涵盖超市、学校幼儿园食堂、民营粮食企业和宁波粮食批发市场等四大块的粮食流通消费数量统计，数据采集报送点涉及连锁超市17家、中小学校38所、幼儿园76所、民营粮食企业4家、个体粮油店60家等。

（王海雁）

供销合作社

【概况】 区供销合作社有骆驼、贵驷、庄市、九龙湖4个基层供销合作社和镇海蔬菜公司、镇海土产日杂2家公司。2014年3家基层社、2家公司销售总额7062.3万元，利润总额212万元，均与上年基本持平。2014年区供销社直属企业及基层社房产租金收入697万元，比上年增长15%以上。

是年，区供销社拓展农资流通服务体系，做好农资淡季储备和春耕、"双夏"农资集中供应，落实农资储备补贴资金30万元。新建1家区级中心庄稼医院，为18家镇（街道）级庄稼医院提供指导和培训。组建农友植保专业合作社，与农户签订防治合同80余份，水稻统防统治面积424.1公顷；为26个大棚26.7多公顷草莓放置750套性引诱剂。指导绿安菜篮子配送中心二期扩建，为40多所中小学、10余家企事业单位近4万人供应食品原材料。优化连锁经营，全年共配送化肥2300多吨，农药800多万元，农资销售总额5000万元。其中直接售给农民生产用农资销售总额1700万元，化肥销售1300吨，农药销售862万元。骆驼供销合作社获2014年度中华全国供销合作总社的全国基层社标杆社认定。

【开展农产品经纪人培训】 2014年，区供销社开展各类农产品经纪人培训：组织农技培训5期、培训240余人次，组织水稻病虫害防治培训4次、培训160余人次，组织九龙湖镇葡萄种植技术培训1次、培训80余人次。当年获得农产品经纪人资格证书的有25名，累计66人，他们在农产品收购储运、销售代理、信息传递等经营服务中发挥了作用。

九龙湖镇开展葡萄技术培训

【2起新品种试验取得预期效果】 2014年，区供销社指导金果园农资试验基地进行新种、新肥、新药试验，流转6.7公顷农田，完成一期1.3公顷的传统草莓与黑草莓新品种比对种植；对骆驼街道农民散户0.7余公顷的蔬菜进行高效、低毒农药试验。2起试验取得预期效果。

【组建九龙湖基层供销社】 2014年，区供销社组建全区第1家新型基层供销社——九龙湖基层供销合作社。该社采取"开放办社、能人治社"的方式，聘请社会能人任主任，吸收镇域内农民专业合作社、家庭农场等涉农经济合作组织60名社员，主要开展农资经营、农副产品营销、再生资源回收及农技推广、信息服务、农村金融服务等业务。

【组建区级农民资金互助会】 2014年，区供销社在全市率先组建镇海“农友资金互助会”。互助会由区供销系统出资200万元，吸收入会农户82户的认购互助金66.5万元，组成一个封闭运行的农民资金互助组织，帮助中小农户解决融资难等问题。

（许晓彤）

烟草专卖

【概况】 2014年，区烟草专卖局（分公司）实现卷烟销量2.526万箱，同比增长0.76%；批发销售额9.21亿元，同比增长4.3%。重点品牌累计销售2.05万箱，同比增长8.42%，占总销量的82.69%。查获5万元以上真烟案件14起，涉案卷烟10226.8条，案值221万元。打击无证经营，有效卷烟零售户较去年底减少81户，实现卷烟零售许可证降量提质。开展“大走访、大服务”活动，协助解决卷烟零售客户合理诉求。区烟草专卖局（分公司）《现代零售终端位置营销模式的探索与实践》项目荣获省烟草行业创新成果二等奖。

【卷烟营销取得成效】 2014年，区烟草专卖局（分公司）坚持以市场为导向，巩固多层次品牌发展格局，卷烟营销取得显著成效：“七匹狼”“金圣”“国产雪茄烟”等销售均达到或超过考核要求。卷烟零售客户网上订货面为94.47%，网上配货率为8%，网上结算比重为23.8%；现代卷烟零售终端增至337户，占卷烟零售客户总数的13.8%，完成市烟草专卖局（公司）下达的目标任务。

【破获2起国际网络案件】 2014年，区烟草专卖局（分公司）把物流环节监管作为卷烟“打假破网”的主战场，破获2起国际网络案件。1月17日，查获卷烟621.8条，其中假冒卷烟230条，金额达19.29万元，3名违法人员被判刑。11月19日，查获假冒卷烟6503.9条，金额达62.93万元，追刑人数5人。同时，根据线索，公安机关、烟草部门立案侦查1起涉及印尼及国内三省市的跨国烟机倒卖案件，涉案环节复杂、金额巨大、人数众多，为历年来罕见。

（岑海荣）

再生资源回收

【概况】 2014年，镇海再生资源行业协会共有会员142家，其中生产性（指对再生资源作加工处理）106家，生活性（指回收居民或单位的废旧物资）36家。年底，回收废旧物资约20.4万吨，销售额近11亿元。

【开展再生资源无证经营和高价回收整治】 2014年，由区再生资源管理办公室牵头，对主要道路两边的无证高价回收点和废旧金属回收经营户开展多次整治，累计检查有证经营户40余次，督促其进一步规范收购物品登记管理台账，取缔无证经营户及高价回收网点累计160余个，收缴违法广告牌200余件。

【再生资源行业协会发挥作用】 2014年，区再生资源行业协会继续推进再生资源回收整治实事工程建设，根据区“三改一迁”和“四边三化”工作要求，协助各镇街道做好相关再生资料回收企业搬迁工作。协会拓宽财务服务中心服务工作，指导会员企业财务工作规范化。加强流动收购集中居住点安全检查，开展春耕其间废旧金属回收业整治工作，规范行业经营秩序。

（王海雁）

商务服务业和居民服务业

2014年，全区商务服务业市场监管部门登记在册的非个体工商户（包括独立法人和非法人的分公司）708户，注册资本764630万元。其中投资与资产管理类108家，注册资本606258万元，占全部商务服务企业注册资本的79%，这些公司大部分为政府的投融资公司。登记为企业总部、企业管理、市场管理、咨询等服务的244家，注册资本46983万元，这些单位所经营的业务包括摊位租赁、酒店管理、物业管理、市场筹建开发及商务咨询等，有不少从属于公司，承担公司非主营业务。登记为劳务派遣、职业中介和人力资源服务的37家，从事劳务输出的居多。其他商务服务业主要有广告业105家，会计、审计及税务服务34家，法律服务2家，旅行社及相关服务28家。商务服务业的个体工商户仅127户，注册资本1152万元，主要从事广告业、职业中介和咨询服务等。

是年，全区工商登记在册的居民服务业个体工商户996户，注册资本6709万元；非个体工商户54户，注册资本9165万元。居民服务业主要类型的个体工商户和非个体工商户家数分别为理发及美容服务517家、1家，洗浴服务92家、3家，洗染服务50家、4家，保健服务29家（个体）、家庭服务17家（非个体），婚姻服务10家（个体），殡葬服务2家、6家，其他居民服务业296家、23家。

（董　玲）

外向型经济

综　述

2014年，镇海区出台促进开放型经济发展政策，召开开放型经济发展大会，将外资引进指标分解落实到各镇（街道）、产业园区，并实行目标责任制考核。外经外贸工作着力引进先进制造业、现代服务业，鼓励企业扩大出口，走出口创牌之路，拓展对外经济合作领域，进一步提升开放型经济水平。

区商务局组织区内企业参加国内重点展会，鼓励和引导企业赴境外参展，进一步拓宽海外视线和业务渠道，全年组织区内290余家企业参加境内外展会14个。提升对外联络、组织展览、涉外商事法律等服务能力，发展镇海区贸促支会和镇海国际商会会员，会员数累计达62家。依托宁波市外经贸培训中心，开展进口贸易实务、电子商务、外贸单证、报关报检等培训。搭建外经贸政策宣传、解读的“镇海外贸咨询台”QQ群，召集网络会议，提供咨询服务。推进出口品牌培育，大力发展服务外包，鼓励区内企业向境外投资。推进“招商引贸”工程，引进外贸企业和机构落户区内，年末共有67家企业落户该区。

是年，全区进出口总额63.61亿美元，其中出口33.01亿美元。对外合作营业额1.86亿美元，境外投资额2.32亿美元。服务外包执行额7.85亿元。对外贸易依存度（区属）达110.3%。

镇海区荣获宁波市开放型经济考评外经工作银奖、外资工作银奖、外包工作铜奖、开放型经济公共服务铜奖。

【服务外包高速发展】 2014年，全区经认定的服务外包企业18家，累计服务外包企业89家，完成服务外包执行总额7.85亿元，同比增长28.64%，服务外包离岸执行额7000.86万美元，同比增长26.87%。年内新开拓人力资源外包和企业供应链管理等业态，培育产业新增长点，全年人力资源数据库服务执行额同比增长33.86%，企业运营数据库服务离岸执行额同比增长22.39%，成为全区服务外包产业发展的新兴力量。

（王海雁）

对外贸易

【概况】 2014年，镇海区进出口总额63.61亿美元，同比减少6.4%。其中出口

33.01亿美元，同比增长4%，完成年度目标的98.3%；进口30.6亿美元，同比减少15.6%，完成年度目标的81.2%。出口额最大的是美国，达8.29亿美元，占出口额的25.12%，排在二、三位的是巴拿马和中国香港地区；进口最多的也是美国，达7.03亿美元，占比22.97%，排名二、三位的是日本和韩国。是年，全区共有进出口贸易实绩企业808家，其中出口实绩企业690家。年度进出口额上千万美元企业115家，其中自营进出口生产企业23家，外商投资企业89家，外贸公司3家；年度进出口额上亿美元企业9家。与镇海有直接贸易往来的国家(地区)已达178个，贸易额超亿美元国家(地区)发展到15个。

镇海出口企业以广交会、华交会、消博会和新加坡宁波商品展等境内外重要展会为平台，利用境外营销网络，继续巩固欧盟、美国、日本等传统市场，同时拓展东盟、中东、非洲、拉丁美洲等新兴市场。是年，新兴市场进出口贸易额17.22亿美元，同比减少12.41%，占比27.07%。

表24　　**2014年镇海区商品进出口情况**

单位：万美元

产品 \ 进出口		出口			进口		
		实绩	增长率(%)	比重(%)	实绩	增长率(%)	比重(%)
合计		330126	4.02	51.9	306009	−15.59	48.1
商品构成	初级产品	26261	−21.43	7.95	117996	−26.41	38.56
	工业制成品	303865	7.01	92.05	188013	−7	61.44
按企业类别分	外贸公司	5789	−4.14	1.75	15110	−21.48	4.94
	自营进出口生产企业	135524	0.99	41.05	127662	−14.83	41.72
	外商投资企业	187009	6.41	56.65	161176	−15.94	52.67
	其他企业	1804	29.88	0.55	2061	25.98	0.67
按贸易方式分	一般贸易	251177	6.89	76.09	204591	−22.1	66.86
	加工贸易	54787	19.21	16.6	32438	2.39	10.6
	其中：来料加工	1489	65.26	0.45	423	17.17	0.14
	进料加工	53298	18.29	16.14	32015	2.23	10.46
	其他贸易	24162	−33.66	7.32	68980	1.17	22.54
	其中：外商投资进口的设备	—	—	—	1509	322.69	0.49
按商品大类分	机电产品	185554	10.31	56.21	33181	4.27	10.84
	高新技术	32988	35.29	9.99	17892	−1.27	5.85

表25　　2014年镇海区进出口额前10位商品情况

单位：万美元

	排名	商品名称	总额	比重%	增长率%
出口	1	金属制品	40521	12.27	7.59
	2	电力机械、器具及其电气零	31224	9.46	-1.66
	3	杂项制品	30444	9.22	2.64
	4	通用工业机械设备及零件	27157	8.23	13.66
	5	石油、石油产品及有关原料	24083	7.3	-22.38
	6	纺纱、织物、制成品及有关	23073	6.99	-5.75
	7	有机化学品	22700	6.88	11.04
	8	电信及声音的录制及重放装	21771	6.59	35.28
	9	动力机械及设备	18646	5.65	20.52
	10	陆路车辆(包括气垫式)	14481	4.39	6.37
	合计		254100	76.97	6.73
进口	1	有机化学品	116483	38.07	-19.13
	2	金属矿砂及金属废料	93190	30.45	-31.84
	3	初级形状的塑料	16637	5.44	26.19
	4	电信及声音的录制及重放装	10973	3.59	-6.3
	5	软木及木材	10691	3.49	27.32
	6	有色金属	9666	3.16	201.31
	7	通用工业机械设备及零件	7688	2.51	-7.23
	8	纺纱、织物、制成品及有关	5678	1.86	381.59
	9	专业、科学及控制用仪器和	5564	1.82	53.7
	10	纸浆及废纸	4230	1.38	14.79
	合计		280800	91.76	64.04

【多项举措提高贸易便利化水平】 2014年，区商务局多项举措提高贸易便利化水平，将所有行政与非行政申报、审核等业务均下迁至行政服务中心受理，并争取到对外贸易经营者备案登记权下放。推动区域性通关一体化试点，与海关、商检等部门联合开展贸易便利化促进工作。新认定海关AA类、A类企业1家、24家，累计分别达6家、155家；调整222个商检商品种类，减免出口检验检疫费97万元。完善出口退税政策，进一步便利出口退税手续，加快退税流程和退税进度，对辖区内生产型外贸企业实行当月申报当月退税。年末，全区实际退税12.65亿元。

【装备制造出口基地认定为第三批宁波市出口基地】 1月20日，宁波市外经贸局、市财政局公布第三批“宁波市出口基地”名单，镇海区装备制造出口基地名列其中。市级出口基地是宁波市优先扶持和培育的外贸转型升级示范基地，可享受一系列优惠政策。

【2家企业产品获省、市出口名牌】 2014年，区内2家企业的出口产品获省市级名牌。其中宁波中鑫毛纺集团有限公司的“中鑫”获“浙江出口名牌”，宁波市海达塑料机械有限公司的“HAIDA”新获“宁波出口名牌”。有6个出口产品新获镇海区出口名牌。至年底，全区拥有商务部出口名牌1个、浙江省出口品牌10个、宁波市出口名牌19个、区级出口名牌41个。

表26 **镇海区市级以上出口名牌**

企业名称	品牌	级别
华美线业有限公司	敦煌	商务部
宁波文魁控股集团有限公司	文魁	省级
宁波伟峰影像设备集团有限公司	伟峰	
宁波金鼎紧固件有限公司	金鼎	
浙江野马电池有限公司	野马	
宁波家联塑料科技有限公司	家联	
百隆东方股份有限公司	BROS	
宁波灏钻科技有限公司	灏钻	
宁波杜亚机电技术有限公司	杜亚	
宁波鑫海爱多汽车雨刷制造有限公司	AD	
宁波中鑫毛纺集团有限公司	中鑫	
宁波摩士集团股份有限公司	摩士	市级
宁波市杰杰工具有限公司	杰杰	
宁波中斌紧固件制造有限公司	FAST	
宁波宁力高强度紧固件有限公司	宁力	
宁波诚邦办公设备有限公司	诚邦	
宁波新福钛白粉有限公司	宁钛	
宁波德泰化学有限公司	德泰	
宁波市海达塑料机械有限公司	HAIDA	

【第24届华交会镇海分团成交额同比减2.8%】 3月，在上海举行的第24届中国华东进出口商品交易会上，宁波市参展团镇海区分团共19家企业参展，摊位数24个。镇海参展企业参展商品以家居、电子消费品和服装为主，订单客户主要来自日本、韩国和中国香港，订单成交额3217万美元，比上届减少2.8%。

【两届广交会镇海企业成交近3亿美元】 2014年，在第115、116届广交会上，镇海区有102家企业参展，展位数达192个。订单成交和意向成交额近2.5亿美元，订单客户主要来自欧盟、中东、东南亚，北美等地区。

（王海雁）

引进外资

【概况】 2014年，全区新引进外商投资企业41家，增资扩股（借外债）企业40家，减资企业6家，调整外资企业46家，总投资42240.78万美元。全年合同外资40328.04万美元，同比增长20.74%；实际利用外资30923.75万美元，同比增长10.34%。新引进41家外商投资企业中，外商独资企业37家，中外合资企业4家。41家中来自港澳台的19家，合同外资金额17835.49万美元。年末，区内注册的主营业务2000万元以上的外商投资企业194家（含港、澳、台商投资企业118家），其中外商独资企业123家，中外合资企业71家。是年，镇海区获评宁波市外商投资环境优秀区域，宁波石化经济技术开发区获评最佳服务外商开发园区，宁波乐金甬兴化工有限公司、宁波镇海炼化利安德化学有限公司荣登宁波市外资企业纳税十强榜单。

【开展外商投资企业服务月活动】 9—10月，全区开展外商投资企业服务月活动。通过企业座谈、上门走访等形式，广泛倾听企业存在的困难和问题，协调解决用地、用工、治安、扶持政策落实等难题。其间，共有来自爱尔兰等国家和地区的6个新项目落户镇海。其中宁波镇海思博韦尔软件有限公司当年到位外资150万美元。

【2个项目完成增资手续】 2014年，阿克苏过氧化物、大安化学二期2个项目完成增资手续。大安化学档期增加注册资本1700万美元，阿克苏过氧化物增加注册资本1950万美元，资金在全区开展外商投资企业服务月活动活动其间全部到位。

【浙洽会签约外资项目12个】 2014年，镇海区组织参加浙洽会、美国宁波周及考察北欧部分国家和地区等招商活动。浙洽会其间，镇海分团共签约外资项目12个，协议外资2.21亿美元。其中合同外资1000万美元及以上项目10个，占项目总数的77%；现代服务业项目9个，占项目总数的70%。

【实施2013年度全区外商投资企业联合年报】 4—7月，区经合局（区招商局）组织实施全区2013年度外商投资企业联合年报：应报538家，参报502家，参报率为93.31%，年报合格率为99.60%。参加年报502家外商投资企业，总投资50.91亿美元，注册资本25.65亿美元，累计出资23.73亿美元，出资率92.51%。其中合同外资20.75亿美元，外方累计出资18.90亿美元，出资率91.08%。联合年报基本反映全区外资企业截至2013年年底的出资、注册及运营发展等情况。

【两家企业入选市外资企业纳税十强】 2014年，全区两家企业入选市外资企业纳税十强：宁波乐金甬兴化工有限公司当年实现营业收入104.9亿元，出口总额7.3亿元，纳税总额4.63亿元；宁波镇海炼化利安德化学有限公司当年实现营业收入81.35亿元，产品全部内销，纳税总额2.98亿元。

（彭　玲）

对外经济合作

【概况】 2014年，镇海区新批境外投资18家，新批核准中方投资额2.3亿美元，实际中方投资额8876.2万美元。年底，区内企业在境外新设立的投资机构9家，其中1个是办事处。全年实际完成境外承包劳务合作营业额1.86亿美元，主要依托区内中交第三航务工程局宁波分公司、浙江省第二建设集团有限公司等部省属企业在海外拓展施工业务。

【宁波首个越南工业园区全面投产】 2014年，镇海百隆东方（越南）有限公司与申洲国际集团控股有限公司总投资2.48亿美元共同组建成立的“越南福东工业园区——宁波工业区”，经过一年试运营全面投产，年均可生产各类色纺纱产品30万锭。园区投产将进一步提升全区对外经济合作和联动能力，为区内其他企业试水境外投资起到较好的带动作用。

（王海雁）

交通运输邮政业

综　述

2014年，全区深入实施“六大战略”，加快建设“六个示范区”，着力推进全域城市化。实施重点线型道路及基础设施建设，现代化综合交通出行网络初具规模。铁路货运北环线、北外环快速路、轨道2号线一期等市属工程建设有序推进。镇海大道全线贯通，镇骆路、庄俞公路等重点改建项目全面竣工，招宝山大桥接线开工建设。

是年，全区航运总运力继续保持省、市领先水平。水路旅客运输量17.59万人，旅客运输周转量42.21万人千米；沿海货运量4435.93万吨，货运周转量3697743.34万吨千米；远洋货运量147.47万吨，货运周转量481713.19万吨千米。全区开通的道路客运班线23条，日发45班次，营运客车37辆。道路客运量119万人，客运周转量10190万人千米。道路货运量1271万吨，货运周转量186025万吨千米。年末，从事道路运输、车辆维修等行业的单位2911家。其中货物运输2693家、旅客运输2家、出租车客运经营2家、汽车维修经营208家、机动车驾驶员培训学校6家。

（冯国定）

水路运输

【概况】 2014年，水路运输市场处于低迷，运价在低谷徘徊，运输成本居高不下，货运企业普遍发生亏损。航运企业比上年减少3家，营运船舶减少24艘，总运力减少7.48万载重吨。年末，全区水运企业24家，营运船舶94艘，载重100.19万吨。

是年，港航管理以“平安港航”为基本要求，以防范事故为目标，提高安全保障能力，营造水运行业安全稳定的环境。

【集中开展水路运输企业年度核查】 4月，区港航管理所集中开展水路运输企业年度核查，核查水路运输企业24家。应核查船舶104艘，通过核查的92艘，未核查的船舶4艘（营运证待更换），核查未通过的6艘，限期整改的2艘。核查水路运输服务企业15家，全部通过年审。

【镇海——嵊泗航线停航】 6月30日12时30分，嵊泗县盛海运有限公司的“嵊鹰1”号载着68名乘客离开镇海客运中心码头，驶往嵊泗，完成镇海——嵊泗航线的最后一个航班。7月1日起，镇海——嵊泗航线停航。

（冯国定）

道路运输

【概况】 2014年，道路运输管理以安全生产为主线、以危化品运输业监管为重点。根据市政府办公厅《关于开展全市交通运输安全生产专项检查的紧急通知》和市交通委有关通知精神，区组织开展"安全生产百日行动"和道路运输业安全生产专项检查。全年上路检查206天，出动执法人员2577人次，检查车辆1307辆，查处违章车58辆。排查治理安全隐患单位106家，隐患627条，整改625条，整改率99.68%。旅游包车，三类以上班线客车和运输危险化学品、烟花爆竹、民用爆炸物品等"两客一危"车辆GPS实时监控系统安装率100%。年末，全区无客运及4级以上货运企业行车死亡责任事故和其他重大安全生产事故。

【继续实施节日客运服务保障】 2014年，区住房建交局合理安排运力，继续实施节日客运服务保障。40天春运其间，公路客运发送班车1787次，发送旅客23173人，是上年同期的79%；出动城市公交10312辆次，公交运输旅客363万人。其间，2月10—26日，另行安排宁波到镇海、骆驼方向的凌晨接驳车（无缝连接换乘）66班次。清明其间，安排5条清运专线和3条接驳线，出动运力1600余班次，发送旅客4万余人。其中，清明当日发送旅客3万余人。国庆其间，公路客运发车362班次，运送旅客5656人，比上年同期略有减少。

【开展"铁腕"治理超限超载专项行动】 2014年，运输管理部门开展治理超限超载专项行动3次。3月18—20日，开展"铁腕"一号治超行动，重点整治矿石料运输车辆，查获违法超限车18辆。5月19—29日，开展"铁腕"二号治超行动，重点打击四轴以上、车货总重55吨以上车辆，查处超限超载车74辆，卸载货物1928.6吨。10月13—17日，开展"铁腕"三号治超行动，重点查处非法改装车辆，查处改装、违法超限超载车132辆，卸载货物488.1吨。

【交通部安全检查组考察镇海危化品运输管理】 5月26日，交通运输部安全检查组一行到镇海考察危化品运输管理。检查组详细了解镇海金洋化工和永天物流两企业的日常安全管理，走访区道路运输安全稽查大队，实地考察正在建设中的危险品运输车辆综合服务中心。检查组肯定镇海区危险品运输业安全管理，要求坚决防范道路危险货物运输安全生产事故的发生。

【举行危险化学品道路运输事故应急救援演练】 6月27日，区危险化学品道路运输事故应急救援演练在镇海石化物流公司举行。演练以危险化学品道路运输发生事故为假想，由镇海炼化派遣的救援队开展应急救援。全区重点危化品道路运输企业安全负责人和管理员参加演练观摩。

【全国道路运输安全管理培训班暨研讨会在镇海召开】 7月29—30日，中国道路危险货物运输安全管理培训班暨中国公路学会运输与物流分会2014年专题研讨会在镇海召开。交通运输部、中国公路学会运输与物流分会负责人，23个省5个自治区和宁波市危运企业安全负责人，道路运输行业管理部门安全管理人员等近百人参加会议。

【检测县乡道桥梁100座】 7—8月，区公路段对县乡道100座桥梁进行安全检测。经检测，55座县道以上桥梁总体健康，无4类、5类病危桥梁（1—3类属健康）；45座乡道桥梁有4类病危桥梁1座。完成县道中桥以上桥梁“一桥一牌”设置，对16座中桥、1座大桥设置限制质量、限制轴重标志。

【金洋化工物流通过安全标准化一级达标考评】 8月，宁波金洋化工物流有限公司通过交通运输部专家组安全生产标准化一级达标考评，成为全省第一家一级安全标准化达标企业。金洋化工物流按照《道路危险货物运输企业安全生产达标标准（一二级）》规定的安全目标管理、安全责任体系、安全管理制度、安全投入、危险源辨识与风险控制、隐患排查与治理等16个项目开展安全生产标准化建设，达到一级标准。

【镇海至岱山三江码头道路客运班线开通】 9月26日，镇海公路客运中心开通镇海至舟山岱山三江客运中心班线。汽车直达三江客运中心码头后，乘客可乘船前往嵊泗、岱山、秀山、长涂等岛屿。直达班车的开通实现乘客港站间的零距离换乘，解决镇海至嵊泗航线停运后的客运需求。

（冯国定）

城市公交

【概况】 2014年，镇海区新增公交线路1条，调整优化公交线路5条。年末，区域开通运营的公交线路33条，其中区内运营线路 20条、跨区13条。公交车270辆，单车里程676千米，日运营2435班次，日均客运量10万人次。新建公共自行车服务网点25个、投入自行车600辆。年末，累计公共自行车服务网点93个、公共自行车1500辆。

【一批公交站和候车亭建成投运】 2014年，骆驼公交中心站扩建并投用。庄市公交首末站土地报批、方案设计完成。全区新建公交候车亭25个：东邕路4个、镇海大道4个、329国道1个、聪园路3个、沿江路4个、归源路2个、思源路2个、石澥线中星村2个、殿跟村1个、岚山村1个、顺风站1个。

【新增公共自行车服务网点25个】 2014年，公共自行车网点向镇海老城区以外扩展。是年，新增公共自行车服务网点25个：庄市街道10个、骆驼街道6个、蛟川街道3个，招宝山街道3个，投放公共自行车600辆。

【环线公交818路开通】 1月15日，庄市街道818路单向公交环线开通。线路全长17.1千米，起点和终点都是公交庄市站。全线采用7米级新能源液化天然气LNG中巴车，每车10座位。站点设置柳岸晨韵（佩珍医院）、庄市菜市场、明海商业广场、合生国际城、浅水湾小区（宁波第五医院)等27站点。

818路公交环线

【港城出租车公司博爱车队启动】 6月,宁波港城出租车有限公司博爱车队启动。由30辆出租车组成的爱心车队,开展"捐资助学、敬老扶残、爱心送考、扶贫助教"活动,推动出租汽车行业的文明创建。港城出租车公司是国有企业,2013年6月开业运行。

(冯国定)

邮　政

【概况】 镇海区邮政局下设综合办公室、市场经营部、计划财务部3个职能机构,函件局、金融业务局2个专业机构,大客户中心、分销业务中心2个专业中心,有商函广告、集邮、报刊发行投递等专业公司,辖7个支局,16个邮政所,职工314人。2014年,邮局继续做好函件、报刊、集邮传统业务,不断拓展航空客票、短信、邮乐卡销售和代理速递、分销业务渠道;加强安全、质量管理,提高信息化水平;组织做好邮速分网运行的邮路调整,确保邮件送达时限。全年邮政业务总收入7938万元,同比增长15.91%,主要业务分别是代理金融4035万元,函件2423万元,集邮323万元,报刊558万元,增值198万元,分销90万元,代理速递物流44万元。完成收支差额499万元,同比增长2.33%。

表27　2014邮政业务量情况

指标名称	计量单位	指标值
国内平常函件	件	653614
国内平常信件	件	395730
国内平常印刷品	件	257825
国际和港澳台平常函件	件	40874
邮送广告	件	797566
国内包裹	件	27398
国内汇票笔数	张	135855
报纸累计份数	份	30312963
杂志累计份数	份	556193
集邮业务	枚	696286

注:根据《镇海统计年鉴2015》第15—155页制作。

【推进三大邮政平台建设】 2014年,在区政府的协调下,区邮政局推进三大邮政平台建设:推进村邮平台建设运行,完成蛟川街道和九龙湖镇的村邮投递移交工作,全年全区村邮站交易笔数达62889笔,交易金额为551.35万元。推进"E邮站"和"邮件自提点"建设,解决城市投递"最后100米"难题,全年安装智能E邮柜4个,人工E邮站2个,共计投递包裹1638件。推进5.1邮政e站进企业、便民服务站进村(社区)工程,年末共建立便民服务站50个。

(蔡东升)

信息业和信息技术推广

综　述

2014年，全区以国家智慧城市试点创建为契机，推进“光网城市”和“无线城市”建设，加大信息基础设施投入，完善基础通信网络体系。全区宽带用户数超过12万户，其中光宽带用户9多万户，城区基本实现光纤到户，各行政村全部实现光纤通达。区级城域网互联网出口带宽达到200G，家庭宽带用户平均接入能力达到20兆，其中城区部分试点100兆接入能力建设。共建立通信基站逾700个，实现3G、4G网络全覆盖。公共WIFI网络建设统一接入市级平台，新增AP点381个。

是年，围绕打造先进制造业基地的目标，全区重点推进工业化和信息化融合发展，全区信息化发展指数达到1.004，位列全省各县（市、区）信息化发展指数分类（一类）第五。两化融合发展指数达到76.86，位列全省一类地区第八。

（卫良志　余雷鸣）

广播电视和传输服务

【概况】 2014年，区新闻中心不断完善数字电视网络建设和客户服务工作，全年全区数字电视用户总量约11.3万户，受理广电业务咨询97875件。

【停模转数工作基本完成】 12月，全区“停模转数”工作完成。该工作被列入政府工作报告，3月启动，由区新闻中心具体承担，主要内容是停止传输模拟有线电视信号，转而使用数字信号。实施“停模转数”后，用户可以观看包括26个高清频道在内的数十个频道，并可根据家庭需求情况，在原有节目基础上享受高清节目及个性化点播等业务。

【签订广电网络整合框架协议和备忘录】 9月12日，区新闻中心与华数数字电视传媒集团有限公司、宁波华数广电网络有限公司举行三方签约仪式，就合作模式、资产处置、人员安置、频道资源等事项达成框架意向。根据省、市关于整合发展广播电视有线网络的文件精神，自2013年6月起，全区整合广播电视网络资源，由华数数字电视传媒集团有限公司通盘运作，实现全省“一张网”。是年6月6日、7月15日，全区广电网络整合方案分别提交区长办公会议和区委常委会作专题研究，获原则同意。

（倪寅初）

电信和互联网

【概况】 2014年，全区电信业实现业务收入6.54亿元，比上年同期增长3.8%，年末拥有固定电话用户12.60万户，移动电话用户83.09万户，互联网用户12.34万户。

【电信镇海分公司】 2014年，中国电信宁波镇海区分公司以“利民、惠民”为出发点，将智能信息技术广泛应用到各行各业。全年开展11次网络优化整治工作，完成城关爱立信母局、5架爱立信SDH弱机型和顺隆路、繁景等35台DSLAM弱机型设备的退网工作，缩容城关、庄市、俞范、九龙湖、澥浦、邵家汇等23个节点交换端口4.4万个。完成带宽型和局内光路配置2500余条，割接光电缆和设备退网共计168次，对重点局站机房，模块机房，FTTN室外机柜及塔桅开展巡检整治，消除网络隐患。增加4G基站的分布，完成100个点的BBU①光缆布放。开展智慧卡C网业务②，全年安装1260户。是年，镇海分公司与镇海炼化合作，推出天翼对讲项目，改进一键呼叫PPT键（对讲开关）按键位置、增加对讲机外壳高级别防爆处理装置及电池容量、研发防爆手唛和防爆座充，满足用户对对讲机的使用体验，为化工行业带去便利。公司被评为“宁波市群众满意基层单位”“镇海区消费者信得过单位”。

（李君欣）

【移动镇海分公司】 中国移动通信集团浙江有限公司镇海分公司（简称镇海移动公司）是镇海地区主导的通信和信息运营商。2014年，公司全年运营收入3.841亿元，同比增长0.34%，通信用户数约54万户。是年，公司加强与区政府部门和各单位间合作，开通集团彩云与人口动态监测平台业务，举办信息化巡讲活动，助力镇海区政务信息化建设。开展便民优惠活动，全市率先升级发布智慧民生客户端3.0，在出行通等基础上，和区政府信息化中心合作开发“智慧镇海”，全年累计安装5万多用户，为百姓提供便捷服务。公司为区政府部门开通彩云业务。公司荣获宁波市第十一届“消费者信得过单位”称号。

（吴英燕　王媛媛）

【联通镇海分公司】 中国联合网络通信有限公司宁波市镇海区分公司（简称联通镇海分公司）成立于1997年4月，主要承担中国联通在镇海地区的通信工程建设、网络运行和业务经营。公司有员工50人，设立招宝山营业厅1家，下设骆驼、庄市2个区域中心。共有165个室外基站，30余个室内分布点。2014年，公司营业

①BBU：是Building Base band Unite的缩写，室内基带处理单元，是基站的组成部分。

②智慧卡C网业务：指将智慧卡C网业务植入一卡通中，采用非接触式智能卡作为电子钱包进行收费，可代替传统的现金、磁卡、接触卡、光电卡等收费方式，广泛应用到门禁、图书馆、食堂、澡堂等一系列场所。

收入6782.79万元。是年，公司引进宁波华旅信息科技有限公司作为阳光分销平台，借助其市场档口的吞吐量，做好3G、4G渠道产能提升与2G末端渠道拓展及分销运作工作，新发展2G、3G用户6.92万户。完成LTE网络(4G网络)所有站点单站验证测试、簇优化及区域优化，助推“智慧镇海”建设，在智慧交通等领域建设取得成果。开展实名制工作，辖区营销网点与新增客户全部、全时实现实名登记。新建渠道58家，有效用户达2万余户。拓展家庭客户2618户，发展无线固话用户6.2万户，固网业务收入1716万元，集客业务收入1684万元。

(蔡晓丹)

软件和信息技术服务

【概况】 2014年，全区软件产业规模总量持续扩大，软件业务收入取得快速增长，全区实现软件业务收入70030万元，同比增长30.1%。其中软件及信息服务业业务收入15509万元，同比增增长61.8%，占软件业务总收入的22.1%，嵌入式系统软件收入54521万元，同比增长24.6%，占软件业务总收入的77.9%。软件产业结构明显改善。新增软件产品86个。实现新一代电子信息产品制造业产值15.34亿元，同比增长13.6%；

是年，全区引进信息服务和软件企业84家，其中注册资金500万元以上企业41家。信息产业集聚发展势头良好，特别是宁波市大学科技园入驻企业达500多家，基本形成以信息服务、动漫游戏、影视传媒等为主导的文化创意产业集聚园区，全年实现营业收入6.6亿元，同比增长188.6%。保障重点产业项目建设，总投资10亿的浙江电信宁波云计算项目开工建设，一期项目预计2015年年底竣工。产业合作不断深化，宁波西电信息技术研究院和中国电子科技集团公司合作成立“中海电——西电宁波研究院智慧海洋联合实验室”，中国工程院院士杨小牛和西安电子科技大学副校长杨银堂共同揭牌。

(卫良志　余雷鸣)

智慧城区建设与“两化融合”

【概况】 2014年，全区继续加强政务信息资源整合与共享利用，推进智慧基础设施、智慧应用项目建设。智慧产业得到了快速发展，信息安全得到提升，在全市加快推进智慧城市建设考核中位列第五。按照“政府推动、市场主导”的原则，在全市率先组建“智慧城市”运营商——镇海智慧城市运营科技有限公司。加快国家智慧城市试点创建，智慧环保等8个项目基本完成建设，其余7个项目加紧建设。投资3600多万元启动智慧水务项目建设；《镇海智慧水务总体设计及一期建设方案》通过专家评审，智慧水务建设走在全省前列。

是年，区经信局对全区480多家规上工业企业开展“两化深度融合”情况普查，发放并回收调查问卷264份，建立全区工业企业两化融合情况数据库。制订《镇海区推进信息化和工业化深度融合专项行动实施方案(2014—2018)》，大力实施“机器换人、电商换市、小微企业信息化普及、公共服务平台培育”等八大行动。全区“两化”融合发展水平总指数达76.86。举办精益智造技术及商业应用的信息化、企业信息化建设推进策略等培训班,200多人次参加。组织70多家文创企业和装备制造企业开展业务对接,寻求产业合作,助推两化融合。

【赴杭学习“电商换市”】 6月6日,区经信局组织部分区属企业负责人及高级经营管理人员赴杭州学习电子商务营销模式。其间,考察人员听取中国电子商务研究中心特约研究员、阿里巴巴商学院副教授裘涵博士的专题授课,实地考察杭州优质电子商务企业。这是全区实施“电商换市”工程以来,首次大规模组织企业学习电子商务战略及营销路径。

【中国电信云计算宁波分中心项目(一期)开工】 6月27日,中国电信云计算宁波分中心项目(一期)开工建设。项目位于蛟川街道金川路东侧、东信路北侧,总投资36411万元,总用地面积19160平方米,总建筑面积16740平方米,由变电站用房和通信机房二个建筑单体组成。项目建成后,具有2000台信息存储交换和传输的通信设备机架,实现庞大的云计算及信息存储、数据交换和计算能力,信息存储、制作、分析量达到20000T,数据交换传输出口带宽达到120G。

【“智慧水务”建设方案通过评审】 7月31日,《镇海“智慧水务”总体设计与一期建设方案》通过评审。专家组认为,“智慧水务”方案结合镇海区“国家级智慧城区”创建和“五水共治”工作,引入PPP模式探索项目建设新模式,符合镇海区域实际,同意通过评审。

【区属11家企业参加智博会】 9月12—14日,区属11家软件及信息化服务企业参展第四届中国(宁波)智慧城市技术与应用产品博览会。其间,3D艺术品交易品鉴移动平台——麒麟博物馆、镇海智慧企业移动应用公共服务平台两个项目现场签约,投资额达4000万元。其中宁波畅翼信息科技有限公司将与北京清科科技股份公司合作成立清畅科技有限公司,通过搭建移动应用公共服务平台,为政府、社会机构、企业和商家提供移动互联网应用开发和技术运营服务。

(卫良志　余雷鸣)

旅游业

综述

2014年，全区旅游工作围绕“培育体验旅游业态，打造假日旅游经济”的发展定位，以游客需求为导向，以主客共享、壮大旅游产业、提升城市形象为目标，提高旅游公共服务品质、整合旅游资源、挖掘文化旅游、培育乡村休闲旅游要素，全区旅游业总体保持良好发展态势。全年全区旅游综合收入31.02亿元，同比增长12.17%，其中旅游外汇收入1960.23万美元，同比增长15.36%；国内旅游收入29.81亿元，同比增长12.01%。旅游直接收入5.62亿元，同比增长17%。接待游客642.01万人次，同比增长8.05%，其中境外游客4.31万人次，同比增长14.12%；国内旅游接待637.7万人次，同比增长8.01%。全区5家旅行社、5家分社和17家旅游网点共组团出游5.6万人次，同比增长5.1%，营业收入8436万元，同比增长7.1%。年底全区有8家星级饭店，23家上规模农家乐，17个旅游服务网点。

是年，区旅游局会同区政府办、区编委办完成《镇海区旅游体制改革调研报告》。加强区域合作，组织镇海——定海互游等活动，组团参加中国国际旅游交易会等专业展会，举办韩国等地镇海旅游推介会，组织召开2014长三角旅行商采购大会等会议。协调各镇（街道）和景区管委会开展旅游营销，先后举办光明村梨花节、九龙湖葡萄节、金秋旅游节等旅游节庆活动。开通镇海旅游微信公众平台，建成运行导游导览手机APP，设立旅游信息二维码导视牌，启动景区免费WiFi开通、游客流量监测、携手与携程网等OTA站（在线旅游）合作项目。加强媒体网络宣传，在中央电视台《发现中国美》栏目等广电媒体，新民晚报等平面媒体及优酷网等网络媒体宣传镇海旅游形象。

是年，区旅游局开展以文明旅游和贯彻实施旅游法为重点的旅游市场秩序专项整治活动，共组织全面检查整治2次、执法检查5次，广场旅游咨询活动1次，出动171人次，无旅游行政处罚案件。共受理有效旅游投诉16起，结案率100%。与浙江旅游职业学院等19家院校开展对接合作，共引进实习生376人。加强旅游行业教育培训，全年组织旅游从业人员各类培训1589人次。2014年，全区旅游工作在全市考核中位列第一，区旅游局选送的微电影《不一样的江南小城》获市旅游局宣传品评比一等奖。

【出台旅游专项资金管理使用办法】 2014年，区旅游局与财政局联合出台《镇海区2014年旅游专项资金管理使用办法》。办法从发展资金和奖励资金两方面对旅游规划建设、旅游产业培育、旅游市场开发、旅游行业管理和执法、旅游人才培养以及旅游企业品质提升、区外游客引进等方面给予政策保障。当年旅游专项资金预算750万元，实际支出559.54万元；旅游业财政政策资金计划145万元，实际兑现144.91万元。

【全区旅游体制改革调研报告完成】 2014年，区政府办、区编委办、区旅游局联合完成《镇海区旅游体制改革调研报告》。报告提出充分发挥市场在旅游资源配置中的决定性作用，推动旅游景区经营的企业化、运作的市场化，加快实现旅游市场的繁荣发展。同时建立大旅游、大管理工作格局，发挥政府作用，突出规划、引导、监管职能，打破各部门间条线分割、各自为政的局面，形成自上而下的旅游管理体制。

【镇海旅游目的地建设规划暨三年行动计划完成】 2014年，区旅游局完成《镇海旅游目的地建设规划暨三年行动计划》。计划提出，到2015年，全区基本建成以滨海休闲小城为底蕴，以生态度假、主题度假、文化休闲、乡村休闲为功能，以中国海防文化、宁波商帮文化为特色，在长三角地区知名度较高、市场综合竞争力较强的都市近郊型旅游目的地，基本建成客源有效共享的宁波旅游综合配套服务基地、浙东旅游综合集散中心。此外，完成《宁波帮博物馆创建国家AAAA级景区改造提升方案》《镇海名人故居保护规划与旅游开发规划》。

【宁波帮博物馆被评为国家AAAA级旅游景区】 12月19日，宁波帮博物馆创建成国家AAAA级旅游景区。宁波帮博物馆自开馆以来，不断挖掘、充实馆内文化内涵，先后被授予全国“青年文明号”、长三角世博主题体验之旅示范点、浙江省爱国主义教育基地、宁波市“百强品牌榜”称号、宁波市十大最美海商景观称号等称号，成为镇海旅游发展新亮点。自2013年提出创建国家AAAA级景区以来，博物馆共投入近145万元资金完善硬件设施，提升博物馆品质。

宁波帮博物馆评定国家AAAA级旅游景区现场

【12个旅游项目入选国家旅游项目系统】 2014年，全区有12个旅游项目列入国家旅游项目系统，全年计划完成投资10.5亿元，实际完成10.8亿元。至年底，宁波市花卉园林示范区（宁波植物园）、宁波帮博物馆创建AAAA级景区改造提升、九龙湖度假区观光湿地公园、庄市老街改造提升工程、九龙问茶精品线等项目基本完成年度计划任务。其中九龙湖游步道精品线改造提升、庄市老街改造提升工程、四湖连珠工程、“十七房·开元”度假村

等项目建成投用，九龙湖旅游度假区创建成省级运动休闲旅游精品线，宁波帮博物馆创建成国家AAAA级旅游景区，九龙湖湿地公园入围省级湿地公园，湾塘农庄创建成市级垂钓休闲旅游基地。

【举办镇海（香港）旅游推介会】 11月，镇海区首次在香港举办镇海旅游推介会。推介会将镇海的人文、山水以及旅游饭店介绍给港澳旅行商，加深港澳同胞对镇海的了解。6天的旅游推介活动，镇海区与港澳旅行商达成多个合作意向，其中招宝山景区与香港华闽旅游有限公司等旅行社签订合作协议10余份。

镇海（香港）旅游推介会

【九龙湖旅游度假区获评省级旅游度假区】 5月21日，经省政府批准，九龙湖旅游度假区成为省级旅游度假区。九龙湖旅游度假区地处九龙湖镇境内，面积44.35平方千米，建成面积10平方千米。自从2011年启动创建以来，九龙湖旅游度假区围绕“培育体验旅游业态、打造假日旅游经济”的总体目标，不断推进创建工作，是2008年成为国家AAAA级景区后，创建方面实现的又一次新突破，标志着全区旅游事业的发展由开发型向旅游目的地型转变。

【加强旅游行业规范管理】 2014年，区旅游局加强旅游行业规范管理。开展星级饭店评比活动，全年新增市级四花级（经济型酒店）酒店1家，优秀星级饭店1家，最佳旅游景区1家，优秀旅游景区1家。年底，全区共有星级饭店8家，花级酒店2家，其中五星级饭店1家，四星级饭店3家，三星级饭店3家，二星级饭店1家。开展旅游行业安全生产标准化创建活动，年底创建成安全生产标准化达标酒店2家，“平安饭店”2家，验收通过星级旅行社管理与服务规范试点3家。开展旅游企业复核复评活动，年内4家酒店通过星（花）级复核复评，1家景区通过“平安景区”复核，2家酒店通过旅游行业安全生产标准化达标复核，1家景区通过市级综合休闲旅游基地复核，1个古村落通过市级休闲旅游基地复核。

（庞惠萍）

招宝山旅游风景区

【概况】 招宝山是宁波市十大风景游览区之一，于2008年被评为国家AAAA级旅游风景区，是集自然风光、人文景观、宗教文化于一体的综合性游览区，也是镇海口海防遗址的重要组成部分，距宁波市区15公里。景区以招宝山为核心，以沿江景观带和古海塘为两翼，形成“一体两翼”的总体格局。景区拥有宝陀神寺、威远城、镇海口海防遗址博览园、世博之家、招宝文化苑等景点，引进开发陈逸飞纪念馆、东方招宝财库、镇海夜宵城等旅游项目，使招宝山景区成为集“招宝佛教文化”“海防国防文化”“海丝海洋文化”“社区民俗文化”四大特色文化为一体的景区。2014年招宝山旅游风景区接待游客180万人次，实现旅游总收入1886.72万元，其中门票收入677.54万元。

【举行第十三届招宝灯会】 2月7—14日，第十三届招宝灯会在招宝山街道沿江路举行。灯会采用四川自贡彩灯灯艺，共设3组灯景群、“群马迎春”“魅力中国红”“宜居宁波”等24组主题不同的灯景，灯景数量是2013年的3倍。其间，后大街青春越剧团、车站路社区李锡年戏曲工作室、招宝山文化站先后于2月12—14日连续3天举行“梨园盛会”越剧专场演出与“马腾盛世·首福招宝”元宵文艺晚会。

【举办“春暖花开 缘梦镇海”主题系列活动】 4—5月，首届“春暖花开·缘梦镇海”主题系列活动在招宝山旅游风景区举办。活动下设“花林寻宝”“智慧祈福”“全城热恋”3项子活动，诠释花美、人美、缘分更美的唯美意境。其中“花林寻宝”活动，景区组织游客参与寻觅花丛惊喜（福袋）互动，现场教授游客制作手工艺品；“智慧祈福”活动，主办方为即将走进中、高考考场的莘莘学子祈福增益，送上“独占鳌头”的美好祝愿；“全城热恋”活动，景区面向宁波全市单身男女发送“姻缘柬”，帮助他们情定镇海。活动累计吸引6000余人次参与其中。

【省外游客数量突破7万人】 2014年，在巩固上海、江苏2省、市市场的基础上，招宝山景区新开拓江西、安徽两个省外市场，集中开放南昌、广德、宣城等重点城市。截至12月31日，景区共接待省外游客7.74万人次，其中江西、安徽两省游客1.54万人次。同时，景区与同程网、美团网签署网络售票合作协议，通过互联网渠道，全年景区吸引游客8035人次，同比增长92.06 %，走出受2013年向镇海籍居民免费开放和防空博览园免费开放对运营状况的影响%。

【开发多元化旅游产品】 2014年，招宝山景区开发多元化旅游产品，摆脱对门票收入的过度依赖。完成“招宝山”商标注册，联合“老底子”手工坊完成8种300多件以表现景区文化的手工旅游纪念品的开发。同时，调整景区内旅游线路，将游览终点调整到防空博览园军事体验区，在军事体验区增设旅游品小超市，拉动游客在景区的消费。

（翁　侃）

九龙湖旅游度假区

【概况】 2014年，九龙湖旅游度假区管委会推进旅游基础设施与旅游重点项目建设，完成景区旅游配套项目投资3000万元。御水龙都项目一期居住住宅部分开盘，一期商业和二期住宅地块建设方案在深化、修改中，三期37.7公顷居住用地完成农转用报批。普罗旺斯项目环湖西路道路改造拓宽、横跨地块的220千伏高压线移位塔基与线路割接完成。香山教寺扩建项目建成对外开放。登山健身步道和四湖连珠道路建成投用。景区举办休闲文化旅游节暨葡萄品尝周等12个营销推广活动。

是年，九龙湖旅游度假区内的景区、开元酒店、九龙山庄和横溪农家乐接待游客140.4万人次，同比增加38%；实现旅游总收入1.31亿元，同比增加11%。其中景区接待游客106.2万人次，同比增加38%；营业收入772万元，同比增加38%。当年九龙湖旅游度假区被评为浙江省级旅游度假区、宁波市徒步运动休闲旅游基地。

【九龙湖湿地公园入围省首批重要湿地名录】 12月，九龙湖湿地公园入围浙江省首批32个重要湿地名录。九龙湖湿地公园总占地面积522公顷，总投资1.9亿元，计划于2018年底前分别建造生态保育区、湿地生态展示区、合理利用区、湿地服务管理区四大功能区域，集"生态修复、科学研究、环境教育、旅游休闲"功能于一体。4月，九龙湖湿地公园一期工程完工，建成生态保育区、湿地生态展示区及3座人工湿地净化岛。

【九龙湖登山步道成为省级运动休闲旅游优秀项目】 11月，九龙湖登山步道成为省级运动休闲旅游优秀项目。九龙湖登山步道全长56公里，累计投资560余万元。登山步道根据沿线村落的地理位置，合理修建步道线路，布置相应配套设施，以步道线路串联各个村落和特色农产品基地，将旅游健身与生态休闲农业有机结合。是年，登山步道接待游客100余万人次。

九龙湖湿地公园

【创建成浙江省级旅游度假区】 5月，经省政府批准，九龙湖旅游度假区成为省级旅游度假区。自2011年启动创建省级旅游度假区以来，九龙湖旅游度假区围绕"培育体验旅游业态、打造假日旅游经济"的总体目标，不断推进创建工作，是2008年成为国家AAAA景区后，创建方面实现的又一次新突破。

（龚香颖）

宁波帮文化旅游区

【概况】 宁波帮文化旅游区地处庄市街道，是集江南第一学堂、宁波帮名人故居、宁波帮博物馆等景点为一体的旅游风景区。2014年，宁波帮博物馆投入资金提升展馆环境，通过国家AAAA级旅游景区验收。全年景区实现收入43.7万元，接待游客52.69万人。

【首批9位宁波帮人士塑像揭幕仪式举行】 7月31日，"薪火永传"首批宁波帮人士塑像揭幕仪式在宁波帮博物馆举行。此次揭幕的塑像是改革开放以来，为宁波做出特别贡献的贝时璋、王宽诚、邵逸夫、谈家桢、卢绪章、董浩云、包玉刚、曹光彪、李达三9位宁波帮代表人士，塑像依照他们的生辰顺序，永久伫立于宁波帮博物馆的时光隧道，彰显宁波帮的商道财智、桑梓情怀。

李达三先生在自己的铜像前与其他宁波帮人士合影

【宁波帮题材大型甬剧《筑梦》在京开展】 6月，宁波帮题材大型甬剧《筑梦》在北京梅兰芳大剧院巡演展出。展览以图文并茂的形式，呈现《筑梦》原型人物沈祝三乃至宁波帮恪守诚信的可贵精神。展览现场所折射出的宁波帮坚守诚信、教育强国等精神，引起热烈反响。

【江南第一学堂举办系列旅游文化活动】 2014年，江南第一学堂举办系列旅游文化活动：6月2日，举办第五届开笔礼大典，来自镇海、北仑区的近百名儿童，身着汉服、诵读经典，体验原汁原味的中华经典国学课。11月，甬上书法名家们齐聚江南第一学堂，交流书法心得，探讨书法推广，促进宁波帮文化交流与传播。10月20日，知名宁波帮人士包从兴先生的女儿包惠明小姐一行参观江南第一学堂(叶氏义庄)，对当时叶氏中兴学校采用的中西兼容教育理念和教育质量给予高度评价。

江南第一学堂工作人员为学童额点朱砂

【"叶氏美孚灯"参展首届中国(宁波)休博会】 8月，宁波帮文化旅游区的特色纪念品——叶氏美孚灯参展首届中国(宁波)休闲博览会。该灯于19世纪60年代，由庄市人叶澄衷联合美孚石油公司设计符合中国国人使用的"美孚灯"，一经使用后迅速遍及中国大地。此次参展，该灯经重新创新立足在市民眼前，向宁波市民宣传商帮文化特色，博得众人关注。

旅游纪念品——叶氏美孚

【宁波帮博物馆通过国家AAAA级景区评定验收】 12月19日，宁波帮博物馆通过国家AAAA级景区评定验收。自2013年提出创建以来，博物馆投入136万元完成综合性游客服务中心、咖啡吧商场、公共服务设施、电子商务功能改造提升，又通过引进人才、强化管理、举办展览等措施，不断提升博物馆服务和管理水平，获省旅游局肯定。

（周 颖 王马飞 刘万伟）

乡村休闲旅游

【概况】 2014年，区政府加强行业引导，推广乡村旅游项目，制定《镇海民宿招商手册和美丽乡村宣传册》，引进如隐居集团、大乐之野、八丈居等企业品牌。区旅游局组团参加2014浙江旅游项目洽谈会暨乡村休闲旅游项目对接推介会，汶溪修身养性基地项目入选《2014年浙江旅游重大项目招商手册》。完善横溪村农家乐标志标识，完成横溪村小商品市场基础设施改造工程，规范统一农家乐服饰200套，启用横溪农家乐菜单300份。开展“乡村旅游行”活动，扩大农家乐的知名度。开展服务游客、服务景区、服务企业“三服务”活动，帮助旅游企业解决用工难问题。年底全区23家农家乐接待游客135万人次，旅游收入4823万元，分别同比增长4.6%和16.9%。

【湾塘农庄创建成市级垂钓休闲旅游基地】 10月，澥浦镇湾塘农庄创建成市级垂钓休闲旅游基地。湾塘农庄占地13.3公顷，内设草鱼、乌鳢鱼、野生鱼等16个鱼塘，100多个栈台，配设茅檐草棚，有大鲫鱼、青鱼等分类圈养。2014年接待游客2.5万人，旅游直接收入约430万元。

湾塘农庄垂钓休闲旅游基地

【举办乡村旅游发展培训】 2014年，区旅游局在浙江旅游职业学院举办乡村旅游发展培训，区农办、区农业局、各镇(街道)、旅游特色村和农家乐经营户50余人参加。培训主要围绕浙江农家乐实践、探讨乡村旅游业态发展、农家乐服务礼仪规范等开展，邀请专家做了《把握趋势，锐意创新，全力推进浙江乡村旅游发展》等专题讲座。

【开展“光明梨花周赏花”活动】 3月29日至4月7日，庄市街道、区旅游局共同主办首届梨花节活动。其间，举办“节俭为生活 碳为环境”自行车休闲游、祭花神·秀汉服、“相约梨园”戏曲展演、“赏梨花写美景”梨花笔会、光明村文化演出、“赏梨花品土菜”乡村美食等系列活动。活动吸引来自中青旅、杭州国旅和宁大学生团等游客4000名余人，旅游收入50余万元。

首届光明村梨花周开幕

(庞惠萍)

金融业

综 述

2014年，央行两次下调存款准备金率，一次非对称下调金融机构人民币贷款和存款基准利率。区金融办以推进多层次资本市场建设为抓手，引导区内金融机构加强创新，助推全区经济转型发展。面对宏观经济形势下行态势，联合人行、银监等部门，系统防范资金链、担保链“两链”风险蔓延，营造良好金融发展环境，保障区域经济稳定运行。联合镇(街道)、园区及相关部门，通过在镇海新闻网主页发布宣传专题等形式，开展“防范和打击非法集资宣传月”活动，帮助群众识别和远离非法集资。

全区银行业认真落实稳健货币政策，开展“普惠金融”服务，有效服务辖区经济发展，帮助企业构建信贷、发债、上市等多渠道融资体系。保险业积极提升服务水平，在民生领域开展保险产品创新，加强和改善社会经济薄弱领域的保险服务。

【多项措施化解企业债务风险】 2014年，区金融办与人民银行北仑支行、开发区银监办等部门联合制定《涉险企业帮扶和风险处置自律公约》，全面摸排企业债务风险，防控和处置区域性金融风险。是年，区金融办搭建镇(街道)、金融机构及困难企业沟通协调平台，召开企业贷款协调会议30余次，确定困难企业帮扶名单，协调解决企业债务风险；人民银行北仑支行、开发区银监办加强银行机构风险走访频度，化解金融债权风险。

【转贷互助基金帮助企业转贷】 2014年，区金融办出台转贷互助基金规范管理有关规定及转贷资金年度评价办法，从当年起委托第三方机构对各转贷互助基金进行年度评价，维护转贷资金安全。截至12月底，全区6家转贷互助资金本金额1.7亿元，本年累计转贷金额44.87亿元，累计转贷次数738次，惠及企业419家。5月，由区、镇两级财政另外出资5000万元设立重点帮扶企业临时应急周转资金，截至12月底，累计转贷133次，转贷金额17.19亿元。

【建立上市后备企业梯队库】 2014年，区金融办多渠道收集区内企业信息，累计走访后备企业91家次。在集中梳理企业基本情况、上市工作进程等情况的基础上，完善上市梯队企业网上数据库建设，确定上市重点培育企业6家，上市意向企业11家，基本建立重点突出、层次合理的上市后备企业梯队。

【做好推进场外资本市场工作】 2014年，区金融办通过举办多层次资本市场业务推介会等形式开展融资对接活动。至年底，区内有新三板[①]挂牌企业瑞丽洗涤、博汇石油2家，新三板签约辅导企业5家，储备新三板挂牌后备企业25家。

【引导风险投资企业落户】 2014年年末，全区共有从事创业投资、股权投资、证券投资的9家风险投资企业落户，管理资金规模10.83亿元。区金融办发挥“区创业投资引导基金”的杠杆作用，引导风投基金与企业对接。至年底，区内共有17家企业引进各类风险投资1.7亿元。

（俞秀玲）

银行业

【概况】 2014年，区内银行总数达19家，从业人员1818人。年末，19家银行本外币资产总额1008.45亿元，比年初增加128.27亿元；本外币负债总额997.48亿元，比年初增加131.62亿元；实现净利润10.24亿元。本外币存款余额601.24亿元，同比增长0.49%。其中居民储蓄存款余额269.04亿元，同比增长4.28%。本外币贷款余额598亿元，同比增长5.85%。其中中长期贷款250.21亿元，同比增长10.78%。不良贷款余额13.60亿元，不良贷款率2.24%。

（王梓雯）

表28　**镇海区银行业2014年数据汇总表**

（单位：万元）

名称	本外币存款	同比增长%	本外币贷款	同比增长%
工商银行	706208	6.4	939347	−11.8
石化工行	354906	8.4	610139	8.1
农业银行	573791	−6.5	604695	6.0
中国银行	619803	0.8	909905	19.2
建设银行	791088	−6.0	719323	1.9
农发银行	6978	11.8	44914	50.5
交通银行	317441	−10.9	303835	2.7
中信银行	103903	18.1	83251	11.8
光大银行	189141	−17.3	147666	11.7
平安银行	131293	15.2	126983	77.3
招商银行	61740	−20.0	62623	−16.6
浦发银行	253372	−12.4	263065	−8.7
兴业银行	107400	−8.7	152497	64.5
民生银行	109781	121.9	65088	6.1
宁波银行	523533	4.9	336072	5.3
杭州银行	70776	107.0	42237	25.5
农商银行	640349	11.1	464842	11.5
富登中银银行	11100	−1.6	12297	22.8
邮储银行	356129	1.6	91186	14.3
财政性存款	83623	−32.5	0	0
合计	6012354	0.5	5979967	5.9

是年，人民银行北仑支行强化金融业重大事项和风险报告制度，提高风险监测

①新三板：指全国中小企业股份转让系统，即非上市股份有限公司股权交易平台。

的前瞻性和有效性。新增金融风险企业处置情况后续跟踪监测，组织全区金融机构实施信贷政策导向效果专项评估，开展征信业务①、反洗钱、银行卡收单等专项检查，促进金融机构稳健经营。关注法人机构流动性变动，实行按季布置信贷投放。编写《金融消费权益保护检查手册》，规范金融机构的经营行为，从源头防范金融消费权益案件的发生。贯彻落实稳健货币政策，实施货币政策工具定向支持，通过召开银企对接会、出台信贷指导意见、开展“普惠金融服务年”活动等形式，帮助企业构建信贷、发债、上市等融资体系，服务中小企业发展，为涉农领域、小微企业减轻财务负担，引导金融机构服务辖区经济发展。全年法人金融机构人民币贷款余额同比增长11.3%，银行间市场债务融资工具发行量同比多增12亿元。

开发区银监办围绕实体经济服务和风险防范化解两大核心，根据宁波银监局和镇海区委、区政府工作部署，贯彻落实服务实体经济“帮扶、打逃、防赖、治违、限流”十字工作方针，采取多种措施，强化银行业服务实体经济，加强信用风险防化和重点对象监管，履行各项监管职责，完善区域金融服务机制，维护区银行业稳健平稳发展。

（王梓雯　徐彦）

【开展普惠性金融服务】 2014年，人行北仑支行全方位开展普惠性金融服务：在融资上，重在“支农支小、扶贫扶弱”，拓宽农村抵质押担保范围，支持自主创业、保障房开发。在手段上，发展移动金融，探索线上线下融合应用发展模式，推进电子现金综合应用创新示范区建设。在服务上，开展“微银行”式便民金融服务点建设，年内建立农村助农金融服务点83个，金融网点（含助农金融服务点）覆盖行政村62个，行政村覆盖率100%。

【多措施推动贸易投资便利化】 2014年，人行北仑支行多措施推动贸易投资便利化，推进跨境人民币结算，搭建银企互动平台，指导企业运用跨境贷款、非关联担保等外汇政策优势，推动镇海外贸经济发展。发挥外债管理政策导向作用，组织镇海区多家外汇指定银行开展“外汇金融普惠年”活动，在融资利率、结售汇汇率和国际结算费率等方面给予实质性优惠，减轻企业财务负担。是年，全区银行跨境人民币结算业务量122.76亿元，同比增长32%，企业节约资金0.25亿元。

（王梓雯）

【贯彻落实服务实体经济“十字方针”】 2014年，开发区银监办贯彻宁波银监局提出的“帮扶、打逃、防赖、治违、限流”十字工作方针，强化银行业服务实体经济：执行困难企业帮扶机制，督促辖区银行对纳入协调帮扶的企业不得简单抽贷压贷，掌握了解困难企业现状；推进打逃、防赖工作，要求银行配合公安司法机关开展打击逃废债行动，督促银行执行《宁波银行业加强失信客户授信管理自律公约》；开展银行业治违、限流工作，督促银行执行《商

①征信业务：是指对企业、事业单位和个人的信用信息进行采集、整理、保存、加工，并向信息使用者提供的活动。

业银行服务价格管理办法》等规定，及时整改反映服务收费的投诉。

【对重点银行业监管对象进行分类监管】 2014年，银监办开发区办事处将重点银行业监管对象划分为全局重点机构、办事处职责机构、相关重点问题机构三个层次进行监管：向镇海农商银行通报其被纳入全局重点机构的决定，详细阐述监管政策，督促其做好2013年现场检查后续整改工作。关注镇海农商银行转制情况和高管队伍建设、镇海中银富登村镇银行发展持续性和违法违规案件防控风险。开展邮政代理网点等级分类验收，组织邮、银、监三方会谈、邮政邮储机构专题案防合规培训。针对镇海区域大型银行不良贷款余额较大、占比较高的问题，召开区域大型银行行长座谈会，频繁走访农行、建行等，持续关注单体机构信用风险发展情况。

【继续完善区域普惠金融体系】 2014年，银监办开发区办事处继续推进普惠金融体系建设：引导镇海农商银行铺设各类便民服务自助终端，鼓励开展新镇海人授信服务、设备按揭贷款等。引导辖区银行开展金融服务宣传月活动，联合团区委和镇海农商银行举办“送金融知识下乡”活动。完善银监办内部信访投诉机制，强化信访投诉现场调查实施。

（徐　彦）

【工行实现国际业务突破】 2014年，工商银行镇海支行强化国际业务发展的精细化管理。全年实现国际结算16.97亿美元，结售汇8.13亿美元，跨境人民币20.38亿元，同比分别增加4.80亿美元、2.76亿美元和13.15亿元，国际结算和结售汇同业占比双双位居区内同业机构首位，实现境外放款业务、双币种信用证、法人理财质押开证等新业务的突破。

【工行办理首笔股权融资业务】 2014年，工商银行镇海支行通过总行理财资金投资信托计划，为企业办理股权信托融资9000万元，帮助企业优化资产负债结构，满足流动资金需求。

【工行成立信用卡购车分期付款业务中心】 2014年，工商银行镇海支行成立信用卡购车分期付款业务中心。中心巩固原有购车分期付款担保公司业务合作，参与合作担保公司业务拓展。至年末，办理购车分期付款17.3亿元。

（谢隆亮）

【工行石化支行国际业务结算量大幅增长】 2014年，工行石化支行服务国际结算大户，累计办理“理财通”系列产品交易量达7.8亿美元，实现国际业务结算量29.7亿美元，同比增幅84.42%。

【工行石化支行跨境人民币业务量翻番】 2014年，工行石化支行依托工行全球化清算网络和多元化跨境产品体系，以人民币信用证为基础，创新运用远期结售汇、掉期等手段，提供低成本、高效率服务。至年末，办理跨境人民币业务量达32亿元，同比增加17.78亿元，跨境人民币业务实现跨越式增长。

（柯菲菲）

【中行举办外汇新政策解读会】 2014年，

中国银行镇海支行会同区商务局、区金融办、人行北仑支行举办外汇新政策解读会，区内相关进出口企业负责人150余人参加。中行市分行国际结算部和资金部专家讲解新政实施办法，推介配套产品和服务，分析近期热点问题。人行北仑支行讲解外汇新政，区商务局解读外贸出口奖励新政策，提高企业对外汇政策的了解。

（周化伟）

【建行举办贵金属投资典藏会】 1月18日，建设银行镇海支行举办"金马扬蹄贺新春"贵金属投资典藏会，邀请金地、国金、中国工艺、中钞长城4家品牌代销金公司参展，140余名客户参加。活动全场销售量近12000克，销售额近350万元，取得旺季贵金属业务开门红。

【建行营销首笔机构年金业务】 2月27日，建设银行镇海支行与镇海第二医院签订员工激励计划年金委托管理合同，服务年限首订五年，实现支行年金业务零的突破。年金托管业务能为行内带来客户拓展、存款沉淀、中间业务等多项附加收益。

【建行镇海雄镇支行开业】 6月30日，位于骆驼街道三五北路1—13号（单号）的建设银行镇海雄镇支行开业，营业厅面积107.46平方米，员工8人，是建行在镇海设立的第14家支行。开业当日，吸纳存款1577万，实现开门红。该支行的开设，增强建行在骆驼地区的市场竞争力，为骆驼地区企业、个人提供更加快捷、方便的金融服务。

【建行营销中科院宁波材料所公务卡】 2014年，建设银行镇海支行为中科院宁波材料所办理首批200余张中央预算单位公务卡，并为员工办理工资卡、开通手机银行、网上银行、电话银行、银信通等电子服务。该次合作为后续营销和服务打下基础。

（张琳琳）

【农行国际业务和普惠金融发展较快】 2014年，农业银行镇海支行首次开立NRA外汇账户①，为企业拓宽融资渠道，方便结售汇和贸易融资。至年底，实现国际业务结算量78592万美元，同比增加16%。是年，支行设立"金穗惠农通"工程服务点，完成金融性交易273笔。

（张　逸）

【农发行实现扭亏为盈】 2014年，镇海农发行在处置核销不良贷款2072万的情况下，实现账面盈利736.78万元，同比增加947.34万元，实现扭亏为盈。

（王青芬）

【交行国际业务结算量创本行纪录】 2014年，交通银行镇海支行国际结算业务经过前两年的徘徊，又重拾升势，年末国际业务结算量达创纪录的9.48亿美元。

【交行调整信贷结构】 2014年，交通银行镇海支行调整信贷结构，将有限资源向中小型实体企业、优质客户集中，共盘活存量贷款1.9亿元，退出近13家企业授信，信贷结构日趋合理。加大地方民生工程、

①NRA外汇账户：境内银行为境外机构开立的境内外汇账户。

环保项目支持力度，向骆驼街道新农村安置房及拆迁项目发放贷款2亿元，达成石化工园区碧海供水租赁回购新业务意向，为宁波招宝投资有限公司安置房项目融资额1.2亿元。

（刘　进）

【农商银行优化网点和自助终端布局】 2014年，镇海农商银行将原骆驼支行贵驷分理处升格为贵驷支行，辖管沙河分理处，新增金东分理处。至年末，全行下辖1个营业部，8个支行，27个分理处，共36个营业网点，遍布镇海各镇、街道。是年，共布点便民自助终端45台，覆盖离网点服务半径3公里以上所有行政村。

（王瑞斌）

【浦发银行发放首笔银团贷款】 2014年，浦发银行镇海支行以牵头行、代理行的身份，为镇海箭湖农业开发有限公司的宁波植物园项目办理首笔6亿元的银团贷款业务。该笔业务填补支行银团贷款业务的空白，促进镇海新城开发建设。

【宁波银行推出"白领融"产品】 2014年，宁波银行镇海支行对公务员、事业编制人员等工作稳定的客户推出"白领融"授信产品。融资人通过本行直销银行投融资平台，根据需求发起借款申请，获得投资人融资款项，是一项便捷方便的融资方式。

（胡芳芳）

【光大银行个人客户资产规模突破20亿元】 2014年，光大银行镇海支行在央行降息通道开启、利率市场化的情况下，理财销售稳步增加，至年末，个人客户资产规模突破20亿元。

【光大银行政府类贷款大幅增长】 2014年，光大银行镇海支行重点支持镇海区重点工程、重大基础设施建设，在支行总体贷款规模减少的情况下，投放政府类贷款5.8亿，政府类贷款期末余额较年初增加3.61亿，增幅达65%。

（周文涛）

【兴业银行发放成立以来单笔最高贷款】 2014年，兴业银行镇海支行新拓展宁波碧海供水有限公司等4家授信客户，合计获批授信额度9.6亿元，落地8.7亿元，带动存款约6亿元。其中向镇海新城开发建设投资有限公司贷款8亿元，为支行成立以来单笔最高贷款。

（严　涛）

【邮储银行推出系列新产品助力小微企业】 2014年，邮储银行镇海支行推出出口退税质押托管小企业贷款、组合担保个人商务贷款、组合担保小企业贷款，个人商务E捷贷、小企业快捷贷等业务，同时推广增信贷、互惠贷等弱担保业务，解决小微企业贷款难、有效抵押物欠缺问题。是年，该行小微企业贷款增速47.70%。

（崔　娇）

【招商银行支持信贷客户到期转贷】 2014年，招商银行镇海支行灵活运用授信展期、借新还旧等政策工具，支持存量客户贷款到期转贷，化解因经济下行导致部分客户资金紧张还款难的问题。年末，到期转化的贷款额累计430万元。

（郑天城）

【中信银行加大产品创新】 2014年，中信银行镇海支行为小企业客户量身定制多样化的金融产品：以快速、便捷为特点的“信用贷”，以批量开发、信用增进为特点的“种子贷”，以无抵押、无担保为特点的“POS贷”等，另创新运用“房抵贷”“pos贷”等支农支小特色金融业务产品，受到客户好评。

【中信银行办理首笔买方付息式电子商票保贴业务】 11月，中信银行镇海支行为宁波保税区的联宇化工、东海化学品2家上游供应商办理首笔买方付息电子商票保贴近400万元，实现在该业务零的突破。

（张　宏）

【平安银行推出“贷贷平安商务卡”】 2014年，平安银行镇海支行推出“贷贷平安商务卡”，解决小微企业融资难、需求急等问题。客户申请该卡无须提供任何担保，仅凭个人信用就可获得最高100万元、期限10年的循环额度。

【平安银行本外币中小企业贷款增加139%】 截至12月底，平安银行镇海支行本外币中小企业贷款达10.2亿，比年初增长139%，占全部贷款的80%，支持了区内中小企业发展。

（周丽旦）

【中银富登银行开展“支农支小”金融服务】 2014年，中银富登村镇银行开展“支农支小”金融服务：设立“三农部”，推出“欣农贷——葡萄种植”等系列特色金融产品；推出车辆、小面积产权房和农村集体土地房产作为抵押物的创新型担保方式，拓宽农户融资渠道。年末，涉农及小微企业贷款占比为70.12%，贷款客户279户，户均贷款余额低至44.08万元。发放集体土地抵押贷款12笔，总金额183万元。

（邱丽红）

【杭州银行发放科技金融贷款61家次】 2014年，杭州银行镇海支行主打科技金融产品，向区内61家次高新技术企业提供科技金融贷款16815万元，助推区域经济转型升级。

（陆敏儿）

【民生银行实施“两小”战略】 2014年，民生银行镇海支行实施服务小微企业、开展“小区金融”的“两小”战略：截至12月，小微客户数近1300户，比上年新增876户，其中有贷户315户，小微贷款余额30000余万元，不良贷款率控制在1%以内。在招宝山街道南熏别院、骆驼街道桂花园、庄市街道清泉花园、蛟川街道风景九园等小区建立的网点，新增零售客户数635户，新增理财产品销售2773万元。

（成嘉露）

保险业

【概况】 2014年，全区各级各类保险机构网点28家，其中支公司17家、营业部1家、营销服务部10家，保险从业人员1205人。是年，镇海保险业发挥社会管理功能，在安全生产、医疗卫生、环境保护等领域开展政策性责任险业务的实践。在家政服务员职业保险、志愿者保险、居家养老服务机构责任保险等民生类保险中尝试与政府合作，实现政府、企业和百姓、保险公司三方互赢局面。至年末，全区实现保费收入96611.47万元，其中财产险收入46534.28万元，人身险收入50077.19万元，赔付总额33368.44万元。

（俞秀玲）

【人保财险签署“区域全体志愿者保险”】 2月24日，人保财险镇海支公司与区文明办、区志愿者协会、区慈善总会签署的全省首份“区域全体志愿者保险”——组织者责任保险协议生效，为全区在册的3万余名志愿者（含慈善义工）提供保额近两千万元的一年期保险。每位志愿者每次事故获赔的最高额度是人身伤亡、伤残20万元，附加医疗费4万元，财产损失1万元，解决志愿者在志愿服务活动中发生人身意外或财产损失等后顾之忧。

【人保财险首推居家养老服务机构责任险】 5月30日，人保财险镇海支公司与区民政局签订的全市首个居家养老服务机构责任保险生效，为6个镇（街道）的83家居家养老服务中心（站）提供总额超过1.34亿元的风险保障。根据保险协议，老人在接受本社区（村）居家养老机构服务其间出现意外伤害，最高可获得5万元的死亡赔偿和5000元的医疗费赔偿；在接受街道中心级居家养老服务其间出现意外伤害，最高可获得20万元的死亡赔偿和2万元的医疗费赔偿。

【人保财险环境污染责任险新增20家试点企业】 11月19日，人保财险镇海支公司完成2014年度环境污染责任险承保工作。当年参保企业73家，比2013年增加20家。总保额17800万元，总保费248.3万元。保费和投保总额同比分别增长37.29%和25.35%，基本实现化工、制革、涉化仓储等环保高风险行业全覆盖。区财政补助参保企业47.4万元。

【人保财险短期出口信用保险业务实现零的突破】 年初，人保财险镇海支公司获2014年度全区小微企业出口信用险业务承保权，签单小微企业出口信用险业务58笔，实现保费收入68万元，取得该险种突破性进展。

（李银萍）

【太保产险为全市体彩销售网点提供团体意外险服务】 3月10日，太保产险镇海支公司独家与宁波市体彩中心签署的体育彩票销售人员人身安全保险生效。该保险为全市1134家销售网点统一购买团体意外险产品，若网点业主销售人员因意外导致伤亡，最高可获得8万元赔偿金。该保险在保险期限内可以替换被保险人。

【太保产险签发首笔设备按揭贷款履约保证保险保单】 6月4日，太保产险镇海支公司与艾格玛公司、镇海农商银行共同签订艾格玛公司机械设备按揭贷款履约保证保险协议书，并签订首笔设备按揭贷款保单。该笔保单保险期为一年，公司为艾格玛公司27.6万元的抵押贷款履约责任提供风险保障。

【太保产险建立网络营业厅】 11月2日，太保产险镇海支公司网络营业厅上线，网址为http://www.26902222.com/。同月25日，签发第一份车险保单。这是公司首次采用

“云保险”销售模式，向公众推销保险产品。

【太保产险实现短期出口信用险零突破】 12月19日，太保产险镇海支公司与宁波奥斯达光电科技有限公司签发首笔短期出口信用险保单，保额440万元，保费11万元，实现出口信用险业务零的突破。

【太保产险加快发展危化品车辆保险】 2014年，太保产险镇海支公司继续成为镇海区危化品车辆保险定点单位，新拓展高尔物流等3家大型危化品车队，新增60辆危化品车的保险业务，共收保费390万元，同比增加62%，占到危化品车辆保险市场份额的三分之一。

（张朝君）

【大地财险探索保险与银行合作新途径】 2014年，大地财险镇海支公司发挥公司国内贸易信用险的专业优势，与浙江民泰商业银行宁波分行、农行镇海支行签订贸易信用险项下融资协议，为宁波华滨钢结构有限公司解决2000万元的流动资金贷款。

（潘小海）

【永安保险幼儿健康保险业务扩展到区外】 2014年，永安保险镇海支公司幼儿学平险业务扩展到区外的北仑、鄞州，保费从2013年的10万元增加到80万元，增长7倍。公司简化理赔手续，一般事故凭医生诊断书和医药发票就可赔付。

（朱久安）

【安诚财险推出新车换新责任保险】 2014年，安诚财险镇海支公司推广总公司自主研发的“新车换新”责任保险。该险种能为符合条件（如在一年内发生双车或多车事故）的消费者免费更换新车，也能使消费者享受汽车保养、维修等优质服务体验。同时推广雇主补偿契约责任险和雇主工伤责任险。

（胡红苗）

【中国人寿推广小额人身保险业务】 2014年，中国人寿镇海支公司重点推广保费低廉、保障适度、手续简单、符合农民保险要求的小额人身保险业务，投保人数34868人—1048户，保费84.7万元。是年，公司以五个工作日的速度，理赔首例高额农村小额保险身故案，赔付金额61094.48元。全年受理报案126人次，赔款金额47.8万元，赔付率56.43%。

【中国人寿推出惠民防癌险】 5月底，中国人寿镇海支公司推出“防癌险”，受到市场青睐。该险种突破当前防癌保险领域的局限，在患者治疗期、康复期阶段提供保险服务。是年，收取保费122.94万元，无赔付。

（潘燕侠）

证　券

【概况】 2014年，镇海区3家证券公司按照“标准化、专业化、差异化”的服务目标，强化以客户资产增值为目标的财富管理，打造差异化服务，致力于客户服务体系的建设。全区新开证券账户2326户，年末开户总数42769户。证券交易额808.47亿元，其中股票交易额755.56亿元。

（俞秀玲）

【光大证券开办多项证券服务】 2014年，光大证券宁波镇海营业部通过举办每周末投资者座谈授课沙龙服务，创办投资者园地与营业部园地，开展短信早盘信息传送及电子邮箱服务等，帮助投资者树立正确的投资理念，第一时间接收相关信息、了解市场变化，提高理性投资、风险防范意识。当年，营业部新开股票账户1460户，交易额656.45亿元。

（虞洪雷）

【财通证券镇海营业部开业】 10月28日，坐落于招宝山街道环城西路261号的财通证券镇海营业部开业。截至12月31日，股票开户数54户，证券交易总额7542.16万元，其中股票交易额7212.18万元，营业收入4.16万元。

（韩燕燕）

其他金融和商务服务

【概况】 2014年，镇海区本盛、开天2家小额贷款公司继续发挥“支农支小”作用，服务区内中小企业和农户。截至12月底，两家小额贷款公司资本金余额6亿元；贷款余额9.62亿元，比年初增长5.37%。

（俞秀玲）

【小额贷款公司运行基本正常】 2014年，本盛小额贷款股份有限公司实施“阳光工程”，为中小企业和“三农”提供支持和帮助，全年发放贷款233笔74870万元，年末贷款余额46880万元，不良贷款余额为2230.29万元，实现净利润2377.32万元，上缴各项税金952万元。镇海开天小额贷款股份有限公司以区内“中小企业、三农、个体工商户及自然人”为服务对象，全年发放贷款623笔245321.5万元。年末贷款余额49333.68万元，其中不良贷款150万元，实现净利润1158.71万元，上缴各项税金765.87万元。

【为中小企业提供融资担保】 2014年，区联合担保公司和宁波银行、中信银行等金融部门合作，为区内30多家企业进行担保及自有资金投资，全年担保和自有资金投资额累计1.1亿元。

（虞春娜）

综合经济管理

经济管理与服务

【概况】 2014年，镇海区全面贯彻落实党的十八届三中、四中全会精神，落实“六大战略”部署，加快推进“六个示范区”建设，经济运行总体平稳，社会事业加快发展，各项工作取得成效。全年完成全社会生产总值645.6亿元，同比增长6.2%，其中区属生产总值354亿元，同比增长8.1%；完成财政总收入89.2亿元，同比增长8%；完成全社会工业总产值2629.7亿元，同比增长4.1%，其中区属工业总产值1121.1亿元，同比增长8.1%；完成固定资产投资285.1亿元，同比增长17.6%；完成社会消费品零售总额122亿元，同比增长14.1%；实际利用外资3.1亿美元；实现进出口总额63.6亿美元，同比下降6.4%，其中出口额33亿美元，同比增长4%；城镇居民人均可支配收入47190元，同比增长9.2%；农村居民人均可支配收入25815元，同比增长11.1%。上述指标中，地区生产总值、进出口总额等指标未能完成年度目标，镇海炼化及下游部分企业停产检修、产品价格下降、市场疲软、金属园区整治等因素影响全社会工业产值增长；外需疲软、人民币升值、进出口产品价格下降等因素影响进出口总额增长，由此拖累地区生产总值增速。

是年，区发改局制定出台《镇海区规划管理办法(暂行)》，完成全区2013年国民经济和社会发展计划执行情况与2014年国民经济和社会发展计划报告、《镇海区城市经济发展规划》《镇海区战略性新兴产业发展规划》。启动十三五规划编制工作，确定11项“十三五”规划重大前期研究课题，完成《镇海区“十三五”规划基本思路研究》。编制《镇海区海洋经济发展战略和路径研究》《完善区域创新创业支持体系 加快镇海区产业发展》，启动《镇海区推进政府采购公共服务总体思路研究》《镇海区政府采购公共服务指导性目录研究》等课题研究，确定11项经济体制改革和10项全域城市化体制改革项目计划，将推进权力清单制度和建立工业企业绩效评价体系等3项改革作为经济体制改革重点突破项目，将深化农村集体经济制度改革与深入推进国家智慧城市试点等3项改革作为全域城市化体制改革重点突破项目，牵头做好进度督促工作。

区商务局组织区内企业参加国内重点展会，鼓励和引导企业赴境外有针对性的参展，进一步拓宽海外视线和业务渠道，累计组织区内290余家企业参加境内外展会14个。提升对外联络、组织展览、涉外商事法律等服务能力，发展镇海区贸促支会和镇海国际商会会员，会员数达62家。推进出口品牌培育，发展服务外包，鼓励区内企业向境外投资。进一步加快大宗商品交易平台、海陆联动集疏运网络、金融和信息服务支撑为核心的“三位一体”港航物流体系建设，开发建设建材、蔬菜水果等生活资料专业市场。推进“电商换市”工作，大力发展电子商务，推进电商产业园区建设。

区农业局把农业经营方式转型升级作为发展都市农业的抓手，加快推动农业产业化发展。继续推进土地集中经营和专业化生产，培育扶持农业龙头企业、庄园农业和专业生产合作社。实施农业产业化项目，加大农业科技投入。结合粮食功能区建设，推广优良水稻主导品种。做好“菜篮子”保障供应基地建设，加强农产品质量安全和监管。

区经济合作局(招商局)采取以商招商、小分队招商和驻外机构招商等多种形式，开展引进外商资本和市外内资的招商、文创企业引进等工作，组织客商参加甬港经济合作论坛、浙洽会、美国宁波周等内外资招商、洽谈活动。石化经济开发区管委会、物流枢纽港管委会、新城管委会加大石油化工、港口物流、楼宇经济的招商力度，加强与国际知名企业和央企的对接。瞄准国内外重点引资区域，发挥北京、上海、深圳驻点招商工作处作用，加大小分队招商力度，组织小分队赴驻点招商城市开展招商42批次，累计接触客商330余人，洽谈意向项目105个。

(俞晴 卫良志 王海雁 俞明敏 彭玲)

【出台规划管理暂行办法】 1月，区政府颁发《镇海区规划管理办法(试行)》。办法明确规划编制各个环节，包括立项、论证、审核、批准、公布、备案等做出明确规定和工作要求，从而保障本区域内规划工作系统性、科学性、规范性。

【完成战略性新兴产业发展规划编制】 5月，区发改局印发《宁波市镇海区战略性新兴产业发展规划》，明确镇海区战略性新兴产业发展指导思想、发展原则和发展目标，确定发展重点和空间布局，梳理一批战略性新兴产业项目，一批战略性新兴产业企业，一批战略性新兴产业集群。规划设定发展目标可分为近期和远期两个阶段：到2016年，战略性新兴产业产值年均增长率保持在10%以上，战略性新兴产业年产值超过630亿元，产业增加值占地区生产总值的比重分别达到15%，战略性新兴产业骨干企业研发投入占销售收入的比重超过3%，战略性新兴产业企业专利授权量占全区专利授权量的比重达40%以上；到2020年，战略性新兴产业增加值占地区生产总值的比重达到25%左右。

【完成城市经济发展规划编制】 12月，区政府颁布《关于印发宁波市镇海区城市经济发展规划(2014—2020)的通知》，对镇海区发展城市经济设定近期(至2016年)和远期(至2020年)目标，要求城市经济发展实现“四个明显”，即发展水平明显提升、载体建设明显突破、创新活力明显增强、发展环境明显优化，基本形成开放、创新、融合的新型城市经济发展体系，全面提升镇海城市综合竞争力和城市品位。

表29　　镇海区城市经济发展指标体系(区属)

序号	指 标	2013年	2016年	2020年
一、城市经济发展指标				
1	城市经济增加值(亿元)	218.5	280	380
2	社会消费品零售总额(亿元)	105.4	140	170
3	服务业增加值(亿元)	146.6	190	266
4	其中:服务业增加值占城市经济增加值比重(%)	67	68	70
5	文化创意业增加值(亿元)	—	17	27
6	其中:文化创意业增加值占城市经济增加值比重(%)	—	6	7
7	科教服务业增加值(亿元)	3.43	4	6
8	物流业增加值(亿元)	22.8	33	45
9	商贸商务业增加值(亿元)	46.4	62	90
10	其中:商贸服务业增加值(亿元)	35.5	47	67
11	商务服务业增加值(亿元)	10.9	15	23
12	金融服务业增加值(亿元)	18.3	25	35
13	都市工业增加值(亿元)	70.9	89	112
14	其中:战略性新兴产业增加值(亿元)	33.9	45	60
15	战略性新兴产业增加值占全社会规上工业增加值比重(%)	17.8	20	23
二、城市创新能力指标				
16	规模以上工业全员劳动生产率(万元/人·年)	12.1	15	18
17	区属R&D经费支出占区属GDP比重(%)	2.7	2.85	3.2
18	技术改造投资额(亿元)	37.03	40	50
19	区属新产品产值率(%)	27.4	28	30
三、城市环境质量指标				
20	环境空气质量优良率达(%)	—	80	83
21	水环境功能区水质达标率(%)	—	75	80

注:物流业增加值主要参考交通运输、仓储和邮政业这一行业统计门类;商贸服务业增加值包括批发和零售、住宿和餐饮两大行业统计;商务服务业增加值主要参考租赁和商务服务业这一行业统计门类。

【区属经济全面增长】 2014年,区属生产总值(GDP)354.03亿元,按可比价格计算,比上年增长8.1%,其中第一产业增加值6.55亿元,增长0.4%;第二产业增加值184.16亿元,增长10.9%;第三产业增加值163.32亿元,增长4.5%。三次产业的比重由2013年的2.0∶51.4∶46.6调整为1.9∶52.0∶46.1。按户籍人口计算,区属人均生产总值为19.23万元(按年平均汇率折算为3.13万美元)。

【固定资产有效投资快速增长】 2014年，区属固定资产有效投资快速增长，完成投资总额263.2亿元，同比增长11.7%。其中第二产业投资99.6亿元，同比增长7%，占比为37.84%；第三产业投资163.6亿元，同比增长14.9%，占比为62.16%。

【工业企业收入稳步增长】 2014年，区属工业企业实现总产值1121.07亿元，比上年增长8.1%；利润总额24.8亿元，比上年增长16.9%。其中，规模以上工业企业实现总产值996.63亿元，增长8.5%；利润总额23.48亿元，增长7.8%。

【建筑业快速增长】 2014年，镇海区拥有资质等级的建筑施工企业74家。全区实现建筑业总产值315.63亿元，比上年增长18.4%。建筑业企业完成房屋建筑施工面积1493.11万平方米，比上年增长8.0%；房屋建筑竣工面积439.11万平方米，比上年增长11.5%。

【内贸外贸齐头并进】 2014年，镇海区实现社会消费品零售总额122.02亿元，比上年增长14.4%；其中批发和零售业112.30亿元，增长14.4%；住宿和餐饮业9.72亿元，增长11.1%。实现全区外贸自营进出口总额63.61亿美元，比上年下降6.4%；其中进口总额30.60亿美元，下降15.6%；出口总额33.01亿美元，增长4.0%。

【内外资引进成效显著】 2014年，镇海区实际引进市外内资91.30亿元，完成市下达年度目标任务的152.17%、区年度目标任务的130.44%。引进外商投资项目41个，比上年上升70.8%；总投资额4.22亿美元，下降37.6%；合同利用外资4.03亿美元，增长20.7%；实际利用外资3.09亿美元，增长10.3%。

【交通运输业发展迅速】 2014年，镇海区实现公路、水路旅客运输量137万人次，旅客周转量1.02亿人公里；货运量5706万吨，货运周转量388.38亿吨公里。年末拥有营运性公路运输车辆4775辆。

【金融业保持稳定】 截至2014年年末，镇海区金融机构人民币各项存款余额570.33亿元，比上年增长0.8%；其中单位存款余额281.76亿元，下降1.4%；个人存款余额277.30亿元，增长3.9%。金融机构人民币各项贷款余额535.27亿元，比上年增长3.0%，其中短期贷款余额273.20亿元，下降2.2%；中长期贷款余额249.84亿元，增长10.8%。

【农业和农村经济发展良好】 2014年，镇海区实现农林牧渔业总产值11.17亿元，比上年增长0.1%。农作物播种面积9433.3公顷，农业产值8.70亿元。村级经济发展良好，66个村社（包括村经济合作社和股份经济合作社）年可用收入17842.66万元。

【加快推进全域城市化】 2014年，镇海区加快推进全域城市化：招宝山、蛟川城市组团改造提升深入推进。招宝山街道完成7条背街小巷和82幢房屋提升改造，新设行政服务分中心，蛟川北区新农村建设全面启动，青龙桥地块加快建设。以骆驼、庄市为主体的城市中心功能布局进一步完善。行政中心、市民服务中心、文化艺术中心等建成投用，镇海大道商务楼群初步建成，329国道与汶骆路交叉区域有序改造，瑞丰国际商博城等项目顺利推进，绿轴体育公园一期初具雏形。九龙湖、澥浦城镇组团建设加快。当年两镇双双入选国家级重点镇，九龙湖景区获评省级旅游度假区，登山健身步道荣列省运动休闲旅游优秀项目，澥浦十七房开元主题酒店一期投入运营。幸福美丽新家园建设加快推进。"1519"①区域村庄布局规划进一步完善，完成农房改建面积55.4万平方米，完成23个村集体经济股份制改革，加快建设"九龙问茶""商帮寻根"②等精品线。基础设施建设日趋完善。货运铁路北环线、北外环快速路改造工程、轨道二号线一期二期等重点项目建设继续推进，镇海大道全线贯通，镇骆路、庄俞公路改造工程全面完成，招宝山大桥接线工程开工建设；220千伏长石变、110千伏海塘变建成投用，天然气管网加快铺设，九龙湖、贵驷片完成大网供水改造，泥螺山北侧围垦一期工程建设基本完成。城市管理全域化与精细化水平加快提升。继续推进"三改一拆""四边三化""双清"③等专项行动，启动"无违建"创建，全年累计完成"三改"222.1万平方米，拆违90.3万平方米。征地拆迁有序推进，完成"清零"项目33个，征地181.7公顷，拆迁63.6万平方米。城市管理功能加快下放，生活垃圾分类试点有序推进，"道路清爽行动"成效显著。

【全面推进生态建设】 2014年，镇海区全面推进生态建设：优化区域产业空间布局，开展环境功能区划调整，促进产业带与居民区"安全隔离、生态相融、功能互补"。加强环境执法，实行重大环境责任事故一票否决制，建立完善源头总量控制新机制，深入推进生态环境信息公开。推进清洁空气行动，抑尘率达到90%。强化煤尘整治，实现港区和煤炭交易市场防风网闭合。深化有机废气治理，强化企业无组织排放整治，加强汽车尾气治理，全面淘汰黄标车。开展新一轮化工企业整治，完成61家化工企业整治提升。推进清洁土壤行动，建立健全危险废物全程化管控机制，加快推进石化区一般固废填埋场、废酸综合处置中心等固废处理基础设施建设。深化森林镇海建设，加快推进宁波

---

①"1519"：指编制实施《镇海区村庄布局规划》调整方案，将区域村庄布局确定为"1519"格局，即建设15个集居点，19个集中居住区，促进农村空间集约充分利用。

②"九龙问茶""商帮寻根"："九龙问茶"，指全长约11公里、总投资8500余万元、以风景线上5个自然村为载体、将现代旅游与传统农业有机结合的精品线(余汶线—骆慈线)，分别是长胜村的"问茶起源"、上畈村的"茶造之艺"、杜夹岙村的"茶饮之趣"、汶溪村的"茶事之忆"和秦山村的"茶境之品"，预计2015年年底建成。"商帮寻根"，指以展现"宁波帮文化"精髓为设计主题、全长16.5公里、总投资3000万元、以雄镇、清风两大生态林带为主线绿道，分设郊野农家休闲生活体验线、宁波帮故里寄情线、庄市老街怀旧线等3条主题游径，预计2015年初建成。

③"三改一拆""四边三化""双清"专项行动：三改一拆，指在城区中开展旧住宅区、旧厂区、城中村改造和拆除违法建筑；"四边三化"，指在公路边、铁路边、河边、山边等区域开展洁化、绿化、美化行动；"双清"，指清理河道、清洁乡村行动。

市花卉园林示范区一期建设，实施海天林带二期项目，开展森林美化彩化试点，完善林带管护机制，推进城市绿化、通道绿化、河道景观绿化及村庄绿化，创建成2个省级“森林村庄”。

【安排52个重点建设项目】 2014年，镇海区重点建设项目中，科技创新平台项目6个，分别为清华校友创业创新基地、中国金融数字文化城、中科院大连化学物理研究所国家技术转移中心宁波中心、中科院宁波材料所初创产业园、西安电子科技大学宁波研究院宁波西电产业园和宁波中欧国际应用能源创新研究院；市政交通项目6个，分别为镇海大道三期（东外环——镇骆路段）、骆霞线K7+700—K11+000改建工程、招宝山大桥接线、镇海污水处理厂二期工程、农村生活污水治理工程、宁波华清环保技术有限公司污泥处置工程；农林水利项目4个，分别为镇海泥螺山北侧围垦工程、镇海东排南线工程、姚江东排镇海段整治工程三期工程(南支线工程)和宁波花卉园林示范区(宁波植物园)一期；能源电力项目1个，为镇海动力中心（天然气热电联产）；社会事业项目4个，分别为镇海区人民医院（二期）、龙赛医院提升改造工程、镇海职业教育中心学校扩建工程和绿轴体育公园一期；新社区建设项目9个，分别为陈倪路东侧地块（锦绣曙光三期）、永平西路南侧地块（景城花苑一期）、新城医院南侧地块(东邑锦苑）、书香丽景二期、中官路南侧地块（翰香景庭一期、盛世华庭项目、东邑地块保障房工程、石塘下地块保障房工程和蛟川北区新农村建设项目（一期）；服务业项目12个，分别为保利文化商业广场、万科城（庄市绿核地块）、后世博国际园、镇海大道北侧4号商务楼群、御水龙都、普罗旺斯·欧洲风情小镇、开元十七房工程、危化品运输车辆综合服务中心、瑞丰商品交易市场、上汽汽车生活馆项目、宁波从众传媒项目和中国电信浙江公司云计算宁波分中心（一期）；工业项目10个，分别为家塑科技全生物降解塑料生产基地项目、大安化学二期扩建项目、朗盛无机颜料项目、阿克苏诺贝尔过氧化物项目、道达尔聚苯乙烯项目、SK乙丙橡胶项目、浙江恒河化工碳五碳九综合利用技改项目、金海德旗3万吨异戊橡胶项目、芳烃项目和昊德化工高纯异丁稀装置。52个重点建设项目计划总投资643.2亿元，2014年度计划投资109.8亿元，完成投资143亿元，完成年度计划的130.3%。当年计划新开工项目18个，除普罗旺斯·欧洲风情小镇、宁波从众传媒项目和大安化学二期扩建项目等3个项目外，瑞丰商品交易市场、中国电信浙江公司云计算宁波分中心（一期）、昊德化工高纯异丁稀装置、宁波华清环保技术有限公司污泥处置工程、家塑科技全生物降解塑料生产基地项目、龙赛医院提升改造工程等13个项目开工建设。

【支持部省市重点工程建设】 2014年，区发改局发挥部省属联动企业联谊会作用，加强与驻镇海部省属企业联络沟通、协调处理重点工程建设中需要地方解决的事宜，支持部省市企业的工程项目建设，促进区域联动发展。协调、做好建设前期等工作，支持重点工程实施的主要项目有动力中心配套天然气管线工程、22万伏沿海变电力线工程、50万伏电力线路改造工程、10万伏清泉变电力工程和轻轨配套电力线路工程。其中完成动力中心(涉及管线8.9公里、22万伏沿海变电力线、43座铁塔)和50万伏电力线路改造(5座铁塔)的政策处理工作;完成有关大工程单位2013年度镇海区调结构、促转型财政奖励申报工作,共发放奖励资金3903.72万元。

(俞　晴)

【引进内资成效显著】 2014年,全区共引进市外内资项目(含增资)144个,引进市外内资91.30亿元(其中新建项目137个,引进内资54.22亿元;续建项目7个,引进资金37.08亿元),同比增长27.70%。新引进文化创意企业293家,同比增长20.58%,合计注册资金13.12亿元,同比增长63.61%。293个项目中,信息服务类项目144个,设计服务类项目61个,软件产业类项目40个,影视传媒类项目37个,动漫游戏4个,艺术品业7个。

【浙洽会镇海分团签约项目34个】 6月9日,第十六届浙洽会镇海分团项目签约仪式举行,共有34个项目现场签约。其中外资项目13个,协议外资2.2亿美元;市外内资项目9个,协议资金23.8亿元;文创项目12个,协议资金1.85亿元。总投资10亿元的永乐旅游文化动漫体验项目率先签约,中国智谷镇海园区项目、智能电动汽车生产制造项目、云仿真技术应用项目等33个项目陆续签约,涉及影视创作、动漫游戏、金融服务等行业领域。

【引进浙商回归项目10个】 2014年,全区引进省外资金500万元以上项目111个,引进省外资金43.39亿元,同比增长57.31%。区政府通过举办“浙商之春”新春慰问走访等活动,走访在外浙商商会组织27批次、浙商企业家700多名,共签约和引进浙商回归总投资亿元以上项目10个,分别是永乐旅游文化动漫体验项目、中国智谷镇海园区项目、商帮一号项目、大安化学二期项目、阿克苏表面化学品项目、宁波植物园动漫主题项目、智能电动汽车生产制造项目、高端综合体养老院、德奥奥迪汽车4S城市展厅、智仁山水基金投资项目,协议总投资达51.92亿元,涵盖特色城市综合体、环保科技、文化创意等范畴。其中总投资超5亿的特色项目是“商帮1号”餐饮休闲综合体项目、永乐旅游文化动漫体验项目、“中国智谷”镇海园区项目等,等离子污水处理项目作为宁波市唯一一家浙商回乡治水项目在全省“2014天下浙商家乡行”活动中签约。

【镇海区与香港贸发局签署合作备忘录】 8月1日,在2014甬港文化创意产业合作对接会上,区政府与香港贸发局签署合作备忘录,就组团镇海企业赴香港展会参观、参展及培训考察及为香港、镇海两地企业搭建交流和合作平台达成合作意向。区政府聘请洛可可设计集团创始人、董事长贾伟,香港设计总会秘书长刘小康,早鸟投资基金董事、总经理谢坤泽为区文化创意产业发展顾问并颁发聘书。

【区文创产业联盟首次参展动漫节】 4月28日—5月3日,区文创产业联盟千懿文化传媒有限公司、一坤数码科技、木木丁文化传媒等10家成员企业参加在杭州举办的第十届中国国际动漫节。区文创产业联盟设立100多平方米的镇海动漫馆，集中展示镇海动漫企业整体形象，吸引众多客商前来咨询、洽谈。千懿传媒、木木丁文化传媒公司的儿童书包、服装、玩具等销售一空。

【5大创新平台引进多个高新项目】 2014年，清华校友创业创新基地、中科院材料所初创产业园、西安电子科技大学宁波信息技术研究院和产业园、中科院大连化物所技术转移中心宁波分中心、宁波中欧国际应用能源创新研究院等5大科技创新平台，引进项目61个，拓展项目信息135个，设立院士工作站1个，联合成功申报获批国家863计划2项，实现技术转移合同金额4800多万元，吸引企业设立专家奖励基金1000万元。

【引进创业人才提供智力支撑】 2014年，全区通过举办2014"招才聚宝、智汇镇海"高层次人才项目洽谈会，参与2014海智宁波之旅等高层次人才对接活动，洽谈意向项目18个，对接高层次人才42名，落户"国千"专家项目1个，区海外高层次人才入选项目3个，推荐申报市"3315"计划项目6个。

【名校校友会引进项目和人才】 2014年，镇海区清华大学校友总会、西安电子科技大学校友会、镇海中学校友总会举办海外清华校友回国创业宁波行、清华投资行业协会校友镇海行等活动，吸引高层次人才科技项目落户镇海。7月10—11日，海外清华校友宁波行活动举行。近百名海内外清华校友携76个项目在镇考察、洽谈，达成30余项合作意向。其间，清华校友考察北部商贸商务中心、宁波帮博物馆、清华校友创业创新基地。是年，各类校友活动引进项目(含人才项目)28个、资金2.8亿元。

【文创产业成果及关联贡献明显】 2014年，全区文创产业取得系列成果：设计服务领域，拓迪工业设计与中科院材料所合作研发的首款民用机器人在国内完成实测，并成功出口新加坡；卓一工业设计的婴儿抱被神器作品和安格创意设计的创意插座作品获得2014德国红点设计概念大奖。信息服务与软件产业领域，新增CMMI三级企业3家，计算机信息系统集成资质三级企业1家，获得著作权登记45件，软件产品172件，软件研发项目3个。动漫游戏领域，在广电总局立项备案动漫作品12部，累计时长达10277分钟，其中千懿文化设计制作的《海星兄弟》和木木丁动画设计制作的《阿木狗与丁丁猫》获宁波市"五个一工程"奖；开发并上线运行游戏项目6个，其中首游网络科技自主开发的手机游戏《灌篮高手》《格斗龙珠》受到业界高度认可。影视传媒领域，制作完成纪录片、专题片15部，并在央视7套、中国教育电视台等播出；甬城影视的《花鼓情》、红珊瑚影视的《简装男神》等即将面世。是年，区内文创企业与传统产业相关企业达成意向协议114项，涉及金额1926.88万元。互通有无文化传媒与区内服装企业合作，实现产值4300多万元；恒隆高科入驻以来，为区内300余家企业提供电商业务指导，其打造的阿里巴巴·镇海装备制造产业带专场，入驻企业105家，发生交易额5000多万元。

【镇海舟山签约帮扶项目】 10月，镇海区分管副区长带队赴舟山市定海区进行山海协作对接，签约镇海帮扶舟山的5个政府合作项目。5个项目为环南街道盘峙村的森林公园建设项目、昌国街道翁山社区的综合型教育服务中心建设项目、白泉镇平湖社区的富家岙村道和灌溉渠道建设项目、马岙街道马岙社区的村道修建项目和干览镇龙潭社区朝阳1号机耕村级水泥公路建设项目，主要涉及群众增收、社会事业和新农村建设等方面，总帮扶资金70万元。

【镇海——龙游山海协作产业园启动】 1—2月，镇海区人民政府出台《关于推进"龙游——镇海山海协作产业园"建设奖励暂行办法》，排摸区内有外拓意向企业6家。5—8月，经合局会同驻上海商务处、镇海区青年企业家协会组织有外拓意向企业4家多次赴龙游产业园考察、洽谈。10月，龙游县党政代表团到镇海深化对接山海协作，签订《深入实施山海协作工程协议》。

【对口支援贵州普安】 3月，区规划勘测设计院规划编制小组赴普安县，帮助普安县盘水镇大湾村规划设计新农村建设工作方案。6月，分管副区长带队赴黔西南州州政府所在地兴义市签订2014年度对口帮扶协议，协议帮扶长毛兔养殖产业示范推进、民族特色示范村寨建设2个项目，对口帮扶资金130万元。11月，镇海区赴普安对接新增帮扶资金协议，新增帮扶资金80万元，主要用于普安县窝沿乡中心幼儿园教学楼建设。

【对口帮扶余姚梁弄镇】 1月，镇海区政府办带队会同骆驼街道赴余姚梁弄镇开展区域对口帮扶合作，实地察看2013年结对帮扶项目梁弄镇中宿舍楼改造工程实施情况，确定2014年对口帮扶的梁弄镇中心幼儿园综合教学楼新建项目。该项目建筑面积560平方米，总投资150万元，设置音乐、美术等专用教室和多功能活动室、会议室，提供帮扶资金100万元。

【对口帮扶宁海岔路镇】 5月，镇海区与宁海县岔路镇商定挂钩结对上畈村环境整治工程清水河道建设项目。项目主要包括浙江湖硖800米河道整治、长桶坑333米河道整治、拆除重建机耕桥1座及新建翻板门1座，合计需投入资金267.3万元，镇海区提供帮扶资金150万元。

（彭　玲）

国有资产管理

【概况】 2014年，全区共有国有独资及国有控股、参股企业151家(其中3家企业分别为各镇街道控股、区国资办下属企业参股，在总数中重复予以剔除)。其中区国资办出资企业96家，各镇政府、街道办事处出资的企业32家，区属部门下属的尚未脱钩的国有企业和事业单位出资的企业26家。除24家参股企业外，区国资办监管的72家国有企业产权关系共有5个级次，其中由国资办直接出资的一级企业9户。72家企业的国有资本61.68亿元，占实收资本比例99.85%。

是年，区国资办对全区134家企业国有产权实施年度检查，对26家重点企业开展国有资产经营考核，对16家政府性投资公司进行人工成本总额清算，组织会计师事务所对24家国有及控股企业公务支出公款消费总体情况实施专项审计，培训委派会计以提高对国有企业的监管水平。

宁波镇海投资有限公司（以下简称镇投公司）与镇海区海江投资发展有限公司（以下简称海江公司）均属区政府直属单位，实行两块牌子，一套班子。主要承担政府融资、项目投资等职责。镇投公司下属子公司12家，其中全资子公司8家，参股子公司4家；12家子公司中属政府性投资公司的9家。海江公司下属子公司22家，其中全资子公司4家，控股子公司7家，参股子公司11家；22家子公司中属政府性投资公司的10家。2014年年末，镇投公司资产总额122.73亿元，负债总额74.1亿元，所有者权益48.63亿元，资产负债率为60.38%。海江公司资产总额49.98亿元，负债总额25.21亿元，所有者权益24.77亿元，资产负债率为50.44%。

【融资支持工程项目建设】 2014年，镇投（海江）公司融资额达41.22亿元，安排资金10.13亿元，用于镇海大道二期、北外环东延二期、镇海大道三期、镇海区人民医院二期、招宝山大桥连接线及定海路拓宽改建、镇海污水处理厂二期等58个项目建设投入。

【注资增强国有企业实力】 2014年，镇投（海江）公司对泥螺山建设开发有限公司注资3000万元；对招宝投资、海邦人才创业投资合伙人企业、朗盛投资二号股权投资合伙人企业、浙能镇海燃气热电分别增资2500万元、250万元、1050万元、750万元，以支持经营性国有企业发展壮大。

（张　慧）

【区工贸资产管理服务中心加强国有资产管理】 2014年，区工贸资产管理服务中心出台《公司商业公房招租操作手册》，加强国有资产管理，实现国有资产保值增值。是年，区工业国有资产投资有限公司（简称工业国投公司）和区商贸资产投资有限公司（简称商贸投资公司）交付新增资产镇海大厦3000多平方米两层商务楼，年末总资产18122.13万元，所有者权益12922.98万元。其中工业国投公司所有者权益8289.17万元，商贸投资公司所有者权益4633.81万元。商贸投资公司参控股的两家企业，其中参股比例10.34%的镇海医药药材有限责任公司年末所有者权益2301.05万元，控股比例75%的镇海饮食服务有限责任公司年末所有者权益271.76万元。2家受托的国有公司资产经营总收入1264.82万元。其中房屋租赁收入678.69万元、利息及资金占用费收入515.38万元，投资收益57.05万元。

区商贸公司和区工业国投公司完成改制，公司法人及股东都由中心在职干部统一变更为企业员工，召开股东大会修改公司章程，指定1名董事长兼法定代表人、1名监事会主席，委派3名董事、3名监事。

5月，区政府召开专题协调会议，处理区工贸资产管理服务中心资产权证问题：对位于招宝山街道日成弄11号原三动机厂企业老职工居住的房屋，符合房改政策条件的按原房改政策转让给原居住职工，剩余房产按有关规定作二手房处置；对原区工业国投公司、区商贸投资公司一些企业房屋权证不一致的，由区国资办确认，按原归属一次性转移给2家公司。

（吴鲁言）

国土资源管理

【概况】 2014年，宁波市下达给镇海区的新增建设用地指标共63.4公顷，其中耕地52公顷，争取小微企业、重大项目、低效用地等专项用地指标59公顷，其中耕地40.4公顷。按照“有保有压、区别对待”的原则，对重点项目和民生工程倾斜。是年，完成农转用指标报批，上报城市分批次建设用地8个批次、2个单独选址项目，计 113个项目，面积164.27公顷；国有建设用地供地总计24宗，面积67.4公顷；经营性地块出让25宗、面积33.6公顷、出让金9.2亿元；工业地块出让20宗、面积32.2公顷、出让金2.3亿元；行政划拨项目供地54宗，面积140.45公顷；协议出让拆迁安置工业用地7宗，面积3.77公顷，出让金额2756.36万元。

是年，区国土分局建立征地补偿费预存制度，解决长期以来征地补偿款支付不到位问题。完善建设用地批后跟踪检查制度，全年共发送建设项目批后跟踪卡79宗，《开、竣工催促函》16宗，启动闲置调查程序宗地4宗；办理建设期限延期项目53宗，收取处罚金143.63万元。制定宅基地审批权下放镇（街道）的具体办法，解决农民建房难问题。严厉打击越界开采与偷盗矿山行为，全年立案查处非法偷盗矿产行为13件，罚没款5.75万元，移送区公安部门处理2起。加强土地执法快速反应机制建设，全区卫片检查违法占用耕地比例为3.5%，违法用地面积和违法用地比例呈低位运行。继续落实土地规范登记措施，颁发土地证书 19049本，其中国有土地使用权证17815本，集体土地使用权证458本；办理土地他项权利证书776本，抵押面积890.4公顷、金额116.76亿元；受理法院土地查封162宗，解除查封85宗。全年受理涉及土地的信访总量244件、283人次，共化解信访积案6起，信访件办结率100%，全年无重大集体信访事件发生。落实矿山复绿提升工程和地灾防治措施，推进澥浦茶叶山和九龙湖镇回锋岭矿山复绿提升工程，完成2013年度屯山、杨梅山2个废弃矿山前期复绿工程验收，完成九龙湖、澥浦两镇1∶10000地质灾害易发区图修编工作，并对2013年“菲特”台风其间引发的五处泥石流隐患点进行应急调查、治理。“地质灾害防治与废弃矿山复绿治理综合建设机制”项目获市国土局地矿工作创新二等奖。

是年，区围垦局推进泥螺山北侧一期围垦工程与田顾料场矿石开采工作，实施澥浦大闸外移、海域整理工程，完成泥螺山北侧二期围垦工程报批、新泓口东侧围垦前期报批。开展渔民政策处理，联合农业、公安等部门集中整治滩涂淤涨后渔民抢插违法行为，拆除桩界外的网具、竹竿等1000余顶。

（李登华　方莉莉）

【落实基本农田保护数量】 2014年，镇海区有基本农田6092.1公顷，市下达给区的基本农田保护指标为6080公顷。结合基数转换后确定的实有耕地面积，区对各镇、街道按应保耕地数量落实基本农田保护责任：蛟川街道537.8公顷，骆驼街道1859.9公顷，庄市街道730.3公顷，澥浦镇

1293.2公顷，九龙湖镇1670.9公顷。区国土分局牵头设立统一规范的基本农田保护标志牌51块，保护界桩1024个，标志牌标示出基本农田示意图、位置、面积、保护责任人和监督举报电话等信息。

【确保保障性住房建设用地需要】 2014年，根据市政府下达的保障性住房任务，区国土分局完成位于骆驼街道的区环卫保洁中心外来务工人员保障房项目0.3公顷土地的划拨供地，满足保障性住房建设的用地需要。

【开展土地利用总体规划局部修改】 2014年，区国土分局发挥规划管控作用，开展土地利用总体规划局部修改：完成土地利用规划基数转换与滨海耕地二期开垦项目验收入库，规划净增耕地65公顷；从象山县购买基本农田指标66.7公顷，向上级争取规划指标23.3公顷。此次局部修改共涉及建设用地项目30个，规划修改面积34.8公顷，其中基本农田26.5公顷，确保一批重大项目落地，重点保障部分农村缺房户的用地需求，为2015年的土地利用总体规划修改工作奠定基础。

【多项举措推进耕地保护】 2014年，区国土分局多项举措开展耕地保护工作：协同各镇（街道）推进"812"①农村土地综合整治，完成1个农村土地综合整治项目拆旧区复垦的区级验收，复垦面积3.5公顷；完成1个农村土地综合整治项目的立项申报，申报面积1.7公顷，可复垦新增耕地面积1.7公顷。加强横向联系，从龙游县有偿调入补充耕地指标40.6公顷，初步达成40公顷指标的购买协议，进一步拓展镇海区的用地空间。出台《镇海区关于建设占用耕地耕作层剥离和再利用工作的意见》，全面启动建设占用耕地耕作层剥离和再利用工作，完成镇海新城南区绿核地块耕作层表土剥离工作，项目总面积10.7公顷，耕作层剥离面积6.5公顷，剥离土方量19600立方米，剥离的土方用于植物园建设。

【土地利用效率有所提高】 2014年，区国土分局按照总量控制、差别化管理的要求，统筹配置新增建设用地指标，提高用地控制指标，将工业用地的平均容积率提高到1.2，鼓励企业新建标准厂房，以最少的土地最大化建设有效生产用房。开展开发区土地利用集约评价，建立土地利用信息数据库，摸清土地管理家底。2012年来，全区二、三产业公顷均GDP年均增幅达5%，土地利用效益不断提高。

【完成低效用地基础数据调查和图形数据建库】 2014年，区国土分局完成全区低效用地基础数据调查和图形数据建库，调查结果显示：全区6个镇（街道）共有低效用地186宗，面积569.2公顷。对其中58宗、面积71.3公顷符合城市规划和土地规划的违法用地进行查人处事，至年底处罚36宗、面积62.2公顷，完成低效用地涉及的违法用地报批21宗、面积16.64公顷。

①"812"农村土地整合整治：是浙江省在"十二五"期间全省垦造耕地53333.3公顷，建设高标准基本农田666666.7公顷，实施农村土地综合整治13333.3公顷三项任务的简称。

【全面推行土地执法快速反应机制】 2014年，区国土分局进一步完善土地执法快速反应配套政策，加强土地动态巡查，督促各镇（街道）对各类违法违规用地行为进行及时处置。截至年底，全区共巡查发现违法用地133宗面积11.6公顷，其中耕地面积7.4公顷；拆除复耕107宗、查人处事12宗、完善用地手续1宗，有效遏制新增违法用地的发生。

【完成年度土地卫片执法检查】 2014年，区国土分局按照“拆除复耕、自求平衡、依法查处、严控比例”的总体要求和“三必拆”①原则，通过拆除复耕及违法用地、设施农用地手续补办等手段，对下发的286个疑似违法用地图斑进行认真核查。检查情况是经核查，实际变更图斑149个，面积91.56公顷，耕地49公顷，其中合法用地图斑82个，面积83.5公顷，耕地45.7公顷；违法用地图斑67个，面积8.1公顷，耕地3.2公顷，违法用地面积占新增建设用地面积比例为8.9%，违法占用耕地比例为6.6%。

【完成年度“三改一拆”违法建筑拆除任务】 2014年，区国土分局配合“三改一拆”专项行动，推进“一户多宅”专项整治和“城中村”改造。“一户多宅”清理方面，全区5个涉农镇（街道）共拆除176户，拆除违法占地面积1.15万平方米，拆除违法建筑面积1.24万平方米。“城中村”改造方面，当年累计拆迁开工1062户，建筑面积18.46万平方米；当年累计完成安置（整治）3195户，建筑面积45.81万平方米，完成年度指标的191%；当年累计拆除违法建筑面积90.34万平方米，完成年度任务的164%。

【开展打击非法采矿专项行动】 2014年，区国土分局与公安部门联合下发《严厉打击偷盗矿产资源专项行动方案》，建立联合防控机制，设立33个矿产资源宣传广告牌和12个水泥桩柱，对偷盗行为形成高压态势。全年组织动态巡查37次，发现偷盗行为21起，立案查处16件，罚没款8.55万元，刑事判决案件1起。

【出台进一步加强农村宅基地管理意见】 2014年，区政府出台《关于进一步加强农村宅基地管理的意见》（镇政发〔2014〕28号），按照属地管理的原则，授权镇（街道）审批农民建房，增强镇（街道）社会经济管理职权，简化农民建房用地审批程序，审批时限由原来的28个工作日缩短至21个工作日。全年共审批农村私人建房702户，用地面积4.4公顷，破解农民建房难题。

【实施征地拆迁“阳光工程”】 2014年，区政府建立征地补偿费预存制度：各镇（街道）在用地报批前按征地补偿标准预缴40%的征地款，征地批准后缴纳剩余的60%，并与农转用报批和办理供地挂钩，确保征地补偿费及时足额支付到被征地村。同时上调征地区片综合价格标准，调整后的标准为4000/公顷～4666.7/公顷，平均上调幅度高达30%；将村发展留用地指标货币变现标准调整为5333.3/公顷，平均上调23%，清理2010—2013年历史遗留的

①“三必拆”原则：指被卫星遥感重复发现的违法用地一律拆除复耕，经营性营利性违法用地一律拆除复耕，批少用多无实质性建筑的违法用地一律拆除复耕。

留用地指标费5825万元。是年，全区完成“阳光征地”拆迁征地面积153.6公顷，征地补偿费均及时足额支付到被征地村。

【启动国土“一张图”工程建设】 2014年，区国土分局继续推进“一张图”①工程建设，通过整合基础数据和“批、供、用、补、查”业务数据，基本完成“一张图”核心数据库与电子政务平台与业务系统建设，实现对全区国土资源重要数据的查询与浏览、叠加与分析、共享与交换等功能，实现信息系统数据互通与重要业务网上办公、网上审批和网上监管，进一步提高国土资源管理信息化水平。

（李登华）

【泥螺山北侧一期围垦工程完工】 12月25日，泥螺山北侧一期围垦工程完工。至年底，工程完成投资5.75亿元，占总投资的73.7%；完成石方填筑260万立方米，土方填筑104万立方米，砼浇筑6万立方米，排水板插打255万米。泥螺山北侧围垦工程的围垦总面积1252公顷，根据用海的审批情况，工程分三期实施，一期实施南围区696公顷，投资预算7.8亿元。

【完成新泓口东侧围垦前期报批工作】 2014年，新泓口东侧围垦前期报批工作完成。项目地处金塘大桥、镇海港区等敏感区域，在2013年完成动床物理模型的基础上，截至年底，项目通过市发改委评审，完成数模复核与工程可行性研究报告、控制性详规编制方案和海洋环评初稿。

【实施2项海域整理工程】 2014年，区围垦局实施泥螺山北侧453.3公顷海域整理工程，概算投资10638.98万元，年底完成总投资1600万元，完成总工程量的15%。布置一般工业固废填埋场和重点水利工程渣土应急处置场地，面积约53.3公顷，年底工程基本完工，计划2015年交付区农业局、化工区使用。

（方莉莉）

财政管理

【概况】 2014年，全区实现财政总收入89.15亿元，比上年增长8.0%（以下简称增长）。其中公共预算收入48.57亿元，增长8.0%，占财政总收入的54.5%，政府性基金收入35.28亿元，增长36.4%。

表30 **2014年镇海区公共预算收入**

单位：万元

指标名称	金额	比重(%)
地方财政收入合计	485703	100.0
一、税收收入	457407	94.2
其中：耕地占用税	5098	1.0
契税	29730	6.1
其中：企业所得税	68325	14.1
其中：国有企业所得税	1945	0.4
集体企业所得税	1005	0.2
外资企业所得税	28650	5.9
二、国有企业计划亏损补贴	-10000	-2.1

①“一张图”工程：指遥感、土地利用现状、基本农田、遥感监测、土地变更调查以及基础地理等多源信息的集合，与国土资源的计划、审批、供应、补充、开发、执法等行政监管系统叠加，共同构建统一的综合监管平台，实现资源开发利用的“天上看、网上管、地上查”实现资源动态监管的目标。

续表30

指标名称	金额	比重(%)
三、排污费收入	3997	0.8
四、教育费附加收入	14457	3.0
五、水资源费收入	153	0.0
六、行政事业性收费收入	3378	0.7
七、罚没收入	7297	1.5
八、国有资源(资产)有偿使用收入	8995	1.9
九、矿产资源补偿费收入	19	0.0
十、其他收入		0.0

表31　2014年镇海区政府性基金预算收入

单位：万元

指标名称	金额	比重(%)
基金收入合计	362796	100.0
一、墙体材料专项基金收入	3000	0.8
二、文化事业建设费收入	238	0.1
三、地方教育附加收入	9559	2.6
四、国有土地使用权出让收入	299930	82.7
五、国有土地收益基金收入	9393	2.6
六、农业土地开发资金收入	2202	0.6
七、新增建设用土地有偿使用费收入	6460	1.8
八、地方水利建设基金收入	16199	4.5
九、残疾人就业保障金收入	3664	1.0
十、城镇公用事业附加收入	1285	0.4
十一、彩票公益金收入	878	0.2
十二、散装水泥专项资金收入		0.0
十三、其他政府性基金收入	9988	2.8

全年完成公共财政预算支出43.86亿元，增长4.8%。全年财政收支平衡。政府性基金支出29.36亿元，增长8.1%。

表32　2014年镇海区公共财政预算支出

单位：万元

指标名称	金额	比重(%)
合　计	438615	100.0
1. 一般公共服务	57783	13.2
2. 外交		0.0
3. 国防	1233	0.3
4. 公共安全	30916	7.0
5. 教育	74365	17.0
6. 科学技术	23594	5.4
7. 文化体育与传媒	8583	2.0
8. 社会保障和就业	44334	10.1
9. 社会保险基金支出		0.0
10. 医疗卫生	35537	8.1
11. 环境保护	8245	1.9
12. 城乡社区事务	67151	15.3
13. 农林水事务	18046	4.1
14. 交通运输	8891	2.0
15. 商业服务业金融等事务	6510	1.5
16. 资源勘探电力信息等事务	31124	7.1
17. 其他支出	2001	0.5
18. 国土气象事务支出	1776	0.4
19. 住房保障支出	17402	4.0
20. 粮油物质储备管理支出	377	0.1
21. 金融监管等事务支出	747	0.2

表33　2014年镇海区政府性基金预算支出

单位：万元

指标名称	金额	比重(%)
合　计	293569	100.0
一、一般公共服务		0.0
二、教育	16762	5.7
其中：地方教育附加支出	16762	5.7
三、文化教育与传媒	246	0.1
其中：文化事业建设费支出	246	0.1
四、社会保障与就业	3037	1.0
其中：残疾人就业保障金支出	2980	1.0
五、城乡社区事务	245640	83.7
其中：国有土地使用权出让金支出	231339	78.8
农业土地开发资金支出	984	0.3
城镇公用事业附加支出	1500	0.5
六、农林水事务	17522	6.0
其中：地方水利建设基金支出	17522	6.0
大中型水库移民后期扶持基金支出		0.0
七、交通运输		0.0
其中：养路费支出		0.0
八、资源勘探电力信息等事务	2350	0.8
其中：墙体材料专项基金支出	2325	0.8
九、其他支出	8012	2.7
其中：其他政府性基金支出	6528	2.2
彩票公益金支出	1484	0.5

是年，区财政局完善税源管理系统，应对营改增扩面、重点税源和潜在税源动态、重大税收政策出台和征管办法调整、土地及房地产市场形势等对财政、税收收入的影响，加强对排污有偿使用费、海域使用金等征收管理。全年税收收入86.17亿元，增长6.4%，其中归属中央40.58亿元，增长8.0%，地方45.74亿元，增长8.9%；非税收入3.93亿元，增长4.3%。围绕产业结构调整，项目提质增效目标，当年可用政策资金4.73亿元，增长0.85%；另外，对上争取到位资金1.8亿元。安排民生方面资金31.10亿元，占新增财力七成以上，不断提高民生保障标准和保障区里重大民生工程建设。

【民生投入31.10亿元】 全年一般公共预算民生支出31.10亿元，增长4.6%。其中教育方面支出7.43亿元，占比17.0%；城乡社区事务支出6.72亿元，占比15.3%；一般公共服务支出5.78亿元，占比13.2%；社会保障和就业支出4.43亿元，占比10.1%。

【建立"问题企业"信息共享机制】 3月，区财政局在全市率先出台《支持经济发展专项资金申报资格限制管理规定》，并联合环保、工商、地税等16个部门建立"问题企业"信息共享系统，避免因处罚信息不透明造成"边罚边奖"等问题。全年共有52家企业被列入"问题企业"，将在两年内不得申报政策资金，其中4家问题企业被限制申报扶持资金合计近11万元。

【设立金融风险帮扶专项资金】 5月，针对区内企业因互联互保形成较大债务风险的严峻形势，由区金融办、财政局和经信局牵头，筹集整合资金3000万元设立区金融风险帮扶专项资金并出台《镇海区企业金融风险帮扶专项资金实施细则》，专项用于帮扶企业的融资风险补偿、转贷成本和财务费用降低、银行信贷支持、担保机构的担保支持等，做好企业资金链、担保链风险防范。全年帮扶企业34家，补偿资金1429.3万元。

【开发政策资金申报服务平台】 5月，区财政局全市率先上线运行“政策资金申报服务平台”，加载政策文件、申报通知、资金公示、资料下载、网上咨询等8大功能，并对接经信、科技、建交等职能部门，为企业（个人）提供一个业务互动、信息查询、数据共享的沟通平台，破解流转程序烦琐、信息不对称、竞争不公平等顽疾。全年共兑现区级奖励项目384项，涉及资金4.29亿元，连同市级以上奖励共计5.3亿元，兑现提速50%以上，审核速度居全市前列。

【控制“三公”经费支出规模】 年初，区财政局修订完善《党政机关公务接待管理规定》《机关单位会议费管理规定》《机关单位培训费管理规定》《机关工作人员差旅费管理办法》等，进一步明确费用标准及报销制度。开发全区公务支出公款消费管理系统，对超标准、超范围、超额度公务支出公款消费行为进行预警，提高公务支出监管水平。对公务用车上牌实行指标证前置，从源头控制车辆超标、超编配备，违规租用和接受赠送，换用、借用占等违规行为。全年共削减“三公”经费21.7%。

【实施预算绩效评价】 年初，区财政局对预算安排在50万元及以上的新增项目以及500万元以上的经常性项目，实施预算绩效评价，核减项目预算4.15亿元。

【开展政府性存量债务甄别工作】 11月，区财政局牵头，启动全区政府性债务清理甄别工作，对年底前尚未能清偿的政府性债务和9月21日前在建项目进行摸底、清理和甄别，为启动政府债务管理改革奠定基础。

（张　慧）

税收管理

2014年，区国税局面临上年同期税收基数高，组织收入压力大的困难，组织收入原则，统筹规划收入、深化经济分析，确保经济税收协调增长。全年共组织税收收入50.52亿元，同比增长8.69%，剔除免抵调库后完成38.57亿元，同比增长8.25%。其中，国内增值税直接收入和企业所得税收入分别为26.18亿元和12.13亿元，同比增长4.75%和16.40%。54户市级重点税源企业入库15.77亿元，同比增长10.28%。

是年，区国税局落实结构性减税政策，推进“营改增”试点。完善3D立体网格化纳税服务模式，实施税收征管改革，丰富管理创新内容。拓展信息管税领域，稳步推进稽查现代化建设。区国税局荣获2013年度全国税务系统先进集体称号，列国家税务总局第四次纳税人满意度调查第5名、全市纳税人满意调查第2名，被评为2013年度镇海区依法行政示范单位，12366纳税服务综合平台[①]获2013—2014年度镇海区“工人先锋号”称号。

国税局领导携科室干部走访重点税源企业

是年，区地税局共组织地方税费收入61.33亿元，同比增长14.2%，增收7.64亿元。其中，地方税收收入36.3亿元，同比增长8%，增收2.7亿元；社会保险费收入20.65亿元，同比增长29.6%，增收4.72亿元；其他基金、费收入4.38亿元，同比增长5.4%，增收0.22亿元。是年，区地税局重视正常税收和重点税源分析，采取“以地控税”“两税比对”[②]措施保障税收收入，强化个人和企业的所得税管理，实施税收风险管理，推出“真心实e”服务品牌，优化纳税服务，初步建立纳税事项“前台办结、后台监控”的征管质量监控体系。

【落实税收优惠政策】 2014年，区国税局开展出口退税“同心同力促发展”专项活动，全年累计为辖区825户出口退税企业办理退税12.65亿元。其中637户生产企业退税10.45亿元，188户外贸企业退税2.20亿元。办理各类退税0.83亿元，其中福利企业退税2204万元，资源综合利用企业退税1485万元，软件企业退税134万元，消费税退税4410万元。配合财政部门做好“营改增”试点过渡性财政扶持资金拨付的材料受理及审核工作，为24户符合条件的税负增加企业办理申报手续，涉及扶持资金约1050万元。区地税局集中调研走访40多家重点税源企业，开展问情、问计、问需活动，帮助企业消化税收优惠政策。全年为企业减免房产税、土地使用税、水利建设专项资金等共计1.44亿元，税收减免惠及企业822户次。此外，为81户企业研究开发费用加计扣除[③]，安置残疾人员所支付的工资加计扣除金额备案8653万元，为89Z户企业申报免税收入备案2.11亿元，帮助企业渡过难关。

---

①12366纳税服务综合平台：区国税局直接面向纳税人的综合性纳税服务平台，以“用心倾听 真诚服务”为宗旨，以86612366“税路通”纳税服务专线为核心，由专业纳税服务团队通过电话、网络及短信渠道，向企业提供“纳税咨询、投诉举报、权益维护、政策送推”一站式服务。

②“以地控税”是基于土地不可移动的特点，在定期获取国土部门宗地地籍信息的基础上，以国土部门地理信息系统为依托，通过将国土部门宗地信息与税人数据库税人进行关联比对，查找漏征漏管或申报面积不实的应税土地，实现税源的精细化、动态化、可视化和无缝化管理。“两税比对”与“以地控税”有紧密联系。

③“加计扣除”，指按照税法规定在实际发生数额的基础上，再加成一定比例，作为计算应纳税所得额时的扣除数额的一种税收优惠措施。例如，假定税法规定研发费用可实行150%加计扣除政策，那么如果企业当年开发新产品研发费用实际支出为100万元，就可按150万元（100×150%）数额在税前进行扣除，以体现鼓励研发政策。

国税局开设“营改增”专窗服务纳税人

【开展重点税收专项检查】 2014年，区国税局开展房地产及建筑安装业、电气机械和器材制造业、产品出口退(免)税企业，三年以上未查规模企业等行业为重点的税收专项检查。累计稽查各类纳税人95户，辅导式自查59户，查补税收入2013.58万元。查处发票违法企业51户，非法发票659份，查补税收入958.86万元。受理稽查举报案件17件，百万以上大要案3起，涉及金额5545.03万元。

【开展便民办税春风行动】 4月，区国税局开展便民办税春风行动。行动以“最大限度便利纳税人、最大限度规范税务人”为理念，落实办税服务再提速、首问责任深落实、纳税负担再减轻、纳税信用重应用、权利清单更透明等便民措施，通过办税大厅综合辅导服务平台，全程透明、直接受理辖区纳税人申请办理票种核定(调整)申请、营改增过渡性财政扶持资金申报、外出经营活动税收管理证明出具等日常涉税审批事项，审批进度平均提速6日。同时培训企业财务33000人次，12366平台累计回复纳税咨询24000个，取消29项进户执法项目①，完成2012—2013年度企业纳税信用等级评定。

【落实结构性减税政策】 2014年，区国税局完成铁路运输、邮政业和电信业的“营改增”改革试点基础税源摸底、征管范围调整、国地税管户交接等工作，年底全区共有“营改增”试点纳税人3634户，全年入库增值税1.53亿元。同时落实各项小微企业所得税优惠政策，惠及企业约1324户，减免企业所得税573万元。

【注重经济与税收之间的双向分析】 2014年，区地税局以实体经济正常税收收入和重点税源企业作为分析对象，集中抓好重点税源企业的监管，健全重点税源分级分析报告机制，摒除一次性收入、追缴欠税等非经常因素，通过经济与税收之间的双向分析，测量评估当期税源的纳税能力，预测经济税源的发展趋势，掌握税收基本面情况。全年332户重点税源企业共入库地方税收22.06亿元，占税收比例60.8%。

【重点房地产实施“以地控税”】 2014年，区地税局对区内各重点房地产项目实施多环节的动态跟踪，推进“以地控税”、房产与土地两税比对、税收数据清理等工作，全年“以地控税”共补税1528万元，“两税比对”实现补税73万元。

【加强个人和企业所得税管理】 2014年，区地税局利用全员全额明细申报系统强

①进户执法项目：指税务机关工作人员依法到纳税人、扣缴义务人生产经营场所实施实地核查、纳税评估、税务稽查、反避税调查、税务审计、日常检查等税务行政执法行为。

化个人所得税管理，对个人取得两处以上工资的纳税情况比对，补缴个人所得税131万元；完成工资薪金个人所得税“两税”比对，补缴个人所得税28万元。加强企业所得税后续管理，严格审核研究开发费的加计扣除，共调增应纳税所得额2000余万元。

【实施税收风险管理】 2014年，区地税局建立风险监控模型和风险指标体系，综合运用税易数据库和第三方信息，开展风险识别与等级排序、财务指标比对与涉税信息采集，应对市局推送的资本印花税和自然人股息红利个人所得税等风险项目，开展专项纳税评估。全年共实施税收风险监控管理项目10个，纳税评估372户次，评估补税、滞纳金入库5137万元；实施低风险提醒应对1021户次，实现入库180万元。

【国地税联合实施“一站办结”业务】 2014年，区国税局、区地税局实现新办登记、变更登记、定期定额、账户账号报备、个体共管户注销、国税代开发票门征等“一站办结”业务，让纳税人“进一家门、办两家事”，方便办理涉税业务。全年联合办理税务登记2882户、其他业务5218户次，联合征收地方税费485万元。

【推出“真心实e”服务品牌】 5月，区地税局推出“真心实e”服务品牌。借成语“真心实意”推出的品牌立足打造“唯真、唯新、唯实、唯效”的现代化服务体系：优化“线上”全天候服务模式，做好“智慧财税”二期上线运行，完善“税收视频讲堂”，创办“纳税人学校”及三所分校，构建税企交流“微平台”；创新“线下”全方位服务模式。将税收管理职能全面向办税服务厅“前置”，实现纳税人发起的涉税事项统一由办税服务厅办结。结合第23个税收宣传月，推进“便民办税春风行动”。

（宋良辰　张连军）

工商行政管理

【概况】 2014年，全区工商行政管理工作从服务群众、保障民生出发，推进食品安全网格化监管，以食品、餐饮等民生行业为重点，全面开展无照经营整治行动。全年组织实施流通环节“百日严打”、农贸市场自制食品“清源”行动、农村食品市场“四打击四规范”等整治活动。开展流通环节食品（食用农产品）抽检。立足商事登记改革，推进注册登记便利化，帮助企业拓展融资渠道。推进消费维权，营造安全放心消费环境。

是年，全区核准新设各类市场主体4267户，其中新设企业登记1796户，变更登记2157户，注销登记314户。至年底，全区实有市场主体29281户，同比增长8.52%。其中内资企业11869户，增长17.79%；外商投资企业622户，增长2.13%；个体工商户16790户，增长3.02%。全年办理新申请商标注册888件，核准注册511件，全区商标总量达4026件。新增中国驰名商标1件，累计9件；新增浙江省著名商标4件，累计29件；新增宁波市知名商标7件，累计60件。

是年，立案查处各类案件261件，罚没款157万元，其中无照经营案件39件，罚没款18.6万元。向公安机关依法移送案件2起；移送各类犯罪线索15起，其中9起立案。

表34　　2014年镇海区驰名、著名商标

商标级别	企业名称	认定商标	类别	认定时间
中国驰名商标	宁波埃美柯铜阀门有限公司（司法认定）	埃美柯	6/阀门、9/水表、11/水龙头	2007
	宁波埃美柯铜阀门有限公司（行政认定）	AM	6/阀门、9/水表、11/水龙头	2011
	宁波明欣化工机械有限责任公司		6/金属容器	2011
	宁波雨云蔬菜厂	雲	29/榨菜、腌制蔬菜	2008
	百隆东方股份有限公司	BROS	23/纺织用纱；线；毛线	2014
	宁波市海达塑料机械有限公司	海达	7/塑料注射成型机	2008
	宁波华通电器集团股份有限公司	宁通	9/高压开关柜、低压开关柜、成套电器控制设备	2007
	宁波摩士集团股份有限公司	MOS NHX	7/轴承	2008
	宁波宁力高强度紧固件有限公司	N	6/金属螺丝、金属螺母、金属螺栓、地脚螺钉	2008
浙江省著名商标	宁波中鑫毛纺集团有限公司	ZHONGXIN	23/纺织用纱、丝、线	2011.12
	宁波伟峰影像设备集团有限公司		9/照相机的三脚架	2009.12
	宁波杜亚机电技术有限公司	DOOYA	7/电控拉窗帘装置；电动卷门机	2011.12

续表34

商标级别	企业名称	认定商标	类别	认定时间
浙江省著名商标	宁波天韵通信设备有限公司	Shen Yun	9/光通信设备	2013.12
	浙江野马电池有限公司		9/电池，电池充电器，原电池	2011.12
	宁波中鑫毛纺集团有限公司	SHUANGBAO	24/呢绒	2011.12
	宁波达尔轴承有限公司	WTOO	7/轴承（机器零件）	2011.1
	宁波金海电子有限公司		9/继电器	2013.9
	中国石油化工股份有限公司镇海炼化分公司	東海牌 DONGHAI BRAND	1/化学肥料（农用尿素）、4/汽油、柴油、液化气	2012.12
	镇海石化工业贸易有限责任公司	招宝山	1/聚丙烯	2011.12
	宁波英特姆液压马达有限公司/宁波欧易液压有限公司	NHM	7/马达及其部件	2011.12
	浙江青青实业有限公司	懂你 Dong Ni	29/蜜饯，干蔬菜，干食用菌	2011.12
	东毓(宁波)油压工业有限公司	Tommy	7/真空橡胶加硫机、真空热压成型机、低温平板加硫机	2011.12
	宁波市镇海国创高压电器有限公司		9/避雷器	2011.10
	宁波灏钻科技有限公司	灏钻	11/水净化设备和机器，水净化装置，水过滤器	2010.10

续表34

商标级别	企业名称	认定商标	类别	认定时间
浙江省著名商标	宁波启盛生物食品发展有限公司	啓盛食品	29/蔬菜罐头、笋干、干食用菌	2011.10
	海发(宁波)办公设备有限公司	新宇	6/金属箱,防磁柜(金属)	2012.8
	宁波中意液压马达有限公司	ziHYD	7/卷扬机,马达和发动机冷却器,密封接头(发动机部件)	2009.9
	宁波市镇海银球轴承有限公司	NZSB	7/轴承(机器零件)	2013.12
	宁波市天衡制药有限公司	枢丹 Zudan	5/盐酸恩丹西酮	2009.12
	宁波市天衡制药有限公司	枢瑞	5/各种针剂,片剂,原料药	2011.12
	华美线业有限公司	DUNHUANG 敦煌	23/涤纶线,绣花线	2012.12
	宁波九龙紧固件制造有限公司		6/标准紧固件(不包括通讯和车辆用紧固件),钉	2009.12
	宁波新福钛白粉有限公司		1/工业用二氧化钛	2010.10
	浙江中平粉末冶金有限公司	中平	11/制冷设备和装置配件、空气调节装置配件、换热器	2012.12
	宁波德泰化学有限公司		1/工业用炭黑,活性炭,橡胶化学增强剂	2011.10
	宁波龙欣精细化工有限公司		2/染料,木材染色剂,木材染料	2011.10
	浙江恒河石油化工股份有限公司	HENGHE 恒河	1/未加工人造树脂;工业化学品,工业用黏合剂	2013.9
	宁波家联塑料科技有限公司	HL HOME-LINK	8/餐具(刀、叉和匙),刀叉餐具,匙	2013.9

注:“类别”栏中的阿拉伯数字为行业类别。

【实施工商登记制度改革】 3月1日，国务院《注册资本登记制度改革方案》实施以来，区市场监管局按照服务经济发展、推进重点项目落户的要求，推进工商注册登记便利化改革。实施“容缺受理”，降低登记准入门槛，对申请人非关键性材料缺失或有误的，预先受理和审查，待领取营业执照时补齐所有材料，进一步缩短窗口登记审批时限。至年底，共新登记公司制企业1161户，同比增长47.71%，占新登记企业总量的78.5%；新增注册资本55.57亿元，户均注册资本478.7万元，同比分别增长57.29%和6.5%。开通网上注册厅，方便企业办理业务，全年共办理近600件，其中网上名称核准登记500余件，设立登记28件，变更登记6件。

【试点企业年度报告申报公示制度改革】 自8月20日起，全区在全市率先试点企业年度报告申报公示制度改革，先行实施年报公示。区市场监管局通过咨询答疑、宣传普及、指导服务等措施，扩大年报公示的知晓率，提高企业的申报率。年内召开4场年报公示培训会，培训企业400余家，发放资料600余份，完成年报申报的内资企业1182家，外资企业124家。

【推进品牌超市进校园】 2014年，区市场监管局会同教育局继续推进“品牌超市进校园”，要求品牌超市以直营的方式在学校开设，所出售的食品必须符合国家规定的定型包装食品，不得出售“三无”食品，不得销售烟、酒等违反学校管理规定的商品等。同时，“品牌超市进校园”工作接受群众的监督。年底，全区现有宁波市镇海区招宝山婉珍副食店、宁波市镇海区招宝山静静小卖部、宁波东钱湖旅游度假区新宇超市有限公司龙赛中学店、宁波市镇海区庄市佳佳小卖部 4家品牌超市进驻3所区教育局直属学校，品牌超市占校园食杂店总数66.7%。

【拓展中小企业融资渠道】 2014年，区市场监管局与中国邮政储蓄银行镇海支行、宁波银行镇海支行等金融机构合作，开展融资洽谈活动4次，发放宣传资料2000余份，融资金额约5000万元。推进动产抵押登记，帮助企业拓展融资渠道，全年共办理动产抵押登记170份，涉及金额合计101691.5万元。

【推进消费维权集中约谈】 2014年，针对投诉量相对集中的超市和4S店，区市场监管局开展集中约谈，督促其加强自律，规范经营。全年共受理消费者投诉1056件，涉及金额87.85万元，为消费者挽回经济损失75.5万元。妥善处理郁金香楼盘、米亚蛋糕等较大群诉事件。

【开展家装服务和家居建材消费维权专项行动】 自5月开始，区市场监管局开展为期5个月的家装服务和家具建材消费维权专项行动。本次专项检查共出动执法人员92人次，检查东州建材商城、庄市建材城、招宝山家具、建材专卖店等家装、建材各类经营户190户，立案查处各类案件3起，罚没款共计人民币10340元。

（董　玲）

安全生产监督管理

【概况】 2014年，全区安全生产监督管理根据省、市安全生产工作总体部署，围绕区委“六大战略”和“平安镇海”创建总要求，以全面深化安全生产责任体系、事故隐患排查治理体系、安全预防控制体系及提升安全生产治理能力为主线开展安全生产各项工作。区安监局开展隐患排查扩面工作，重点指导年产值500万元以上企业建立隐患排查治理制度，全年上报隐患排查生产经营单位1312家，查出一般隐患17602条，整改率100%。开展新安全生产法宣传贯彻活动，组织辖区企事业单位参加新安法竞赛，提交答题卡2000余份，印发新安法单行本8000余份。开展涉氨制冷行业整治，督促区内16家涉氨企业落实隐患整改。区公安分局加强道交通、消防安全管理，加大检查危化企业力度。

是年，水上交通安全管理以客渡船、客滚船、高速客船、旅游船、危险品运输船“四客一危”船舶和金塘大桥桥区水域，甬江口水域现场监管为重点。镇海海事处开展采运砂船治理“安全生产月”等专项整治活动，严查超载跨航区航行，严厉打击配员不足等违章违规行为，重点检查黄砂、内河船、危险品船等船舶。全年实施船舶安全检查836艘次，发现违章行为12次，立案调处120件，办结94件，处罚金额45.97万元。组织辖区水上巡航1047艘次，巡航里程29987海里。

全年全区共发生各类生产安全事故（包括工矿商贸企业、道路交通、水上交通、渔业船舶、不含石化区事故）150起、死亡34人、直接经济损失172.3万元，同比分别下降9.6%、22.7%、64.9%；发生生产经营性火灾86起，同比下降7.5%，无人员伤亡，直接经济损失1163.5万元，未发生较大及以上安全生产事故。辖区水域共发生险情24起，事故5起，沉船2艘，人员死亡失踪0人，直接经济损失378.2万元。

（周旦旦　乐俊凯　付一方）

【开展油气管线隐患整治】 2014年，区委、区政府安排1000万专项资金开展油气管线隐患整治。经统计，全区共有管线523根（含港区325根、石化区100根），总长1079公里（区内实际长度）。其中油气（长输）管线55根、城镇燃气管线30根、工业管线438根（含港区325根、石化区100根、区内13根），管线涉及企业45家。排查发现，全区共有安全隐患70处（其中重大隐患33处，省挂牌督办5处）。至年底，完成隐患整改68处，整改率97%。其中实际完成33处，35处安全间距不足经论证在风险可控范围内；3处省督办件通过省、市验收，剩余2处正在推进。

区长魏祖民检查油气管道

【开展安全生产月活动】 6月，全区开展“安全生产月”活动。其间，区安监局举行以“强化红线意识、促进安全发展”为主题，组织开展学习安全生产宣传咨询日、安全隐患随手拍、安全生产事故警示教育等宣传教育活动，共悬挂标语（横幅）740条，张贴宣传画2020张，发送短信3200条，发放宣传资料13000份。

【开展安全生产培训】 2014年，区安监局开展各类安全生产培训。全年累计完成全员安全培训67179人。其中企业主要负责人1802人，安全生产管理人员2252人，特种作业人员1321人，其他从业人员61644人，双百双千企业安全生产骨干培育工程①培养安管员、班组长160人。

【开展危险化学品安全生产攻坚活动】 2月起，区安监局制订《镇海区危险化学品安全生产攻坚工作实施方案》，重点从源头管理、配套设施、企业主体责任、安全监管和应急管理等5方面开展攻坚活动，确保危化品安全监管能力明显提升，至年底区内未发生危化品事故。

【开展可燃爆粉尘整治专项行动】 8月，区安监局开展可燃爆粉尘整治专项行动。行动摸排区内共有可燃爆粉尘企业18家。其中铝粉企业10家、锌粉企业2家、橡胶塑料粉企业2家、木粉企业4家。年底共治理安全隐患169条，发出责令限期整改指令书7份，开具现场处理措施决定书6份，下发停电措施通知书5份，取缔关停企业3家。

（周旦旦）

【加大检查危化企业力度】 2014年，镇海公安分局推行以治安岗卡为龙头，以原有围墙、隔离栏、河网为依托，以智能化监控与车辆巡逻为辅助的封闭式管理模式，加大检查辖区危化企业力度：集中规范化危化品运输车辆的日常维修、性能检测、罐体洗消、车况检验等操作，消除安全监管隐患；开展涉危涉爆物品专项整治，全年查处非法携带管制器具案件24起，破获非法持有枪支弹药案3起，处理涉案人员25人。

镇海公安分局开展危化车辆检查（2月7日）

【强化消防安全管理】 2014年，镇海公安分局紧盯人员密集场所、高层地下建筑、易燃易爆单位、烟花爆竹场所等火灾防控重点，推进消防安全"打非治违"行动，强化对"三合一""多合一"场所和出租居住房屋排查治理，遏制"小场所亡人"现象。是年，对9家存在重大火灾隐患单位实施区级挂牌整改，检查"九小"场所②及"三合一"场所③、出租房等4900余家，下发行政处罚决定书100份，罚款9.77万元。

【强化道路交通安全管理】 2014年，镇海公安分局加强道路交通秩序治理：推进区域交通基础设施建设，建成6条"双向绿

①双百、双千：市安监局重点帮助中小企业培养100名安管员和100名班组长，全市各县（市）区安监局重点培养1000名安管员和1000名班组长。

②"九小"场所：指小商场、小学校（幼儿园）、小医院、小餐饮场所、小旅馆、小歌舞娱乐场所、小网吧、小美容洗浴场所、小生产加工企业。

③"三合一"场所：指住宿与生产、储存、经营等用途混合设置在同一连通空间内合用。

波带”道路，增加2个单行片区和6条单行线，增加电子警察77套、高清卡口63套、违停抓拍系统38套。加大交通违法行为整治，开展“纠违治危”“打非治违”及打击工程车严重交通违法等系列专项行动，查处各类交通违法行为41.1万起。全区上报事故、死亡人数，受伤人数，直接财产损失等四项指数与上年分别下降8.92%、6.25%、10.23%、35.11%。

（乐俊凯）

【开展“打非治违”、“两船整治”系列专项活动】 2014年，镇海海事处开展“打非治违”、“两船整治”系列专项活动：开展打击甬江内砂石船舶超载、非法采运砂和配员不足等违章行为，采取每月1次集中设卡拦截等措施共处罚33艘次、3家公司61项违章行为，处罚金额20余万元。开展打击内河船舶参与海上运输专项活动，坚持每周1次夜查机制打击内河船舶在辖区码头夜间作业的行为，自6月后辖区没有内河船舶在辖区的码头装卸货。与宁波海事局三江口、鄞奉、北仑、梅山海事处和舟山海事局定海海事处开展联合执法，共同打击内河船舶，共开展联合行动12次、联合整治59天，强制驱离内河船181艘次，查扣7艘次，立案处罚7艘次，处罚金额10万元。围绕“查隐患，纠违章，防事故”主题，与港口（港航）、环保、海洋、港务公安等相关单位部门开展合作联动，推进船岸界面管理和水域环境保护联动执法，完成水上危险化学品运输安全专项整治活动。

【加强重点时段水上安全监管】 2014年，镇海海事处加强夏季高温、台风、浓雾大风等恶劣天气时段水上安全监管：以危险品运输船舶、客渡运船舶、招宝山大桥和金塘大桥水域桥区安全监管为重点，抓住重点物资运输保障、恶劣天气预警预控、应急处置、新闻宣传等关键环节，完成安全监管任务，实现重点时段辖区零事故。做好夏季高温危险品船监管，共计审核同意2478艘次涉污涉危作业，对204次作业申请不予许可或要求重新提交资料等；发送预警预控信息125条，现场管控15次；开箱检查17标箱，积载隔离检查32标箱，发现较大缺陷箱（罐）3只；现场检查危险品船舶175艘次，防污染检查362艘次。完成“凤凰”等多个台风的防抗工作，其间共出动执法人员311人次，船艇39艘次，车辆49次，发布预警预控26次，避免险情2起。辖区水域实现“零伤亡、少损失”。

（付一方）

质量技术监督管理

【概况】 2014年，全区质量技术监管工作围绕开展质量强区建设进行。区质监局将实施品牌、标准、管理发展战略与全区产业结构调整和打造生态型港口强区结合，为企业免费导入企业管理提升工程，加快区域三次产业结构升级。探索特种设备信息化监管新机制，完善特种设备安全监管体系。建立质量诚信体系，做好质量风险预警分析，打击侵犯知识产权和制假售假违法行为。推动检验检测公共技术服务平台建设，夯实质量安全监管基础。实施镇海特色“免费导入”企业管理提升工程，37家企业成功导入卓越绩效、精细化等先进管理模式。新增市级卓越绩效评审员4名，5家企业成功申报市级

表35　　**2014年省、市名牌企业**

企　业	产　品	获得时间	等级
宁波达尔轴承有限公司	微小型深沟轴承	2014.12	省级
海发（宁波）办公设备有限公司	密集架	2014.12	省级
中国石油化工股份有限公司镇海炼化分公司	汽油、3号喷气燃料	2014.12	省级
中国石油化工股份有限公司镇海炼化分公司	柴油	2014.12	省级
宁波市海达塑料机械有限公司	塑料注射成型机	2014.12	省级
宁波富邦精业集团股份有限公司	纯铝板材、带材	2014.12	省级
宁波中意液压马达有限公司	液压马达	2014.12	省级
宁波九龙机械制造有限公司	钢格栅板	2014.12	省级
东毓（宁波）油压工业有限公司	平板硫化机	2014.12	省级
宁波市镇海甬鼎紧固件制造有限公司	紧固件	2014.12	市级
开元会计服务有限公司	代理记账	2014.12	市级
宁波天韵通信设备有限公司	JPX180型系列总配线架	2014.12	市级
宁波安信德亿塑业科技有限公司	塑料给排水管	2014.12	市级
宁波龙欣精细化工有限公司	染料	2014.12	市级
宁波中江高强螺栓有限公司	紧固件	2014.12	市级
浙江中平粉末冶金有限公司	粉末冶金零件	2014.12	市级
宁波甬华树脂有限公司	碳五石油树脂	2014.12	市级
宁波海宏液压有限公司	螺纹插装式先导溢流阀	2014.12	市级
宁波市镇海阳光交通器材有限公司	汽车雨刮器	2014.12	市级

管理提升项目，2家企业通过市长质量奖资格审查，组织35家制造型规上企业负责人观摩上海通用和中国联想，实施管理对标。举办社会性质量知识竞赛、全区性质量大讲堂和质量管理沙龙活动7期。

【质量强区建设取得显著成效】　2014年，全区质量强区建设取得可喜成果：全年企业参与国际标准制修订1项，行业标准制（修）订35项，数量创历史新高。紧固件块状产业联盟标准项目升级为市级重点项目，实现全区标准化块状产业试点“零突破”。埃美柯荣获“2014年苏浙皖赣地区质量工作先进单位”和首批市级卓越绩效孵化基地。无公害叶菜类蔬菜种植标准化示范区等4个农业标准化项目获市级立项，全区农业标准化实施率61%。北欧园区的涉外园区标准化管理试点开启全市涉外园区标准化试点先河。

【推出"3+X"品牌滚动培育方式】 2014年，区政府出台《镇海区名牌培育三年规划》，推行"3+X"滚动培育方式，即以三年为单位，梳理一批品牌荣誉的培育企业，确定培育年份，每年年初进行数据滚动更新，查漏补缺。是年重点在装备制造、电子电器、化工新材料、现代服务业4大重点领域打造"镇海制造"升级版。全年指导27家企业申报省、市名牌产品，年末19家申报成功。名牌产品销售产值占全区规上企业销售产值比重达64%。

【镇海区质检中心挂牌运行】 10月，区质量技术监督检测中心挂牌投入运营。该中心于2013年6月批准设立筹建，拥有实验室面积1600平方米、检测设备300余台（套）、专业技术人员20余名，依托中国机械科学研究总院的科研、技术、人才资源，为社会各界提供机械及零部件检验、金属材料的成分分析和物理性能检测、计量器具的校准等专业化检验检测服务，成为全区性的检验检测公共技术服务平台。

【特种设备信息化监管平台研发成功】 2014年，区质监局结合石化区企业分布和特种设备使用特点，成功研发石化区特种设备信息化监管平台并投入试运行。该平台将辖区内承压设备的安全阀和特种设备作业人员持证情况纳入信息化系统监管，实现实时动态化监管模式。

【开展重点监控特种设备现场监督专项行动】 2014年，区质监局开展"蓝剑3号"、涉案制冷压力管道、快开门压力容器、大型起重机械安装监控等专项行动。全年现场监督检查企业529家，检查特种设备4563台（套），发出《特种设备安全监察指令书》285份，发现并消除特种设备安全隐患886个。其中对150家使用单位的223台重点监控特种设备进行现场监督检查，完成辖区在用的涉氨制冷的冷库企业的压力管道整治。同时，加大特种设备安全培训，全年共开设培训班39场次，培训相关人员2450人次，锅炉等5类特种设备的定检率100%。

【创新许可行政审批模式】 2014年，区质监局依托企业的诚信体系，尝试工业产品生产许可证"先证后核"的申领模式。该模式采用企业自我声明和形式审查相结合的方式，给企业提供更加"高效、便捷"的优质服务，真正实现行政审批"零等待"。至年底，除危险化学品大类外，其他类产品在企业无不良记录的前提下均采用该模式。镇海迅腾液压有限公司成为全区首家、全市第二家通过"先证后核"许可证申领企业。

【开展保民生专项整治行动】 2014年，区质监局严打侵犯知识产权和制假售假违法行为，开展"汽车及其配件、儿童用品为主的日用消费品、以管状电机为主的3C认证产品、机动车维修行业强制性产品认证和维修质量"等系列保民生、促质量的专项执法行动。全年出动行政执法人员3625人次，检查企业数量1576家次，立案查处各类行政处罚案件36起，罚没款25.79万元，罚没物资12批，有效净化辖区产品质量环境。

（夏　屏）

食品药品监督管理

【概况】 2014年,全区食品药品监督管理工作以保障和改善民生为重点,加大食品药品安全日常监管力度,着力规范食品餐饮服务行为,大力整顿药品生产经营秩序。是年,全区纳入食品监管的生产、流通、餐饮服务等市场主体共5967家,纳入药品监管的生产、流通、使用等市场主体共127家。

区市场监管部门以群众生活密切相关的大众食品为主,强化食品检验检测,加强对时令蔬菜、米面制品、熟食制品、肉、粮、油、豆制品、腌制品、调味品等食品的定量检验检测,全年共完成定量检测1642批次。实施农村食品市场“四打击四规范”和肉及肉制品专项检查等各类食品安全专项整治。组织开展医疗器械“五整治”、“正本清源”中药饮片、药用空心胶囊专项排查、药品零售企业执业药师在岗履职和处方药销售情况等涉药涉械专项整治。是年,查处食品案件93起,罚没款74.5万元;药品案件13起,罚没款14.46万元,医疗器械监管案件5起,罚没款7.05万元。全年未发生一起重大食品药品安全事故。区农业局开展农资打假专项治理,抽检农药35批次、肥料15批次、兽药7批次、饲料及饲料添加剂5批次,立案查处农资违法案件3起,涉案金额3.8万余元;加大“瘦肉精”抽检力度,抽检生猪尿样1254份,检测结果均为阴性;开展畜产品安全快速检测970批次,蔬菜农药残留快速检测540批次。区商务局全面运行肉类蔬菜流通追溯体系;开展肉品质量安全问题严打整治,约谈责任单位21家,抽检肉类样品20批次、尿样32份,经检测全部合格;加强菜市场农残监测,抽检各类蔬菜样品73005个,检出不合格样品68个,合格率99.9%,销毁带豆、青菜、早熟5号等农残超标蔬菜321.9公斤。

【开展餐饮服务食品安全示范创建】 2014年,区市场监管局开展餐饮服务食品安全示范创建:通过印发实施方案、签订《餐饮服务食品安全承诺书》、培训从业人员、实施星级评定等措施,清理整顿区内酒店、农家乐、中小型餐厅以及饮食摊点,提升餐饮标准化管理水平。年底,创建成食品安全示范店61家,其中星级示范店13家,发放星级示范店奖励资金1.3万元,食品安全示范店进村率达100%;创建成省、市级餐饮示范街1条,省级餐饮示范单位6家,市级餐饮服务示范单位11家,市级示范职工食堂2家。

【实施食品安全监管“黑名单”制度】 2014年,区市场监管局实施食品安全监管“黑名单”制度,将有严重违法违规记录的食品生产经营者将被列入“黑名单”,并向社会公布,实施重点监督管理。年底在市、区级媒体公布食品安全监管“黑名单”单位2家。

【开展“两百三小”专项整治】 3月起,全区启动贯穿全年的百万学生餐饮安全工程、食品安全百日严打以及针对小食杂店、小餐饮店、小作坊的专项整治。整治分全面排摸、分级监管,统筹安排、分批抽检,查处取缔、重拳出击三个阶段进行。全年共检查涉食单位5604家,约谈企业85家,责令整改5起。定量、定性抽检各类食品共计16675批次，其中16390批次检测结果合格率达98.10%。立案121起，取缔3家豆制品作坊、2家米面作坊，1家无证鸭脖子加工点，暂扣过期大米49.92吨。

【开展织纹螺等有毒有害食品专项整治活动】 7月，区市场监管局开展织纹螺等有毒有害食品专项整治活动。出动执法人员80多人次进行突击夜查，共检查餐饮单位40余家，其中立案6起，查获并收缴割香螺17.4公斤。

【开展“阳光厨房”建设】 10月，区市场监管局以学校食堂和大型餐饮单位为突破口，采取玻璃幕墙或视频直播的方式开展“阳光厨房”建设，让公众实时直观看到切配间、烹饪间、凉菜间、餐用具洗消间等重点区域硬件条件和现场操作。同时，推行食品安全监督量化分级管理①和信息公示制度，引导公众看“脸”消费。年内共有65家餐饮服务单位开展“阳光厨房”建设。

【实行食品安全网格化监管】 2014年，根据食品生产经营者数量和区域大小等实际情况，全区共划分424个责任小网格，共配备食品安全信息员707人，实现食品安全责任网络全覆盖。同时在全市率先试点使用社会管理信息系统“平安e通”②，实现社会管理与政府管理的无缝对接。

【强化“两G”认证监管】 2014年，区市场监管局贯彻实施新修订后的药品GMP认证和新版药品GSP③认证，加大对药品生产企业GMP认证后的监管力度，探索药品零售企业许可证与GSP认证检查两项许可逐步合并工作，确保药品生产质量安全。是年共对40家零售药店实施认证现场检查，其中37家零售药店通过新版GSP认证（复认证）。

【实现药械信息化监管全覆盖】 2014年，区市场监管局依托药械直通车信息平台，实施驻店药师在职在岗、处方药凭处方销售、药品购销渠道网上监控，实现网上监管与现场监督的双管齐下。是年，全区新开办药品经营企业13家，累计115家，均安装运行药械直通车软件系统。

（董　玲）

口岸管理

【概况】 2014年，镇海海关贯彻落实《长

①餐饮服务食品安全监督量化分级管理：指对持有“餐饮服务许可证”的餐饮服务单位，进行餐饮服务食品安全等级评定，分为动态等级和年度等级。动态等级为优秀、良好、一般三个等级，分别用大笑、微笑和平脸三种卡通形象表示；年度等级为优秀、良好、一般三个等级，分别用A、B、C三个字母表示。

②平安e通。该系统以手机App为前端，Pc端为后台，具备了一键拨号、信息提示、图片采集、录音上报、位置定位、数据同步、任务提醒等多项技术功能，实现了日常巡检管理、实时信息传送、实时处置反馈和绩效记录评价的统一。

③两G认证：GMP认证是国家依法对药品生产企业（车间）和药品品种实施监督检查并取得认可的制度；GSP是药品经营企业统一的质量管理准则，药品经营企业应在药品监督管理部门规定的时间内达到GSP要求，并通过认证取得认证证书。

江经济带海关区域通关一体化改革方案》，有序开展各项业务，税收保持较低下降幅度。全年税收入库77.9亿元，同比下降6.7%；货运总量580.2万吨，货运总值43.7亿美元。全年共查验报关单8760票，查验率为59.9%，查获1006票，查获率为11.5%。稽查查发各类情事13起，其中移交缉私2起，补办相关手续6起，累计实现稽核查补税2957.42万元。按照海关总署统一部署，在辖区内开展为期一年的打击农产品走私“绿风”专项行动，持续加大打击洋垃圾走私力度，巩固2013年“绿篱”行动成果，全年共行政立案5起，案值222万元，涉税3.97万元。推进镇海保税物流中心（B型）申报成功，支持口岸液化贸易发展。

镇海检验检疫局全年完成出入境货物检验检疫21,488批次，同比减少44.94%；货值498,346万美元，同比增长17.91%。完成检验检疫收费1264.23万元，同比减少33.04%。签发各类检验检疫证单25,425份，同比减少39.04%。签发各类原产地证明书12,529份，金额49,104.4万美元，同比分别增长8.61%、7.47%。截获植物疫情147种，1383种次，同比分别增加37.4%和315.3%，其中检疫性有害生物12种，77种次，同比分别增加50%和113.9%。检疫出入境人员22883人次，同比减少8.37%，检出各类病例和有症状者46人次，同比增长360%。

宁波边防检查站镇海分站（简称边检镇海分站）全年共检查出入境船舶1412艘次、出入境人员22084人次，查获各类违法违规案件29起35人次，办理登轮证6487份、登陆证295份、临时入境许可2048份。协调宁波港公安局、镇海海事处等口岸单位开展锚地联合执法，维护口岸安全稳定。牵头召开口岸联席会议，解决口岸企业船舶滞港、作业延时等37个实际问题，为企业节约成本近千万元。边检分站监护中队被公安部边防局荣记集体三等功。

（陈莹　盛建春　姚文朋　郑勇）

【推行便利化措施促进口岸贸易发展】 自5月4日起，镇海海关运行新的审单作业模式，报关单专业化审单作业由宁波海关审单处统一负责，实现宁波、镇海之间一体化作业、无障碍通关。落实加工贸易保税仓库内销征税措施，全年辖区加贸内销征税入库16.27亿元，占宁波关区总量的78.5%。推进关检合作“三个一”工作，实现辖区关检合作“一次查验”，并开展辖区关检合作“一次申报”“一次放行”试点工作。

【执行税收强制措施保障税收安全】 7月，镇海海关依照《中华人民共和国行政强制法》，依法扣留并拍卖因经营不善而无力缴税的宁波澳海再生金属有限公司应税①的160吨废电机，所得款项抵交税款18万余元。9月底，推动山东日照市弘鲁电力能源有限公司1票欠税超过3个月的进口煤炭实现货权变更，促使企业缴纳税款610万元。

（陈　莹）

【多项措施服务地方经济发展】 10月，镇

①应税：指按照国家法律规定应该缴纳税款。

海海关对申请单位的业务规划及区域建设调整开展辅导，促成镇海保税物流中心（B型）获海关总署、财政部、国税总局、国家外汇管理局四部委联合发文批复。协助物流枢纽港管委会开展招商引资拓展保税贸易业务。做好辖区重点园区、重点企业帮扶工作，全年辅导26家企业升为A类、5家企业升为AA类并上报宁波海关①。镇海检验检疫局推进检务模式“一站式”服务改革，每批可节省企业通关时间15分钟。实施进口木材目的地在辖区内属地查验辖区外统一查验模式，加快通关速度，降低企业经营成本。定制大型船舶“服务套餐”，变靠泊检疫为锚地检疫，每艘次船舶可节省两三个小时。共享检疫、海关、海事、港务等信息，全年近2000艘次国际航行船舶享受平均检疫时间减少1小时的便利，通关效率提高近20%。与地方政府签署各类合作协议6份，推动质量强区工作。边检分站开展全天候实时接送船和巡查制度，10月18日，在锚地成功救助1名受伤船员。对接镇海检验检疫办事处，签订埃博拉疫情防范协作机制备忘录，形成防控合力。融入地方经济社会发展大局，为镇海元宵灯会等大型节庆活动提供安保服务。参与地方政府“五水共治”河道清淤活动。开展口岸法律法规培训，为镇海港埠公司等30余家单位培训1300余人次。

（陈　滢　盛建春　郑　勇）

宁波海关指导镇海保税物流中心（B型）申报与建设工作

【构建“三位一体”废物原料安全监管体系】 2014年，镇海检验检疫局通过“圈区管理”，对镇海金属园区内行政管理部门、场地、国内收货人实现“三位一体”监管，构建镇海金属园区全面有效的监管体系。全年共检出进口废物原料“安卫环”项目不合格6余批次，1115.512吨，100.764万美元。其中放射性超标2批次，夹带危险爆炸物超标1批次。

【妥善处置1起外籍货轮传染病病例】 2月19日，俄罗斯籍“盖兹”轮（M/V STEPAN GEYTS）船长因重度肺部感染，被送往宁波市第一医院医院ICU（重症监护）病区治疗。镇海检验检疫局检疫人员利用自身优势，对该患病船员进行详细流行病学调查和医学检查，先于地方其他部门检出病因，为重症患者救治提供重要技术支持。随后，对4名由症状船员全部采集鼻咽拭子采样（双份），现场快速检测发现2例甲型流感阳性，全部样品经宁波检验

①分类管理：海关根据企业经营管理状况等情况，设置AA、A、B、C、D五个管理类别。按照守法便利原则，海关对适用不同管理类别的企业，制定相应的差别管理措施，其中AA类和A类企业适用相应的通关便利措施，B类企业适用常规管理措施，C类和D类企业适用严密监管措施。升类引导即鼓励符合申请A类和AA类条件的企业办理类别调整申请，从而使更多的守法企业在分类通关改革后享受到通关便利。

检疫局保健中心实验室检测，最终确定3名船员甲型H1N1流感病毒核酸阳性，1例排除传染病，有效防止入境船舶甲型H1N1流感局部暴发疫情的扩散。

（余世杰　姚文朋）

【完成首次援外物资检验任务】 8月29日，一批货值为10万人民币的阀门经镇海检验检疫局检验合格后出口。该批货物为中国援刚果（金）人民宫维修项目的配套部件，也是镇海检验检疫局成立以来首次检验的援外物资。自接到检验通知函始，镇海局从企业报检资料准备、货物质量管控、货物自检、现场检验、检验完毕后货物防锈处理等步骤对企业进行指导，确保援外物质的质量。

（施　波）

【开展生物安全进校园活动】 10月24日，镇海检验检疫局在庄市街道中心小学开展以“严防生物入侵保护绿色家园”为主题的国门生物安全进校园活动。通过实物标本展示及讲解国门生物入侵品种和典型案例等形式，为150余位学生上了一堂外来有害生物普及课。

（韩　度）

【提升出口动物产品检疫能力】 11月27日，镇海检验检疫局与区畜牧兽医总站签署合作协议，对做好镇海辖区进出口动物及动物产品监管工作信息共享、联合执法、交流培训等开展合作。随后，双方开展2次培训演练，并联合区政府相关部门开展联合执法行动等活动，提升动物产品检疫能力。

（朱宏伟）

【镇海口岸散装液体化工品检验鉴定试点采信改革】 11月1日，经国家质检总局批准，镇海检验检疫局在镇海口岸法定检验的进口散装液体化工品检验鉴定中开展采信改革试点，鼓励符合资质要求的第三方检验鉴定机构参与提供公共服务，发挥市场在资源配置中的决定性力量。12月，宁波中盛检测公司入选第三方检验鉴定机构名单。检测业务涉及危险化学品安全数据单、食品、玩具、木制品及仪器计量检测等。

（谢栩铖　朱　勇）

【破获“2·16”特大玉石走私案】 2014年，边检分站执勤业务科破获“2·16”特大玉石走私案，当场抓获实施玉石原料走私过驳的3名嫌疑人，查获走私玉石总价值500余万元。

（郑　勇）

统计管理

【概况】 2014年，区统计局着力优化统计监测服务，推进第三次经济普查工作，夯实统计基层基础，全面提升统计工作水平。组织开展基本侨情、“平安浙江”、5‰人口变动、城乡居民生活品质、市政府为民办实事等调查工作。配合有关部门，落实“三改一拆”“五水共治”等专项行动。加强法制宣传，普法培训1700余名统计人员，开展法制知识竞赛，覆盖全区1000多家企事业单位，提升统计人员依法统计意识。分期分批开展全区规模以上工业企业和限额以上服务业企业统计业务培训，提升1500余名企业统计人员业务技能。组织全区284人报名参加全国统计从业资格考试，21人报名参加全国统计专业技术资格考试。推进统计片区规范化建设，全年走访企业1000余家，实地核查新开工项目132个。是年，区统计局在全市片区规范化建设评比中名列第二。

【开展“四上”企业统计稽查】 2014年，区统计局对56家规模以上工业企业、资质等级建筑业企业、限额以上批零住餐企业、限额以上服务业企业进行稽查，重点核查“四上”企业的基本情况和主要数据质量，加大统计巡查、专项检查的执法稽查力度。对提供不真实或者不完整的统计资料、拒报或者经催报后仍未按时提供统计资料等违反统计法的3家企业予以行政处罚，其中立案查处1家。

【推进第三次经济普查】 2014年，区统计局采取多样措施推进第三次经济普查区：开展普查宣传动员，运用各类媒体全方位、多角度宣传普查，增强社会各界“应统尽统”意识。开展普查登记，组织协调6个镇（街道）、95个村经济普查机构的464名普查人员，深入一线开展普查登记，全年共普查9649家法人单位、1199家产业活动单位和15274家个体经营户。开展数据处理与质量评估，分专业审核普查原始数据，分析数据的合理性、结构和趋势等，年底全区普查数据质量通过省、市经普办组织的数据质量抽查。此外，开展普查资料开发工作，通过分析普查工作流程等，共上报技术业务文章3篇、立项课题12个。

【完成全区基本单位名录库更新】 2014年，区统计局利用第三次经济普查成果，经过核实和比对联网直报单位，完成全区基本单位名录库更新。全年申报新增“四上”单位119家；新登记法人单位1992家，注销79家，变更369家；新增产业活动单位16家，注销7家，变更2家。

【区统计学会第二届会员代表大会召开】 11月，区统计学会第二届会员代表大会召开，区统计局、有关单位、镇（街道）及企业会员代表等60余人出席会议。会议听取第一届理事会工作报告，表决通过《镇海区统计学会章程》修改说明，选举产生第二届理事会会长、副会长、秘书长及常务理事。

（戴　俊）

价格管理

【概况】 2014年，全区价格管理工作把维护价格总水平基本稳定作为首要任务，加强价格调控监管。区发改局继续深化民生商品、常用药品、工业原材料、出厂工业品、区内主导产品、柴油批发价格和生猪价格监测和预警，依法规范定价、调价行为，开展价格监督检查，规范市场价格秩序。全年八大类居民消费价格同比呈“5升3降”格局，总体水平保持平稳，镇海区居民消费品价格总指数为101.1。

是年，区发改局继续在公开媒体定期发布民生商品和常用药品价格。继续开展钢材、煤炭、液体化工主导产品市场价格、柴油批发价格、工业原材料及出厂品价格、生猪价格的监测和预警。做好价格备案，完成15个新建小区销售价格、54个小区物业收费、6个非学历教育、3个医疗价格和16个民办幼儿园保教费价格备案。做好价格监督检查，开展涉农涉企、

表36　　宁波市居民消费分类价格累计指数计算

单位:%

年份	居民消费价格总指数	食品类	烟酒及用品	衣着	家庭设备用品及维修服务	医疗保健和个人用品	交通和通信	娱乐教育文化用品及服务	居住
2014年	101.1	102.7	99.8	102.7	99.9	102.3	99.5	102	102.4

注:表中镇海区居民消费分类价格指数与宁波市区指数一起统计。

教育收费、商品房销售、农贸市场和药品服务价格等专项检查和整治工作。开展行政事业性收费的清费减负。

【调整核准部分收费价格】 2014年,区发改局对部分收费进行调整和核准:定价新设立的民办镇海蛟川双语小学收费标准,学费25000元/生·学期,住宿费2500元/生·学期;调整镇海中学中英合作高中课程教育项目学费收费标准,由32500元/生·学期调整至45000元/生·学期;调整民办蛟川书院初中的学费收费标准,由原来小班12500元/生·学期和大班8500元/生·学期统一调整到12000元/生·学期,允许上浮10%;调整民办外来务工人员学费收费标准,三星级及以下学校由原来的750元/生·学期提高到1100元/生·学期,四星级学校由原来的800元/生·学期提高到1200元/生·学期;新增加五星级学校收费标准为1500元。各学校可以上浮10%,符合标准化学校班额人数规定的最高可以上浮20%,下浮不限;调整建筑装潢垃圾清运费标准,基准价格为90平方米(含)以下套型每平方2.8元,90平方米以上套型每平方3.2元,允许上下浮20%。会同区国土分局、区住建局公布镇海区2014年集体土地房屋拆迁商品住宅平均价格;会同区住建局、财政局慎重确定区首个公租房项目东邑阳光的租金;核定区内众望风景御园等6个住宅小区前期物业综合服务收费标准。

【开展价格监督检查】 2014年,区发改局开展涉农涉企、教育收费、商品房销售、农贸市场和药品服务价格等专项检查和整治工作。全年共查处价格违法案件6件,涉案金额470.67万元,实施经济制裁109.15万元,其中责令退还108.15万元,罚款1万元,没收违法所得0.8元。

【行政事业性收费大幅上升】 6月,区发改局完成2013年度全区行政事业性收费年检工作。全区共24个收费系统,62个收费单位,收费总额为20680.52万元,占公共财政预算收入的2.51%,比2012年增加了7103.44万元,增幅为52.32%。其中行政性收费12670.38万元,比2012年增加3300.19万元;事业性收费8010.135万元,比2012年增加3803.245万元。

(俞　晴)

审　计

【概况】 2014年,区审计工作重点抓政府投资项目审计、财政预算执行情况审计、领导干部经济责任审计以及上级审计机关统一组织安排的审计项目，不断提高审计工作能力与质量。全年共完成年度审计计划项目22个，查处违规金额1078万元、损失浪费金额884万元、管理不规范金额10652万元。审计、审核政府性工程项目97个、资金15.82亿元，核减工程造价1.58亿元，核减财务费用1591万元，增收节支5545万元。

是年，区审计局催生出台10余项制度，将审计工作从预算编制、收支执行和结构调整、城市发展建设、民生保障、行政运行等5大方面延伸至教育、卫生、社保等领域，构建财政审计大格局。对公共财政资金从收入组织、预算编制、拨付执行、管理使用等环节实行全过程审计监督，对公共财政资金的流向进行跟踪，并对其真实性、合规性和效益性发表审计意见，避免财政资金的流失和浪费。继续深化“同级审”工作，审计调查发现扶持政策的限制规定执行不到位等6方面问题，提出有针对性的建议，并主动服务被审计单位做好整改落实。抽调10余名业务骨干参加审计署组织开展的土地出让金和耕地保护审计，纠正部分土地出让收入返还、欠缴、超范围使用等问题，促进土地市场规范管理。全年投入审计力量120人次，向被审计对象提出审计建议86条，向上级审计机关、区委区政府提交专题报告和信息共69篇，各类审计信息被区以上媒体录用108篇次，区以上领导批示5次。1个项目获全市优秀审计项目表彰。

【跟踪审计6个政府重大投资项目】 2014年，区审计局按照《镇海区国家建设项目审计实施办法》，跟踪审计宁波镇海核心区总部经济商务楼、新城核心区地下公建施工、文化艺术中心工程、泥螺山北侧围垦工程、新泓口强排泵站工程和植物园科普观光植物区等6个项目。跟踪审计把事前预防、事中控制和事后监督结合起来，有效渗透到政府投资领域的各个环节，发现个别监管单位管理缺位，部分施工单位在隐蔽工程记录上做假、虚列工程项目、以少报多、重复计算甚至偷工减料等问题。

【对4名党政领导干部进行经济责任审计】 2014年，区审计局对新城管委会、招宝山街道、城管局等3家单位的4名区管领导干部进行经济责任审计。审计由以查处违纪违规问题为主转向财务审计和绩效审计并重。审计后查处领导干部应负领导责任的违规金额24万元，管理不规范金额8万元。经济责任审计通过健全综合分析反馈和督查机制，强化领导干部在用人、用编、用钱上的制约和监督，促进领导干部依法行政。

【对2个民生项目进行审计】 2014年，区审计局对区保障性安居工程、农业产业化经营组织运营状况等2个民生项目进行审计（审计调查）。审计过程中，将资金规模、使用制度、渠道来源、资金去处等进行全面审查，发现存在大额现金结算频繁、违规改变资金用途等错误做法，要求督促整改。提出6项规范使用资金的审计建议，被全部采纳。

（沈文叶）

城乡建设与管理

综　述

2014年，镇海区按照“稳中求进、进中求好，积极有为、走在前列”的总体要求，深入实施“六大战略”，加快建设“六个示范区”，着力推进全域城市化，完成区十四届人大三次会议确定的目标任务。实施重点线型道路及基础设施建设，现代化综合交通出行网络已初具规模。铁路货运北环线、北外环快速路、轨道2号线一期等市属工程建设有序推进。镇海大道全线贯通，镇骆路、庄俞公路等重点改建项目全面竣工，招宝山大桥接线开工建设。

招宝山、蛟川城市组团改造提升深入推进。招宝山街道完成7条背街小巷和82幢房屋提升改造，新设行政服务分中心。蛟川北区新农村建设全面启动，青龙桥地块加快建设。以骆驼、庄市为主体的城市中心功能布局进一步完善。行政中心、市民服务中心、文化艺术中心等建成投用，镇海大道商务楼群初步建成，329国道与汶骆路交叉区域有序改造，绿轴体育公园一期初具雏形。新城核心区基本成形。九龙湖、澥浦城镇组团建设加快。双双入选国家级重点镇。九龙湖景区获评省级旅游度假区，九龙湖镇获评省治水美镇50强。澥浦老集镇改造有序推进，十七房开元主题酒店一期投入运营。

“五水共治”三年行动计划全面启动。完成污水管网建设26千米、疏通改造74千米，完成生态河道修复19.8千米，清淤53千米，农村生活污水处理率达到86.7%。220千伏长石变、110千伏海塘变建成投用。天然气管网加快铺设。九龙湖、贵驷片完成城市大网供水改造。城市管理全域化、精细化水平加快提升，城市管理功能加快下放，生活垃圾分类试点有序推进，“道路清爽行动”成效显著。推进“三改一拆”“四边三化”“双清”等专项行动，启动“无违建”创建，全年累计完成“三改”222.1万平方米，拆违90.3万平方米。征地拆迁有序推进，完成“清零”项目33个，征地181.7公顷，拆迁63.6万平方米。

（冯国定）

规　划

【概况】 2014年，区规划部门围绕“寓管理于服务，以服务促管理”的理念，深化和推进“5S”服务体系①，创新规划管理和服务举措，加强基础测绘和地理信息管理，有序开展规划编制工作，为全区实施“六大战略”提供强有力的规划保障。

是年，区规划分局针对镇海区空间优化、产业转型升级等难题，深化规划编制研究，启动镇海区空间发展规划、城市品质提升、研创产业带空间布局等规划，编制完成《轨道站点用地空间应对及控制研究》《后海塘区域综合整治规划及行动计划》《镇海区城市经济发展与空间布局研究》《329国道沿线（骆驼段）城市设计》。

完善优化区域发展布局，出台《镇海区（石化经济技术开发区）城乡规划编制实施细则（试行）》，编制完成洪镇铁路北侧地段镇海片、宁波大宗货物海铁联运物流枢纽港生态综合区、镇海新城北区、滨海产业次分区临俞片区等4个控制性详细规划。配合九龙湖镇政府组织编制完成九龙湖镇区控规，九龙湖镇西河地段和长石地段2个控规并获市政府批复。

加强基础设施与民生工程、公共服务设施规划，编制完成教育体育设施、环卫设施、河网水系、菜市场、公共交通及排水等专项规划，进一步增强城市建设的民生属性和服务功能。参与宁波市轨道交通线网规划修编、轨道交通2号线二期综合规划和工程可行性研究报告、北环东路快速化工程可行性研究等规划编制工作。围绕服务新农村建设，编制完成《镇海区九龙湖镇长胜——秦山（九龙问茶）沿线村庄建设与整治规划》等规划，其中《镇海区域村庄布局规划（修编）》通过区政府常务会议审议，觉渡集中居住区、庙戴村民集居点建设规划上报区政府审查，西经堂集中居住区、迎周、光明、万市徐村民集居点建设规划通过部门会审。开展道路工程规划审批，在完成轨道交通2号线东外环停车场审批工作基础上，配合市、区两级轨道办推进轨道交通2号线二期项目前期规划选址论证，为轨道交通进入蛟川——招宝山组团提供充分的审批条件。与区供电局对接，提前介入年度电网建设，协调推进220千伏沿海变及进线工程、田胡变、海塘变等电力工程。

加强规划批后管理，对逸夫小学、联兴二期拆迁安置房、勤勇集居点一期等88个房地产、公建类项目进行中间规划检查，对骆驼东邑阳光、合生国际城二期D区等6个项目开展竣工规划“预核实”服务②，为项目通过竣工核实清除障碍。开展高效规划审批，全年共核发选址及规划条件120件（含规划条件变更），核发用地规划许可证72件（总用地面积约17.27公顷），审查规划设计方案98件（其中重大项目30项），核发新建项目建设工程规划许可证108件（总建筑面积约45万平方米），组织竣工规划核实54件。

①“5S”服务体系：即提前介入上门沟通，进行主动服务；提前审查早出成果，实行高效服务；全程跟踪规范流程，进行标准服务；强化学习链式拓展，实行延伸服务；最终实现满意服务。因为主动服务、高效服务、标准服务、延伸服务、满意服务5项服务的首个英文字母都是S，所以简称“5S”。

②“预核实”服务：即在工程主体建设完毕，但尚未完成道路、绿化等附属配套设施时，预先对其主体的建筑高度、立面材质、日照时间等情况进行核实，并提出解决措施或整改等建议。

【九龙湖镇长石地段(ZH09—06)控制性详细规划获批】 11月27日,市政府发文批准该规划。该片区规划范围东至绕城高速公路管廊控制线、南至规划道路、西至黄观线、北至汶骆路(包含长石粮库用地),规划总用地面积约为125.29公顷。功能定位为承接产业转移、承担区域产业升级,以先进制造业与现代服务业为主导兼具生活配套的产业基地,宁波城市工业功能产业聚集拓展区。

【九龙湖镇西河地段(ZH09—05)控制性详细规划获批】 11月27日,市政府发文批准该规划。该片区规划范围东至西严路,南、西至规划外子贡路,北至规划方俞路,规划总用地面积约为62公顷。功能定位为以紧固件产业为主导的先进制造业集居区。

【出台石化开发区城乡规划编制实施细则】 2014年,区规划分局出台《镇海区(石化经济技术开发区)城乡规划编制实施细则(试行)》,明确区城乡规划编制实行年度计划管理制度,区政府负责年度城乡规划编制工作的考核,首次确立区人大、区政府对城乡规划编制的监督审查职责;规定区行业主管部门按照各自职责会同规划分局,组织编制专项规划,并确定各类主要专项规划项目及组织编制主体,通过公共服务设施类、基础设施类、交通类、防灾减灾类等专项规划的编制,不断增强城市建设的民生属性和服务功能。

【完成地理空间框架项目建设】 2014年,区规划分局完成镇海区地理空间框架建设的平台建设(包括地理信息共享服务平台、天地图·镇海、三维共享平台),已部署在政务内网,正常运行;完成平台数据建设(包括地理实体数据、地名地址数据、电子地图数据、超高分辨率航空影像处理、三维仿真模型数据生产);完成示范中包括停电预告信息系统、规划一张图系统、专题图制图系统的开发及上线;完成三维管线管理系统和空间信息成果检索服务系统已完成开发及测试。

【危化管线建档完成】 2014年,区规划分局完成全区危化管线建档。建档按照“测绘一批、质检一批、入库一批”的原则,分三批开展全区公共区域内危化管线的数据核实、采集和验收探测,年内完成所有危化管线数据入库,并建立准确的危化管线目录和权属单位目录。

【完善“5S”服务体系】 2014年,区规划分局以“差异化管理、人性化服务”为重点,开通“容缺审批”“预约—即办”“承诺机制”等服务,继续丰富和深化“5S”服务体系。自实施“容缺审批”机制以来,建设单位在建证办理阶段可缩减30个工作日;“预约—即办”服务使建设用地规划许可证办理时间由原来的5个工作日缩短至1个工作日,提速80%。下半年推出的“承诺机制”,实现先“领证”后补交资料的创新审批模式,助推镇海区公共投资性项目审批再提速。“5S”服务多次在市、区级媒体宣传,得到区主要领导的批示肯定。

(徐力立)

城市和市政建设

【概况】 2014年,全区城市和市政建设工作坚持建、管、养“三权分立”制度，强化市政公用设施养护管理。完成茗园等桥梁检测维修及谢家河塘、童芳河“放心”栏杆安装，实施防汛设施改造与背街小巷整治工程，优化胜利路、鼓楼西路、南街菜场周边小区及沿江东路路灯设施，加强智慧城管二期项目建设，促进协同网络单位的案件处置能力和信息互通水平。

是年，区投入3300万元实施中官路景观及人行道设施提升改造工程，对76000平方米的区域性城市主干道沥青路面进行整体修复，道路通行状况得到改善；投入4600余万元对10条背街小巷进行综合整治；大件码头加压泵站和澥浦2000吨蓄水池建设项目。投入500余万元实施照明提升工程，路灯和景观灯照明情况大有改善。完成中官路与G329交叉口、镇海大道与西大河北路交叉口等9个积水点的改造。投入624万元新建中官路排涝泵站、工农小区排涝泵站、聪园路泵站，强排能力达7600立方米/小时，提高区域排涝能力。

（顾鑫　袁晓君）

【公建中心实施工程项目17个】 2014年，区公建中心实施政府投资的工程项目17个，总建筑面积25万平方米，总投资11.9亿元。全年累计完成投资3.7亿元。其中已竣工验收和交付使用的有区中心粮库工程、区人民医院二期工程等12个，在建工程有镇海职业教育中心扩建工程、镇海龙赛医院提升改造工程等5个。

（邱　红）

【老城区部分背街小巷实施综合整治】 2014年，区城管局总投资4622万元启动老城区10条背街小巷综合整治工程，改造项目有：路面拓宽、下水道水管更换、绿化美化环境、路灯改造及沿街立面整治等。其中茗园路、茗南路、人民路、渔丰弄、洋山庙弄、费家河头、八里桥路等8条背街小巷改造年内完工，环城西路、静海路及沿江东路等3条道路改造将跨年度完成。

7月，招宝山街道茗园片区背街小巷综合整治工程开工

【实施城区照明设施提升改造】 2014年，区城管局共投入800余万元实施城区照明设施提升改造：完成老城区胜利路、沿江东路、龙洋路、南街菜场周边、清川路小区、港务新村等路灯改造，共新安装路灯300余套；完成老城区工农小区、西长营弄、苗圃路、区内329国道部分路段老旧电缆改造，共计调换电缆5300米；新建新城庄市片区主路口增亮中杆灯37套；完成宁波商帮文化公园景观灯改造，新安装路灯各类灯具378套。

【实施老小区天然气改造】 2014年，区城管局完成庄市街道里夏新村、庄市浅水湾，骆驼街道孝思房等小区共1000余户住宅的天然气改造。老小区天然气改造工程自2011年启动，经过三年实施，招宝山街道有近3万户居民家庭开通天然气或具备通气条件。

【实施城市主干道提升改造】 2014年，区城管局加大区管城市主干道提升改造力度，投入3300万元(包括绿化提升)对中官路等区域性主干道路进行景观及人行道设施提升改造。中官路(东外北路—329国道)景观提升工程改造人行道7000平方米，侧平石更换20500米。

(顾鑫　袁晓君)

新城开发建设

【概况】 2014年，新城管委会面对宏观形势严峻、土地出让、楼宇招商、融资难等难题和不利因素，转职能调重心、聚合力破难题，从过去以开发建设为主，转到开发建设与招商管理并重上来，在加快推进新城核心区、宁波植物园、休闲大本营等三大板块建设的基础上，抓好招商引资，推进北部商贸商务中心建设。全年累计完成各类投资约97.1亿元，同比增长约11.0%。其中征地拆迁3.3亿元，安置房25.8亿元，基础设施及公建配套16.7亿元，服务业(含商品房)51.3亿元。

【三大板块建设取得阶段性成效】 2014年，新城核心区、休闲大本营、宁波植物园三大板块建设取得阶段性成效：核心区的行政中心、市民广场、市民服务中心、文化艺术中心建成投用，保利城住宅一期、二期交付，三期工程基本完工；东侧商务楼基本建成，西侧商务楼除4幢因资金等原因滞后外，其余均进展顺利，镇海大道北侧商务楼进入主体装修阶段；主要道路、绿化景观等市政工程基本完工，城市形象焕然一新。休闲大本营的“绿核”占地面积74公顷，其中万科城项目住宅一、二期交付，三期及商业广场进入主体施工。此外，该区域内的合生国际城、拉菲庄园、公元世家等高品质住宅相继交付，明海商业广场建成投用，金色商业广场建成，正在积极招商中。宁波植物园一期正在抓紧建设，除科普观光植物区18.7公顷木兰春色园、樱花海棠园初步建成外，核心区其他专类园的地形营造工作基本完成，景观工程建设完成招投标工作，施工单位进行入场施工准备工作。

【招商引资工作成效明显】 2014年，新城管委会会同区经合局、大学科技园等部门制定核心区楼宇招商政策，全面启动商务楼二次招商工作。全年累计完成招商引资5.56亿元，完成服务业投资87.6亿元。

【市政基础设施日臻完善】 2014年，新城管委会重点建设绿地公园和配套道路，续建、拟建项目共计35个。至年底，建成箭港路、三五路、锦业街等13条道路共计约6.1公里，完成景观绿化面积约23万平方米(含植物园18万平方米)，绿轴体育公园一期、西大河绿地公园均在加紧建设，计划2015年上半年建成。

【核心区D1D3地块商务楼获2013—2014年度国家优质工程奖】 2014年，新城核心区D1D3地块商务楼获2013—2014年度国家优质工程奖。该工程由镇海区城市建设投资开发有限公司开发建设，成为全区首个获此殊荣的民用建筑工程。D1D3地块商务楼工程建筑面积8.7万平方米，项目总投资约4.2亿元。其中1号楼(镇海大厦)32层，建筑高度149.6米，为镇海新城最高建筑。该工程应用住建部十项新技术中的七大项十三个小项，获2013年度浙江省安全文明施工标准化工地、2014年度钱江杯优质工程、2014年度全国建筑工程装饰奖等荣誉。

新城核心区D1D3地块商务楼

【安置房建设快速推进】 2014年，新城管委会安排续建和新开工安置房6个(预计可提供安置房6795套)，总建筑面积约96万平方米。截至12月，安置交付1302套。一是征拆工作有序推进。截至目前，已完成征地及政策处理66.86公顷，完成拆迁合计167户、18家企业，共计面积约8.7万平方米。二是安置项目加速建设。到目前，锦绣曙光二期已交付(1238套)；联兴二期进入附属施工，锦绣曙光三期、景城花苑、东邑锦苑均进入装修施工阶段，2015年均可竣工；书香丽景二期进入地下室施工，计划2016年竣工投用。

【西大河公园开工建设】 8月，西大河公园开工建设。该项目位于新城核心区，东至西大河南路、南至箭港路、西至西大河、北至镇海大道，用地面积约6.2万平方米，总投资约5.53亿元，主要分为广场休憩区、林荫跑道区、运动活动区三大功能区块，其中运动场地将建设标准跑道、网球场、篮球场和儿童活动场地等。预计2015年建成投用，将成为新城北区最大的集休闲、健身、娱乐一体的综合性城市公园。

【绿轴体育公园开工建设】 2月，绿轴体育公园开工建设。该项目位于新城南区，汉塘路以北、同心路以东，总占地面积19.75公顷，分二期实施。其中一期占地面积11.62公顷，计划投资约2亿元，年底室外场馆和景观基本完成，预计2015年8月投用。整个项目以“生态环保、慢行优先、全季全民”为设计主题，立体化打造“一轴一环四区”①特色功能结构，能满足老年人、青少年、儿童等不同群体的需求，综合“城市大堂、竞技体育、休闲健身”等功能于一体，是全市首个城市体育文化综合体公园。

绿轴体育公园一期实景图

【“断头路”骆兴西路建成通车】 11月，新城北区“断头路”骆兴西路(世纪大道——新城实验幼儿园段)建成通车。该断头路是宁波市计划年内打通12条断头路之一，总长420米，总投资约1000万元。它的建

①一轴一环四区：一轴，即公园两期由景观天桥连接，其视线延伸空间构成公园的景观主轴线；一环，即“水系+园林”复合型景观环线；四区，即门户形象展示区、户外体育运动区、体育中心休闲区、公园大堂观景区。

成既连通世纪大道、金华北路、东邑北路，又畅通新城实验幼儿园、宁波第七医院进出路网，为市民出行提供更大便利。

【镇海文化艺术中心建成】 2014年，镇海文化艺术中心建成。该项目位于新城核心区箭港湖北岸，毗邻市民广场，与保利文化商业广场隔岸相望。项目总占地面积约3.9公顷，总建筑面积约5.97万平方米，总投资约4.6亿元，涵盖青少年活动中心、剧场、图书馆、文化性消费（商业）四大块功能，是镇海最大的公共文化地标性建筑。项目投入使用后，将集会议、演出、休闲、娱乐、教育等功能于一体，成为立足镇海新城、服务全区、辐射全市的市民文化体验带。

文化艺术中心实景图

【镇海区与上海辰山植物园签订战略合作协议】 7月29日，区政府与上海辰山植物园战略合作协议签约仪式在区新城行政会议中心举行。协议指出，双方遵循优势互补、资源共享、互惠互利、讲求实效和共同发展的指导原则，就科学建园和可持续发展等技术支撑和管理服务开展战略合作。

（吴焱湘）

农村建设

【概况】 2014年，全区农村建设围绕《2014年农业农村工作要点》，推进新型城镇化和美丽乡村建设，深化农村改革，持续增加农民财产性收益，改善农村人居环境，提升农民生活品质，加快全域城市化进程。加快推进村级集体经济改革，年底全区42个村通过股权量化方案。骆驼街道被列入宁波市城乡一体化改革试点镇（街道）。推进农房两改建设，全年完成投资18.97亿元完成农房改建面积58.13万平方米，拆迁农房1624户，安置农民3985户。推进“三村一线”建设，创建各类先进5个。扩大惠农力度，实行所有农村涉农贷款基准利率放贷。加强农民培训，成立镇海现代农民职业技术学校。进一步规范农村“三资”管理，创建成省级农村集体资金资产管理规范化区。

是年，农村经济发展良好，全区农林牧渔总产值11.16亿，农村居民人均可支配收入25815元，城乡居民收入比为1.83:1。镇海区被评为宁波市农房“两改”工作先进单位。

（王莹莹　俞明敏）

【推进农房两改】 2014年，区农办继续推进农村住房制度改革和住房集中改建(简称农房“两改”)。是年，新开工古塘丽景三期（二标段）、翰香景庭二期、九龙家苑四期、栖径名苑三期、青龙桥、临江星苑、觉渡集居区和清水湖四联小区等8个项目，完工银凤晓月四期、联兴二期、盛世华庭、光明集居点、清水湖九房地块等5个项目，骆城华苑一期、翰香景庭和盛世华庭等3个项目列入宁波市农房“两改”项目。

【推进“三村一线”建设】 2014年，区农办投入2130万元推进“三村一线”建设。年底，完成汶溪村市级全面小康村，光明村市级中心村，十七房村市级特色村建设和庄市街道市级幸福美丽新家园先进街道建设。庄市街道“商帮寻根”精品线一期工程（环绕永旺村一圈）完成，二期（永旺公路与雄镇路交叉口——万市徐村）主体工程基本完成。九龙湖镇“九龙问茶”精品线（九龙湖牌坊——九龙湖村村门口长胜门前河两侧绿化提升工程和九龙湖村——中心村）道路两侧绿化提升工程完工。

【推进骆驼街道城乡一体化改革试点】 2014年，骆驼街道被列入宁波市城乡一体化改革试点镇（街道）。试点按照全域城市化发展要求，加快工业化、城市化、信息化和农业现代化“四化同步”，实现产城融合，构建“两元中心”（以征地拆迁为重心的城市建设中心和以文明创建为重心的城市管理中心）。年内试点方案通过市级论证。

【推出涉农贷款基准利率放贷金融产品】 2014年，区农办在农业信用贷款和联保贷款基础上，扩大惠农力度，实行所有农村涉农贷款基准利率放贷工作，信用、联保贷款单户最大额度达200万元。全年发放信用贷款3229万元，涉贷户数45户；联保1375.6万元，涉贷户数96户；其他保证1083.05万元，涉贷户数24户。

【成立镇海现代农民职业技术学校】 6月，由区职教中心、区农机技术培训学校、澥浦成校、九龙湖成校、蛟川成校、骆驼成校和庄市成校等联合发起成立镇海现代农民职业技术学校，学校设在区职教中心。学校旨在为全面深化农村改革、农民转型就业、农业现代化发展提供人才和智力支持。

（王莹莹）

【创建成省级农村集体资金资产资源管理规范化区】 11月，经省农业、财政和监察等三个部门审核验收，镇海区符合浙江省农村集体“三资”管理规范化县（市、区）要求，被认定为省级农村集体资金资产资源管理规范化区。

【新增1个市级农村集体“三资”代理标准化服务中心】 12月，经市农业局审核，九龙湖镇农村集体“三资”代理服务中心符合标准化要求，被认定为市级农村集体“三资”代理标准化服务中心。至年底，全区有市级农村集体“三资”代理标准化服务中心3个。

【新增1个市级全面小康建设示范村】 12月，经市“百千工程”工作协调小组办公室审核，九龙湖镇汶溪村达到市政府提出的“生产发展、生活宽裕、乡风文明、村容整洁、管理民主”的全面小康建设示范村总体要求，被认定为市级全面小康建设示范村。至年底，全区共有省级全面小康建设示范村7个、市级22个。

【完成26个村“三年一轮审”】 2014年，全区26个村完成集体经济审计，其中庄市街道5个、骆驼街道7个、蛟川街道5个、澥浦镇4个、九龙湖镇5个,涉及资金总额1.84亿元。

(俞明敏)

【推进村级集体经济改革】 年初,区委、区政府成立领导小组,制订《2014年镇海区村级集体经济改革工作方案》,明确改革各阶段的时间、任务。8月,区农业局会同区农办出台《镇海区村级集体经济改革三年行动计划》,启动第一批10个村的改革试点;10月,开展第二批39个村的改革。至年底,全区共42个村通过股权量化方案,当年完成11个村(包括骆驼街道渔业村)集体经济改革,累计完成17个村集体经济改革,量化资产总额4.94亿元,股东总数74903人。

(王莹莹　俞明敏)

交通建设

【概况】 2014年,镇海区交通基础设施建设开工项目6个,续建项目4个,年度完成投资3.30亿元。市重点工程镇海大道三期、骆霞线拓宽改建,329国道镇海段大中修完成,招宝山大桥连接线开工建设。年末,全区国、省、县、乡道公路总长344.82千米,与去年持平。

表37　　2014年镇海区交通建设项目实施情况

单位:万元

项目名称	建设内容	计划投资	完成投资	完成情况
镇海大道三期	东外环——镇骆路段,长2083千米,宽60米,按双向8车道城市主干道标准设计,含1座跨线桥	39845	39845	建成
骆霞线改建	一级公路,现状道路路基宽35米,双向4车道。对新区主干道——静德桥段3.3千米拓宽改造为面宽40米,双向6车道	14985	13000	交工检测,交工验收准备
危化品运输服务中心	占地57968平方米,建设危化品运输车辆综合停车场、维修厂、监测站、罐体洗消监测	10830	10586	建成
通道绿化三期	镇海大道(东外环——镇骆路)1.8千米,路两侧各15米绿化带	1633	1633	建成
公共自行车系统建设	建设公共自行车网点25个,投入公共自行车600辆	1445	1900	建成
招宝山大桥连接线	起招宝山大桥,北至海天路,全长1.23千米	18000	0	施工、监理招投标
汶骆路(汶溪粮站—小洞岙水库)改造	路面拓宽至18米,长420米;汶溪公交场站迁建	2822	3350	管线迁改,路基塘渣填筑40%
汶骆路路口改造	汶骆路与九龙大道岔口改造,拆迁15户,绿化面积1.3万平方米	2640	0	开工
329国道大中修	镇海段12.33千米大中修	1979	1979	完成
庄市公交首末站	占地6000平方米,建筑面积500平方米	800	88	初设批复、用证、施工监理招投标

【329国道镇海段大中修工程动工并基本完成】 年末，投资1979万元的329国道镇海段大中修工程于基本完成。329国道是区内对外交通干线，项目于是年10月动工，实施路段长12.33千米，包括路面大中修、附属交通安全设施配置及绿化建设。

【镇海大道三期工程通过竣工验收】 10月，省、市重点工程镇海大道三期通过竣工验收。工程总投资39845万元，自2013年2月启动建设，西起东外环路，东至镇骆路，全长2083米，双向8车道。三期工程竣工后，全长9.7千米的镇海大道全线贯通。

镇海大道三期工程通过竣工验收

【骆霞线改建拓宽工程完成】 12月，骆霞线（镇海大道三期——俞范东路段）改建拓宽工程完工。工程全长3.3千米，总投资14958万元，于2013年8月开工。项目将原水泥混凝土路面改为沥青混凝土，4车道扩展为6车道，雨污水排放、路灯照明、绿化景观有较大改观，行车舒适性与道路运输能力得以提升。

骆霞线改建拓宽工程竣工

【开展权利清单梳理工作】 4—10月，区住房和建交局按要求开展权力清单梳理。梳理后共有权力事项495项，其中，区级保留458项，共性权力8项，审核转报29项。区级保留458项中，行政许可30项，非行政许可审批6项，行政处罚259项，行政强制11项，行政裁决1项，行政确认13项，行政征收5项，行政奖励7项，其他行政权力126项。

【骆驼运管站启用】 6月，区道路运输管理所骆驼站建成启用，总用地2350平方米，建筑面积2085平方米。骆驼运管站履行道路运输行业日常安全监督管理，开展区内道路客货运、机动车维修、驾驶员培训等行政许可前期审核工作。

【区危化品运输服务中心车辆停放区试运行】 9月，后海塘片区的区危化品运输综合服务中心车辆停放区投入试运行，可停放危化品运输车200辆。中心占地57968平方米，总建筑面积7121平方米，投资概算10830万元，配有车辆维修厂、洗消中心等服务设施，预计2016年全面建成投用。将集物流信息、行业监管、车辆停放、车辆修理、车辆检测、罐体洗消6功能于一体，为区内外危化品运输车提供全方位服务。

镇海危险品运输车辆综合服务中心停放区

【获市中心城区“道路清爽行动”评选第一名】 10月，在市中心城区“道路清爽行动”评选中，镇海区获第一名。该区自2012年5月起，建立垃圾快速处置作业和动态保洁机制，全区列入“道路清爽行动”道路97条，面积331万平方米，道路机扫率超75%，长效保洁覆盖率100%。

（冯国定）

电力管道设施建设

【概况】 2014年，根据《宁波市镇海区“五水共治”行动总体方案》，区住房建交局成立镇海区排水建设管理所，专司治污相关工作。完成全区508千米排水管线普查并形成污水管网“一张图”。完成75千米污水管网疏通改造。完成石化区澥浦南片、蛟川片、风景九园小区周边及蛟川临俞工业区等区块的截污改造和8个自然村的截污纳厂项目建设。年末，全区城镇生活污水集中处理率94%，农村生活污水处理率86.4%。

是年，全区新建110千伏海塘变，新增主变容量10万千伏安；新建220千伏长石变，新增主变容量48万千伏安；新建220千伏用户变中金变，新增主变容量30万千伏安。至年底，镇海电网所辖变电所共83座，其中220千伏变电所6座，110千伏变电所18座，35千伏变电所59座；另有77座10千伏开关站和1577台10千伏公用配变，总容量758.26万千伏安。年末，全区35千伏和10千伏线路总长1531.38千米，其中，35千伏线路长249.06千米；10千伏线路长1282.32千米。是年，区供电局开展110千伏邵家、贵驷、灰库、田央、临俞、金华变等项目前期工作，配合省送变电建设公司完成500千伏北河和北姆拉线塔的技改工程，总共改造11基，提高镇海区各地块的供电可靠性。宁波供电公司与区政府签订《关于全面加快2015—2020年镇海电网建设共同推进镇海经济社会快速稳定发展战略合作会谈备忘录》，推进镇海区电网建设的可持续发展。

（冯国定　裴宇豪）

【镇海污水处理厂二期扩建及一期改造工程开工】 7月，镇海污水处理厂二期扩建及一期提标改造工程开工。工程投资概算9324万元，系区2014年“五水共治”行动的治污先行工程。建成投用后，镇海污水处理厂日污水处理能力将达6万吨，出水水质达一级A标准，可缓解区域污水处理能力不足，为水环境的综合治理提供保障。

【九龙湖片区污水干管工程开工】 3月，九龙湖片区污水干管工程开工，投资概算5761万元。工程西起九龙大道、东至澥浦广源工业区，铺设长4.7千米管径800～

1000毫米污水管，与镇浦路污水管接通；新建田顾污水提升泵站。

建设中的九龙湖片区污水干管工程

【临俞片区污水压力干管工程完工】 年末，临俞片区污水压力干管工程完工。工程起自海天泵站，终于雄镇路与威海路交叉口西侧污水井，投资概算1017万元，8月初启动。工程包括新增长2千米管径500毫米污水压力管，原址改建海天泵站，俞范路与铁路交叉口新增俞范泵站。

【8个自然村实施截污改造】 2014年，区实施5个自然村截污纳厂和3个自然村改造提升外围管网建设，总投资3205万元。其中，九龙湖镇长胜村截污纳厂项目，投资525万元，铺设管线6016米，建检查井296座、玻璃钢化粪池6座、鸭嘴阀5只，可收集367户村民的生活污水；骆驼街道老俞家畈、妙胜村截污纳厂项目，投资350万元，铺设污水管1700米，可收集270户村民的生活污水；澥浦镇庙戴村曲塘、庙里戴截污纳厂和十七房村路沿郑、郑家、庙后改造提升外围管网项目，投资2330万元，建设污水管28千米、检查井1944个、雨水管12.4千米、雨水检查井720个，改造公厕20座，绿化13420平方米，可收集2002户村民的生活污水。

（冯国定）

【3个输变电工程建成投产】 2014年，全区3个输变电工程建成投产。5月，220千伏长石输变电及其110千伏配套送出工程居竣工投产；6月，浙能镇海动力中心220千伏配套送出工程与110千伏海塘输变电工程完成割接通电投运。

【推进3个输变电续建项目】 2014年，区供电局推进3个输变电续建项目。220千伏沿海输变电项目，进线工程完成九龙湖镇区段改道和500千伏改造部分在内共53基铁塔与全部塔基基础土建施工。110千伏配套送出项目至南洪线共8基铁塔，除岚山水库2基未进场外，完成立塔6基与排管工程约200米。110千伏清泉输变电项目，变电站土建工程年底进入施工尾声，电气安装工程已进场，线路工程总长约8.2公里，年底完成土建工程量约80%，为2015年上半年投运打下基础。

（裴宇豪）

园林绿化

【概况】 2014年，全区新增建成区绿地面积63.43万平方米，建成区绿地面积共2737.34万平方米，绿地率为43.36 %。其中新增公园绿地22.14万平方米，公园绿地共228.46万平方米；生产绿新增8.33万平方米，共221.4万平方米；新建防护绿地0.78万平方米，防护绿地共1120.31万平方米；新建居住绿地8.39万平方米，居住绿地共202.31万平方米；新建单位绿地6.05万平方米，单位绿地共384.58万平方米;新建道路绿地17.74万平方米,道路绿地共579.78万平方米。开展公绿认养及绿化养护示范点创建,认养绿地12块共34万余平方米,完成四大公园维修改造。

【开展城市绿化和环境美化】 2014年,区城管局继续实施城市绿化建设和环境美化:对招宝山街道文化广场、沿江景观带、朱枫公园、庄市街道宁波帮公园等4座大型公园实施维修改造与美化提升。投入资金25万元,对钟包立交桥232个桥墩实施垂直绿化。开展义务植树活动,推出12块共34公顷的公绿认养认管及绿化养护示范点创建。

(顾　鑫　袁晓君)

征地拆迁

【概况】 2014年,全区征收集体土地181.7公顷,拆迁集体土地房屋面积35.25万平方米,征收国有土地上房屋面积28.35万平方米,共计完成63.6万平方米,为镇海城市和经济建设提供保障。区房屋征收办公室会同各镇(街道)攻坚克难,共拆迁农户1207户、非住宅20户,征收国有土地上住宅165户、商铺53家、企业43家;完成"三清"(清零、清盘、清权)地块28个。征迁项目涉及姚江东排镇海段三期、龙赛医院提升改造、庄市新建小学、镇海关怀院扩建等项目。

表38　**2014年全区征迁情况**

单位:万平方米

单位	农拆			城拆				征迁总面积
	住宅(户)	非住宅(户)	面积	住宅(户)	商铺(家)	企业(家)	面积	
澥浦	43	2	1.56	49	3	5	4.18	5.74
九龙湖	268	12	5.41			7	1.02	6.43
招宝山				21		4	5.89	5.89
蛟川	61	4	4.92			2	0.81	5.73
骆驼	754	1	18.87	92	50	18	9.51	28.38
庄市	81	1	4.49	3		7	6.94	11.44
总计	1207	20	35.25	165	53	43	28.35	63.61

【区首个"阳光征收"项目签约100%】 10月30日起,全区首个国有土地"阳光征收"①项目——龙赛医院提升改造工程网上签约。此次征收中的所有信息全部现场公开公示,20户被征收人在10天签约期限内全部签约,60天搬迁其间内全部搬迁,为推广"阳光征收"打下基础。

①"阳光征收":指在国有土地上房屋征收与补偿工作中,将房屋征收相关政策法规、工作程序、补偿结果以及与被征收人有利害关系的房屋征收补偿信息在一定范围内公开并接受监督的行为。

征收工作人员上门调查并现场解释房屋征收政策

【公布2014年集体土地房屋拆迁商品住宅平均价格】 3月28日，区物价局、区国土分局、区住建局发布《关于公布镇海区2014年集体土地房屋拆迁商品住宅平均价格的通知》，按地段等级将全区集体土地房屋拆迁货币安置商品房均价分为四种价格。

表39　**全区集体土地房屋拆迁地段等级范围及价格表**

单位：元/平方米

等级	范围	均价
一	庄市街道、骆驼街道辖区范围	5800
二	蛟川街道辖区范围	5500
三	九龙湖镇辖区范围	4700
四	澥浦镇辖区范围	4200

（陈　芳）

城市管理

【概况】 2014年，全区城市管理工作围绕“巩固成效夯实基础年”的基本定位，按照“大城管、大服务、大协作、大宣传”的要求，夯实城市管理工作基层，创新城管体制机制，进一步推进城市管理，提升城市管理品质。

是年，区城管局以“大城管”格局构建为目标，结合“三改一拆”“五水共治”等专项行动，继续加强联合执法行动，加大对背街小巷、校园周边、新开发城区的管理整治力度。开展建筑渣土乱倾倒、户外广告、人行密集道路和区域占道经营等整治，共教育纠正各类违法违规行为4.2万余起，拆除各类违规设置户外广告2900块。自行拆除违章建筑19571.55平方米，配合各镇(街道)拆除违章建筑62523.73平方米。抄告违章停车4083起。继续推进全区“智慧城管”平台建设，共上报案件74937起，立案73569起，结案率99.96%，按期结案率90.13%。群众举报投诉涉及城市管理的问题3442起，基本做到按时办结。

是年，启动生活垃圾分类，在招宝山街道6个社区推广。投入资金140余万元推进环卫基础设施建设，提高机械作业水平。完成骆驼生活垃圾分类转运站项目勘察设计招标，进入地质勘查和初步设计阶段。加强餐厨垃圾管理，统一收运企业达300余家，其中城区250余家，餐厨垃圾日均收运量约10吨。实施后海塘粪便处理中心扩建工程，提高全区粪便处理能力，共清运处置生活垃圾10.70万吨，收集处理率达到100%，无害化处理粪便1.37万吨。推进燃气、供水等民生服务工作，全年天新增然气用户4069户，用户突破6万户，创历史新高；完成九龙湖、贵驷区域供水并大网工作，实现全域大网供水。加强市政公用设施养管，完成沥青路面维修111955平方米，水泥路面12775平方米，人行道维修36079平方米，增设人行道车挡石242只。加强排水工作，全年疏通下水道260公里，清疏淤积物达17284车。

镇海区荣获宁波市2014年度中心城区“道路清爽行动”第一名。

【推进“智慧城管”二期建设】 2014年，区城管局推进全区“智慧城管”二期建设。是年，50路高清监控探头完成市、区平台对接，105台手机终端设备（即城管通、处置通、执法通、指挥通）、7台单兵执法装备、9个车载视频和20个车载GPS终端设备全部到位。全年智慧城管平台共采集并处理各类案件5万余件，96310热线受理并处理问题3000余起。

【开展“三改一拆”专项行动】 2014年，镇海区按照省、市“三改一拆”专项行动要求，以“无违建”创建工作为抓手，开展五大专项整治，推进13个重点区块的拆违工作。全年累计完成“三改”面积222.12万平方米，占年度任务的370.2%。其中旧住宅改造16903户，计162.10万平方米；旧厂区改造14个，计14.21万平方米；城中村改造3195户，计45.81万平方米；“一拆”工作累计完成90.34万平方米，完成年度任务的164.25%。

【开展街面保序整治】 2014年，区城管局继续开展街面保序整治：在骆驼街道骆兴西路、招宝山街道车站路、城河西路等3条市级文明示范路的创建活动，规范人行道停车管理，新增人行道停车位30个、车挡299个。加大城区人行道违停抄告力度，共实施抄告4083起。在招宝山街道城东社区城管工作室试点，推行预先告知、温馨提示、上门劝导等前置管理措施，推动执法重心下移，现场教育纠正各类违法行为累计4.2万余次。

【开展建筑垃圾专项整治】 2014年，区城管局制定镇海区渣土管理办法和渣土收费办法，联合各镇（街道）及有关部门，持续开展乱倒建筑垃圾专项整治行动。全年开展3次集中整治，出动执法人员3900余人次，检查过往渣土运输车辆400余辆，立案查处建筑渣土相关案件187件，办结187件，执行罚款320万元。

【开展户外广告整治】 2014年，区城管局牵头开展户外广告集中整治，重点对招宝山街道城河路、车站路、沿江路等，骆驼街道329国道路、世纪大道路等路段的网格广告、楼顶广告进行清理。共拆除各类破损、违规设置的户外广告2900余块。同时推进户外广告长效管理，完成镇海区户外广告设施设置详规。

【加强对占道经营的整治与管理】 2014年，区城管局坚持“打早、打小、打苗头”，集中力量分期分批持续开展占道经营专项整治行动。通过组团网格式执法、累进式执法、前置管理及教育劝导等措施，加大对中心城区核心区域、严管控制路段占道经营行为的查处力度。其间，共发放通知书50余份，纠正占道行为1.2余起、规范跨门经营行为2000余起，立案查处占道经营案件20件，有效解决夜宵摊、烧烤摊、水果摊等占道顽疾，使中心城区后大街、大西门路、胜利路等主要道路，南街菜场、西门菜场、骆驼菜场等菜场及周边区域，保持环境整洁、道路顺畅。

【开展中心城区“道路清爽行动”】 2014年，区城管局联合招宝山街道开展中心城区“道路清爽行动”。行动加强机械保洁，老城区快车道一日4扫4洒,二、三级道路2扫2洒,快车道每周清洗2次以上,保障辖区道路清爽、见本色。扩大沿街垃圾免费上门收集范围,共有招宝山街道城河路、胜利路、骆驼街道骆兴西路等8条主要商业街开展垃圾上门收集。年底,镇海区荣获宁波市2014年度中心城区“道路清爽行动”第一名。

【启动生活垃圾分类】 5月,区城管局制订《镇海区2014年度垃圾分类细化方案》,启动生活垃圾分类:对生活垃圾采用区分厨余垃圾、可回收物、有害垃圾和其他垃圾的四色分类方法,在招宝山街道顺隆社区、海港社区、总浦桥社区等6个小区3500余户家庭开展试点。至年底,区垃圾分类项目办公室举办垃圾分类培训讲座16次、759人次参与,举行各类垃圾分类志愿者宣传活动23次,招募各类义工志愿者200余人,发放家用分类垃圾桶4098套、4098户家庭参与。

6月13日,招宝山街道顺隆社区垃圾分类入户活动启动

【加强供气管理】 2014年,区城管局继续加强供气管理:推进骆驼街道、庄市街道、蛟川街道的道路天然气主干支管网铺设,新建小区全部配套建设天然气管网,完成澥浦镇2000余户天然气改造工作;加快天然气改造,至年底,全区147个小区(地块)开通天然气,全年新增天然气用户4069户,用户突破6万户,创历史新高;加快天然气加气站建设,光明CNG加气母站于9月份通过验收。

【加强供水行业管理】 2014年,区城管局以“五水共治”为契机,加强供水行业管理:开展节水宣传,开展节水型小区创建活动,推进14家市级节水型小区升格省级节水型小区的申报;完成九龙湖、贵驷区域供水并大网工作,实现全域大网供水;加强全区1973个公共消火栓管理,推进农村公共消火栓城市化进程。至年底,全区年供水量46388414立方米,年售水量37286043立方米,居民用水量13695797立方米。

12月31日,九龙湖加压泵站举行镇海区全域大网供水并网仪式

【实施桥梁检测维修工程】 2014年,区城管局实施桥梁检测维修工程:对招宝山街道茗园桥、镇兴桥、庄市街道兴庄桥进行检测维修,对管辖范围内桥梁限载牌设置情况进行排摸,对部分限载牌缺失桥梁根据规范要求统一进行设置安装,共计33块限载牌(涉及九龙“单喇叭”互通立交、大昇桥及世博桥等18座桥梁)。

【成立镇(街道)城市管理所】 8月,区编委发文要求全区6个镇(街道)城市管理服务中心挂“城管所”牌子,明确组织机构、人员编制和相关职能。城市管理所的成立理顺区内城市管理体制,将大幅提升精细化城市管理水平。

(顾　鑫　袁晓君)

地名管理

【概况】 2014年,区民政局继续规范地名标志设置和管理,建立路名牌的日常维护巡查机制,全年新增设路名牌327块。重新编制《镇海区政区图》,启动《行走与记忆——镇海地名故事》编印工作。认真开展四条县级界线边界隐患排查工作。做好骆驼街道区划调整前期准备工作,制定清晰的工作流程,提出以村成建制划分的建议。

【启动《镇海区政区图》编制工作】 8月,区民政局与省工程勘察院签署《镇海区政区图》编制协议书,启动新版《镇海区政区图》编制工作。新版政区图将以1:10000地形图绘制标准为数据基础,结合最新航摄影像和卫星遥感数据,用地图语言形象展示全区地形地貌、交通、水系、界线等各项基础地理要素及城乡建设现状等信息。

【启动《行走与记忆——镇海地名故事》编印工作】 12月,区民政局与区新闻中心签订《镇海地理》合作出版协议。该书以《今日镇海》《镇海地理》刊出的46篇文章为基础素材,选取镇海本土有特色的街、巷、弄、港、塘、路、屋、亭等诸多地名,以图文并茂的形式讲述其历史沿革及文化底蕴。预计2015年出版本发行。

(赵　彬)

物业管理

【概况】 2014年,镇海区竣工交付的住宅小区累计133个,建筑面积1015.46万平方米。其中,1998年前建成的老小区47个,建筑面积181.34万平方米;商品房小区60个,建筑面积546.14万平方米;拆迁安置房小区22个,建筑面积254.93万平方米;保障性居住小区2个,建筑面积25.89万平方米;新农村集居房2个,建筑面积7.2万平方米。已经实施物业管理和准物业管理的小区115个,占全部小区总数86%。全区登记备案的物业服务企业32家,从业4814人,当年物业服务企业营业收入13640.87万元。是年,区住房建交局继续完善物业管理相关政策,以创新管理体制、健全组织机构,强化联合执法、组团管理,提升物业服务、加大考核奖励和政策扶持4方面为抓手,落实“属地管理、部门联动、行政监督、业主自治”16字方针,调动物业管理主客体积极性。

【物业服务内容和收费标准上墙公示】 7月起,由区住房建交局、区发改局制作的物业服务内容及收费公示牌分批在130多个小区统一安装,推出物业服务内容及收费公示,旨在打造“阳光物管”,让业主参与并监督物业企业。

【继续实施老小区物业改造提升】 2014年,区实施老小区物业改造,计划改造3351户,建筑面积26.9万平方米。招宝山街道西门小区、港城花园、红房子小区的改造项目立项并开工建设，整治61幢、1397户住宅11.2万平方米的建筑面积。截至12月底，红房子完成工程量的60%，港城花园屋面改造完成，西门小区完成工程量的70%且屋面改造全部完成。

【区房地产业物业协会成立】 10月召开的区房地产业物业协会首届会员大会上，64家房地产企业和物业管理企业入会。会议制定通过镇海区房地产业物业协会章程，选举产生协会理事单位17家。

【实施物业管理考核奖励】 2014年，区对镇（街道）和相关部门物业管理工作实施考核，采取以奖代补办法。年底，表彰奖励5个部门、4个镇（街道）、15个不同类型小区、7项老旧小区改造提升项目、12个优秀社区、15个优秀业主委员会、50名优秀个人，合计发放奖励资金690万元。

【实施低收入家庭物业费补助】 2014年，区对持民政部门签发的“宁波市居民最低生活保障金领取证”、“宁波市城区社会扶助证”、“镇海区农村社会扶助证”和区总工会核发的“特困职工证”且户口和实际居住在镇海区的低收入家庭，给予物业服务费全额补助，符合条件21人（户）获补助资金5031元。

（冯国定）

生 态 环 保

综 述

2014年，镇海区生态环保工作围绕“生态环境整治”战略和“生态文明示范区”创建目标，致力于全面推进生态文明建设，煤尘整治、废气治理、河道水环境治理等重点工作取得新进展。

是年，镇海港区及后海塘煤炭交易市场防风网建设接近尾声，煤炭泊位完成功能调整，喷淋抑尘设施趋于完善。化工企业有机废气治理继续推进，泄漏检测与修复(LDAR)技术应用企业进一步扩大。区政府启动两年淘汰黄标车计划。浙江浙能镇海发电有限责任公司完成4X215兆瓦燃煤机组脱硝工程，中石化镇海炼化分公司完成四电站脱硫脱硝、二三电站补充脱硫脱硝和二催化脱硫脱硝工程。启动“五水共治”三年行动，安排52亿资金实施31项重点工程。

是年，镇海区环境空气质量优良率为80.2%，大气特征有机污染物浓度均值达标率99.9%以上，河道水质绝大多数为劣Ⅴ类，噪声环境达标。当年，环保部授予镇海区“国家生态文明建设示范区”称号，成为宁波市首个获此称号的区域。

（尚立峰）

环境质量监测

【概况】 2014年，全区环境空气质量优良率(以AQI评价)为80.2%，主要污染物为细颗粒物(PM2.5)和臭氧。四项主要污染物排放量分别为化学需氧量3745吨，比上年下降6.6%；氨氮679吨，下降5.76%；二氧化硫21448吨，下降15.22%；氮氧化物22308吨，下降5.83%。全年环境空气质量Ⅰ级(优)74天，Ⅱ级(良)217天，Ⅲ级及以上(污染)72天。降尘均值为5.14吨/平方公里·月，较2013年下降20.7%(扣除本底后)。大气中特征有机污染因子一次监测值总体达标率99.9%以上，36个监测指标有12个比往年明显下降，硫化物、丙烯腈、苯系物和苯乙烯一次监测值存在超标现象，苯乙烯有明显上升。酸雨污染明显改善，酸雨率降至85.2%，年度pH值均值为4.59，属于中酸雨区。

是年，全区地表水水质监测点由原来8个增加到26个。其中，3个水库水质均在Ⅱ类以上，23个河道水质除汶溪点外，其余均为劣Ⅴ类(最差)，主要污染物为氨氮和总磷。声环境质量达标。土壤检测未在区级层面实质性开展，其质量状况缺乏评价数据。

【新增3个空气质量监测站点】 2014年，区环保局投资400万元在澥浦镇、九龙湖镇增设2套大气常规污染因子监测站，用于评价两地空气质量指数（AQI）。投资300万元在蛟川街道增设1套大气特殊污染因子监测站，用于评价空气中30多种有机污染因子情况。至此，全区大气常规污染因子监测站点和大气特殊污染因子监测站点各增至4个，大气环境质量监测设施日趋完善。

【河道水质污染依然严重】 2014年，全区地表水水质监测点由原来8个增至26个，用于配合“五水共治”行动。其中十字路、郎家坪、三圣殿3个水库监测点不变，河道监测点由原来5个增至23个。年末监测显示，23个河道点位中仅中大河上游的汶溪点位达到Ⅳ类，其余22个点位均为劣Ⅴ类（个别点位在个别时段可达到Ⅴ类），主要污染物以氨氮、总磷为主。其中总磷指标为劣Ⅴ类的河道多集中在骆驼、招宝山、庄市街道，与区域开发程度高和人口密度大有关，河道水体污染状况得到真实反映。“五水共治”第一年未出现河道水质明显改变，但水体表观上有所改善。

河道整治后的箭港湖

【6种特殊因子全国首次实时发布】 2014年，区环保局针对镇海居民高度关注化工行业及其排放特殊污染因子的情况，根据全区实际，建立镇海区空气质量发布平台（网站），选定苯乙烯、丙烯腈、苯、甲苯、二甲苯、硫化氢等6种特殊因子，实时网上发布浓度监测数据，并专门通过技术手段实现户外LED环境信息公告屏、官方微博自动发布。通过网络发布特殊污染因子实时监测数据，在全国范围内是首次。

（尚立峰）

生态绿化建设

【概况】 镇海区2002年启动生态林带建设，实施道路、河网和城乡建设中的绿化。至2011年年底，全区基本建成海天林带、镇骆林带、雄镇林带、清风林带、绕城林带五大生态林带，全长58.4公里，面积906公顷。2014年，全区继续推进生态绿化建设，重点开展林带改造提升、骨干河道绿化等，巩固“森林镇海”成果。全年实施公路景观绿化3条，城市道路绿化2条，后海塘垃圾填埋场覆绿。是年，投资6500万元，完成85.3公顷绿化造林。

【3条公路景观绿化实施】 2014年，区住房建交局实施3条公路景观绿化：在新改建的骆霞线路段中央分隔带种植乔木1983株，草皮、灌木16060平方米，绿化里程3.3千米。在329国道中央分隔带及路肩①两旁种植草皮、灌木36282平方米，绿化里程12.33千米。在余汶线路段路肩两

①路肩：指位于车行道外缘至路基边缘、具有一定宽度的带状部分。

侧种植乔木350株、草皮灌木20000平方米，绿化里程4千米。

【绕城高速生态林带工程通过竣工验收】 9月，绕城高速生态林带工程通过竣工验收。工程投资概算1000万元，于2013年10月启动，东接绕城高速沙河收费站，南接世纪大道，绿化面积11万平方米，实施立交匝道及道路两侧绿化景观提升。

【通道绿化三期工程通过竣工验收】 10月，通道绿化三期工程通过竣工验收。工程投资概算1633万元，于8月开工，西起庄俞公路，东至镇骆路，长2.08千米，路两侧各15米范围内植树绿化，绿化面积4.94万平方米。

通道绿化三期竣工

【后海塘垃圾填埋场覆绿工程完工】 11月27日，后海塘垃圾填埋场覆绿工程完工，覆绿面积21万平方米。工程耗时一月余，包括清理场地，地面堆土坡与绿化，设置简易道路、排水系统。覆绿后的垃圾填埋场于12月31日起停止垃圾倾倒。

（冯国定）

【完成雄镇林带森林憩园项目建设】 2014年，区农业局开展雄镇林带森林憩园项目建设。项目是生态林带提升工程之一，总投资1340万元，建设面积10.6公顷，主要从扩种绿化、林相改造、水系沟通、景观营造方面进行林带提升，营造适宜市民进入的平原森林公园。

【完成重点河道3个标段绿化建设】 2014年，投资427万元，完成镇海东排南线试验段（中大河——箭港湖）1.8公里、1.32公顷河道绿化；投资500万元，完成姚江东排镇海南支线（三七房至方针）2.4公里、4.8公顷河道绿化；投资296万元，完成镇海东排南线（黄杨口——丁新桥）1.2公里、2.7公顷河道景观绿化，进一步推进清水河道治理中两岸生态绿化工作。

（俞明敏）

【后海塘生态绿化提升工程启动】 5月，为期三年的后海塘生态绿化提升工程启动。是年，主要实施威海路东侧生态绿化提升工程，总投资500万元，年内完工新增及提升绿化约1.8万平方米，形成产业与城市的生态围合带，实现后海塘区域生态环境的整体改造提升。

（王莞乔）

污染整治与减排

【概况】 2014年，区政府继续把煤尘整治、有机废气治理和脱硫脱硝作为污染整治与减排行动主要内容。新一轮煤尘整治进入第三年，宁波港镇海港区3号泊位停止煤炭装卸作业，港区、后海塘煤炭市场防风网基本实现封闭合围，配套喷淋系统趋于完善。化工企业有机废气治理继续开展，泄漏检测与修复技术范围扩大，无组织废气削减成效明显。

是年，镇海发电、镇海炼化脱硫脱硝工程完成。区政府出台加快黄标车淘汰方案和补贴办法，加快黄标车淘汰步伐。启动“吨排污权税收贡献”排序，根据行业类别及评价等级实行差异化总量控制激励政策，全年对15家印染企业、12家电镀企业的2013年度吨排污权税收贡献率进行排序并公告。“五水共治”行动启动，提出三年投入52亿元实施31项重点工程。

【淘汰高污染黄标车2998辆】 2014年，全区在册黄标车有5459辆，市政府要求2014年淘汰2839辆，到2015年年底全部淘汰完成。2月，区政府成立由环保、公安、财政等12个部门组成的工作领导小组，出台提前黄标车奖励补贴办法，最高每辆可补贴5万元左右，同时通过扩大限行区等措施限制黄标车活动空间。年底实际淘汰黄标车2998辆，超额完成年度任务，兑现补贴资金2022.7万元。

【“十二五”脱硫脱硝工程完成】 2014年，全区“十二五”脱硫脱硝工程计划完成。计划启动于2010年，当年总投资2.8亿元的浙能镇海发电有限责任公司4X215兆瓦燃煤机组烟气脱硝改造工程通过竣工环保验收，完成镇海炼化投资1.99亿元的四电站烟气脱硫脱硝工程、总投资1.36亿元的二、三电站补充脱硫脱硝改造工程和投资1.5亿元的二催化烟气脱硫脱硝改造工程。这四大工程项目投用后，每年可削减二氧化硫约5000吨，削减氮氧化物约18000吨。

【煤尘整治行动收尾】 2014年，全区煤尘整治行动收尾。当年，镇海港区3号泊位不再从事煤炭装卸作业，第五期总长1250米防风网完成50%以上工程量，增添6套移动式射雾器、14套固定式射雾器和30套远程控制洒水喷枪；后海塘煤炭市场北侧长1200米防风网建成，46.7公顷人工降雾系统投入试用；建立在线监控、现场执法和志愿者督查相结合的煤尘监管机制，全年查处违法违规煤炭运输车1292辆，征收煤粉尘排污费2383万元。行动启动于2012年4月，至2014年末，累计建成防风网总长7000余米，第四期工程于2014年建成投用后，第五期同时开工。

镇海港区煤场防风网

【“五水共治”行动启动】 2014年，根据省、市统一部署，镇海区启动“五水共治”行动。行动成立领导小组，区委、区政府主要领导任领导小组组长，16名区级领导担任全区29条主要河流河长，30多个区级职能部门，6个镇（街道）及工业园区被列为主要责任单位。行动提出三年内投入52亿元，实施36个村农村生活污水治理、64个畜牧养殖场整治提升、污水管线普查疏通等31项治水项目，实现全面消除黑河、臭河、垃圾河等目标。“五水共治”，即治污水、防洪水、排涝水、保供水、抓节水，是继“清洁空气行动”之后，全区最大规模的环境整治工程。行动第一年主要围绕消除黑河、臭河、垃圾河等突出水环境污染，开展全区性广泛动员、建立河长制等工作机制，为深度治理打下基础，因而当年全区河道水质总体上未发生明显改善。

【新建36个自然村生活污水处理项目】 2014年，全区新建36个农村生活污水处理项目，其中生态化处理村28个，纳厂处理村8个，分别位于九龙湖镇汶溪村、西河村，庄市街道光明村、永旺村，骆驼街道敬德村、兴丰村以及澥浦镇十七房村、庙戴村等。项目总投资7500万元，涉及农户7400余户，日处理污水约2500吨，排放水质达到《城镇污水处理厂污染物排放标准》(GB18918—2002)一级B标准。截至2014年年底，全区共实施农村生活污水处理的自然村达134个，涉及农户24500余户，日处理污水8000余吨，累计投资约11000万元。

（季柳巧）

【有机废气治理继续推进】 2014年，全区通过设备改造、工艺提升和治理新技术应用，完成镇海炼化等11家化工企业的有机废气治理。在69家化工、液化仓储企业推行废气泄漏检测与修复技术，共检测76.9万个点，泄漏率为0.3%，修复率为52.8%；作为LDAR延伸技术，在25家企业进行红外成像技术(OGI)试点。当年，全省重污染行业整治现场会在镇海召开，给予镇海区化工行业及有机废气整治工作高度评价。

（尚立峰）

化工企业泄漏检测与修复(LDAR)操作

环保执法监管

【概况】 2014年，区环保局实现“无缝执法”常态化，做到时段、职能、区域上无缝对接，环境监管力度继续加大。全年共出动执法人员6320人次，检查企业2510家次，开展夜间执法及双休日检查145次，开展“绿剑”专项行动12次。累计处罚环境违法行为135起，罚款570.8万元。发挥科技作用，建立广泛感知、海量聚集、智能处理、及时响应的“智慧环保”体系，实现对全区90%以上重点污染点源和100%重化工企业24小时环境监控。围绕2015年将施行的新环保法，开展6次新法巡回讲座，400余家企业接受教育。

【实行“无缝执法”常态化】 2014年，区环保局实行“无缝执法”常态化。时间无缝交接，节假日与工作日、夜间与白天实行同等执法标准，形成每晚重点区域巡查、每周不定期“零点行动”、每月一次开展“绿剑”专项行动的惯例；地域无缝对接，对石化开发区、后海塘区域、骆驼机电园区、九龙湖酸洗集中区等重点区域和敏感企业实行统一监管；职能无缝衔接，形成环保——公安、环保——城管、环保——

市场监管及环保——镇街道执法联动机制。全年有6起环境违法案件移交公安部门，其中1起被判刑。

区环保局无缝执法检查重点企业

【“智慧环保”二期项目建成】 2014年底，“智慧环保”二期项目建成。该项目2013年启动，投资300多万元，以环境监察移动执法系统和综合业务管理系统为建设重点，开发智能手机和平板电脑移动客户端APP，实现移动办公、移动执法、信息查询及企业在线办理建设项目审批验收、排污许可证核发、污染源在线监控系统方案备案等功能。年底，全区160家企业与区环境监控中心联网，数据监测点达134个，视频监控点达320个。

（尚立峰）

科学技术

综述

2014年，镇海区科技工作围绕区委、区政府“六大战略”实施、“六个示范区”建设的工作部署，以实施科技领航者“236”工程①、高新企业“100”工程②和科技项目培育工程为主抓手，开展“科技创新指标倍增年”、“科技合作平台深化年”和“科技服务质量提升年”三个年活动，不断提升区域整体科技创新能力，科技工作继续保持取快发展势头。科技经费投入快速增长，区属R&D(研究与试验发展)经费支出10.6亿元，同比增长2.2%，占区属GDP比重达2.99%。科技成果产出丰富，上报新产品286个，获市级以上科技进步奖8项，专利授权量达到3013件。高新技术企业群体逐步扩大，新增国家级高新技术企业7家，累计79家。是年，镇海区科技进步变化情况综合评价列全省第14位，科技进步考核位列全市第二并再次获2013年度宁波市科技进步考核金奖。

高新技术企业及高新技术产业

【概况】 2014年，全区新增国家级高新技术企业7家，累计达到79家。全社会高新技术产品产值达到545.98亿元，同比增长4.6%；区属高新技术产业产值实现464.48亿元，同比增长10.3%，占规上工业产值比重达46.6%。其中区属规上工业新产品产值达213.4亿元，新产品产值率为21.4%。

表40 镇海区新增高新技术企业名单

企业名称	认定年限
宁波市光亚汽车配件有限公司	2013
宁波市令通电信设备有限公司	2013
宁波科曼电子科技有限公司	2013
宁波海宏液压有限公司	2013

①“236工程”，指从2013年起，择优认定2家高新技术领航企业、3家科技创新型标兵企业，三年内每年择优认定6家科技成长型小微企业，入选企业三年分别可获得最高120万、90万、60万元的补助。整项工程补助资金为1590万，是科技局迄今为止，单项项目补助资金最高、支持力度最大的一项区级科技计划项目。工程启动到结束需5年，评审认定工作在2015年结束，补助资金到2017年全部完成兑现。

②高新企业“100”工程，即围绕我区产业结构调整布局，重点发展战略性新兴产业，做大做强高新技术产业，计划通过三到五年努力，全区高新技术企业从2012年的53家发展到100家。

续表40

企业名称	认定年限
宁波黑松工具有限公司	2014
宁波市恺丰文具礼品有限公司	2014
宁波安信德亿塑业科技有限公司	2014
富伟精密机械(宁波)有限公司	2014
宁波镇明转轴有限公司	2014
宁波易荣机电科技有限公司	2014
宁波意美捷影视设备有限公司	2014
宁波美依咖啡机有限公司	2014
宁波立华植物提取有限公司	2014
浙江鑫甬生物化工有限公司	2014
宁波市镇海正元铜合金有限公司	2014

科技创新与成果

【概况】 2014年,全区新增省、市级企业工程技术中心19家,各级各类工程中心达139家,其中省级高新技术企业研究开发中心28家。科技成果产出增长,全年各类企业申报科技项目200多项,其中被市级以上立项的科技项目数达110多项,获市级以上补助资金2332万元。全区专利申请量4747件,同比增长16.3%,其中发明专利1798件,同比增长104.8;授权专利3013件,同比增长7.3%。其中发明专利292件,同比增长36.4%。

【3个项目入选国家外专局资助】 2014年,全区3个项目入选国家外专局资助,分别是宁波晶钻工业科技有限公司CVD金刚石超精密加工工具研发项目、宁波欧迅化学新材料技术有限公司烷氧胺盐酸盐生产项目,镇海龙赛医院德国骨科专家合作项目。

【企业工程技术中心数量快速增长】 2014年,全区共有50家企业申报省、市、区级工程(技术)中心,其中省级5家、市级14家、区级31家。特别是以往科技创新意识较弱的建筑、航运等传统行业企业也对申报工程(技术)中心表现出前所未有积极性,不断加大人力、物力投入,加快研发机构建设。至年底,全区各类企业研究院、工程(技术)中心总数达139家,其中省级企业研究院1家、省级企业工程(技术)中心27家、市级工程(技术)中心49家、区级企业工程(技术)中心62家,区级以上工程技术中心占规上企业比重达24.2%。

表41　**镇海区省级高新技术企业研究开发中心名单**

名称	依托单位
龙欣精细化工省级高新技术企业研究开发中心	宁波龙欣精细化工有限公司
金海安保器件省级高新技术企业研究开发中心	宁波金海电子有限公司
国创压敏材料省级高新技术企业研究开发中心	宁波市镇海国创高压电器有限公司
汇众粉末冶金装备省级高新技术企业研究开发中心	宁波汇众粉末机械制造有限公司
海达塑料装备省级高新技术企业研究开发中心	宁波市海达塑料机械有限公司
中意液压马达省级高新技术企业研究开发中心	宁波中意液压马达有限公司
绅乐汽车多媒体省级高新技术企业研究开发中心	宁波绅乐电子有限公司
新容电容器省级高新技术企业研究开发中心	宁波新容电器科技有限公司

续表41

名称	依托单位
摩士轴承省级高新技术企业研究开发中心	摩士集团股份有限公司
德泰炭黑省级高新技术企业研究开发中心	宁波德泰化学有限公司
宁波百隆色纺纱工程技术中心—经委	百隆东方有限公司
宁波明欣压力容器工程技术中心—经委	宁波明欣化工机械有限责任公司
欧易液压传动与控制省级高新技术企业研发中心	宁波欧易液压有限公司
埃美柯阀门省级高新技术企业研发中心	宁波埃美柯铜阀门有限公司
连通设备石化设备省级高新技术企业研发中心	宁波连通设备制造有限公司
新福钛白粉新材料省级高新技术企业研发中心	宁波新福钛白粉有限公司
杜亚管状电机及智能控制系统省级高新技术企业研究开发中心	宁波杜亚机电技术有限公司
宁波达尔轴承工程(技术)中心—经委	宁波达尔轴承有限公司
海德氨基酸省级高新技术企业研究开发中心	宁波市镇海海德生化科技有限公司
鑫甬生物化工生物催化技术与水溶性高分子省级高新技术企业研究开发中心	浙江鑫甬生物化工有限公司
浙江野马电池工程(技术)中心	浙江野马电池有限公司
石化建安节能设备省级高新技术企业研究开发中心	镇海石化建安工程有限公司
宁波金鑫粉末冶金省级高新技术企业研究开发中心	宁波金鑫粉末冶金有限公司
金丰冲压装备工程(技术)中心—经委	金丰(中国)机械工业有限公司
有机氯化合物省级高新技术企业研究开发中心	宁波巨化化工科技有限公司
中平粉末冶金省级高新技术企业研究开发中心	浙江中平粉末冶金有限公司
宁波鼎鑫锌合金材料工程(技术)中心—经委	鼎鑫(宁波)合金制造有限公司
宁波LG化学工程技术中心—经委	宁波乐金甬兴化工有限公司
宁波华通输配电技术研发工程中心—经委	宁波华通电器集团股份有限公司天衡子公司
宁波医药省级高新技术研究开发中心	宁波市医药技术研究有限公司

【专利申请、授权数量稳步增长】 2014年，全区专利申请总数突破4000件，其中发明专利1790件；专利授权总数突破2850件，其中发明专利290件。

表42　　**镇海区2014年专利申请、授权情况一览**

	发明	同比增长	实用新型	同比增长	外观设计	同比增长	合计	同比增长
申请数	1798	104.8%	2288	-9.7%	661	-1.6%	4747	16.3%
授权数	292	36.4%	2268	13.7%	453	-24.2%	3013	7.3%

【科技项目立项数创新高】 2014年，全年各类企业申报科技项目总数达到200多项，申报数创近年新高，其中被市级以上立项的科技项目数达110多项，全年获得市级以上补助资金2332万元，连续三年保持2000万元以上。

表43　　2014年度镇海区获省、市科技进步奖项目一览

项目名称	奖项等级	完成单位	完成人员
超细湿法研磨机及成套装备	省科技进步奖三等奖	宁波市联成机械有限责任公司	李雄吴仲德胡春杰穆学军祝文剑王国忠余剑清
融入城镇化进程的机组供热关键技术研究与应用	省科技进步奖三等奖	浙江浙能镇海发电有限责任公司国网浙江省电力公司电力科学研究院浙江浙能技术研究院有限公司	胡松如吴斌邵志跃胡欣张坚群孙永平袁伟中
新型特种馈电电缆	市科技进步奖三等奖	宁波康兴电缆有限公司	卢占宇王跃徐金富赖建华郑琳张涛孙伟平
融入城镇化进程的机组供热关键技术研究与应用	市科技进步奖三等奖	浙江浙能镇海发电有限责任公司国网浙江省电力公司电力科学研究院浙江浙能技术研究院有限公司	胡松如吴斌邵志跃胡欣张坚群孙永平袁伟中
SHEER加氢工艺成套技术核心设备研发	市科技进步奖三等奖	镇海石化建安工程有限公司	张贤安王健良胡兴苗刘利江李军杰任红亮王宇
甲氧胺盐酸盐绿色生产工艺开发	市科技进步奖三等奖	宁波欧迅化学新材料技术有限公司浙江大学宁波理工学院	张胜建林勇罗署应丽艳石园庆张洪张连芳
低温容器轻型化关键技术的研发及工程应用	市科技进步奖三等奖	宁波明欣化工机械有限责任公司华东理工大学	闻庆惠虎叶青廖建明陈俭峰鲍碧霞陈梁
电致阻变材料与阻变存储器研究	市科技进步奖三等奖	中国科学院宁波材料技术与工程研究所	李润伟刘钢诸葛飞尚杰朱小健胡本林

科技合作、服务与交流

【概况】 2014年，镇海区科技合作深度广度进一步扩大，清华校友创业创新基地、西安电子科技大学宁波研究院及产业园、中科院宁波材料所初创产业园、宁波市中欧国际应用能源创新研究院、大连化物所国家技术转移（宁波）中心五大科技平台作用进一步发挥；全市首个区级科技市场——镇海科技市场，正式建成并投入运行，被省科技厅认定为浙江省科技大市场建设试点单位；第九届“镇海杯”国际创新设计大赛如期举办；帮助6家企业与省、市农科院、浙江大学、宁波大学、浙江万里学院等科研院所开展长期稳定的技术、人才合作，开展农业科技合作洽谈活动4次；汪燮卿、顾玉东、周翔、徐芑南等11位院士先后到镇海指导，24人次海外科技团体负责人及海外专家参加“海智宁波之旅”镇海行活动。

【五大科技平台特色明显】 2014年，西电宁波产业园共注册企业32家，注册资金2.55亿元，以电子信息、智慧城市、系统集成、软件开发等主导产业为主的企业占70%，园区的产业集群和产业特色较为明显。此外，西电宁波研究院共申报各类专

利17个，达成转移技术成果交易额400万元。承担宁波市级项目2个；中科院宁波材料所初创产业园园区地块交付使用，区政府落实首批垫付改建资金1200万、运行经费200万；中欧国际应用能源研究院获国家“863”计划项目（参与单位）；大连化物所国家技术转移（宁波）中心在江浙沪区域的技术转移合同金额总计约为5400万元；清华校友创业创新基地有清车电气、云道智造、发现之旅、厚载资本等企业入驻。

【科技市场投入运行】 5月，镇海区科技市场投入运行。市场位于蛟川街道，占地面积600平方米左右，涵盖科技综合服务、科技合作服务、科技人才服务等三大功能，为全市首个区级科技市场，被省科技厅认定为浙江省科技大市场建设试点单位。自运行以来，连续举办西安电子科技大学、宁波大学、中科院宁波材料所、大连化物所、哈工大等5个专场线下产学研对接活动，涵盖电子信息、装备制造、新材料等领域。全年促成签约项目9项，技术交易额680万元，达成合作意向13项。在线下活动的带动下，当年通过网上技术市场发布企业难题100项，其中成交项目25项，技术交易额达6081万元，三项数据均位列全大市前三。

【举办第九届“镇海杯”国际创新设计大赛】 5月22日—9月20日，宁波市镇海区人民政府、宁波市人民政府和中国机械工程学会联合主办第九届“镇海杯”国际创新设计大赛。大赛共收到来自意大利、中国台湾、中国香港、新加坡等地上百所高校师生的有效作品2020件。赛后评选出一、二、三等奖作品18件、优秀奖作品12件。来自国内外创新设计领域210多名领导和专家莅临镇海参加“镇海杯”颁奖仪式和中国创新设计论坛。该次大赛的知识产权支撑作用首次体现，所有入围作品中共申请2件发明专利，10件实用新型、外观专利，并且登记地均为镇海。

【科技金融成效明显】 2014年，杭州银行宁波镇海支行审核科技贷款59家次，累计放贷1.73亿元。成立至今科技银行已累计贷款企业93家次，发放贷款2.79亿元，带动商业贷款5.16亿元。一批科技型中小企业通过科技贷款资助，使一批科技成果实现产业化，部分项目还被上级科技部门立项。在科技贷款的带动下，一些与研发相关的科技指标增幅明显，如专利申请和授权数、高新技术产业产值、工业新产品产值、研发经费支出等，为全区科技创新能力发展提供有力支持。

科学惠民工作

【概况】 2014年，镇海区民生科技工作致力于推进农业科技合作和科普惠农工作。申报市级以上科技项目36项。其中农村科技创新创业资金项目3项、农业攻关项目1项、社发攻关项目5项、自然科学基金项目4项、农业科技创新型企业1家、新农村建设科技示范村1家。共获得市级农业、社发科技经费220.5万元。组织开展2014年度区级农业、社发类项目申报工作，共上报项目55个，其中26个项目获得区级立项。

【实施农业产学研对接计划】 2014年，区科技局以产学研合作为手段，引导和组织农业企业与省、市农科院、浙江农林大学、宁波大学、浙江万里学院等科研院所开展技术、人才合作。推进6家市级科技特派团队与区农业企业签订长期技术合作协议。开展农业科技合作洽谈活动4次，组织各类农业种植技术培训10余场。

【多项农业科技获奖】 2014年，庄市繁荣瓜果蔬菜试验示范场、果乐农业开发有限公司分别被评为省、市级农村科普示范基地，江南家禽的于波和大丰蔬菜的项学奇分别被评为省、市级农村科普带头人，招宝山街道后大街社区被评为市级优秀科普示范社区。骆驼阿欢草莓园艺场的“草莓新品种引进试验示范”项目获得“金桥工程”立项。4项农业科技项目获得市级科技项目立项。庄市繁荣瓜果蔬菜试验示范场被认定为市级农业科技创新型企业。促进民生相关科技成果应用，全民科学素质的提高。开展农业科技合作洽谈活动4次，11个项目列入市级科技计划，其中繁荣瓜果蔬菜试验示范场“设施西甜瓜品质和效益提升关键技术研究与集成示范”项目获得市级农业创新创业重点项目40万资助，创全区单个农业科技项目资助经费历史最高。

科技管理

【概况】 2014年，区科技工作以“创新驱动发展战略”主旋律，以实施科技领航者“236”工程、高新企业“100”工程和科技项目培育工程为主抓手，开展“科技创新指标倍增年”“科技合作平台深化年”和“科技服务质量提升年”三个年活动，提升区域整体科技创新能力。是年，镇海区科技进步变化情况综合评价列全省第14位；科技进步考核位列宁波市第二，获全市科技进步考核金奖。

【出台增强区域创新能力认定与管理办法】 2014年，区科技局以强化科技投入、强化企业为主体的研发和技术创新、强化高新技术产业发展、强化企业研发中心建设、强化公共科技服务平台建设为重点，配套出台《镇海区科技金融贷款管理办法》《镇海区科技领航与培育“236工程”实施办法》等8个支持增强区域创新能力的认定和管理办法，进一步完善以《关于促进全社会经济发展若干意见》为政策龙头的“1+X”①架构政策体系。

【区本级财政科技资金突破3000万元】 2014年，区本级财政用于支持科技发展、兑现各项政策的经费达3268.01万元。其中专利授权补助741.6万元，各级工程中心补助375万元，区重大科技计划项目补助130万元，企业研发费补助50万元，社会发展项目110.5万元。

【实施科技3项工程】 2014年，区科技局继续实施科技领航者“236”工程、高新企业“100”工程、科技项目培育工程3项工

①“1+X”：指区委、区政府出台的《关于促进全区经济发展的若干意见》和工业转型升级、科技创新、服务业发展、开放型经济、企业上市、股权融资、金融业发展、文化创意产业发展、人才引进培育等九方面实施细则。

程，推动高新技术企业、科技型中小企业、科技型小微企业及科技项目的培育工作，成效明显。以“236”工程为例，5家高企领航与标兵企业，当年销售收入、利润与入选前相比，总收入从2012年的22.5亿元增加到2014年的29.3亿元，每家年平均增加6800万元，每家平均销售收入达5.86亿元；利润总额从2012年的1.7亿元增加到2014年2.0亿元，每家年平均增加300万元，每家平均利润达4000万元。

（徐　剑）

中国科学院宁波材料技术与工程研究所

【概况】 中国科学院宁波材料技术与工程研究所（简称宁波材料所）位于庄市街道，成立于2004年4月，由中国科学院与浙江省人民政府、宁波市人民政府三方合作共建，是中国科学院在浙江省建立的首家集技术创新、成果转化、科技服务、人才培育于一体的综合性工业技术国立研究机构。2009年3月，中国科学院、浙江省、宁波市三方进一步加强全面战略合作，共建中国科学院宁波工业技术研究院（简称宁波工研院），将研究领域从原先的材料领域进一步拓展到新能源和先进制造领域。2014年，宁波材料所新增各类人才172人，其中正高18名，海外高层次人才12人，博士后52人，新增研究生300人。全院总人数902人，5人入选浙江省千人计划，7人入选宁波市千人计划，5人入选宁波市3315计划。人才类到位经费5769万元。1个团队获中科院创新交叉团队支持。

是年，宁波材料所共申报国家、院、省、市等各类纵向科研项目233项，获竞争性纵向合同经费共计1.93亿元（国家6793万、中科院4017万、地方8466万），当年到位经费1.49亿元(国家4545万、中科院3042万、地方7354万)。全年共发表期刊与各类会议论文491余篇，其中SCI收录篇数361篇，影响因子大于3的有169篇。全年申请专利376件，授权195件。建成光伏二期、材料制造等设备、大型工程试验中心及公共测试中心超算中心等平台。全年新增与企业合作项目63项，合同经费1.39亿元，到位经费4478万元；新增科技特派员54人，与企业签订合作项目20多项，协助企业申报各类项目近10项。加强国际交流与合作，全年共派出73批84位科研人员奔赴海外开展访问考察等活动，邀请和接纳100多人次国际同行及跨国公司高层到访、交流，签署各类合作协议10个。民用低成本碳纤维复合材料连续自动化制造与应用技术研究等10项科研成果取得较大进展。

【建立2个国际研究研发中心】 4月，宁波材料所与日本NGK（碍子）建立联合研发中心，合作开发非晶带材制备设备，有效提升国内该领域的装备制造水平。7月，宁波材料所与世界最强的植入式医疗器械公司美国美敦力公司共同组建“慈溪医工所——美敦力联合研究中心”，为宁波工研院生物医学材料朝着可应用的方向发展，提高科研成果转移转化的可能性。2个研发中心的建立，标志宁波材料所国际合作迈上新台阶。

【荣获3项国家、省级科技奖】 2014年，宁波材料所荣获3项国家、省级科技奖：

“稀土永磁产业技术升级与集成创新”获国家科学技术进步二等奖，“氧化物半导体纳米线及其微纳器件应用”项目获浙江省科学技术奖一等奖，作为参与单位获宁波市科技进步一等奖。

【获批多项重大项目】 2014年，宁波材料所获批多项重大项目：首次以项目承担单位获国家科技支撑计划项目1项——机器人用低成本全向视觉传感器及示范应用；获国家基金委重大研究计划1项——国家自然科学基金委核能重大研究计划集成项目“核用碳化硅复合材料结构设计与离子辐照评价”、优秀青年科学基金项目2项——纳米磁性材料研究、纳米催化；开拓工信部稀土专项新领域4个项目全部获批；中科院“科技服务网络计划”项目获批4项。此外，973项目参与2项——高轻稀土含量、高性能稀土永磁材料机理研究、轮胎橡胶材料组成与“魔三角”性能间的关系；863项目承担1项——柔性OLED显示用塑料基板技术研究与应用，参与1项——虚实融合动态演化技术；科技部国际合作项目参与1项——25千瓦自由活塞式内燃直线发电机联合研发。

【多项科技成果实现转移转化】 2014年，宁波材料所与地方企业开展合作，多项科技成果实现转移转化：宁波材料所与广东聚石公司以及贵州源翼公司合作的两项阻燃剂项目完成中试工作，其中广东聚石在建设大试的生产厂房，预计明年上半年竣工，源翼公司在进行中试产品的客户评价工作。与艾能合作的磷酸铁锂项目，不仅与几家电池厂家签订购销合同，还与山东恒远签订长期供应商的战略协议，并在上海股权交易中心成功挂牌。石墨烯项目方面，墨西科技发展到产品应用技术研发阶段，与电池电容、改性塑料、涂料、散热材料、防腐等5大领域的行业保持较好的应用合作，先后与国防科大、长安汽车、宁波南车等10多家业内大型企业开展全面或专项合作，与下游企业也合作申报多项科技攻关项目，省级重点企业研究院正式运营。此外，固体氧化物燃料电池技术、真空装备与CVD涂层技术、年产2000吨聚丙烯釜压发泡技术等3项科技成果也实现转移转化。

【10项科研成果取得较大进展】 2014年，中科院材料所10项科研成果取得较大进展：民用低成本碳纤维复合材料连续自动化制造与应用技术研究通过正向设计制造，与奇瑞汽车联合开发出国内第一款车身主体由碳纤维新材料与先进工艺制作的插电式混合动力车车身；高能量密度动力锂电池材料技术研究成功制备一次粒径小于50纳米具有优异的倍率放电性能的磷酸锰锂材料，有效地解决长久以来困扰材料首次效率低和倍率性能差的难题；高锂离子电导率固体电解质材料及其固态电池研究发展致密薄层固体电解质技术构建全固态锂电池单体，在循环性能、固体电解质材料的批次制备稳定性及离子电导性能方面形成优势；海洋防腐蚀石墨烯——环氧涂料研究合成出一种石墨烯的特种分散剂，推动石墨烯技术在海洋高性能涂料中的工业化应用；生物基高分子材料研究在航空以及高铁开始示范应用并进入中欧国际合作体系，被顶级期刊chemical reviews引用160余次做综述大篇幅配图介绍；航空零部件高速加工中心

用直驱电机研究突破重载长行程直线电机的精度保持技术难题，实现微米级定位，直线电机进入加工试验阶段；高能效超薄晶硅新型薄膜太阳电池研究制备的超薄晶硅太阳电池全面解决20～40μm级超薄晶硅电池的低成本可控材料制备问题；聚合物微孔膜的高性能化研究制备出国际首创的超双亲/疏水的PVDF膜；CVD单晶金刚石的合成及应用研究实现16片3*3*1立方毫米无色透明CVD单晶金刚石片的批量生产；纳米快速检测及吸附试剂研究实现对小分子半胱氨酸的快速定性与定量检测及对实际水样的有效检测，为重金属离子快速检测与吸附回收技术提供重要参考。

（王雪真）

教育工作

综 述

2014年，全区教育围绕“建成更高水平的教育现代化区和更高质量的基础教育名区”总体目标，按照优布局、强队伍、创品牌、促和谐四大方向，统筹推进教育率先发展、均衡发展、优质发展、和谐发展和创新发展，进一步提升区域教育整体水平。

全区幼儿入园率99.85%，小学和初中入学率100%，初升高比例为99.23%，九年制义务教育覆盖率100%。外来务工人员子女学生在公办学校就读率85.4%以上。教育经费总投入12.93亿元，其中区级财政用于教育事业经费8.34亿元（教育事业费7.15亿元，教育附加费1.18亿元）。义务段共有5.66万人次学生享受不收学费、杂费，免课本费、作业本费、住宿费政策，涉及经费1302万元；近2398名学生享受中职免学费政策，涉及经费551.54万元；1727人次学生享受帮困助学资助，涉及经费245万元。民办教育发展专项资金共计2877.20万元，其中民办流动人口子女学校引导性专项经费801.20万元。

全面加快学校建设和资源优化。编制完成《镇海区教育设施布局专项规划（2013—2020）》，以法规形式部署和保障学校项目建设。全年续建、新建和启动的学校建设项目19个，区级财政基建投资1.5亿元。全区新增校舍面积42000余平方米，新成立蛟川双语小学，骆驼中学增设高中部，进一步提升新城区域城市功能品质。推进智慧教育建设，各学校（单位）网络互联由百兆到校提升至千兆到校，实现中小学及中心级幼儿园教育无线网络系统全覆盖。义务段学校均普及电子班牌，中小学图书馆借阅一体化改建基本完成。进一步加强与睿易公司合作，推进云平台实验项目。

全区高考再创佳绩，本科录取率80.22%，其中本科一批录取率39.68%，继续省、市保持领先地位。外省籍随迁子女考生39人，录取率100%。重视学生全面发展和特长发展，镇海中学1名同学获国际信息学奥林匹克竞赛金牌。推进厚德校园、健康校园、艺术校园、书香校园和科技校园等“五个校园”建设，开展“弘扬传统文化，践行孝德礼仪”三年行动计划，组织道德讲堂、诵读比赛等系列活动。镇海中学在省教育厅组织的高校新生体质测试水平中继续保持全省前列。

首次承办市中学生田径运动会，团体总分分获高中组、初中组、职高组第一、二、三名。

推进中小学国际合作交流。开展全省第一所国际化民办高中筹建工作。区职教中心与德国德累斯顿工业大学共建全省第一家职业教育高技能人才培训中心。立人中学、骆驼中学等多所学校新增国(境)外友好结对学校。美国林肯中学、德国施维尔特高中等国外学校师生到镇海中学、龙赛中学访学。

进一步完善外来务工人员子女入学条件，全区小学符合条件的随迁子女入学率100%，公办学校接纳率85.4%。各义务段学校严格执行招生计划、严格审核入学条件、严格控制班额，严格按照“顺序位”进行录取，深入推进“阳光招生”。出台2017届起区内公办初中毕业生考镇海中学降3分录取政策，推动公办初中优质、均衡发展。深化综合整治，推进平安校园建设。启动“透明厨房”建设，全区省A级食堂31家，B级以上达75%，品牌超市覆盖校园率达67%。印发《关于印发建立镇海区校园伤害纠纷第三方调解机制的通知》，引入人民调解组织“第三方”调解力量，构建起学生伤害纠纷多元化调处模式。开展公交化接送车工作，年内共有9所学校日接送量达2027人次。深化教育管理改革，促进管办评分离。深化招生改革，做好录取工作。与浙江教育评估院合作，开展第三方学校发展性评估。制定新一轮学校发展三年规划，镇海中学等6所学校为现代学校章程实施试点学校。调整充实教育督学队伍，加强督学责任区建设。开展省教育现代化区创建。镇海区获“全国教育信息化创新应用典范区域”优秀实践奖。

【高考本科录取率达80.22%】 2014年，全省普通高校招生本科录取分数线揭晓，全区共有1298名考生(艺术类除外)被本科院校录取，录取率达80.22%，较上年下降1.16个百分点。其中一批(重点大学)上线学生642人，一批上线率达39.68%，仍保持省、市领先水平。

【推行教育督学新机制】 2014年，区教育局将全区中小学校划分为15个督学责任区，建立督学责任区制度。由3名专职督学和15名兼职督学对所辖片区的学校实施每月不少于1次的经常性督导，通过随机听课、查阅资料、列席会议、座谈走访、问卷调查、校园巡视等方式，重点对各学校的依法依规办学进行监督，对学校管理和教育教学进行指导。同时，建立每月一次的片区督学工作交流会和每半年一次的责任区督学工作交流会的例会制度，及时总结、推广、宣传学校推进改革和发展的新实践、新经验，更好地发挥教育督导功能。

【实施“五个校园”建设】 8月，全区实施“五个校园”建设：“厚德校园”建设，培育影响学生一生发展的良好行为习惯和品德，让每一所学校成为学生健康成长的精神家园；“健康校园”建设，培养学生至少掌握2项体育运动技能，使全区学生健康体质测试优秀率达40%以上；“艺术校园”建设，通过兴趣小组或艺术社团，加强学校艺术特色项目建设，让每一个学生在校其间掌握一项艺术特长，养成高雅的艺术品位和修养；“书香校园”和“科技校园”

建设，通过加强学校图书室、阅览室、实验室建设，引导学生养成良好的读书习惯，培育学生良好的人文修养和科学探索精神。"五个校园"建设，让每一个孩子都能获得优质教育。

【实现镇海教育无线网络全覆盖】 2014年，全区50多所中小学及中心级幼儿园通过租赁方式，实现无线校园全覆盖。项目于2013年年底启动，经过一年的建设，广大师生可以通过"ZH—edu"无线网络，使用无感知认证方式接入镇海教育信息网，享受泛在化的教与学网络环境，推进区域智慧教育建设。

【21所学校建成"透明厨房"】 9月，镇海中学、龙赛中学、镇海幼儿园等21所学校建成并启用"透明厨房"。"透明厨房"，即通过在校园食堂内安装数字监控与显示设备，实现对"清洗、消毒、切配、烹饪"操作全程的实时视频监控与数据动态存储，教育部门通过"透明厨房"远程监管平台对各校食堂进行即时监控与影像调阅，确保各类校园食品安全隐患"早发现、快处置、能溯源"。此外，得到授权的学生家长可在校外通过手机或电脑即时查看"透明厨房"运行情况。

【获"全国教育信息化创新应用典范区域"称号】 2014年，在中国教育报刊与中国教育技术协会联合举办的"首届全国教育信息化区域应用典范推选活动"中，镇海区获"全国教育信息化创新应用典范区域"优秀实践奖。同时，区中心学校被评为全国教育信息化创新应用先锋学校。

学前教育

【概况】 2014年，全区共有各级各类幼儿园72所，在园幼儿14822人。大力发展普惠性幼儿园，新申报认定21所市级普惠性民办幼儿园。全区等级幼儿园、普惠性幼儿园招生覆盖率分别达91.2%、62.2%。镇（街道）中心幼儿园建园率和标准化率均为100%。

是年，夯实三年行动成果，提升学前教育公益普惠水平。年初完成学前教育第一轮三年行动计划，为全市表扬单位之一。澥浦镇通过市学前教育示范乡镇评估。启动新一轮学前教育三年行动计划，骆驼街道中心幼儿园、庄市街道万市徐村幼儿园等6个街道、村中心幼儿园建成投用，关闭8所低水平的持证小园。严格实行教师资格准入制度，以转岗或解聘等形式对不符合任职资格的在岗人员进行梳理，使教师持证率提高17个百分点。

表44 **2014年全区学前教育基本情况**

单位：个

幼儿园类别	园所数	在园幼儿人数
全区幼儿园合计	72	14822
城区	52	12472
镇区	8	968
乡村	12	1382

【调整辅导网点结构】 2014年，区教育局采用"梯队式"辅导模式，优化资源配置，以一级一类园为第一梯队，示范引领中心园的特色办园；以中心园为中坚力量，带领片区等级园的发展；以二级一类园为基础保障，帮扶准办园的规范提升，实现人

力、物力、财力、信息等方面的资源共享，提升全区各级各类幼儿园的办园水平和教育质量。

【严格实行教师资格准入制度】 2014年，区教育局与镇（街道）合作全面盘点专任教师队伍，以转岗或解聘等形式对不符合任职资格的在岗人员进行梳理，教师持教师资格证率达86.5%。

基础教育

【概况】 2014年，全区有普通高中4所、完全中学2所（1所民办）、初中5所、九年一贯制学校3所、小学23所（民办外来务工人员子女学校5所）。全区基础教育在校学生39866人。

是年，区教育局继续推进“三有三声”①课堂模式，深化课程改革，全面提高教育质量。召开义务段课程改革推进会议，出台《镇海区义务段课改专项支持项目经费管理暂行办法》，进行义务段学校首批课改项目评估。实行小学零起点教学，改革评价方式。中考学业水平继续保持全市第一名。开展全区首批体育艺术特色项目学校认定工作，21所学校49个项目通过认定。抓好特殊儿童教育工作，加强随班就读工作和资源教室建设，确保特殊儿童都能接受九年义务教育。推进特色示范建设，提升普通高中多元发展水平。围绕国家高考制度改革，研究制订新高考条件下教育教学实施方案。镇海中学和龙赛中学分别被省教育厅评估为省一级和二级特色示范高中。

表45　2014年全区基础教育基本情况

单位：个

学校类别	学校数	在校学生
小学	23	25084
中学	12	14782
其中：初中	8	9845
高中	4	4937
合计	35	39866

【外省籍高考考生报名数量明显增加】 2014年，全区高考考生报名共计1838人，同比减少51人。其中普通高中统考统招考生1619人，职高单考单招报考考生218人，特殊教育单独考试考生1人。分普高报考科类来，文科（含艺文、体文）考生共474人，同比减少63人；理科（含艺理、体理）考生共1145人，同比增加44人。分考生户籍地看，共计39名外省籍考生在镇海区报名参加高考，同比增加27人，增幅达225%。

【创建成省普通高中特色示范学校】 4月10日，省教育厅发文，确认镇海中学为省首批一级普通高中特色示范学校，龙赛中学拟核准为省二级普通高中特色示范学校。

【蛟川双语小学成立】 9月1日，镇海蛟川双语小学开学。学校是一所全日制寄宿型民办学校，坐落于庄市街道，总投资1.5亿元，每个年级各设4个班级，满额6个年级24个班级。学校秉持镇海中学“梓材荫泽，追求卓越”的办学理念，致力

①“三有三声”：指有序、有趣、有效和充满笑声、掌声、辩论声的镇海特色课堂。

于培养“双语、双脑、双手”三双协同，“雅言、雅行、雅容”三雅并进的后备人才。

【镇中学子获国际信息学奥林匹克竞赛奖】 7月，在第26届国际信息学奥林匹克竞赛（IOI2014）中，镇海中学沈洋同学代表中国出战，摘得金牌，系全市学子在该赛事上获得的首枚金牌。

镇海中学沈洋同学获第26届国际信息学奥林匹克竞赛

【镇中校友获“威卢克斯”全球竞赛奖】 2014年，在威卢克斯（VELUX）国际建筑设计竞赛中，镇海中学毕业生、2010年高考全省理科状元李乐同学作为清华大学建筑学院代表队成员参赛，凭借作品“光，复兴”喜获本届大赛全球第一名，也是威卢克斯大赛开赛10年来中国高校夺得的首个一等奖。

职业教育

【概况】 2014年，全区有职业中学1所，在校生2399人。区政府深化校企合作，提升职业教育服务经济社会水平。以等级创建促进学校内涵发展，区职教中心通过“浙江省一级中等职业学校”评估。学校还荣获五年一评的“浙江省模范集体”和“宁波市中小学德育工作先进集体”称号，港口机械运行与维护专业被列为浙江中等职校特色专业，数控技术应用被评为宁波市品牌专业。在全国技能大赛上获得2金4银1铜的历史最好成绩，其中机械加工类金牌为浙江学生在该项目中的首个第一名。高职单招高考上线率达93.5%。

【区职教中心获2项全国技能奖】 6月10—25日，在全国职业院校技能大赛中，区职教中心学校代表宁波市参赛：在7个比赛项目中，取得2金4银1铜的优异成绩；在模具制造技术项目比赛中，夺得全国团体组冠军，刷新全省机械加工项目国赛成绩记录。

【全市中职德育工作会议在镇海召开】 5月20日，以“创业创新 筑梦青春”为主题的2014年宁波市中职德育工作会议在区职教中心召开，各县市区中职学校代表180余人参加。与会代表聆听创业创新及主题班会公开课，听取创新创业工作经验和省教育科学研究院的专家报告，参观学校艺术节活动现场和各中职学校创业创新展板。

【区职教中心获2项省级荣誉】 5月，区职教中心被省总工会、省劳动模范评选委员会办公室授予浙江省模范集体荣誉称号，成为全市大中小学校（幼儿园）中首家获此殊荣的学校。7月，省教育厅公布全省首批10所一级中等职业学校名单，区职教中心榜上有名，系全市唯一获此殊荣的职业学校。

镇海职教中心学校获评浙江省模范集体荣誉称号

【开展职业教育领域的中外合作】 2014年，区职业教育中心与德国德累斯顿工业大学职业教育和继续教育学院联手，开展“中德镇海职业培训中心”项目，双方将在精密机械加工（数控），机电一体化，工业机械师，现代物流，模具机械师等专业领域进行紧密合作。项目通过引进德国先进的职业教育理念、专业标准、课程标准及教学管理和教学方法，建立理实一体化实训场地和标准化考场，推动镇海职业教育中心学校相关专业的教学改革，使镇海职业教育能够尽快和世界先进的职业教育接轨，以满足经济和社会发展对新型人才的需求。

成人教育

【概况】 2014年，区教育局以“三大学习圈”①建设为主线，开展第三批社区教育特色品牌社区（村）评比、第三批优秀学习社团评比、区优秀社区教育基地评比等活动，以评促建、以评促优，提升社区教育品质，为全区的广大市民营造一个充满活力、内涵丰富的社会教育环境。

【完成2所成校提升改造】 2014年，区教育局完成骆驼成校、蛟川成校硬件提升改造。工程2所成校校校舍老旧、场地面积不足等硬件问题，以租赁的方式进行，骆驼成校新校址位于南三路、东开路口东南侧，面积约2380平方米；蛟川成校新校址位于东信路257号，面积约3000平方米。此次改造突破创建宁波市高标准成校的硬件瓶颈，为创建全国社区教育示范区奠定基础。

【公益性讲堂实现区域布点全覆盖】 2014年，全区各社区教育中心均建立公益性讲堂：招宝山——招宝讲坛、庄市——人文讲堂、蛟川——知汇蛟川、骆驼——百姓课堂、澥浦——健康平台、九龙湖——九龙讲堂。全年讲堂开展系列公益性教育培训与专题讲座，受益约6万人次，提升了市民的生活品质和素质。

【获全国社区教育微课程优秀组织奖】 10月，在全国社区教育数字化学习推进会上，区教育局选送的19个微课程全部榜上有名，在全国1135个作品中脱颖而出，获二等奖1个，三等奖2个，优秀奖16个，并在国家开放大学5分钟学习网上进行展示。区教育局获全国社区教育微课程优秀组织奖。

教师和教学科研

【概况】 2014年，全区在编教师2781人。区教育局启动“师德文化培植计划”，开展以弘扬职业自觉和团队合作精神为

①“三大学习圈”：指社区教育的志趣相聚型、区域特色型和资源辐射型三大类型“学习圈”。

主题的庆祝第30个教师节系列活动，评选出12位最美教师。代表宁波市参加省教育厅师德师风调研检查受到好评。统筹区内优质教育资源，打造“网上课堂”公共教育服务平台，满足群众对优质教育的需求。实施“教师职业幸福保障计划”，缓解教师的职业倦怠。设立义务段校长激励基金，年底完成第一次发放，计 万元。实施“教育人才十百千计划”，新增4名省特级教师、1名市名师。重视中青年教师队伍建设，全年共有500多人次教师在省市各级学科教学比武中获奖，其中7人次获省一等，5人次获市第十二届教坛新秀评比一等奖。推进教育科研，3项课题获市年度优秀成果一等奖。

【开展校长教师交流工作】 2014年，区政府印发《镇海区关于推进义务教育学校校级领导和教师交流工作的实施意见》，明确“校长先行，骨干为主，结合实际，有序稳妥”的实施方针，确定每年15%的优秀骨干教师参与流动。该年度提拔和交流校级领导和教师80余人，其中校级领导流动率达50%以上，骨干教师交流人数占符合条件骨干教师总数的15.3%。

【举行第30个教师节表彰大会】 9月9日，全区举行第30个教师节表彰大会，表彰镇海中学、区职教中心等一批全区优秀的教育工作者、先进集体，报告镇海中学、骆驼中学等6名先进教师的先进事迹。

第30个教师节庆祝大会现场

【开通“网上课堂”】 区教育局统筹全区优秀师资力量和教育资源，建立起镇海区“网上课堂”，包含“专题教学”、“微课程”和“答疑”3个功能板块，让学生在家即可享受优质的教育资源，满足群众对优质教育的需求。

（钱婷婷）

高等教育

综述

宁波高教园区北区位于宁波市区的东北方向的镇海与江北的交界处。园区内有宁波大学、宁波大学科学技术学院、宁波工程学院、浙江纺织服装学院几所高校。

宁波大学

【概况】 宁波大学位于宁波高教园区北区，占地184公顷，校舍总建筑面积80万余平方米。1986年由世界船王包玉刚先生捐资创立，是浙江省、教育部和宁波市共建高校，也是国家海洋局与宁波市政府共建高校。学校学科涵盖经、法、教、文、史、理、工、农、医、管、艺等十一大门类。在校普通全日制在校本科生26668名，各类研究生5662名，留学生2377人，成人教育学生18365名。设19个学院75个本科专业，有2个一级学科博士点，13个二级学科博士点，3个博士后科研流动站，19个一级学科硕士点，17个专业硕士学位点（含工程硕士领域）。教职工2522名，其中专任教师1543名，正高职称人员326名，副高职称人员732名，博士学位人员737名；中国两院共享院士5名、加拿大两院院士1名，国家千人计划4名，省千人计划5名，入选国家“百千万人才工程”者4名，长江学者1名、钱江学者特聘教授12名。党委书记郭华巍，校长沈满洪。

学校拥有6个国家特色专业，3个国家专业综合改革项目和2个国家卓越人才培养计划，拥有国家教学示范中心、国家教学团队等教育部质量工程项目51项。2014年专业竞争力在全国重点大学中位列第87名，研究生教育质量进入全国百强行列。学生就业率位列省属本科高校前列，是“全国就业工作典型高校50强”高校。

学校推进国际化办学进程，与48个国家140多所院校建立合作与交流关系。开拓中澳MBA、中法旅游管理本科及硕士、中美数学与应用数学本科；开设国际工商管理全英文大类，建有9个本科和3个硕士层次的国际化专业；与冰岛大学、马达加斯加塔马塔夫大学合作建立孔子学院。与香港科技大学、香港大学、香港中文大学等开展校际学术以及学生交流与合作；与台湾辅仁大学、台湾海洋大学、云林科技大学、台湾东吴大学等16所台湾高校签订校际学术交流与合作协议。

宁波大学校门

宁波工程学院

【概况】 宁波工程学院是由宁波市政府于1983年创办的全日制普通本科院校，占地面积126.7公顷，分为翠柏校区、风华校区和杭州湾校区。学校有12个二级学院，40个本科专业，在校全日制本科学生13296人。教职工1100人，专任教师769人，其中教授67人，副教授226人，博士275人。教学科研仪器设备总值2.2亿元，馆藏纸质图书近132.9万册。党委书记苏志刚，院长吕忠达。

宁波工程学院现有国家级工程实践教育中心2个，国家级特色专业建设点1个，教育部首批"卓越计划"试点专业4个，首批CDIO试点专业3个。继续实施"聚英100"、"育英100"计划①，培养具有积极人生态度(Initiative)、良好工程素养(Industrial)和综合应用能力(Integrative)的工程师后备人才("3I"工程技术人才)。牵头建立国家土建结构预制装配化工程技术研究中心宁波分中心、宁波市智慧交通协同创新中心与宁波市博士后创新实践基地。与江北区、慈溪市、杭州湾新区、象山县、中科院宁波材料所、宁波市交通委、宁波市安监局等建立战略合作关系，已有合作关系企业300余家、战略合作关系企业62家。

2014年，宁波工程学院组织学生参加22项A类、50余项B类学科竞赛，获国家级奖励192项，省级奖励501项。学生科研立项100项，其中国家级创新创业训练项目20项，以学生为第一作者在公开学术刊物上发表论文60篇，获实用新型专利3项，软件著作权3项。勇夺第八届全国化工设计竞赛特等奖，第十六届全国机器人锦标赛亚军，获第六届全国大学生机械设计竞赛二等奖。"卓越工程师班"毕业生就业率在95%以上。

是年，宁波工程学院全年科技合同经费4482.34万元，其中横向合同经费3933.44万元，纵向合同经费548.9万元。实际科技到账经费3675.97万元，其中横向到账经费2985.7万元，纵向到账经费690.27万元。获浙江省科技进步二等奖1项，宁波市科技创新特别奖1项。全年累计发表高质量论文488篇，其中三大检索论文114篇，包括Nature子刊3篇、JACS1篇、英国皇家化学学会JMCC封面论文2篇；授权发明专利14项，实用新型专利29项，外观设计专利4项，计算机软件著作权10项。

【启动专业国际认证】 3月，宁波工程学

①"聚英100"即引凤筑巢，建立灵活开放的人才引进机制，计划在2015年前引进海外高层次留学人员100名；"育英100"即德才并举，建立人事相宜的人才选拔培养机制，计划在2015年前培养骨干教师80名，首席教师10名，优秀学术带头人10名。

院启动4个二级学院共5个专业的国际认证，包括开展土木工程专业和化学工程与工艺专业学士学位全国工程教育专业认证，与亚琛应用科技大学合作开展车辆工程/汽车服务工程学士学位德国ASIIN认证，与魏玛包豪斯大学开展交通工程硕士学位德国ASIIN认证，促进学生培养与国际接轨。

德国ASIIN认证小组与学生代表交流

【学生首次在国际权威刊物发表论文】 5月，宁波工程学院本科生施弈磊、祝建军等同学首次在SCI期刊《材料化学》和《亚洲化学》上发表高质量学术论文2篇，其中《材料化学》由英国皇家化学会主办，是工程材料领域的权威杂志，体现学校学生较高的学术水平和扎实的理论基础。

【与国外高校合作培养博士】 6月，宁波工程学院与保加利亚交通大学签署协议，启动合作培养博士项目。学院部分优秀教师将被聘为保加利亚交通大学的博士生导师，并在学院指导该校的博士生完成博士论文，同时学院被授权按该校的标准自主招收博士生进行联合培养。

【学生团队获全国化工设计竞赛特等奖】 8月，在"恒逸——三井化学杯"第八届全国大学生化工设计竞赛全国总决赛中，宁波工程学院"甬碳调"团队在48所高校代表队中脱颖而出，勇夺全国总决赛特等奖。这是学校在该项赛事中连续三年获得全国一等奖之后取得的新突破。

第八届全国化工设计竞赛学校代表队勇夺特等奖

【宁波工程学院与4名院士共建院士工作站】 9月，宁波工程学院与沈昌祥、丁文江、周绪红、张玉奎4名院士领衔的创新团队在校内共建院士工作站，重点建设学校3个浙江省重点学科土木工程、计算机技术及应用、材料学和应用化学学科，在此基础上培育信息安全、钢结构及组合结构、轻合金和大分子分离分析与合成等学科方向，带动相关学科的发展。

【承办产教融合发展战略国际论坛】 12月，宁波工程学院承办由应用技术大学(学院)联盟、中国教育国际交流协会主办的产教融合发展战略国际论坛2014年秋季分论坛。论坛以"服务创新驱动发展、促进校企深度合作"为主题，旨在建立高校与行业、企业等共同参与的协同创新体系，加快培养产业转型升级需要的应用技术人才。来自政府机构、行业企业、教育部直属高校、应用技术大学(学院)联盟成员、地方本科高校、职业教育集团、中国台湾地区科技大学、高校研究专家学者等500多位代表参会。

【公共职业培训平台建成运行】 2014年，宁波市先进制造业公共职业培训平台建成运行。平台以高起点规划，高质量服务，高水平经营为理念，做高端培训，塑特色品牌，传承宁波工程学院讲实求精传统。至年底新增入驻培训和考试机构26家，累计39家，入驻率73%，全年培训学员15779名，参加考试54288人次，各类培训年产值4321万元，成为宁波市社会培训航母，为提升劳动者技能、促进产业升级发挥积极作用。该平台2011年开工建设，项目总投资1.3亿元。

【杭州湾汽车学院建成开学】 9月，杭州汽车学院建成开学。该学院是宁波工程学院整合机械、电子、交通、经济、管理等相关学科专业的办学资源，联合同济大学和德国布伦瑞克工业大学、埃斯林根应用科技大学等，采用中外合作模式办学，建成学校所辖的中外合作二级学院。该学院以加大地方服务内容，以本科教育为主，适度发展研究生教育，在校生规模3150人左右，助力宁波汽车城的建设。

（尹　辉）

浙江纺织服装职业技术学院

【概况】 浙江纺织服装职业技术学院（简称浙江纺院）由浙江纺织职业技术学院和宁波服装职业技术学院合并、于2004年成立，占地53.3余公顷，设9个二级学院34个专业，拥有中央财政支持的职业教育实训基地2个，省示范性实践教学基地4个，省特色专业8个。在校生总数1万余人。教职工总数600余人，其中副高以上职称教师180余人，双师教师290余名。纺院党委书记毛大龙，院长王梅珍。

2014年，浙江纺院共获得各级各类教学成果奖24个，其中国家级行业教学成果奖7个，省教学成果奖1个，市教学成果奖4个。组织参加各级各类学科技能竞赛71个，共有372人获得255个奖项，其中国际级有4项获奖4人，国家级有68项获奖109人，省级57项获奖120人。组织近100人次教师参加各类学术交流及培训，选定50名副高职称教师作为教授工程培养对象。开展对外交流合作，与台湾财团法人纺织产业综合研究所、台湾铭传大学、韩国服装协会、首尔RASARA时装设计学院及韩国C2NE时尚公司等交流，就国际项目合作、校企合作等达成共识。全年派遣师生赴国（境）外考察培训160余人，接待韩国大邱工业大学20名交流生进行为期十五天的游学活动。毕业生就业率96.93%。

是年，浙江纺院参与地方经济建设和产业转型升级，与宁波太平鸟时尚服饰有限公司、温州市铁路与轨道交通投资集团有限公司签订产学研合作框架协议。以纺织服装产学研技术创新联盟为纽带，推进台湾法人财团企业与维科集团、广源纺织品有限公司合作，指导联盟成员承担科研项目56项，获宁波市科技进步1项。1人当选中国纺织服装教育学会副会长，2人当选为理事。成立宁波纺织服装协同创新中心、宁波电子商务时尚产业研究所、宁波市纺织服装行业职业教育指导委员会，推动全市纺织服装行业发展。全年各级各类纵横向课题130多项，科研总经费达500余万。浙江纺院被评为宁波市2013年度征兵工作先进单位。

浙江纺织服装职业技术学院全景图

【5名学生在全国高职高专学生制板与工艺技能大赛获奖】 11月21—24日，在成都举行的“凤凰杯”全国高职高专学生制板与工艺技能大赛上，浙江纺院时装学院选派的5位学生全部获奖：屠淑娴、陆雯萍、杨鑫波获一等奖，吴佳萍、杨丽获二等奖，其中屠淑娴晋升为技师职称，其他同学分别获得高级工证书。本次大赛由中国纺织服装教育学会、全国纺织服装行业职业教育教学指导委员会、纺织行业职业技能指导中心联合主办。

【9名学生在全国全民健身操舞大赛总决赛获奖】 10月13日，在青岛大学体育馆举行的全国全民健身操舞大赛总决赛中，浙江纺院9名选手在自选动作“形神课程(MIND BODY)”、轻器械套路2个项目中分别夺得特等奖，徒手套路和轻器械健身操分别获得一等奖。

【8名同学在省第五届职业生涯规划大赛中获奖】 9月，在浙江省第五届职业生涯规划大赛中，浙江纺院8位学生获奖，其中周雅妮获一等奖，庞朦朦获二等奖、其他4位同学获三等奖。

【3本著作入选“2013中国之窗”项目】 6月3日，浙江纺院3本著作《红帮裁缝评传》《敦煌服饰文化研究》《红楼梦服饰鉴赏》入选“2013中国之窗”项目，为传播校园文化、地方文化、中国文化做出贡献。

【宁波市纺织服装协同创新中心成立】 6月17日，由浙江纺院、宁波和丰创意广场投资经营有限公司、浙江凤凰庄纺织品有限公司三方共同组建的宁波纺织服装协同创新中心在和丰创意广场落门户。该中心集学科研究、设计研发、产业对接、人才培养、品牌营销、模特经纪于一体，为助推宁波纺织服装产业转型升级的新型政产学研合作平台。是年，中心完成凤凰庄杯时装大赛、“设计师摇篮计划”等校企合作项目。

（程　娅）

宁波大学科学技术学院

【概况】 宁波大学科学技术学院(以下简称宁大科院)是教育部和浙江省人民政府批准设立、由宁波大学举办、具有独立法人资格、实施本科层次学历教育的全日制普通高等学校，创建于1999年，是省内首家国有民办二级学院、全国首批独立学院。宁大科院拥有两个校区，占地面积33.9公顷，校舍建筑面积27万平方米，在宁波市大学科技园区内建有4500余平方米的动漫产研基地和产学研中心。宁大科院实行董事会领导下的院长负责制，董事长由宁波大学校长聂秋华担任，院长王爱琦。

宁大科院下设5个学院，38个本科专业，面向全国招生。2014年，新生入学

2471人，毕业生2348人，在校生10056人；教职工331人，其中具有副高以上职称的专任教师56人，占21.88%。是年，3个专业被列为浙江省“十二五”普通本科高校新兴特色专业建设项目；在校生通过宁大科院合作院校或经宁大科院推荐参加美国、日本、冰岛、瑞典等国家和中国台湾地区各类交换生项目计114人次；有634人次参加各级各类学科竞赛，获A、B类竞赛各级奖项达352人次。2014届毕业生就业率为97.04%。

是年，宁大科院成功入选“十二五”国家级规划教材建设项目1部，获省“十二五”新兴专业立项3项，省高等教育教学改革项目2项，省高等教育课堂教学改革项目5项，市级智慧产业核心引导课程10门，获省本科院校青年教师教学技能竞赛特等奖1项。新增国家自然基金、教育部项目、省基金等科研项目5项，厅市级项目18项，市局级项目9项；校地、校企合作项目11项。知识产权专利授权45项。

是年，宁大科院被列为12所中国高水平独立学院之一，名列全国独立学院科研强校第8位，学科综合实力列全国独立学院第10位，综合实力达A+级别。2位教师当选中国美术家协会专业艺术委员会委员，4位教师入选省高等学校本科教学指导委员会。校友段晓鹏入选2013年度“最美宁波人”。

宁波大学科学技术学院校园

【宁波市动漫研究中心暨创新中心成立】 3月12日，宁波市动漫游戏产业研究促进中心暨艺术设计协同创新中心在宁大科院成立。该中心是宁波市文化广电新闻出版局和宁波大学开展全面合作的重要项目之一，旨在通过搭建协同创新的合作平台，整合高校、企业、政府的资源要素，发挥三者在人才、科技、资金、政策等方面优势，推动宁波动漫游戏等创意文化产业的创新发展。

【宁大科院新增商务英语专业】 3月，宁大科院申报的“商务英语”专业入选教育部公布的2013年度高等学校本科专业设置新增专业名单，并获准当年招生。“商务英语”专业隶属该院下属人文学院，学制4年，学生毕业将授予文学学士学位。下设国际投资与金融、商务沟通与管理两个模块，主要培养具备国际视野、商务知识、创新精神和实践能力的双语涉外贸易专业人才。

【与镇海区新闻中心建立战略合作伙伴关系】 4月4日，宁波大科院与镇海区新闻中心签订关于建立战略合作伙伴关系的协议，双方将在新闻宣传、人才培养、志愿者活动和校园文化建设等方面进行深入合作。

【全国电子读物插图学术研讨会在宁大科院举行】 12月20日，首届全国电子读物插图学术研讨会在宁大科技学院举行。此次研讨会由中国美术家协会插图与装帧艺委会主办、宁大科院承办，来自中央美术学院、中国美术学院、南京美术学院、中国青年出版社等20余家全国重点艺术院校、创作团体与出版机构代表就电子读物插图的创作、教学及推广展开学术研讨。研讨会达成展会将永久在宁波举行的意向，并在宁大科院授牌成立全国电子读物插图实验教学基地。

【承办第五届海峡两岸口译大赛浙江省级赛】 4月26日，第五届海峡两岸口译大赛浙江省级赛在宁大科院举行。该次省级赛由宁大科院主办、厦门大学协办，宁波大学、杭州电子科技大学、浙江师范大学等省内13所高校共37名选手参加。宁大科院阮益凡同学脱颖而出，取得参加第五届海峡两岸口译大赛华东区区赛的资格。

【杨咏曼楼命名揭碑仪式举行】 4月18日，宁波大学杨咏曼楼命名揭碑仪式在宁大科院举行。浙江省爱乡楷模、金紫荆星章获得者、世界中华宁波总商会创会会长、香港其士集团主席周亦卿博士伉俪，香港太平绅士、宁波同乡会常务董事、合孚行有限公司董事长杨詠曼女士伉俪和世界中华宁波总商会的副会长、顾问等一行17人以及中联办、全国妇联，市政府分管副市长，宁波大学党委书记等出席活动。仪式前，还举行周亦卿综合体育馆捐资协议签约仪式和首届杨詠曼奖助学金颁奖典礼。

【1件学生作品获2014德国IF概念设计大奖】 6月，由宁大科院工业设计专业学生侯孟荣、吴知恒设计的作品Blind Watches从上万组作品中脱颖而出，获2014德国IF概念设计大奖，并列入获奖精选作品名单中。IF设计奖，简称“IF”，创立于1954年，由德国历史最悠久的工业设计机构汉诺威工业设计论坛(IF Industrie Forum Design)每年定期举办并评选I F设计奖。该奖是国际公认的全球工业设计顶级奖项之一，欧洲媒体亦称之为“设计的奥斯卡”。

【1件学生设计获国际大奖】 10月，由宁大科院设计艺术学院陈彩燕等4位同学组成的学生团队和宁波卓一工业设计有限公司合作设计的婴儿抱被——“暖拥”，在来自56个国家的4394份参赛作品中脱颖而出，获2014红点设计大奖，成为全球49个至尊奖之一。红点奖(RedDotAward)由德国著名工业设计协会Design Zentrum Nordrhein Westfalen创立，至今已有50年历史。该奖由产品设计奖、传播设计奖与设计概念奖三大奖组成，是当前世界上知名设计竞赛中最大最有影响的赛事之一，至尊奖作品系“红点奖”相关类别中的最佳作品。

【1个项目获全国大学生创业大赛银奖】 11月4日，在“创青春”全国大学生创业大赛中，宁大科院的创业实践项目《宁波索像光电科技有限公司》，在与全国众多实力高校的激烈竞争中夺得实践赛全国银奖。

【5名学生在全国英语写作大赛上获奖】 10月25日，在“2014年‘外研社杯’全国英语写作大赛”上，宁大科院人文学院的殷悦、徐坚俊同学获三等奖，张锦郡、徐佳斌、郑文琛同学获优胜奖。

【多项作品获中国环境艺术设计学年奖】 2014年，宁大科院设计艺术学院2010级学生毕业设计作品在中国环境艺术设计学年奖中，共获金奖1项、银奖1项、铜奖3项和优秀奖8项。其中李沁雅、严茂荣同学的《乐活——大学生宿舍楼设计》获室内设计最佳设计奖金奖，王乐同学的《N次方实验住宅空间设计方案》获室内设计最佳设计奖银奖，洪元庆、沈金香同学的《循回自然》获室内设计最佳创意奖铜奖，傅立、石昊鑫同学的《装置艺术博物馆》与胡勇杰、钟栋同学的《部落格》获室内设计最佳设计奖铜奖。

【2件作品获省“挑战杯”大学生创业计划竞赛奖】 5月16—18日，在浙江省第九届“挑战杯”泰嘉大学生创业计划竞赛中，宁大科院选送的作品宁波索像光电科技有限公司获特等奖。另一件作品宁波海曙冰极岛有限公司获一等奖。

【3名学生在省大学生汉语口语竞赛获奖】 11月7—8日，在浙江省第二届大学生汉语口语竞赛上，宁大科院人文学院孔灵婕、张赛娟2位同学夺得竞赛二等奖，夏文珺同学获得三等奖。

【2件学生作品获省大学生力学竞赛奖】 11月，在浙江省第三届大学生力学竞赛上，宁大科院理工学院机械专业郭志辉、陈鹏飞、胡庆同学的作品“天马行空”获二等奖，机械和土木专业的周恩惠、胡盛杰、丁烨玮同学的作品“天使之翼”获三等奖。

【多名学生在大学生财会信息化竞赛获奖】 12月，宁大科院法商学院参赛选手在浙江省第十一届“天平杯”大学生财会信息化竞赛中，共获一等奖4组、二等奖3组、三等奖2组。

【5件学生作品在大学生多媒体作品设计竞赛获奖】 12月，在浙江省第十三届大学生多媒体作品设计竞赛中，宁大科院获一等奖1项，二等奖2项，三等奖3项，成为省内独立学院中获奖数量最多，成绩最好的学校。其中理工学院孙巨、鲍丹妮和严琦能同学设计的《软件开发实训微课学习平台》获网站组一等奖，设计艺术学院吴子昱、周晨阳同学创作的《汤圆》获动画组二等奖，设计艺术学院王晓廷、王方同学创作的《防火轻放怕湿》获平面组三等奖，设计艺术学院靳伟晨、骆冬艳、孙燕同学创作的《面具》获DV组二等奖，设计艺术学院方婷婷、吴曙华、周晓静、陶欣怡、沈宜洁同学创作的《距·离》与徐梦、金碧霞、胡双娜同学创作的《背影》分别获DV组三等奖。

【多件学生作品在浙江省大学生摄影竞赛获奖】 2014年，在浙江省第二届大学生摄影竞赛中，宁大科院选送的20件作品最终摘取一等奖2项、二等奖4项、三等奖3项。其中设计艺术学院王文欣同学以城市建筑为创作对象拍摄的《构成之美》获非专业艺术类一等奖，设计艺术学院许浩田同学反映城市外来务工人为创作对象拍摄的《城事》获非专业纪实类一等奖；设计艺术学院傅晓霞同学的作品《光世界》，法商学院毛云斐同学的作品《衢江夜泊》、程冰凌同学的作品《竹编扫把》和奚斩棘同学的作品《城市音符》分别获非专业艺术类和纪实类的二等奖。

【获浙江省大学生工业设计竞赛多个奖项】 12月，在第六届浙江省大学生工业设计竞赛复赛中，宁大科院获一等奖1项、二等奖2项、三等奖3项。其中刘丹美、汪从容、张瑜同学设计的作品《络绎》获一等奖，龚翔、周晓霞、陈鑫族同学设计的《Hanoi 塔灯》获二等奖，侯孟荣、姜杨续、杨惠路同学设计的作品《COLLISIONLAMP》获二等奖，刘丹美、徐明权、俞可可同学设计的作品《簇拥》获三等奖，王磊、屠德重、缪玲依同学设计的作品《Intelligentelves》获三等奖，王林一、吴志坚、安孝局同学设计的作品《夜光警示绑带》获三等奖。另外，还有2件作品获优秀奖。

【2件学生作品在浙江省大学生工程训练竞赛获奖】 12月，在浙江省第二届大学生工程训练竞赛中，宁大科院获一等奖和三等奖各1项。其中理工学院机械和土木工程专业周恩惠、郭志辉和田顺挺同学的作品获一等奖，陈文宪、李达和林立同学的作品获三等奖。

【苏永乐先生莅临宁大科院考察】 6月9日，“喜羊羊之父”原创动力文化传播有限公司主席苏永乐先生一行莅临宁大科院考察。苏永乐先生一行听取学院动画及相关专业的建设情况介绍，参观学院院史馆、学院产学研中心和在宁波帮博物馆展出的学院2014届设计艺术专业优秀毕业设计作品展，对学院动画、环境艺术、陈设等专业的毕业作品给予高度评价。

【中国教育科学院到宁大科院考察】 10月30日，中国教育科学研究院应用技术大学设置标准课题组、普通高校创新调查课题组到宁大科院考察。课题组专家学者就宁大科院设计艺术学院应用型人才培养模式进行探讨。

【2位名人做客宁大科院“名师讲坛”】 6月15日，中央电视台著名记者、主持人水均益先生做客宁大科院“名师讲坛”，与师生畅谈“低调、谦虚、真诚”的人生态度。12月2日，光线影业副总裁刘同做客宁大科院“名师讲坛”，与师生畅谈“青春or职场”。“名师讲坛”旨在通过主题报告、访谈等形式，邀请各界名人名师名家，讲述他们的学习经历、人生故事，进一步激发青年学生不断提升自我的主动性和能力。原中国科学院应用研究与发展局局长、中国载人航天工程应用系统总指挥张厚英、著名纪实文学作家岳南、中央电视台主持人倪萍、身残志坚的汶川地震断腿舞者、雅安地震救灾志愿者廖智等名人曾登坛开讲。

（茅百川）

文化　体育

综　述

2014年，镇海区文化工作以建设“文化名区”为目标，开展商帮文化、海防文化、社区文化等特色文化建设，挖掘区域文化资源，打造文化精品，构建公共文化服务体系，扩大文化影响力，提高文化软实力。新闻广播电视工作围绕党的十八届四中全会、党的群众路线教育实践活动、五水共治、生态环境整治、三改一拆等重大时事和全区重点工作，报道区内经济社会发展大事。体育工作围绕全民健身展开，全区群众体育、竞技体育等各项体育事业有新的发展。

是年，区文广新闻出版局落实文化建设“三个百分百工程”①，推进公共文化服务均等化发展。举办镇海区首届市民文化节，共汇集全区36家单位，140项公益文化活动；“雄镇大舞台”专业剧场共举办甬剧、越剧等演出373场次。重点扶持，定向引导，文艺精品创作成效显著。电影《镇海保卫战》取得公映许可证，计划年内全国公映；报告文学《肝胆相照》、电视连续剧《郑氏十七房》、电视纪录片《晒盐人》、广播连续剧《热血丹枫》获宁波市“五个一工程”奖，其中《热血丹枫》荣获浙江省“五个一工程”奖。编制完成《2014—2016年度镇海区文物保护性维修计划》。加强“扫黄打非”工作，开展“清源2014”行动，深入推进“净网2014”行动，认真落实“秋风2014”行动。区教育(体育)局、有关部门和各体育协会举办各具特色的群众性体育活动赛事，发动和吸引学生、老年人、职工、农民等各类群体广泛参加体育运动，居民健身锻炼热正在形成。区教育(体育)局、有关部门和各体育协会举办各具特色的群众性体育活动赛事，发动和吸引学生、老年人、职工、农民等各类群体广泛参加体育运动，居民健身锻炼热正在形成。

（裘贤君　倪寅初　钱婷婷）

①三个百分百工程：实施公共文化基础设施建设“三个百分百工程”，100%镇(街道)建有单独设置的综合文化站，全部达到省特级站标准(1500平方米以上)；100%行政村建有不少于200平方米，社区不少于300平方米的文化活动室(中心)；100%的镇(街道)、村(社区)建有标准配置的公共电子阅览室和公共图书分馆。

新闻广电

【概况】 2014年，区新闻中心深入贯彻落实中央、省、市、区关于进一步加强新闻宣传工作的部署要求，继续开展宣传报道工作，主动顺应形势探索媒体融合发展路径，新闻宣传事业继续保持平稳发展态势。是年，区新闻中心围绕党的十八届四中全会、党的群众路线教育实践活动、五水共治、生态环境整治、三改一拆等重大时事和全区重点工作，共推出"学习贯彻十八届四中全会精神，深入推进法治镇海建设""为民务实清廉，切实反对'四风'""镇海吹响'五水共治'冲锋号""厚德镇海文明之城"等专栏80余个，刊播主题报道稿件2789篇次，共获得各类宣传业务奖项70余个。@镇海发布6次蝉联浙江县区政务微博榜首（浙江在线·浙江舆情网发布），2次稳坐"浙江政务微博"影响力前五名（浙江新浪发布），获评2014年宁波市十佳政务微博称号。

【推出"问政问效直通车"栏目】 2月，区新闻中心在全省率先开展网络问政问效的基础上，推出"镇海问政问效直通车"栏目。该栏目通过在村（社区）开展政务对话直播，使各级领导干部直接面对基层民生问题，并接受社会舆论的监督，促使政府部门真心实意为群众办实事、解难事。全年栏目共直播11期，刊播报道120余篇，反映热点、难点问题80多个，配合党的群众路线教育实践活动的开展。

【《民生第一线》栏目开播】 1月2日，镇海电视台民生新闻栏目《民生第一线》在先锋·民生频道开播。栏目以密切联系群众、创新社会管理为目标，融合电视台运作多年的《周末连线》《新农村前线》等民生品牌栏目，致力打造倾听民声、记录民情、解决民困的全新服务平台。栏目每周一到周五18:45首播，每期时长15分钟，分为"本地新闻"和"城市民生"两大板块，内含记者帮忙、实验室、记者调查、三农视线、民生综合等内容。

【广播剧《包玉刚》在中央人民广播电台首播】 4月12日，由区新闻中心创作的《宁波帮系列广播剧》之一《包玉刚》分别在中央人民广播电台中国之声、文艺之声播出。该剧是《宁波帮系列广播剧》的首部作品，共3集，选取包玉刚生平事迹的最精华部分来集中展现这位一代船王的赤子情怀。全剧风格磅礴大气、录音制作精良，播出后收到广泛好评。

【《今日镇海》手机客户端上线】 8月1日，由《今日镇海》精心打造的集新闻及各种生活服务资讯发布为一体的手机App平台——"今日镇海"上线。通过该客户端，用户可以第一时间阅读《今日镇海》所有稿件，即时了解镇海本地资讯和国内外最新资讯，还可查看天气信息、获取商户打折优惠、查询公交车、交通违章和住房公积金信息、查阅最新电影排期、找工作找家政等生活资讯。

【电台多部作品获市级奖项】 2014年，镇海电台《镇海开通全省首列"问政问效直通车"政情民意实现零距离互递》《镇海在全国首晒"大气特殊污染因子"监测数据》《镇海在全省首创"人民陪审员"自选制当事人可自主挑选"无袍法官"》3件作品分获2014年度宁波新闻奖一、二、三等奖。《包玉刚》获2014年度宁波广播电视政府奖一等奖，另有《恋歌镇海》等9件作品获二、三等奖。

【电视台多部作品获国家级、省级奖项】 2014年，镇海电视台《纪事》栏目获第20届中国电视纪录片好栏目奖，《心连心 先锋行——镇海先锋电视频道走进新农村》获浙江省第二十四届电视"牡丹奖"电视文艺节目三等奖。此外，《如何交付信任献爱心》《国内首条产量最大全自动酸洗流水线落户镇海》《践行群众路线出实效 民意体检现民意》等3件作品分获2014年度宁波新闻奖一、二、三等奖。《国内首条产量最大全自动酸洗流水线落户镇海》获2014年度宁波广播电视政府奖二等奖，《网格管理出新招 服务民意诉求零距离》等6件作品获三等奖。

【《今日镇海》多件作品获省、市好新闻奖】 2014年，《今日镇海》选送的《归来——一名台湾老兵的人生故事》获2014年度浙江县市区域报好新闻奖一等奖，另有7件作品获二、三等奖。《插队》获2014年度宁波新闻奖一等奖，《再见！再见！——直击"镇海——嵊泗"线最后一班航船》等3件作品获二等奖，《考核变异折射作风之弊》等4件作品获三等奖。《信报箱里的清静与清廉》《阿里巴巴纽交所上市镇海网商受邀现场见证》获2014年度宁波新闻奖县(市)报报好新闻奖一等奖，《安置小区"终于有人管了"》等4件作品二、三等奖。

【新闻网多件作品获国家、省、市网络新闻奖】 2014年，镇海新闻网《炼化鹭鸟》《建筑工人的"桓族"生活》获2014年度中国县市传媒新闻奖三等奖。《"招宝山蓝"的守护神》获浙江网络新闻奖一等奖。《镇海问政问效直通车：民以食为天·食品安全》获2014年度宁波新闻奖二等奖，《救火英雄孙建顺》等3件作品获三等奖。

（倪寅初）

文　学

【概况】 2014年，镇海区作家和文学爱好者发表文学作品近300篇，其中在国家、省、市刊物发表、获奖作品50余篇。出版学术著作《鲁迅诗歌注析》，儿童长篇小说《疯狂海螺牛咕咚》，长篇报告文学《肝胆相照》《好人刘国娟》，长篇小说《宁波商人》，抗战历史题材长篇小说《血案迷踪》在17K小说网连载，电影《镇海保卫战》取得全国公映许可。组织"我身边的文化人文化事""追梦海防"等征文比赛，出刊《镇海潮》文学季刊四期。区文联首次获全省文联系统先进集体荣誉称号。

【"春天送你一首诗"大型诗歌朗诵会举行】 4月26日，"春天送你一首诗"大型诗歌朗诵会在区人民大会堂举行。"春天送你一首诗"是宁波市重要文化活动品牌，已举办12年。此次在镇海举办，是该活动首次走进基层县(市)区。本次诗会共征集到诗歌百余首，诗会现场首发《中国梦想·美丽宁波——2014年"春天送你一首诗"诗歌征文优秀作品选》。

春天送你一首诗诗歌朗诵会

【儿童长篇小说《疯狂海螺牛咕咚》出版】 6月20日，镇海本土女作家袁晓君创作的儿童长篇小说《疯狂海螺牛咕咚》首发式暨研讨会举行。该书于5月由清华大学出版社出版，为宁波市重点文艺扶持项目。首发式上，与会来宾共同向区图书馆、中心学校等单位赠送新书。

【1篇报告文学获市"五个一工程"奖】 2014年，区长篇报告文学《肝胆相照》获市第十二届精神文明建设"五个一工程"奖。该书曾列入2011年中国作协重点扶持项目和2013年浙江省作协"浙江记忆"文学书系。

（裘贤君）

艺 术

【概况】 2014年，全区群众文化创作喜获丰收，总计20多个项目在全国、省、市重要展赛中获奖。排舞《纽约到洛杉矶》和《今晚去跳舞》荣获文化部群星奖项目——"2014年全国全健排舞大赛"一等奖；村歌《九龙恋歌》和《键盘伴梦飞》入围"畅想希望·放飞梦想"第六届全国村歌大赛优秀作品；农民画《启航》获"青山绿水中国梦"全国农民画大展优秀奖。《国色天香》入选2014年度浙江省群星奖；小品《洗脚》荣获第25届浙江省戏剧小品邀请赛创作金奖、表演银奖，小品《超级玛丽》荣获创作和表演双银奖；骆驼街道朝阳村排舞队在浙江省文化礼堂乡村排舞大赛中获得金奖。电视连续剧《郑氏十七房》、电视纪录片《晒盐人》、广播连续剧《热血丹枫》、动画片《阿木狗与丁丁猫》和《海星兄弟》获宁波市第十二届精神文明建设"五个一工程"奖，区委宣传部首次获得优秀组织奖。广播连续剧《热血丹枫》获省"五个一工程"奖、广播连续剧《包玉刚》获中国广播剧研究会专家奖金奖。

【镇海书画美术群体作品展在市美术馆开展】 2月28日，"雄镇问春"镇海书法美术作品展在宁波美术馆开幕。此次展览共展出80多位书画家不同书体、不同画种、不同风格的书法美术作品231件，从整体上代表全区书画创作的最高水平。开幕式上还首发由区文联印制的《镇海书法美术作品集》画册。

【两首村歌入选全国村歌大赛优秀作品】 8月，区文联选送推荐的九龙湖镇九龙湖村《九龙恋歌》和长石村《键盘伴梦飞》两首村歌入围"畅想希望，放飞梦想"第六届全国村歌大赛优秀作品。本次比赛共有1057首歌曲参加评选，最后选出81首优秀作品，九龙湖镇选送的两首歌曲榜上有名。

【3件作品获省级奖】 9月20日，区文化馆和骆驼街道创作的广场舞《国色天香》入选省文化厅公布的2014年浙江省"群

星奖”。10月17日，在浙江省第二十五届戏剧小品邀请赛上，区小品《洗脚》荣获第25届浙江省戏剧小品邀请赛创作金奖、表演银奖，小品《超级玛丽》荣获创作和表演双银奖。

小品《洗脚》演出

【3支排舞获全国、省级奖】 10月26日，在文化部群星奖项目——“2014年全国全健排舞大赛”中，骆驼街道排舞队的《纽约到洛杉矶》和招宝山街道排舞队的《今晚去跳舞》分别进入团体开放组和中老年组前三名，均获一等奖。11月，骆驼街道朝阳村选送的排舞《跳起来》参加“美丽浙江、幸福乡村——浙江省农村文化礼堂乡村排舞大赛”，获大赛金奖。

【“送欢乐下基层”文艺演出走进迎周村文化礼堂】 11月27日，以“古村新韵 幸福迎周”为主题的市、区文艺志愿者“送欢乐 下基层”文艺演出走进蛟川街道迎周村文化礼堂，本次活动为市、区、街道、村四级文艺志愿服务资源的联动整合。

【多项视觉艺术作品获全国、省级奖项】 2014年，全区文艺家创作的视觉艺术作品多项获全国、省级奖项：摄影作品《工地印象》获全国首届职工摄影大赛一等奖、《植兰明黑白》获上海国际影展商业类铜奖、《工地圆舞曲》获省第三届群星视觉艺术摄影大展金奖；书法作品《前人论书数则》获省第三届“温泉杯”书法大赛银奖；美术作品《九峰山居图》入选“吉祥草原、丹青鹿城”全国中国画展。澥浦农民画《启航》获全国农民画大展优秀奖。

（裘贤君）

群众文化

【概况】 2014年，全区建成业余文体团队近500支，实现每个村（社区）平均建有文艺队伍2～3支，集聚13500余名业余文体骨干。雄镇大舞台专业剧场下基层演出373场次，实现平均每村每年看6场戏。开展“艺韵·追梦”文化巡演活动12场，文化走亲30场次以上。设立公益电影放映基地5家，农村电影固定放映点8处，全年放映电影660场次。推动数字文化服务网络建设，镇海文化服务网投入运行。推出农村文化礼堂建设“文化服务·资源配送”服务项目，面向基层派送5大类40多个项目。全区公共文化服务实现从“单向传输”向“双向互动·供需对接”的转变。新城市民文体广场启用，文化艺术中心基本建成，剧院投入试运行。古塘文体场、绿轴文体公园一期工程、社区组织公益园等文化惠民工程全面建成。招宝山街道被评为首批宁波市公共文化示范区。

【开展省公共文化服务体系综合性示范项目创建】 3月5日，镇海区启动创建浙江省公共文化服务体系综合性示范项目活动。至年底，基本建成镇海区文化艺术中心，建成10家24小时城市街区自助图书馆、11家农村文化礼堂、8家室内电影固定放映点和6家公益电影放映基地。

【举办首届市民文化艺术节】 5月10日，镇海区首届市民文化节启动。本届市民文化节覆盖全区，贯穿全年，分“演、赛、展、学”4大类活动，按区、镇（街道）、村（社区）三级开展。全年开展活动近500场次，涉及不同举办主体30余个。

【举行国庆65周年文化惠民大展演】 9月20—27日，全区首届市民文化节“同心共筑中国梦”——喜迎国庆65周年文化惠民大展演在骆驼街道市民文化广场拉开帷幕。展演6场晚会分别由庄市街道、骆驼街道、蛟川街道、澥浦镇、招宝山街道、九龙湖镇组织演出。晚会共聚集全区老中青3代上千名文艺骨干与爱好者，通过舞蹈、歌曲、戏剧等艺术形式，讴歌镇海人民在追寻中国梦、共筑文化强区、创建省级公共文化服务体系综合示范项目等工作中取得的新成就、新业绩，惠及群众上万人。

【镇海文化地标手绘图发布】 5—12月，全区共发布8期《镇海文化地标手绘图》。地图正面通过卡通化处理绘制全区的公共文化场所的分布情况，并在具体场所标注当月的重点文化活动。地图背面设有《本土文化》《本月活动预告》《公共文化场馆介绍》《精彩回顾》《精品推荐》《浙江省公共文化服务体系综合性示范项目创建》等栏目。内容涉及镇海区非物质文化遗产、公共文化事业单位、创建知识竞赛等。群众可在博物馆、图书馆、镇（街道）文化站、村（社区）文化活动中心免费领取，选择就近参与。

【新城文化艺术中心剧院启用】 9月29日，镇海区新城文化艺术中心剧院启用。剧院总建筑面积1.47万平方米，于2010年12月7日开工建设，是年5月竣工，是全区首个大型、专业化剧院。启用式上演“走在百姓间”镇海区践行党的群众路线暨国庆65周年文艺晚会，剧院设施、设备通过实践检验。启用后，剧院在运行中将兼具公共文化服务与商业演出2项职能，引进歌剧、话剧、音乐会等高雅文艺节目，为镇海区群众带来更加丰富多彩的文化生活。

新城文化艺术中心剧院启用

【招宝山街道建成宁波市公共文化服务体系示范区】 10月，招宝山街道通过宁波市文化广电新闻出版局验收，被评为宁波市公共文化示范区。2013年来，招宝山街道通过加大投入力度、整合辖区资源，加快推进公共文化服务建设步伐，公共文化设施网络建设、服务供给、服务保障等指标达到验收标准，初步形成“政府统筹、社会参与、资源共享、功能多样、服务居民”的工作格局和长效机制。

【广场文化活动文明公约签约】 11月8日，“绿色广场舞·文明你我他”广场文化活动文明公约签约仪式在区人民大会堂广场举行。《镇海区广场文化活动文明公约》由区委宣传部、区文化广新局在广泛征求环保局、公安局、城管局以及各界人士意见后，经过慎重酝酿制定而成。旨在通过倡议和引导，形成文明有礼的广场文化活动氛围，消除安全隐患，促进社会和谐稳定。

【完善公共文化服务体系建设机制】 2014年，镇海区制定并实施《2014年镇海区镇(街道)、村(社区)两级公共文化服务体系建设评估奖励机制》。评估内容涉及保障机制建设、设施管理使用、文化活动开展、组织团队建设、文化遗传保护、文化市场管理等内容。自10月中旬至11月中旬，开展为期1个月的两级公共文化服务体系建设专项评估检查，根据最终评估结果，实施分级财政奖励，总计发放奖励资金204.9万元。

（裘贤君）

图 书

【概况】 2014年，区公共图书馆新增图书35000册，读者办证1975个，图书外借191418册次，读者流通208657人次，征集地方文献500多册，微博粉丝2000多个。开展图书馆总分馆服务体系建设。新增村(社区)图书分馆3家，企业分馆2家，建成村(社区)分馆63家，企业分馆7个。实现村(社区)图书分馆、电子阅览室网格化全覆盖。启动新馆搬迁，公开征集新馆标识，网上参与投票3万人，评出优秀奖1件，入围奖5个。

【建成10家24小时城市街区自助图书馆】 2014年，镇海区建成24小时城市街区自助图书馆10家，率先在宁波市实现全区镇、街道全覆盖。每台图书自助借还机可供外借图书400册，主要分布在学校、大型社区、热闹商圈。市民可自助办证，自助借还，实现24小时不打烊。该图书馆推动书香镇海建设奠定基础。

镇海区24小时自助图书馆

【推进总分馆制服务体系建设】 2014年，区图书馆服务体系向村(社区)延伸，新增村(社区)图书分馆3家，企业分馆2家，累计建成村(社区)分馆63家，企业分馆7个。分馆新增图书9000册，图书外借72226册次，读者外借8363人次，电子阅览17586人次。招宝山白龙社区、后大街社区、总浦桥社区，庄市兴庄路社区，九龙湖镇分馆、澥浦镇分馆等自主开展读书活动50多场。

（裘贤君）

文 博

【概况】 2014年，全区有序展开第一次全国可移动文物普查第二阶段普查工作，完成系统外100%文物信息数据采集工作。新增8件二级文物，19件三级文物，编制印发《镇海区文物分布图》，完成鱼山遗址第一期抢救性考古发掘工作。举行“薪火永传——首批宁波帮人士塑像揭幕仪式”“最美是故乡——宁波籍书画家作品展”“尺牍训蒙——《澄衷蒙学堂字课图说》特别展”“我们身边的国宝——镇海区第一次全国可移动文物普查阶段性成果展”等精品展览。成立海防历史文化研究室，建立招宝山街道后大街社区“蛟川走书传承基地”，《招宝山风物传说》入列宁波市级非物质文化遗产传承项目。

【镇海区确定千年青瓷窑址】 3月，镇海区首次确定三圣殿五代至宋时期的青瓷龙窑窑址。址位于九龙湖镇三圣殿水库，南北走向，斜度约15°，长约七八十米。附属堆积层长50米，宽30米，厚度达5米。产品包括盏托、碗碟等生活用品和匣钵、垫圈等窑具，做工精致，但损坏程度严重。龙窑现存窑头火膛残壁。

镇海区确定千年青瓷窑址

【蛟川走书传承基地挂牌成立】 4月25日，招宝山街道后大街社区蛟川走书非物质文化遗产传承基地成立仪式在镇海世博之家广场举行。蛟川走书是宁波民间曲艺中一个独具特色的地方曲种，入选浙江省级非物质文化遗产名录。基地由小型展览馆、蛟川走书剧场区和日常学习区3个区块组成，重点突出“传承”二字。基地通过收集整理蛟川走书的表演特点、唱腔韵味、艺术流派、乐器伴随等相关资料，保护传统民间艺术特色。同时积极邀请蛟川走书传承人来基地开展辅导，举办蛟川走书演出、座谈等活动以及开展走书剧本的创作。

【成立海防历史文化研究室】 6月27日，区海防历史文化研究室成立暨“海防历史文化联盟”授牌仪式在镇海口海防历史纪念馆举行。海防历史文化研究室旨在研究历史，将过去分散的相关领域研究，整合成为统一系统性研究，让海防历史文化在传承中多元发展，并为中国现代海防事业提供多层面的历史启示。当天，现场还举行“海防历史文化联盟”授牌仪式。广东东莞虎门鸦片战争博物馆与镇海口海防历史纪念馆结成首对联盟单位，共同开展“专题博物馆海防历史文化联盟——镇海与虎门专线”活动。

【“尺牍训蒙——《澄衷蒙学堂字课图说》特别展”开展】 7月12日，“尺牍训蒙——《澄衷蒙学堂字课图说》特别展”在宁波帮博物馆正式开展。此次展览在常规展示的同时，设立供喜爱书法的观众现场临摹区域，重点增加体验互动环节，发挥体验式展览的优势。开幕式现场，有40名小朋友开展临摹作画竞赛。本次活动设立“最佳参观体验奖”“每周插画之星”等奖项，吸引观众参与。

尺牍训蒙——《澄衷蒙学堂字课图说》特别展

【首批宁波帮人士塑像揭幕仪式举行】 7月31日，首批宁波帮人士塑像揭幕仪式在宁波帮博物馆举行，适逢邓小平同志发出“把全世界的宁波帮都动员起来建设宁波”的号召30周年。首批塑像共有9位宁波帮人士，分别是贝时璋、王宽诚、邵逸夫、谈家桢、卢绪章、董浩云、包玉刚、曹光彪、李达三。9位宁波帮人士，均在各自领域取得令人瞩目的成就，并竭诚奉献社会，有对宁波城市建设做出杰出贡献者，有荣获小行星命名者以及宁波籍的2位世界船王。

（裘贤君）

文化市场

【概况】 2014年，区文广新局坚持“一手抓发展，一手抓管理”，优化审批流程，发展文化市场，落实各种制度措施，规范经营行为，坚持每日巡查市场，使文化市场繁荣、发展、安全、稳定。部署落实“扫黄打非”重点工作，开展“清源2014”“净网2014”“秋风2014”等重点整治行动。其中“清源2014”行动立案查处擅自发行非法出版物案、未提供近两年出版物进销货清单案、储存散发并附送其他非法出版物案等共3件涉及出版物的案件；“净网2014”行动全面清查互联网站、搜索引擎、移动智能终端等，梳理IP地址在本辖区内的网站，共筛列出400余个重点网站，立案查处1件擅自从事互联网视听节目服务案，发现非镇海管辖的载有色情淫秽信息的7个网站、8个微博账号。全年共受理文化市场经营项目83件，全部按照规定办理；出动检查人员1227人次，检查文化经营场所1235家次，组织、参与联合行动14次，开展各类专项行动19次；取缔无证经营店（摊点）2家，查缴非法音像制品、书刊1663余盘/册；行政处罚案件立案处理16件，共罚款4.4万元。

（裘贤君）

表46 2014年全区文化市场经营单位情况

类型	数量（家）
网吧	47
歌舞（KTV）娱乐	40
电子游戏	21
出版物零售（含音像+图书）	145
电影院	4
地面卫星	13
演出场所	3
文艺表演团体	6
经营性互联网文化单位	1
打字复印	113
文保单位	40
合计	433

档 案

【概况】 2014年，全区档案工作以加快全区档案资源、服务、保障“三个体系”为抓手，突出档案工作服务与创新，着力加大特色档案征集力度，优化馆藏档案资源结构，创新档案编研，推进全区档案事业科学发展。

是年，区档案局加强对重大项目档案的监督指导，重点抓好"五水共治""三改一拆"等区重点工作档案的规范化管理，鼓励、引导企业档案工作，帮助企业加强登记备份和知识产权、品牌建设等档案管理工作。推进农村档案信息资源共享平台建设，推进"记忆工程"建设。与区地方税务局联合下发《宁波市镇海区契税档案管理办法》，规范全区契税档案管理。推进数字档案信息系统安全等级保护工作，创建成省级规范化登记备份中心。在"6·9"国际档案日，开展以"走进档案"为主题的档案宣传活动，发放档案宣传资料300余份。

是年，开展第三批档案接收进馆工作，共接收进馆档案41个全宗15417卷，9879件，完成馆藏档案数字化扫描100万余页，馆藏存量民生档案全面实现数字化，新增房屋拆迁、知青子女户粮迁移2个专题，民生档案专题数据库增至16个。开放鉴定馆藏纸质档案9000余卷。全年累计利用档案资料4703卷次，接待查档人员2697人次。

【镇海档案馆整体搬迁新址办公】 10月，区档案馆从招宝山街道胜利路155号搬迁至骆驼街道金华南路53号，于同月28日对外开放。此次搬迁共完成10万余卷档案案卷、1万余册的图书资料以及档案局机房各类服务器的搬迁。新的区档案馆建总建筑面积6000平方米，为5层相对独立建筑。新馆经过详细规划，对库房、技术用房、查阅大厅等特殊功能区进行细致布置，档案库房配备多功能密集架、温湿度控制装置、高压细水雾灭火系统、24小时防盗监视设备等，保证"五位一体"①的功能需求。

【档案接收进馆工作有序推进】 2014年，区档案馆以新馆搬迁为契机，推进档案接收进馆工作，共接收骆驼街道、镇海中学等41家单位41个全宗15417卷，9879件档案。同时，新进馆的文书档案要求传统载体档案与数字化成果同时移交。此次进馆的档案为各单位2005年前形成的，反映本单位主要职能活动和历史面貌的各类永久、长期档案。

【推行契税档案规范化管理】 6月，区档案局与区地税局联合出台《宁波市镇海区契税档案管理办法》，经区法制部门备案认可，成为该区首个档案管理规范性文件。该办法以"简化整理、深化检索、提高效率、方便利用"为目的，规定契税文件材料在保持有机性联系的同时，采用"一号一件"方式整理。该办法于当年7月1日起实施。此举在宁波大市范围内尚属首创。

【新农村档案工作再上新台阶】 2014年，区档案局以服务农村集体经济改革和档案现代化为重点，规范农村集体经济改革产权档案管理，共完成10个行政村规范

①五位一体：爱国主义教育基地、档案安全保管基地、档案利用服务中心、政府信息公开中心、电子文件管理中心。

化数字档案室创建工作。

【增设“午间服务岗”】 自5月起，区档案馆在查档接待大厅增设午间服务岗，即在工作日的午休时间安排工作人员值班，受理接待查档人员，确保工作日全天查档服务无缝衔接。

【《朱忠煜百年来鸿录》出版】 4月，《朱忠煜百年来鸿录》由宁波出版社出版。该书收录朱忠煜亲友来函117封并依据来函者不同分为7辑，其中前6辑共101封的致信者为民国镇海县知事盛鸿焘及本邑旅外名人虞洽卿、朱葆山、傅宗耀、向道深、陈修榆等，第7辑收录至亲好友来函16封。本书对于研究镇海籍宁波帮人士在清末民初的商业事略、政治态度、人际关系以及与宗族的内部关系等，具有重要的史料价值。

【开展记忆工程示范点创建活动】 2014年，区档案部门开展乡村记忆示范基地和“企业记忆之窗”示范点创建工作。示范基地/点的创建主要以收集整理各类记忆材料、开发各类记忆产品、建设各类记忆场所为抓手，对示范基地/点的历史、人文资源进行深入挖掘，进而开发利用。年底，郑氏十七房村喜获省级乡村记忆示范基地称号。

【举办“喜看镇海新变化”摄影比赛】 6月，区档案局和区摄影家协会机关分会联合举办“喜看镇海新变化”摄影比赛，旨在以独特的视角展现镇海城市发展过程中的新变化，以细腻的镜头充分体现我区全面推进“六个示范区”建设的成就。此次比赛共征集相关照片770余张，经专家评审，共有70余张作品获奖。这些作品将永久保存在区档案馆，供查阅利用。

【创建成省级登记备份规范化中心】 12月，区档案馆创建成省级登记备份规范化中心。中心将列入进馆的单位以及涉及民生利益的电子业务数据、电子公文和传统载体档案数字化成果作为主要备份数据形式，实现档案证据锁定、证据保全等功能。截至年底，中心完成区人社局、区民政局、区住房公积金中心等19家单位31个电子业务系统的重要民生业务数据的脱机备份工作，累计登记备份数据总量达5578.7G。其中电子业务系统数据备份数据量4222G、档案数字化成果备份数据量573.8G。同时，中心实现与长春市档案馆的异地备份、与宁波市档案馆的“市备区”等馆际间备份，累计备份数据达14TB。

（何小平）

体　育

【概况】 2014年，全区体育工作以创建省体育强区为总抓手，围绕全民健身主题，不断完善全民健身服务体系。开展基层社区创建工作，5个社区创建为省城市体育先进社区，全区体育先进社区达到87%；2个村创建为省体育小康村，全区省小康村实现全覆盖。区体育局、区业余蹦床技巧学校被评为2010—2013年度浙江省群众体育先进单位，区游泳池被省游泳协会评定为浙江省金海豚全民健身游泳达标推广单位，九龙湖学生实践基地创建成浙江省青少年户外活动营地，九龙湖登山健身步道被评为2014年浙江省运动休闲旅游优秀项目。

【创建成浙江省体育强区】 12月5日，镇海区创建省体育强区通过浙江省体育强区检查验收组评估。验收组认为，镇海区创建工作领导重视、措施得力、成效显著，树立镇海的全新形象，达到省体育强县（市）区标准。

【省运会成绩创新高】 2014年，在浙江省第十五届运动会上，镇海区运动员共参加17个项目，获得金牌18.24枚，金牌总数位列省运会赛事排行榜第十八位，省运会综合排行榜第二十四位，宁波市第6位。

【启动新一轮村（社区）体育设施建设】 2014年，区财政投入7.7万元启动新一轮村（社区）体育设施建设。年底，新建健身路径14条、更新健身路径37条，全区每个行政村拥有一个以上标准篮球场，其中庄市街道万市徐村建成全区第一个省村级全民健身中心。

【承办第三届全国大众跆拳道精英挑战赛】 1月18日，第三届全国大众跆拳道精英挑战赛在镇海举行。该次比赛共有来自全国10个省（市）的60余名运动员角逐击破王、特级王、品势王的桂冠。

【承办华东地区健美健身邀请赛】 11月8日，2014年“安康杯”华东地区健美健身邀请赛在区文化艺术中心剧院举行。赛事涵盖健美、健身、形体、体育健身模特4个大项共计18个单项比赛，共涉及奖项103个。现场最终举出1名男子全场冠军和17名单项冠军。

（钱婷婷）

医 疗 卫 生

综 述

2014年，镇海区城乡一体，深化医药卫生体制改革，做好区、为(街道)、村(社区)卫生一体化改革试点。深化区级公立医院综合改革，提高4家公立医院运行效率。全年投入381万元推进智慧健康保障工程建设，实现医疗信息公共服务平台与宁波大市通用共享。深化“人民满意医院”创建和“医疗质量提升年”活动，规范医政管理，推进区级医院上联下沉工作，全区医疗机构纵向分工协作体系正在形成。龙赛医院口腔疾病诊治中心成为省级基层龙头学科，实现重点学科建设零的突破。开展第三方审计和第三方满意度测评，加强医疗机构内部管理。开展第五届学科带头人和后备学科带头人、区“十佳护士”“优秀护理工作法”评选，举办护理技能比赛。进一步加强社区卫生服务内涵建设，继续开展家庭医生签约、健康小屋建设和城乡“牵手工程”等服务，推进社区首诊、双向转诊服务，城乡居民规范化电子档案建档率90.85%。推进公共卫生妇幼项目建设，在全市率先实现儿童保健全程免费、孕妇基本保健免费，启动儿童出生缺陷免费筛查项目和免费窝沟封闭服务，推进区域公共卫生服务均等化水平。以全面创建卫生监督协管省级示范点为目标，规范基层卫生行政执法，年底创建全覆盖。建设卫生应急指挥体系，开展应急队伍培训和演练。加快医疗卫生项目建设，人民医院(二期)工程完工投用，龙赛医院提升改造工程开工，蛟川街道与澥浦镇社区卫生服务中心迁扩建工程加快推进。

是年，全区卫生事业经费24225万元，比2013年增长2.64%，占财政支出5.52%。全区门急诊量578.92万人次，出院人数54518人次；出院者占用总床日数68.95万，出院者平均住院床日12.6天。无本地孕产妇死亡发生，婴儿死亡率0.66‰。累计报告甲乙丙类法定传染病发病率998.3/10万。全区无偿献血3825人次，献血量1210.2升，无偿献血占临床用血比例在100%。

医疗机构

【概况】 2014年，全区有各级各类医疗卫生机构237个，其中医院8家(区级公立医院4家)，社区卫生服务中心6家，社区卫生服务站54家，门诊部11家、诊所、卫生所、医务室67家，村卫生室86家，共有床位2155张。6家社区卫生服务中心中，有全国示范社区卫生服务中心1家，省级示范社区卫生服务中心3家，省级规范化社区卫生服务中心6家。54家社区卫生服务站中，有市级五星站15家、四星站28家、三星站11家，另有12个便民医疗服务点。全区医疗机构人员数为3719人，其中卫技人员3231人，执业医生1087人，助理执业医师141人，注册护士1282人，全区平均每千人口床位数9.30张、执业医师（含助理）数5.30人、注册护士数5.53人，分别比2013年年底增加2.09%、2.71%、1.84%。

【龙赛医院提升改造工程启动】 9月中旬，龙赛医院提升改造工程启动，门急诊医技楼开始桩基施工。工程总用地面积20698平方米，总建筑面积为39385.5平方米，总投资24855万元，由区公建中心代建。项目为原地改扩建，主要新建6层门急诊医技楼、6层住院楼及改造原住院大楼、急诊楼和部分辅助用房。至年底，完成配电房土建及设备安装调试、污水处理池土建及部分桩基施工。门急诊医技楼预计2016年年底基本完成。

【区人民医院二期工程建成投用】 9月15日，区人民医院二期工程竣工投用。工程总建筑面积33871平方米，总投资2.33亿元，主要建设门急诊综合楼，包括感染病房、医技连廊、地下人防工程及其他配套设施和绿化带，2012年初开工建设，是年8月底竣工。二期竣工投用后，医院总用地面积80157平方米，总建筑面积为69142平方米，有效改善就医环境。

区人民医院二期工程

疾病预防与控制

【概述】 2014年，全区共报告各类法定传染病19种4208例，其中甲类传染病无病例报告，乙类传染病为11种857例，丙类传染病为8种3351例。报告总发病率998.3/10万，总发病数同比上升48.53%，其中甲乙类传染病发病率203.31/10万，同比上升6.55%，艾滋病死亡2例，人感染H7N9禽流感死亡1例。丙类传染病发病率794.99/10万，同比上升65.17%，无死亡病例。区卫生局持续推进国家级艾滋病综合防治示范区建设，全年检测各类重点、高危人群和校外青少年等47972人，新发现HIV（艾滋病病毒）感染者37例，全区4家VCT门诊（艾滋病自愿咨询检测门诊）共接诊艾滋病自愿咨询检测1225人次，率先在全省采用指纹采集系统解决高危人群的身份确认问题，对符合条件的病人开展抗病毒治疗和CD4细胞检测。全年报告肺结核疑似病例566例，确诊涂阳肺结核71例，涂阴肺结核129例，病人系统管理率100%。是年，区财政继续投入45万专项资金用于本区常住人口肺结核防治优惠政策，弥补全球基金流动人口结核病控制项目结束后的资金缺口。

【举办卫生应急大练兵活动】 4月11—13日,镇海区公共卫生应急骨干队伍培训与演练在宁波军分区教导队举行。区内6家社区卫生服务中心、炼化医院、区疾控中心和综合性医院综合代表队共计100余人参加比赛。演练分桌面演练、流行病学调查和样本采集保存、现场消杀灭等8个环节,提升了全区卫生应急队伍的应急处置能力和水平。

【健康随访首例埃博拉病毒病疫区来华人员】 9月11日,区疾控中心对自西非刚果金归国的人员进行流行病学调查。依据流行病学调查结果和《埃博拉出血热病例密切接触者判定与管理方案》,排除该归国人员的密切接触者,视为健康随访病例。经过21天的监护期,结束健康随访工作,全年未发现疑似病例。

【通过市级疟疾消除工作考核验收】 11月5日,全区消除疟疾工作通过市卫生局、市疾病预防控制中心考核组的考核验收。对照国家卫生计生委下发的《消除疟疾考核评估方案(2014年版)》标准,考核组通过实地检查,认为镇海区疟疾防治整体工作基础扎实、推进有力,病例处置能力不断提升,监测质量可靠,连续27年无本地感染病例,达到疟疾消除目标。

【推进免费窝沟封闭服务活动】 2014年,区卫生局继续在全区二年级学生中开展免费窝沟封闭服务。该服务于2011年10月在15所二年级抽取一班(即201班或二甲班)学生开展试点,2012年在全市率先全面推行。三年来,累计对辖区内4729名符合窝沟封闭适应症的小学二年级学生提供服务,封闭率81.6%,免费金额达28.4万元。

【人均期望寿命82.87岁】 2014年,全年全区居民平均期望寿命82.87岁,比上年增加0.76岁,其中女性84.92岁,男性80.99岁。

卫生监督

【概述】 2014年,区卫生局强化医疗服务市场监管,对217家医疗机构按规模分类进行“依法执业守护健康”专项检查,全年立案查处违规单位及个人26起,罚款43000元。落实对取缔的非法行医窝点开展二次跟踪回访制度,利用区综治网格化管理体系建立非法行医信息定期反馈机制,全年召开联席会议2次,开展联合执法7次,累计取缔非法行医19起,移送公安处理1起。深化放射诊疗机构放射防护规范化医院创建,评定区级规范化医院7家,区中医院、炼化医院率先通过市放射防护管理规范化医院的评估验收。将口腔诊疗机构院内感染防控重点环节监督及监测列入市卫生监督试点项目,全年完成监督监测31家次,检测样品435份,合格率85.7%。加强餐饮具集中消毒企业监管,实现企业二维码信息公示率100%,按季定期开展产品抽检,总合格率94%。强化各类公共场所的日常监督管理,指导13家住宿场所落实分色管理,帮助10家重点公共场所单位建立健全集中空调系统卫生管理制度和卫生管理档案。开展游泳场所夏季保平安专项行动,完成对1家游泳池的在线监测安装,生活饮用水按计划开展监测85个点次,合格率89.41%。

【省级卫生监督协管服务示范点全覆盖】 2014年,全区6家镇(街道)社区卫生服务中心通过省级卫生监督协管服务示范点创建,其中九龙湖镇协管工作站以98.5的高分位居宁波市第一名、全省并列第二名。2013年,全区全面推行卫生监督协管工作,在各镇(街道)社区卫生服务中心建成卫生监督协管工作站并配备专职协管员,全面承担起卫生许可初审,卫生监督咨询,非法行医和非法采供血打击、饮用水卫生、学校卫生、公共场所卫生巡查服务等工作职责,区卫生监督所加强对各站的专业指导、督促和培训,为全区筑起"横向到边、纵向到底"的卫生监督网络体系,促进卫生监督工作重心下移,缩短服务群众"最后一公里"。

【建成全市首家职业健康检查实践基地】 7月,区炼化医院通过市卫生部门综合评估,被评为全市首家职业健康检查实践基地,率先取得国家规定所有职业体检项目资质"大满贯",并成为全省职业病医疗救治网络医院。基地将对全市各职业健康检查机构新进人员或在职人员职业健康检查知识和实践的培训,配合市职业健康检查工作质量控制中心开展骨干培训,进一步提升规范全市职业健康检查与职业病诊断工作。

妇幼保健

【概述】 2014年,全区孕产妇系统管理率96.0%,3岁以下儿童保健系统管理率98.51%,无新生儿破伤风发生,婴儿死亡率0.66‰,5岁以下儿童死亡率1.97‰,围产儿死亡率1.96‰,新生儿听力筛查率98.99%,新生儿疾病筛查率99.60%,孕妇产前血清学筛查率92.83%,婚孕前医学检查率90.09%,户籍人口自然分娩率55.12%。妇女健康提升工程项目有序推进,24255名适龄妇女参加普查,占应检人数40.06%,确诊宫颈癌1例,乳腺癌10例。农村孕产妇住院分娩补助项目结合新农合实时补助,317名农村孕产妇享受每人600元住院分娩补助,补助率100%。免费发放叶酸900人,服用率96%,依从率86%。进一步完善实施基本公共卫生妇幼免费惠民项目,全年免费产前检查20827人次,儿童体检35813人次,DDST(丹佛发育筛查)检查17917人次,6个月体弱儿筛查1393人次,免费金额近182万元。全面推进实施妇幼保健家庭医生签约服务,全年孕产妇签约3016份,签约率96.8%,0~6岁儿童签约19422份,签约率92.64%。1月1日起全面实施新生儿疾病筛查、产前筛查免费项目,在原基础上增加筛查项目并列入重大公共卫生妇幼项目,全年共有1424名新生儿和2076名孕妇分别接受免费的新生儿疾病筛查和产前筛查,免费金额50万元。

【继续实施预防母婴传播免费项目】 2014年,全区继续实施预防艾滋病、梅毒和乙肝母婴传播免费干预项目,为孕产妇提供免费服务,其中免费检测HIV10723人次、梅毒筛查18182人次、梅毒确诊试验43人次、乙肝三系定性10763人次,免费乙肝免疫球蛋白注射199人次,免费梅毒孕产妇治疗14人次。乙肝免疫球蛋白肌注率100%,孕产妇咨询和检测率100%,免费金额44.5万元。自2011年6

月1日开始实施以来，累计免费金额达142.5万元。

【启动儿童出生缺陷免费筛查项目】 从1月1日起，全区启动"5+3"儿童出生缺陷免费筛查项目，凡区内户籍人口及在区内居住半年以上领取暂住证的流动人口均可在定点医疗机构享受5项新生儿疾病筛查和3项产前筛查免费项目，每人免费金额为285元，至年底，免费金额达115万元。该项目进一步降低出生缺陷儿童致残率，提高了出生人口素质。

医政管理

【概述】 2014年，区卫生局深化公立医院综合改革。开展医疗服务质量提升年活动，优化医院环境和流程，提升医院管理能力和服务效率，创建"人民满意医院"。稳步推进预约诊疗服务，严格控制药费增长，加快推进优质护理服务和临床路径管理工作，医疗机构业务收入结构趋于合理，药占比明显下降。"以药补医"的不合理机制正在被打破，全年药品让利超亿元。推进县乡村一体化综合管理试点工作，推进区域医疗资源整合和共享。以等级医院创建标准和落实医疗核心制度为抓手，强化医疗质量和医疗安全，提高医院管理水平，巩固等级医院创建成效。发挥全区17个医疗质控组织作用，加强医疗纠纷依法处置，推动医疗质量持续改进。推进基层中医药服务能力提升工程，推广中医药适宜技术，加强中医药特色服务项目建设，所有社区卫生服务中心和90%以上社区卫生服务站能够提供中医药服务。做好各类应急突发事件、人感染H7N9禽流感等传染病的医疗救治工作。推进综合性医院安全防范系统建设，保障20张病床配备1名保安，全区平安医院创建率达91%，其中6家社区卫生服务中心创建为一星级市级基层平安医院。实行献血屋属地化管理，全区无偿献血3825人次，献血量1210.2升。区献血办被评为宁波市血液管理工作先进单位。

【举行世界献血者日庆祝活动】 6月14日，区卫生局联合区献血办举行庆祝第11个世界献血者日活动。活动以"安全血液挽救母亲生命"为主题，表彰无偿献血特别奉献奖单位、无偿献血优秀志愿者。其间，开展"世界献血者日"名医大义诊、志愿者招募、无偿献血、文艺演出等广场活动，吸引众多市民参与。该次活动成功献血13100毫升，义诊350余人。

【建成慢病诊疗指导中心】 5月，全区慢病诊疗指导中心成立。中心挂靠龙赛医院，利用区级优质医疗资源，建成由区级医疗骨干专家组成的心脑血管病、糖尿病、肿瘤、口腔疾病等4个慢性病防治临床指导专家团队，推进医防整合，为广大居民的身心健康服务，并对全区社区卫生服务机构开展慢性病防治业务培训、临床指导、考核评估、适宜技术推广等，推进慢性病防治工作。

【德国骨科专家到镇海开展国际学术交流】 10月12—31日，德国退休专家组织(SES)医学教授扎尔茨曼·京特教授访问龙赛医院，与医院骨科专家及部分医务人员进行学术交流，开展骨伤专科疾病治疗技术交流和手术、专家门诊。这是当年全区引进的第四个海外引智项目，也是唯一服务公共领域的引智项目。

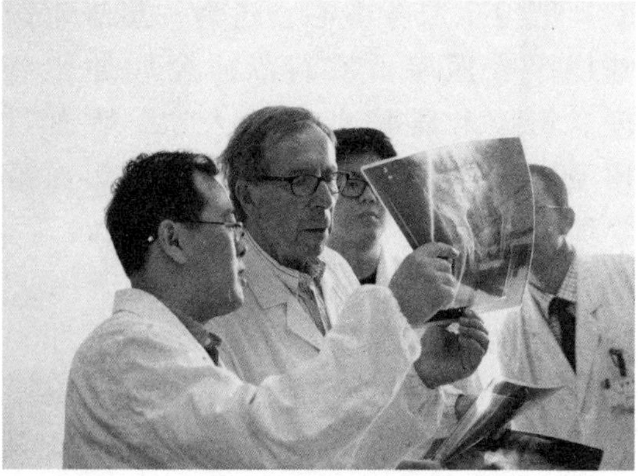

德国骨科专家扎尔茨曼·京特教授访问龙赛医院

【炼化医院获省“健康促进医院”称号】 9月，浙江省卫计委、省爱卫办联合发文命名浙江省健康促进医院，炼化医院名列其中。2013年9月，炼化医院启动省“健康促进医院”创建，专门成立健康促进迎检小组和工作组，派遣相关负责人到创建成功的医院学习取经，邀请市里专家到医院实地进行指导讲解，开展多种形式的健康培训与宣教，不断完善医院健康促进政策和工作制度。

【首位援疆医生启程赴疆】 2月24日，全区首位援疆的医务人员、区人民医院的妇产科副主任医师蔡贤君启程赴疆。蔡医生是上海市红房子妇产科医院宁波诊疗中心的“本土医生”骨干，通过腹腔镜手术资质考试，获得由国家卫计委认证的III级腹腔镜手术资质。该次蔡医生援疆为期一年半，担任库车县人民医院的妇产科医生。

首位援疆医师蔡贤君启程赴疆（右六）

社区卫生

【概述】 2014年，全区推进社区卫生服务网络建设，社区卫生服务机构具有执业资格的医生和护士达到478个，其中经全科医师岗位培训合格的245人，注册为全科的167人。社区居民的高血压和糖尿病发现人数分别为42057人和10650人，发现率分别为10.05%和2.54%，规范管理率分别为86.91%和88.15%，控制率分别为78.54%及74.39%。深入开展城乡“牵手工程”，5家区级综合性医院下派149名骨干医生，到镇（街道）对口援助4098余人次，使群众在家门口享受区级优质资源。在全市率先全面推行家庭医生“签约式”服务，全区168名家庭医生与123546居民进行了服务签约。在46家社区卫生服务站设立“健康小屋”，让居民享受“自助式”健康服务，提高社区慢性病的早期发现和管理水平，全年服务126659人次。推进社区卫生“一站一品”品牌建设，46个社区卫生服务站推出特色服务项目，中医药特色站占68.3%。

【推行“五一式”双向转诊服务模式】 从5月起，镇海区在全市首次推行“五一式”

双向转诊服务模式。区制订规范统一的双向转诊操作流程，依托区域卫生数据平台，建成一个双向转诊信息流转模块，引导居民常见病、多发病到社区首诊，按需转诊，随时接诊，构建“基层首诊、双向转诊和分级诊疗”的有序医疗格局，实现医疗信息在区级医院和社区卫生服务机构动态更新和互通共享，提高区域医疗资源的集约利用。各区级医院和社区卫生服务机构签订1份双向转诊协议，明确转诊指征和双方的责权，各医疗机构明确1名专管员责履行双向转诊工作的实施、协调、指导、督促。区卫生局完善考核督查制度，定期对各医疗机构的双向转诊受理情况进行督查，保障转诊率和受理率。

【建成“一站式”社区健康管理促进中心】 2014年，庄市街道社区卫生服务中心建成全市首家“一站式”社区健康管理促进中心，中心配置肺功能、动脉硬化、超声骨密度等检测设备和全科医师、中医师、健康管理及应用心理学、营养学等专业医务人员，为辖区居民开展健康管理促进服务，进一步加强了社区慢病管理。全年为居民提供健康管理服务2800余人次。

庄市街道“一站式”社区健康管理促进中心

【实现市级数字化社区卫生服务中心全覆盖】 2月，九龙湖镇、蛟川街道社区卫生服务中心通过市卫生局验收，至此全区实现市级数字化社区卫生服务中心全覆盖。2012年来，全区6家社区卫生服务中心先后开展数字化中心创建，建设应用评价及信息安全等五大体系和基层医疗信息系统等四大平台，初步建立统一高效、互联互通、实用共享的基层医疗卫生信息网络，提高服务效率，方便居民就诊。

爱国卫生

【概述】 2014年，全区推进城乡环境卫生整洁行动，完善农村环境卫生8小时动态保洁工作，农村村容村貌持续改善。深化“温馨家园·秀美村庄”创建活动，澥浦镇湾塘村等7个村获评2014年度“温馨家园·秀美村庄”示范村。在镇海电视台开办《健康有约》栏目，全年播出25期。举办第4期“雄镇健康讲坛”，邀请宁波市健康巡讲师寿佩勤教授开展“饮食、营养与慢性疾病预防”为主题的大型健康讲座。采用“健康菜单”点课形式开展“健康教育讲师团”巡回讲座，全年授课149堂，受教人数约13000人；开展“健康宣教进校园”活动，举办讲座35堂，受教人数约6000人；开展健康社区、健康促进主题公园等健康阵地试点建设，招宝山街道后大街社区、庄市街道社区卫生服务中心健康管理促进中心、庄市街道永旺村健康步道、骆驼街道南一社区趣园4家单位被命名为“2014年宁波市全民健康生活方式行动健康支持性环境”。规范病媒生物市场化运作，通过宁波市省级灭鼠灭蟑先进城区的复查。是年，全区创建成省级卫生村2

家，市级卫生村2家，省级卫生先进单位2家，市级卫生先进单位1家，庄市街道通过宁波市二星级卫生街道的复评。

开展“健康宣教进校园”活动现场

【推出互动健康访谈类电视栏目《健康有约》】 自1月起，区卫生局联合区新闻中心推出全市首档县（区）级电视互动健康访谈节目《健康有约》。通过选取时下热门、百姓关心的健康话题，邀请区内医疗专家，运用“主持人+名医嘉宾+现场观众”的形式，倡导健康理念、普及健康知识，为群众搭建起科学、权威的寻医问药、健康咨询的平台。节目于1月11日首播，全年共制作播出24期。

全区电视互动健康访谈节目《健康有约》开通

【推进农村水冲式无害化公厕建设改造试点】 2014年，全区继续在农村试点水冲式无害化公厕建设改造。至年底，全区共完成新建公厕11座，改建公厕52座，公厕整体面貌有较大改观。

医教科研

【概述】 2014年，全区拥有省县级龙头学科1个、市区共建学科4个、区级重点（扶植）学科14个，省县级龙头学科建设取得了零的突破。是年，全区医药卫生科技立项26项，其中省级1项，市级10项，区级12项；在国家一级期刊上发表论文16篇，二级杂志发表55篇，举办市级继续教育项目4项。社区医护人员组织培训7期计1100人次，完成全省乡村医生注册、培训及考核等工作。加强龙赛医院和基层医疗机构联合体的省级急救类卫生适宜技术基地滚动建设，新增中医医院中医类适宜技术基地1个，创建中西医住院医师规范化培训基地2个，中医社区实践基地3个，公共卫生实践基地1家，农村基层适宜技术基地开展急救类适宜技术推广活动48次。

【1医学学科入选浙江省县级医学龙头学科建设】 11月，龙赛医院口腔医学经市级遴选、省级评审，被纳入浙江省第四批县级医学龙头学科建设计划，实现全区在省级重点医学学科建设上“零”的突破。自2011年来，全区通过高端人才引进和培育，与省内外上级医院建成紧密型合作关系，加强重点专科和特色学科建设，不断提高区域医疗服务实力。其中龙赛医院与浙医二院合作成立的口腔疾病诊治中心，通过三年发展，形成良好人才梯队，在口腔内科、口腔黏膜病、口腔修复正畸科、口腔颌面外科、口腔种植领域形成一定的规模和影响力，年接诊人次超过4万。

智慧健康

【概述】 2014年，区卫生局继续推进智慧健康保健工程建设，完成智慧健康保障工程(一、二期)建设。5月份对镇海区医疗信息公共服务平台进行升级改造，启用化验单和体检报告单网上查询功能，并同步接入宁波市医疗信息公共服务平台；6月份启用双向转诊平台，完成信息安全等级保护工作，共有区域卫生数据中心、区域临床检验系统、区域影像系统、区域心电系统 4大系统定级为二级系统，达到卫生计生委和公安部的信息安全等级要求；11月份通过市、区两级专家组的最终验收和评审。是年，镇海区医疗信息公共服务平台有效注册人数9190人，完成19000余人次预约服务，区域临床检验中心完成17600余人次、26200余项次的检验检测，区域心电中心完成15100余人次审核，区域影像中心完成24400余人次审核。

【智慧健康保障工程一二期建成】 2014年，区卫生局完成智慧健康保障工程一二期建设。工程于2012年启动，以“共享、便捷、优质”为目标，累计投入1350余万元，建成区域卫生数据中心、区域影像中心、区域临检中心、区域心电中心等4大医疗业务共享中心及信息交换共享平台、居民网上医疗服务平台、双向转诊平台等3大医疗应用平台。是年9月，投入146万元启动三期工程建设，主要建设决策分析系统、社区管理系统、药品流通监管系统、慢性病监测管理系统和传染病监测管理系统，预计2015年年底完成。

（沈铁军）

公共管理与社会事务

就业与用工

【概况】 2014年，全区新增就业岗位12870个,该地居民中有10035名城镇失业人员、被征地人员和农村劳动力实现再就业,城镇登记失业率1.86%，被征地人员和农村劳动力充分就业率99%，全区就业形势相对稳定。各职业介绍服务机构共登记求职者11401人次，提供招聘岗位24576个次，日常职业介绍10505人次，反馈录用9360人。区人力资源市场举办现场洽谈会102场次，进场单位4272家次，提供岗位47479个，现场达成意向11565人。

是年，镇海区实施促进就业的各项措施，落实各类就业扶持政策。区就业处印刷和发放《镇海区就业政策办理流程指南》等资料近10000份，将就业保障政策宣传工作做到家喻户晓。全年帮助1324名就业困难人员实现再就业，开发(保持)公益性岗位1091个，7551名就业困难人员实现灵活就业。为253名失业人员办理自主创业小额担保贷款，贷款金额5910万元。与工商、街道、妇联等单位先后组织“春风送岗”民企促就业招聘会、三八“花语”系列女性专场招聘会、残疾人就业援助洽谈会，促进特殊群体的失业人员就业。

是年，区人社局深化“校企对接”特色品牌活动,促进校企对接成果转化。搭建跨地区校企合作平台，吸引各类技能人才到镇海就业创业，保障人力资源有效供给。加强与省内外职技院校对接，先后组织50余家区属企业赴丽水、遂昌、松阳、湖南株洲和江西上饶、南昌等地开展校企对接；举办“2014镇海区校企对接洽谈会”，30所省内外职技院校和62家区属企业代表参加对接洽谈。针对区内企业对化工、机械、文创等行业的用工需求量大，技能人才紧缺的实际，采取“请进来、走出去”的方法，帮助技能人才紧缺或用工需求量大的企业广招贤才。全年组织近30家企业组团赴湖南株洲、湘潭两地高校开展专场招聘会，当场达成初步就业意向400余人。

是年，区人社局在全市率先建立外来人员与本地户籍人员、实体创业人员和网上创业人员同等享受的创业扶持政策体系，鼓励各类创业实体共同创业。建立区、镇(街道)、村(社区)三级联动的创业公共服务体系，实现集创业培训、后续服务等十位一体的创业指导服务体系。至年底，全区新增创业实体6077家，创业实体1年以上存活率94.76%，创业实体3年存活率71.63%。

【建立创业实体信息库】 2014年，区就业处在全市率先建立创业实体信息库。信息库依托基层人力社保平台，对创业实体进行系统全面的排摸，翔实掌握各类创业实体信息。至年底，库内共有创业实体4031户，实现动态化、信息化、标准化管理。

【建立网络创业园】 8月，区人社局在区创业创新基地开辟专门区域建设网络创业园，首家入驻企业为宁波市镇海网昊电子商务有限公司，全年共有11家企业入园。同时出台《关于镇海区网络创业扶持政策的实施细则》，形成集社保补贴、场租减免、财政奖励、金融支持、人才培训、项目孵化及知识产权保护于一体的“立体式”网络创业扶持政策体系，推动全区网络创业企业集聚发展。

【创业带动就业成效显著】 2014年，全区新培育各类创业实体6077户，创业带动就业24916人，办理自主创业小额担保贷款5910万元，小额担保贷款累计发放量突破1亿元。全区创业实体就业贡献率为55.25%，创业带动就业指数为4.2。

【继续实施失业人员帮扶政策】 2014年，市、区两级财政共拨付3909.87万元，用于失业人员的帮扶。区就业处全年发放灵活就业社保补贴2681.96万元，7934名就业困难人员享受；发放公益性岗位补贴1174.58万元，补贴从事公益性岗位工作的413人；发放再就业援助补贴2.32万元，22名就业困难人员得到扶持；发放企业社保补贴41万元，91家单位吸纳133名失业人员再就业。

【继续实施被征地人员就业保障扶持政策】 2014年，区安排扶持被征地人员就业保障资金1402.94万元。区就业处全年发放被征地人员养老保险补贴805.5万元，有1650名被征地人员受益；发放用工补助33.93万元，有321名被征地人员受益；发放公益性岗位补贴29.01万元，有107名从事公益性岗位的被征地人员受益；发放被征地人员失业生活补贴534.5万元，有5139名大龄被征地人员受益。

（徐　璟）

社会保险

【概况】 2014年，全区五大社会保险参保人数均有增加，各类保险基金收入与支出正常。全年新增基本养老保险参保人数7723人，累计参保人数264243人。享受养老保险待遇的退休人员32524人，年末人均养老金水平2289元/月。新增城镇职工医疗保险参保人数8125人，累计参保人数205966人；新增工伤保险参保人数4380人，累计参保人数148364人。新增生育保险参保人数3832人，累计参保人数140955人。新增失业保险参保人数5812人，累计参保人数146382人。稳步提高本地户籍人口参保率，本地户籍人员养老保险参保率、城镇居民基本医疗保险参保率、新农合参合率分别达到95.9%、98.95%和98.47%。

年末，五大保险基金收支保持平衡，除历年工伤基金累计负支出外，其余基金都有较大结余。失业保险基金收支基本相当，医保和生育保险的基金收入大于支出，运行正常。

表47　2014年五大社会保险基金收支情况

单位：万元

险种	基金收入	基金支出	历年累计结余
基本养老保险	111377.31	88621.26	218427.19
失业保险	10546.01	9887.24	
城镇职工医保	70840.98	41386.46	
工伤保险	4731.65	4267.95	-573.57
生育保险	2814.26	1631.3	5205.88

是年，全区城乡居民社会养老保险实际参保人数为26695人，待遇享受人数为24344人，其中不缴费享受基础养老金人数为12092人。原城镇老年居民养老保障工作继续稳步过渡到城乡居保，全年全区参加城镇老年居民养老保障59人，享受待遇58人。参加被征地人员养老保障人数为19717人，享受待遇人员为17418人。推进被征地人员养老保障、低标准养老保险与基本养老保险制度转换衔接，全年共计1845名被征地人员办理基本养老保险转移手续。全区共有778名农村村民参加农民养老保障，其中55～60周岁新农保待遇享受人员有735名，原有农民养老保障待遇享受人员已有6934人套改到城乡居民社会养老保险。

表48　2014年其他各类社会养老保险基金收支情况

单位：万元

险种	基金收入	基金支出	累计结余
被征地人员养老保障，	21162	18294	5743
城乡居民社会养老保险	10693	9601	3891
事业养老保险	12837	11530	1574
农民养老保障		668	1628
城镇老年居民养老保险	10	91	714

是年，全区新型农村合作医疗保险（新农合）参合人数24891人，参合率98.47%。人均参合费用1300元，其中各级财政补贴1000元，个人缴费300元，较2013年分别提高50元，合计筹集医疗经费3262.23万元。新农合住院补偿4910人次，总金额为2681.18万元，门诊补偿165998人次，总金额为812.35万元。微幅上调参合农民医疗补偿标准，提高大病住院支付限额和生育医疗费用补助，提高60岁以上老人体检标准，取消门诊起付标准。全区意外伤害险赔偿167例，赔付金额61.94万元。重大疾病险赔偿533例，赔付金额106.62万元。60岁以上农民健康体检人数达7132人，体检率74.11%。

【提高各类养老保险待遇】　自1月1日起，根据省市文件精神，区人社局调整企业退休（职）人员基本养老金，共有30049名企业退休（职）人员增资，人均月增资额度约236元，企业职工退休（职）人员平均养老金达2289元。其他各类人员养老待遇也相应做了调整,其中城乡居保基础养老金每人每月提高20元,基础养老金标准为190元/月,城乡居民其他各类待遇提高20~50元,被征地人员养老保障每人每月增发50元。

【新农合机构整合】 1月1日起,全区新型农村合作医疗全部职能由区卫生局划转给区人社局,实现成建制整体划转、归口管理,有利于加快推动新农合与城镇居民医疗保险、城镇职工医疗保险的有序整合。

【新农合人均筹资标准居全市首位】 2014年,区人社局通过"四提一取消",即微幅上调参合农民医疗补偿标准,提高大病住院支付限额和生育医疗费用补助,提高60岁以上老人体检标准,取消门诊起付标准等举措,农村居民筹资标准和综合保障水平继续在全市领先,新型农村合作医疗人均筹资标准从1200元上调至1300元,连续四年居全市首位。

【推行窗口服务"柜员制"改革】 6月起,全区推出医保窗口"柜员式"经办模式,将医保个人账户关联登记、清算支付、医保关系转移等八大类业务31项窗口经办业务进行整合,推出1个综合柜员制窗口,2个普通柜员制窗口,2个保留岗位窗口,使经办窗口服务从"专管员式"向"柜员式"转变,让办事群众享受"一门受理、一站服务、一柜办结"的服务。随后区人社局在养老、就业窗口全面试行"柜员制"改革。

【实施城乡居民统一大病保险制度】 9月1日起,按照市统一部署,全区实施城镇居民、农村居民统一的大病保险制度,大病保险的补偿起付标准为2万元,年度累计合规医疗费用最高限额为50万元。已参加城镇居民医疗保险和新型农村合作医疗制度的参保人员,在一个医保年度内的住院和特殊病种医疗费用,按基本医疗保险政策规定支付后,其个人累计负担的合规医疗费用超过大病保险补偿起付标准2万元的部分,由大病保险按下列比例予以支付:2万元至5万元(含)部分,支付50%;5万元至10万元(含)部分,支付55%;10万元至50万元(含)部分,支付60%。

【建筑施工企业从业人员参加工伤保险】 10月起,全区实施《宁波市建筑施工企业从业人员参加工伤保险暂行办法》,要求区内建设施工企业从业人员参加工伤保险,以建设项目为单位,由建筑施工企业为工程其间参与建设的所有从业人员,办理工伤参保登记和一次性缴费手续。建筑施工企业的工伤保险费率分别为工程总造价的0.9‰~1.2‰。其中镇海区在全市首个确立将建筑施工企业从业人员参加工伤保险,作为建设项目办理施工许可证的前置条件,保障建筑行业从业人员合法权益。年末,共有6家建筑施工企业以工程项目为载体参加工伤保险。

【工伤保险相关政策调整给参保职工带来实惠】 5月起,区人社局对1741家企业实行浮动工伤费率政策,其中357家企业实施工伤费率上浮,1384家企业实施工伤费率下浮,浮动费率有助于保障工伤职工和参保企业的权益,对降低工伤事故发生率有一定作用。根据全市统一安排,9月9日起,部分调整区内工伤保险辅助器具配置项目和费用限额标准,新增4项工伤保险辅助器具配置项目，大幅提高工伤保险辅助器具配置费用限额标准，这是继2008年以来对工伤保险辅助器具配置项目和费用限额标准的最新调整，给工伤伤残职工带来实惠。

（徐　璟）

劳动保障管理

【概况】 2014年，区人社局不断完善劳动关系三方协调机制，推进“双爱”活动和企业用工法规政策“三年万人培训”计划[①]。至年底，全区各类企业劳动合同签订率98.44%，其中小微企业劳动合同签订率97.88%，集体合同签订率94.21%。开展7期“三年万人”培训，共培训265人。开展首次区域劳动关系和谐指数测评，位列全市第四。做好信访维稳工作，接待群众直接来访700余起800多人，处理群众来信、区长信箱和部门网站咨询件等719件。全年通过劳动保障监察和劳动仲裁、调处，为劳动者挽回经济损失1亿余元。

是年，全区劳动保障监察工作采取日常巡查、专项检查、举报（投诉）专查、书面审查“四结合”的方式，加大劳资纠纷化解力度，共检查、巡查用人单位7500家，受理群众举报（投诉）713件，书面审查用人单位8484家。其中区劳动保障监察大队检查用人单位968家，受理群众举报（投诉）423件。开展农民工工资支付等8项专项行动，对劳动保障监察中发现的各种问题，采取快速处理的667件，予以立案查处的60件，结案率100%。其中追缴拖欠工资事件300件，涉及4192人、3043.59万元；查处非法使用童工15起；补签劳动合同113人。针对用人单位违反劳动保障法律法规的情况，责令整改41家；行政处罚24件，罚款12.59万元。

是年，全区共受理劳动争议案件2327件，涉及劳动者4761人，出具不予受理通知书12件。当年结案2349件，结案率98.2%，结案经济标的10558万元。劳动争议案件总数中，区劳动仲裁院受理663件，涉及劳动报酬193件，保险福利200件，解除终止劳动合同102件，确认劳动关系71件，其他97件。结案经济标的5330万元，结案率为94.1%，已结案案件中，裁决149件，其余为调解等方式解决。未出现因劳动争议处理不当引发群体性事件。

【建立清欠农民工工资“三模式三快速”机制】 2014年，全区实行“网格”+“联动”+“兜底”三大模式，建立“欠薪隐患快速排查、欠薪案件快速处置、欠薪应急快速解决”三项机制，为被欠薪农民工构建起覆盖各镇（街道、园区）、重点行业的清欠农民工工资“三模式三快速”网络，实现劳资纠纷“早发现、易调处、快结案”。全年共排查企业968家，提前化解群体性欠薪

①“三年万人培训”计划：全称为企业用工法规政策及实务操作三年万人培训工程计划，是宁波市人社局为贯彻省“双爱”活动精神，主抓的一项实施工程，计划从2014年至2016年三年内，在宁波全大市范围内培训1万名以上企业经营管理者、人力资源管理人员、劳动关系协调员，进一步提高宁波各类企业特别是服务业企业、中小微企业、劳务派遣企业的经营管理者、人力资源管理人员的依法用工管理意识，全面打造一支熟知相关人力资源社会保障政策法规和操作流程，帮助企业处理各类用工问题的专业化队伍。

隐患30起，快速处理劳资纠纷377件，处置欠薪案件300件，累计为4192名农民工追回欠薪总额3043.59余万元，清欠率达100%。该项工作法得到熊建平副省长的肯定和批示，并在《宁波日报》头版宣传介绍。

【建立企业恶意欠薪行政司法联动查处机制】 2014年，区人社局联合公安、法院、检察院等部门，建立企业恶意欠薪行政司法联动查处机制。该机制明确执法标准、规范操作流程，推进行政执法和刑事司法案件信息共享平台建设。11月，骆驼街道一制衣企业老板何某因涉嫌拒不支付劳动报酬罪，被区公安分局立案侦查并上网追逃，成为全区首例由人社部门移交公安部门立案侦查的欠薪逃逸案件。

【加强重点领域预警机制建设】 2014年，针对租赁场地经营企业出台工资支付报备相关制度，要求区属范围内从事餐旅服务、娱乐服务、各类装饰装潢等租赁场地企业，一律实行工资支付报备制度，以书面形式上报上月工资支付清单，确保及时预警预测，消除欠薪隐患。全年共有893家租赁经营企业按期报备工资。

【集体劳动争议案件频发】 2014年，全区发生以欠薪为主的集体劳动争议案件呈高发态势，共受理群体性劳动案件47起，涉及劳动者1593人，涉及经济标的2815万元，同比分别增长62.1%、17.7%和28.7%。导致集体劳动争议案件处理难度较大的原因：既有职工维权无序、人员分散，分拨仲裁，不利于案件整体处置；又有涉案企业法定代表人基本处于隐匿状态，企业无相关负责倒闭事宜的人员，给处置工作带来难度；三是因倒闭企业无相关人员负责，大部分企业管理较为随意，劳动合同签订、工资发放登记、离职办理等存在漏洞，取证难问题凸显，给职工维权带来难度；四是职工期望值过高，除申诉常规的工资、经济补偿金外，又提出代通知金①、二倍工资、社保、25%拖欠工资经济补偿金等要求，给调处带来难度。

【两类劳动争议案件数量“一增一减”】 2014年，全区共发生劳动报酬类案件193件，同比增长75.5%；社会保险类案件200件，同比下降52.8%。受经济形势和政策因素影响，部分中小企业关停倒闭，导致劳动报酬类案件高发，随着参保工作持续深入，外来务工人员参保率不断提高，使补缴案件大幅下降。

（徐　璟）

社会救助、福利和优抚

【概况】 2014年，全区继续完善分类分层救助机制，保障低保、重残、临时、医疗等救助落实到位。开展“365关爱”、困难家庭危旧房修缮、困难群众白内障手术等民政救助工作。继续扩大居民家庭经状况核对平台比对范围，实现民政专项救助对象比对全覆盖。加强社会救助信息公示

①代通知金：即代替通知金，是指用人单位没有依法提前一个月通知解除或终止劳动合同的，以给付一个月工资作为代替。

制度建设，将重度残疾人等信息列入“镇海区阳光公开网站”长期公示。开展社会救助“一门受理、协同办理”机制试点，6个镇（街道）设立社会救助窗口，率先在全市实现社会救助“一门受理”机制建设。列入民政部、省民政厅“救急难”试点县市区，推进“救急难”试点相关工作。召开全区综合减灾示范社区创建现场会，继续推进新申报的2个国家级、1个省级、8个市级综合减灾示范社区（村）创建活动。开展“5·12”防灾减灾日宣传及基层演练，提前一年完成避灾安置中心（点）标志牌和指路牌的设置工作。继续做好福利企业队伍及残疾人就业人数稳定工作，健全完善各项扶持优惠政策。加强福彩销售规范化、标准化管理。建立慈善事业促进协调机制，健全慈善事业监管制度。

是年，全区累计发放各类民政救助资金4439.86万元，同比增长3.93%。其中发放元旦春节补助金826.35万元/5509户（人），发放低保资金720.82万元/829户，发放医疗救助金622.40万元/5480人次，发放临时救助金257.46万元/1587户（人），发放残疾人基本生活保障、重度残疾人生活补助金665.88万元/1088人，发放各类定期定补及孤儿基本生活费补助106.03万元，发放前三季度困难群众物价补贴34.2万元，为老服务支出1206.72万元。全区24家福利企业安置残疾人659名。全区福彩销售7700余万元，创收各类公益金2316万元。区慈善总会募集善款7334.3万元，同比增长37.1%。

【提高城乡低保标准】 8月1日起，全区将城乡居民最低生活保障标准由人均588元/月提高到660元/月，增幅超过12%。同时城乡社会扶助证、城乡贫困重度残疾人生活保障和残疾人基本生活保障申请标准相应调整至月人均收入低于858元、990元和660元。

【提高孤儿基本生活费补助标准】 4月1日起，全区提高孤儿基本生活费补助标准，机构养育和社会散居孤儿分别由每人每月1360元和820元提高到1440元和870元，同比增加5.88%和6.1%。是年，全区机构养育孤儿20名，社会散居孤儿3名。自2011年1月1日发放孤儿基本生活费补助以来，标准实现3连涨，有效保障孤儿的基本生活需求。

【实现社会救助“一门受理”】 2014年，镇海区被列入宁波市“一门受理、协同办理”试点单位。4月，区出台《进一步加强社会救助“一门受理、协同办理”工作机制建设》，在全区6个镇（街道）设立受理社会救助申请窗口，统一名称为“社会救助”，将城乡低保、特困人员供养、受灾人员救助、医疗救助、教育救助、住房救助、就业救助、临时救助等8项救助纳入窗口受理范围，实行窗口“一门受理”、各有关部门协同办理，保障困难群众求助有门，受助及时。7月23日，全市“一门受理、协同办理”工作机制建设现场会在招宝山街道办事处召开，区民政局和招宝山街道做“一门受理、协同办理”工作机制建设经验介绍，得到与会人员的肯定。

【推进“救急难”试点】 4月，镇海区被列入民政部、浙江省民政厅“救急难”工作试点单位。围绕“兜底线、救急难、可持续”工作要求，区出台《关于开展“救急难”工作试点的实施意见》《镇海区特殊病种(困难对象)事前(中)应急救助资金管理使用办法》,完善以临时救助、重特大疾病医疗救助为主的制度体系建设,尝试特殊困难对象事前医疗救助操作模式,解决好群众的各类急难问题。年内"救急难"试点体系框架体系建设初具雏形。

【实现居民家庭经济状况核对全覆盖】 2014年,在集中对城乡低保、贫困重度残疾人家庭和残疾人基本生活保障对象复核基础上,全区将新增、续批的"社会扶助证"家庭、医疗救助非持证对象和临时救助对象纳入居民家庭经济状况核对,实现民政救助对象家庭经济状况核对全覆盖。全年共出具各类核对报告3486份,确定不符合救助条件分别为121户民政救助对象和186户廉租房补贴申请家庭。

(赵　彬)

老龄事业

【概况】 2014年,全区户籍人口中60周岁及以上老年人为54981人,比上年增加3115人,占全区户籍总人口的23.73%。按国际通行的老年人年龄标准65周岁计,全区老年人口为36263人,占户籍人口的15.65%。老龄人口中,80周岁及以上高龄老人7892人,占老年人口的14.35%;90周岁及以上的847人,占老年人口的1.54%。全区共有百岁老人8名,其中男性2名,女性6名,年龄最大的是招宝山街道102周岁的陈阿银。

是年,全区累计有公办养老机构10家,床位2022张,每百名老年人拥有床位3.7张。全区建有居家养老服务(指导)中心7个;居家养老服务站86个,其中72个获星级认定,市AAA级站点数量居全市首位,达15个。有专职护理人员246名,"银龄互助"志愿者队伍135支、志愿者3164名。完善居家养老政府购买服务机制,上调居家养老政府购买和优惠补贴标准至每月368元和294元,享受居家养老政府购买服务人数146名,政府优惠人数为724人,区财政补贴311.4万元。下拨全区居家养老服务机构建设与运行补助资金476.5万元。

老年人社会养老保障体系进一步巩固。享受高龄津贴的老年人7817人,80~89周岁、90~98周岁、百岁老人(含100虚岁)标准分别为100元、300元和1500元,高于全市标准。救助机制完善,513名低保老人应保尽保,标准月人均660元。继续实施困难老人生活补助制度,全年发放74.92万元,每人每月发放100元,605人享受。区老年福利基金会全年救助困难老人2093人次,金额45万元。

是年,老年活动设施不断完善。改造提升基层老年活动室工程42个,至年底全区共有各类老年活动中心(室)194个,总建筑面积65557平方米,其中村(社区)级活动室192个,平均每个村(社区)2.1个。老年文体教事业蓬勃发展,全区共组建老年文艺团队42支,累计272支,整合老年体育团队10个,总数为508个,文艺和体育团员20870人。全区老年大学在校学员2278人,建立老年电大基层集中教学点92个,学员4593人,老年电大镇海分校被评为省级先进分校。全区6个镇(街道)建成省老年体育特色项目之乡。

全年老年人维权继续巩固,区人民法院受理涉老案件196件,法院审结121起,执行涉老案件93起。老龄系统接待老年人来信来访共1685件（次），解决1637人次，解决率97.15%。区政府荣获第六届“全国敬老模范单位”称号。

（丁轶男　赵　彬）

区老年电大学员参观区气象站

【全区基层老年人协会完成换届选举】 5月10日，全区79个基层老年人协会完成换届选举。本次换届共选举产生老年人协会理事会成员544名，平均每个村（社区）7名。其中，首次当选的理事成员占40%，初中以上文化程度的占54.4%，女性成员占41.18%。换届后全区老年人协会建会率100%，入会总人数51245人，入会率达93.2%，79名会长平均年龄55岁，理事会成员由老年文体辅导、老年电大辅导、银龄志愿者等骨干力量组成。

【开展“敬老月”活动】 9—10月，全区开展以“传承中华美德 弘扬敬老文化”为主题的“敬老月”活动。活动其间，召开全区老年节庆祝大会，区领导上门慰问高龄和困难老人，开展大型广场志愿服务活动，举办声乐比赛，组织机关事业单位退休人员游园会。各部门和镇（街道）累计慰问5.86万人次，发放慰问金和慰问品904.22万元，开展助老服务86次、帮扶5741人，组织各类文体活动135场次、参与老人1.9万。

宁波市、镇海区领导慰问招宝山街道百岁老人徐炳云

【再次上调高龄老人生活津贴标准】 10月1日起，全区再次上调高龄老人每人每月生活津贴标准，80—89周岁70元、90—98周岁150元、百岁老人（含100虚岁）1000元分别上调至100元、300元和1500元，7817名高龄老人受益。全年发放高龄津贴821.51万元。

【12个社区获“宁波市老年宜居社区”称号】 6月，全区12个社区获首批“宁波市老年宜居社区”称号，它们是：庄市街道庄市社区、兴庄路社区、陈倪路社区，招宝山街道总浦桥社区、后大街社区、车站路社区、胜利路社区、西门社区、城东社区，骆驼街道贵驷社区、中街社区，蛟川街道炼化社区。

（丁轶男）

【四季永逸颐养院建设启动】 10月，全区首家民办养老机构——四季永逸颐养院建设启动。项目位于骆驼街道慈海南路，总用地面积1.3公顷，建筑面积3万平方米，总投资1.6亿元，共设置床位600张，定位为中高端社会养老机构，由个人全额出资建设，计划于2016年建成投用。

四季永逸颐养院建设启动

【推出居家养老服务机构责任保险】 6月，区民政局与人保财险镇海公司合作推出居家养老服务机构责任保险。该险种以政府采购模式，为全区6个镇（街道）的83家居家养老服务中心（站）集体投保，投保总额达1.34亿元，参保率达100%。该保险模式标志镇海区初步建成以市场化为主导的居家养老行业风险分担机制。

【全国养老机构数据直报系统启用】 1月，区养老服务指导中心启用全国养老机构数据直报系统。该系统主要用于养老机构基本信息的收集、储存、统计和分析，纳入全区10家养老机构的基础信息、入住老年人及其子女信息以及机构从业人员信息等相关内容，实现养老机构日常数据的管理和维护，有效提升养老机构实时动态管理水平。

【完成居家养老服务机构等级评定工作】 4—11月，镇海区完成居家养老服务机构等级评定工作。市、区等级评定委员会通过实地走访、查看台账等方式，对全区83家站点的设施设备、人员情况、制度建设、服务行为、质量管理等5方面内容进行评审，共评出AAA级居家养老服务机构15家，AA级居家养老服务机构20家，A级居家养老服务机构37家，并对不同等级的服务机构予以相应的经济补助，以鼓励、引导村（社区）全面提升居家养老服务水平。

【实施养老服务补贴制度】 11月，镇海区出台《镇海区养老服务需求评估办法（试行）》《镇海区养老服务补贴实施办法（试行）》，在全区范围内实施养老服务补贴制度。补贴的对象是户籍在镇海区范围内的城乡最低生活保障家庭中60周岁（含）以上的经养老服务需求评估确定为失能、失智等生活不能自理的老年人。补贴标准分为三档：评估结果为重度依赖的，入住养老机构（居家养老）的补助标准与当地困难家庭重度残疾人集中托养（居家养老）补助标准相同；评估结果为中度依赖、轻度依赖的，入住养老机构（居家养老）的标准分别为重度依赖老人补贴标准的80%、60%。补贴通过向补贴对象提供服务的方式实现。

（赵　彬）

社区服务

【概况】 2014年，全区城市社区33个，行政村60个。城市社区专职工作者329人，平均年龄36.45岁，91.18%以上具大专以上学历。社工中拥有职称的152名，其中社会工作师67人，助理社会工作师85人。农村社区工作者778人。

是年，按每年5%的递增机制，继续提

高城乡社区建设补助经费，城市社区保障经费从每千户28万元调整到29.40万元，农村管理服务补助经费从每人81元调整到85.05元。全年区级财政下拨城乡社区建设经费2582.28万元，其中城市社区建设经费1313.58万元，农村社区建设经费1268.70万元。建立城乡社工绩效考评机制，启动城乡社工挂职交流活动，全区29名社工参与其中。继续开展社工培训工作，全年培训社工670余人次。

是年，各社区进一步完善以城乡社区党组织为领导核心、居（村）委会专行自治、社区便民服务中心专司事务的“一委一居（村）一中心”三位一体的社区服务管理体制。深化社区“减负提效”工作，编制村（社区）工作准入项目清单，由组织部、民政局牵头开展村（社区）机构牌子多、考核评比多、创建达标多、报刊征订多、便民服务项目多等“五多”问题整治专项行动。完成第十届村委会换届选举工作。按照分级培训原则，开展新一届村委会成员培训。推进社区综合事务管理系统平台建设。启动新一轮城乡社工异地交流挂职学习活动。开展2013年度城乡社区建设考核，下拨2013年30%和2014年70%的城乡社区事业保障经费2582.3万元。

表49　**2014年全区行政村（社区）分布情况表**

镇（街道）	行政村		社区	
	个数	名称	个数	名称
澥浦镇	8	余严 澥浦 庙戴 十七房 觉渡 沿山 湾塘 岚山	1	汇源
九龙湖镇	11	田顾 汶溪 长石 西河 西经堂 九龙湖 中心 河头 田杨陈 长宏 杜夹岙	1	思源
招宝山街道	0	—	10	城东 胜利路 总浦桥 后大街 顺隆 车站路 西门 白龙 张鑑矸 海港
蛟川街道	12	中官路 清水浦 棉丰 渡驾桥 南洪 沿江 陈家 水菿王 俞范 迎周 中一村 石塘下	10	俞范 临江 后施 银凤 虹桥 五里牌 镇电 炼化 石化三建 东信路
骆驼街道	20	东钱 董家畈 团桥 余三 清水湖 民联 沙河 兴丰 朝阳 骆兴 妙胜寺 里洞桥 金华 尚志 东邑 敬德 贵驷 骆驼 联勤 金东	6	贵驷 盛家 南一 中街 静远 莲睛
庄市街道	9	光明 联兴 勤勇 钟包 曙光 汤家 永旺 万市徐 汉塘	5	兴庄路 庄市 庄一 陈倪路 高教
合 计	60		33	

【完成村委会换届选举】 1月7日，全区完成第十届村委会换届选举。此次村委会换届选举，涉及4个镇51个行政村，首次全面采用“自荐直选”方式进行。全区共有76358名选民参与选举，参选率99.6%，较上届提高1.3个百分点。该次选举产生新一届村委会成员158名，其中村委会主任51名，女性委员57名。新一届村委会成员平均年龄为45.6岁，较上届年轻一岁，其中大专以上文化程度76人，占

比45.22%，较上届提高9.3个百分点，女性委员57人，占比36.1%，较上届提高4.3个百分点，新一届村委班子整体呈现出年轻化，知识化，结构合理，活力较强等特点。

【社区事务综合管理系统建设启动】 3月，全区社区事务综合管理系统建设启动。该系统是集“社区管理、行政服务、政务公开、信息收集、问题处理”等功能为一体的综合性、开放式、互动型的社区综合信息工作平台，由浙江迪佛网络科技有限公司开发设计，5月在招宝山街道城东社区完成试点并在全街道推广应用。

民政工作人员区社使用区事务综合管理系统

【开展“社区公益星”评选表彰活动】 5—9月，全区开展“社区公益星”评选表彰活动。活动由社区工作协会联合区民政局、区慈善总会组织发起，评选对象主要是从事社区公益志愿活动5年以上，为全区和谐社区建设做出突出贡献的社区居民。经过项目策划、宣传发动、社区推荐等程序，10位居民获得热心志愿服务、宣扬道德文明荣誉称号。

【2个社区获全国和谐社区建设示范社区称号】 11月，在第二次全国和谐社区建设示范单位创建活动中，招宝山街道总浦桥社区和后大街社区被评为“全国和谐社区建设示范社区”，成为全区首批全国和谐社区。

【开展村(社区)“五多”事务清理活动】 6月，区出台《关于进一步规范村(社区)工作的若干意见》，编制村(社区)考核评比等准入项目清单，对所有行政村(社区)机构牌子、考核评比、创建达标、报刊征订、便民服务中心管理进行全面清理。年底，将原涉及村(社区)的20块机构牌子、35项考核评比和51项创建达标分别缩减为4块、9项和28项，分别减少80%、74%和45%，推动全区城乡社区职能归位、服务提效。

(赵　彬)

市民服务

【概况】 2014年，镇海81890市民服务中心遵循“便民利民、有求必应”的服务宗旨，继续实行24小时在线受理，提供市民求助、政策咨询、信息查询、投诉举报等服务。全年累计接听群众求助电话(网上)49191件，其中咨询类28375件，占58%，服务类10440件，占21%，老年一键通7579件，占15%，事务投诉类2797件，占6%。

【优化加盟商队伍】 2014年，中心严把加盟商准入门槛，规范发展加盟企业队伍。全年新增信誉良好的加盟企业12家，累计320家。推出白龙社区特色服务项目——彭洁婚恋工作室，满足市民多样化需求。评选出2013年度服务诚信、老百姓满意的20家加盟企业和个人通报表彰。

【开展第二届技能比武大赛】 6月,81890市民服务中心承办第二届家庭服务业技能比武大赛,比赛分为管道焊接、玻璃清洁2大项目,来自全区9家家政服务公司的39名选手参赛,共12名选手获得前三名。

(包凌燕)

家政服务比赛

保障性住房供应和分配

【概况】 2014年,区出台《镇海区公共租赁住房和廉租住房并轨运行实施办法》,继续加强经济适用房、解困房、廉租房等政府保障性住房的开发建设。在建保障性住房工程2个。推出第三轮经济适用房安置。环卫工人公租房建设启动。是年,销售经济适用房300套,累计1117套;销售解困房14套,累计111套;1093户获廉租房资金补贴523万元,累计3179万元。

【2个保障房项目建设进展顺利】 7月,东邑阳光保障房项目竣工。投资概算6.1亿元,于2011年9月开工,总用地5万平方米,建筑面积14万平方米。于2012年7月开工的古塘丽景四期保障房项目正在建设中,投资概算4.3亿元,总用地4.3万平方米,建筑10万平方米,预计2015年6月竣工。

【推出第三轮经济适用房】 8月30日,区第三轮经济适用房摇号发售。房源处骆驼街道东邑阳光小区,共420套。其中,60平方米户型210套,80平方米户型210套。至9月,销售310套,余房拟作拆迁安置房。第三轮经济适用房平均价格2800元/平方米,是年镇海区商品住房平均价格9382元/平方米。

【公共租赁住房和廉租住房并轨】 10月,《镇海区公共租赁住房和廉租住房并轨运行实施办法》出台。办法明确政府投资建设的公共租赁房和廉租住房并轨运行,并轨后统称公租房。新出台的公租房政策覆盖城镇中等偏下和低收入住房困难家庭、引进人才、优秀外来务工人员等群体。政策对低收入群体给予优先保障,可申请实物配租和租赁补贴。并轨后的公共租赁房申报于11月启动,骆驼街道东邑阳光小区466套公租房为首批公租房房源。

【环卫工人公租房开工建设】 8月,环卫工人公租房开工建设。公租房占地6616平方米,建筑5018平方米,投资概算1719万元,计划2015年10月建成。届时可安排入住102户,基本解决区环卫保洁中心外来务工人员住房问题。

(冯国定)

住房公积金

【概况】 2014年,全区住房公积金新开户单位130家,新增职工人数9162人。至年底,住房公积金建账单位1690家,其中正常缴存单位1031家;建账职工12.12万人,其中正常缴存职工58676人。是年,归集住房公积金131112.93万元，比上年同期增长10.28%，历年累计归集总额953346.34万元。支取住房公积金105871.59万元，比上年同期增长35.20%，历年累计支取总额为645920.58万元。发放住房公积金贷款77680.9万元，比上年同期增长6.19%，历年累计发放贷款总额472345.79万元。年末，住房公积金缴存余额307425.76万元，贷款余额275357.78万元。市住房公积金管理中心镇海分中心在履行住房公积金的归集、使用职能中，做好保值、增值、归还和行政执法等管理工作。

表50　**2014年住房公积金归集情况**

单位：万元

项目	归集金额	比2013年增减%
一般公积金	111334.58	10.09
一次性住房补贴	72.11	-60.89
公积金补贴	13715.18	11.24
个人利息收入	5991.06	14.15
合计	131112.93	10.28

表51　**2014年住房公积金支取情况**

单位：万元

项目	支取金额	比2013年增减%
购建、翻建、大修自住住房	47618.33	63.12
离休、退休	10592.16	5.92
户口迁出所在市、县或出境定居	3463.08	16.03
偿还购房贷款本息	38703.11	16.07
其他	5494.91	97.41
合计	105871.59	35.20

【住房公积金缴存基数和比例调整】 7月，镇海公积金分中心根据市住房公积金管理委员会办公室有关文件精神，制定《关于做好镇海区2014年住房公积金缴存调整工作的通知》，对住房公积金缴存基数、缴存比例进行调整。缴存基数仍按职工上年月平均工资确定，基数上限从23445元调整到26315元，下限仍为1475元。正常缴存比例仍为5%～12%，不实行住房分配货币化的单位，经区房委办批准，缴存比例可超过12%，最高不超过18%。调整后，区内有16家单位将缴存比例分别提高到14%～18%；全区月归集额从10100多万元提高到10900多万元，增幅9%。

【调整住房公积金贷款政策】 12月25日，全区调整住房公积金个人贷款政策：公积金连续缴存月数由原满1年调整为6个月，可申请公积金贷款；缴存职工家庭名下有一套（含）以下住房并已结清相应住房贷款，购买第二套普通住房，执行首套房贷款政策；连续缴存住房公积金满2年的职工购买家庭首套自住住房，其公积金最高贷款额度由原80万元/户提高到90万元/户。

【实施高校毕业生公积金贷款优惠政策】 12月，镇海公积金分中心与人社局等4家单位联合发文，对高校毕业生实施公积金贷款优惠政策：2003年1月1日以来，取得全日制普通高校毕业证书，在甬就业创业的高校毕业生，于2014年9月20日至2015年9月19日其间在甬购买普通住宅的，申请公积金贷款，享受连续缴存时间3个月可办理贷款优惠，贷款额度可上浮20%，建筑面积在120平方米以下的首套商品住房，贷款首付比例从30%调整为不低于20%。

【公积金运行压力增大】 2014年，受“国五条”和职工住房刚性需求增长双重因素的影响，全区楼市成交量大幅攀升，带动公积金贷款业务放量增长。是年，全区发放公积金贷款77680.9万元，创历史新高，年公积金提取额急剧上升，达105871.59万元。虽然年公积金归集额上升，但资金净流出①25246.86万元，公积金运用率达89.57%，导致公积金流动性趋紧，运行压力加大。

【公积金提取额快速增长】 2014年，全区住房公积金提取10.59亿元，其中住房消费类提取8.63亿元，比上年同期增长38.08%。在住房消费类提取中，归还住房贷款提取金额3.87亿元，一次性提取公积金账户余额支付购房款4.76亿元%。

【住房公积金增值收益稳中有增】 2014年，全区住房公积金业务收入13465.03万元，比上年同期增加20.99%；业务支出7147.97万元，比上年同期增加13.83%，期末增值收益为6317.06万元，比上年同期增加30.27%。

（郑君芬）

气象服务

【概况】 2014年，镇海气象推进气象现代化建设，全力做好防灾减灾、促进经济社会发展和生态文明建设的气象服务。加强气象灾害监测预报预警，做好“元宵节”文化巡游、首届市民文化节等重大社会活动气象保障。针对年初雾霾多发，主汛期气温偏低、强降水时段集中及秋季连晴等复杂天气形势，完善监测预报预警流程和规范，提高监测预警的时效性、准确性和有效性。开展落实全区“五水共治”气象服务保障工作，对汛期内出现的短临强降水过程进行加密观测和报告。依法开展防雷安全和施放气球管理工作。全年发布台风、大风、暴雨、雷电、雾、霾等各类预警信号51次。“3·23”世界气象日围绕“天气和气候：青年人的参与”主题走进招宝山街道总浦桥社区银杏小区开展气象科普宣传活动。10月“重阳节”走进贵驷村，给老同志送上气象科普书籍。

是年，天气给居民生产生活造成的影响：2月9日夜里到10日全区普降小雪，平原地区积雪有1厘米左右，山区积雪达到2～5厘米，且部分路段出现了道路结冰，恰逢春运其间，雨雪天气给交通也造成一定影响。年初雷出现在3月19日，整个夏季有17天出现雷暴，特别是7月26日下午受强雷雨云团影响，全区都出现强雷电和暴雨，澥浦镇余严村以及骆驼街道清水湖村多户居民家中的家用电器也被雷击损坏。6月17日入梅，7月7日出梅，梅雨期共计20天，梅雨量245.7毫米，特别是21—22日和27日出现的暴雨天气，造成部分低洼处排水不畅，积水较严重。

①公积金净流量=(公积金归集额+公积金贷款职工归还贷款额)-(公积金提取额+公积金贷款发放额)，以上四项资金均为同期的金额，当净流量为“+”时，资金表现为净流入，当净流量为“一”时，资金表现为净流出。

8月中、下旬全区出现连阴雨天气，尤其是中旬降水偏多、日照明显偏少、气温也明显偏低。受第16号台风“凤凰”影响，全区面雨量68.7毫米。其中汶溪最大，有86.0毫米；澥浦、清水湖、新泓口三站出现8级以上大风，最大清水湖19.8米/秒。全年全区霾日有104天，2月中上旬多连阴雨天气，空气质量总体较好，下旬天气转晴，静稳天气不利于空气中污染物的扩散，出现轻度污染；3—9月镇海区雨水偏多，且主导风向为东南风，空气质量相对较好；10月15—16日由于北方冷空气南下造成污染物的传输，$PM_{2.5}$颗粒物浓度增高，出现中度污染；11月6日、12日、17日出现中度污染；12月上旬空气质量较好，中下旬出现20日的连晴天气，灰霾天气多发。12月初受强冷空气影响，全区48小时降温11.2℃，最低气温也下降到1.2℃，出现寒潮天气。

（胡　晓）

表52　　　　2014年镇海区气象基本情况

指标名称	平均气温(℃)	降水量(毫米)	日照时数(小时)	相对湿度(%)
年	17.0	1601.0	1572.9	79
1月	6.3	28.3	181.3	77
2月	6.5	137.9	53.9	84
3月	11.7	71.6	161.2	75
4月	15.5	65.2	119.2	79
5月	21.0	134.3	159.5	75
6月	23.3	244.1	102.5	84
7月	27.9	209.1	188.2	82
8月	26.7	301.8	106.1	85
9月	24.5	294.6	93.0	85
10月	19.9	6.7	176.6	74
11月	14.6	93.3	89.7	80
12月	5.5	14.1	141.7	69

【宁波环境气象中心成立】 1月，宁波环境气象中心在镇海区气象局成立，主要负责环境专业气象预报服务、环境气象服务产品的制作、宁波环境气象网站的维护等工作，建成的灰霾、酸雨、负氧离子等环境监测设施与气溶胶激光雷达设备投入试运行。7月1日起，中心对镇海公众开展空气污染气象条件等级预报服务。此外，宁波环境气象网初步建成，发布全市实时空气质量、紫外线等环境气象监测预报信息。

【开展气象为农服务】 2014年，区气象局加快农村(城市)气象灾害防御体系和服务体系建设，完善现代设施农业气象服务。开展对大棚小气候监测与预报工作，面向全区涉农实体开展直通式气象为农服务，新建4个农业生产基地的LED气象显示屏和大喇叭。结合农业气象科学研究成果，向全区农业大户、农业合作社、涉农企业等及时发布天气预报和农事建议。

【推进气象防灾减灾工作】 2014年，区气象局推进气象灾害监测预警全覆盖建设。5月，区气象局与区应急办联合发文《关于做好2014年汛期气象灾害防御工作的意见》，强调完善气象防灾减灾体系，做好汛期气象灾害防御工作。建成63家气象服务站，发挥全区气象协理员、气象信息员、重点单位联络员、安全员在气象预警信息传播和灾害防御、气象信息推送上报、气象灾害防御知识科普等工作中的重要作用，解决基层最后一公里的信息传递不畅瓶颈。

（胡　晓）

【依法开展防雷管理】 2014年，区气象局依法开展防雷管理。全年受理防雷设计审核和防雷竣工验收事项195件，完成96个项目的防雷装置图纸技术评价，为226个新建、在建项目的基础、均压环和屋面三个阶段的防雷装置隐蔽工程提供跟踪检测服务，对97个项目进行防雷装置竣工验收工作。开展防雷重点单位专项检查，对143多家单位的防雷装置进行定期检测工作，出具检测报告630余份，协助5家重点单位创建雷电灾害防御示范单位。发布《2014年度镇海区雷电监测公报》。

（许　可）

流动人口服务与管理

【概况】 2014年，镇海区认真贯彻落实市委、市政府《关于进一步创新和完善流动人口管理服务工作的意见》精神，紧紧围绕引导调控这一重点战略任务，坚持流动人口梯度化管理服务的全新导向，全面启动流动人力资源提质提效三年行动计划，在结构调整、积分试点、基层队伍、考核体系、政策完善、公共服务、文化融合、社会参与等方面认真探索实践，积极推进流动人口服务与管理工作。

【启动流动人力资源“双提升”三年行动计划】 5月，区委、区政府出台《镇海区流动人力资源提质提效三年行动计划》。计划涵盖各产业绩效评价、流动人口梯度化、流动人力资源需求导向、企业推广应用先进装备和技术、开展各类人才“传帮带”计划、流动人口培训开发、新镇海人文明素质养成平台、鼓励流动人口返乡创业、和谐劳动关系保障体系、出租房规范提升、基层流动人口工作队伍提升、流动人口服务管理信息化等12项经济社会领域内容。至2016年年末，力争全区流动人口管理服务综合水平位居全市前列，流动人口规模结构与产业发展适配度达到良好以上，基本形成结构合理、技能匹配、素质优良的流动人力资源新格局，人力资源与产业发展真正实现互相支撑、共同发展。

【市级流动人口积分制公共服务政策试点启动】 2014年，镇海区启动市级流动人口积分制公共服务政策试点。主要任务是编制《流动人口积分制公共服务政策试点工作大纲》，出台《流动人员综合积分申评制度的通知》，完成积分申评系统的开发和各镇（街道）受理窗口的设置，构成相对完整的全区流动人员综合积分管理体系。利用宣传折页、《新镇海人》专版、公众微信平台——新镇海人之家及区政府公众网站等媒介，专门设计综合积分专属LOGO，宣传推广综合积分政策，扩大综合积分政策知晓度。

【梯度化公共服务政策清单编制完成】 2014年，区流管办制定《镇海区流动人口梯度化公共服务政策体系编制清单（2014—2016）》，编制完成涉及公共服务政策近40项的梯度化政策体系清单，基本涵盖流动人口公共服务各个领域。年底，优秀外来务工人员公共租赁住房申请实施细则（试行）投入实际应用，有5人通过综合积分申评完成公共租赁住房申请。梯度化公共政策，即全区各相关职能部门按照《镇海区流动人口梯度化政策体系的指导意见》，立足职责和实际情况，配套出台具体化的服务或管理政策文件，形成“1+X”政策体系。区流动人口服务管理工作领导小组各成员单位对全区“1+X”政策体系进行全面评估，提出改造提升等方向，从制度层面对全区流动人口政策体系进行梯度化的探索和设计。

【开展流动人口宣教活动】 2014年，区流管办联合区新闻中心开展流动人口宣教活动：充实“新镇海人”专刊宣传队伍，多角度丰富专刊内容。精选《今日镇海·新镇海人》内容汇编成《第二家园——〈今日镇海〉新镇海人专版文萃》，全书分为“异乡寻梦”“小城故事”“乐居生活”“大爱之城”4个篇章，约30万字书，编辑收录创刊三年多来百余个访问实录，翔实而生动地记载新镇海人的感人事迹。聘请本土文学爱好者编写《新镇海人学宁波话》《新镇海人观蛟门风物》《新镇海人读科普知识》《新镇海人阅厚德故事》等新镇海人学习丛书，免费发放到各镇（街道）和各个小候鸟活动场所。

（乐思思）

人口与计划生育

【概况】 2014年，全区人口计生工作以坚持计划生育基本国策、统筹解决人口问题为目标，稳妥实施“单独两孩”政策，继续加强人口计生服务，促进人口长期均衡发展，为全区实现“六大战略”创造良好人口环境。全年全区户籍人口共出生1761人，计划生育率98.86%，人口自然增长率2.82‰，出生人口性别比106.50。区计生指导站实验室在省抽检的室间质评活动中获优秀。

【实施“单独两孩”政策】 自1月17日始，全区实施“单独两孩”政策（夫妻一方是独生子女，只生育一个子女的，可以申请再生育）。通过开展全媒体宣传、举办“婚育大讲堂”、调查摸底“单独”家庭规模与生育意愿、设立再生育风险评估门诊、简化审批程序等措施，全年共制作10万份宣传小折页，解答群众咨询60余件，区级再生育审批时限由法定30个工作日缩短至7个工作日，提速幅度达300%，至年底，全区共审批“单独二孩”再生育申请389例，占全区再生育受理总量的77.3%左右。

【加强出生人口性别比综合治理】 2014年，区人口计生局出台出生性别比治理工作考核办法，推进出生人口性别比综合治理。全年开展专项执法行动6次，查处非法行医13家(其中涉嫌“两非”行为7家)，收缴B超机1台，超范围使用医疗器械、终止妊娠药品1批，罚款人民币共计18.21万元，通报公安部门布控4名已被行政处罚2次涉嫌继续非法行医的人员，成功捕获1名“两非”犯罪嫌疑人。加强再生育全程管理，区内怀孕14周内再生育审批率达85.84%；坚持孕期“一对一”跟踪随访制度，排查流动人口孕妇2645人；加强婴儿性别动态监测，核查比对各部门共享出生信息8692例。

【实施3项人口“计生”工程】 2014年，区人口计生局实施3项人口计生工程，促进人口计生工作转型发展。实施流动人口“一盘棋”工程，与66个县(市、区)建立双向协作，开展区域协作13批次；开展流动人口计生规范化服务中心创建，免费公共服务1.2万人次；核查无证生育对象2560人，流动人口服务管理率90%。实施计生优质服务工程，全年免费孕前优生健康目标人群检查1136人，检查率88%；“计生服务直通车”4班次进镇(街道)，为4852名育龄妇女进行生殖健康检查。实施“幸福家庭”创建工程，建立13个幸福家庭示范点，实施计生特殊家庭帮扶项目，与区“81890”合作发放6万元家政类爱心服务卡2000份，200户失独等计生特殊家庭受益，区生育关怀基金筹集2.3万元慰问计生困难家庭18户；落实计生利益导向政策，确认新增对象1008人。

【建成镇海区青春健康俱乐部】 8月，区计生协、九龙湖镇政府和区中小学生社会实践基地共同投资30万元，在九龙湖镇区中小学生社会实践基地内创办青春健康俱乐部。俱乐部通过教师讲座、教学视频、师生互动和模型展示等教学方式，接待区内小学五年级及初三年级学生，利用寒暑假培训外来务工人员子女，当年共接待培训中小学生400余名，解答青春期少男少女们的青春困惑。此外，通过举办“家庭沟通技巧”等家长培训活动，为青少年家长、同伴志愿者提供知识宣传培训服务。

【1个计生项目做法被中国计生协推广】 4月，在中国计划生育协会举办的“生育关怀携手行·爱在宁波”启动仪式上，蛟川街道俞范社区计生特殊家庭终极关爱项目做典型发言。该社区自2010年2月启动终极关爱项目以来，发展志愿者8名，每周2至3次开展上门服务，了解计生特殊家庭老人实际困难和身体状况，给予爱心帮扶和精神慰藉；老人过世后，主动上门帮助料理后事，提供相应的祭奠服务和后勤保障。至年底，累计40余位逝者提供临终关怀，让老人们在温暖安详中离去。

(马　迎)

慈善事业

【概况】 2014年，作为首批公益性非营利的5A级社会团体组织[1]，区慈善总会建立6个镇(街道)、宁波石化开发区、海归海外留学生、慈善义工等9个分会，成立62个村、26个社区、镇海中学、龙赛中学、中兴中学、立人中学、宁波LG甬兴公司、宁波开元会计服务有限公司、骆驼商会等95个慈善工作站，构建"一级法人、三级网络"的组织体系。是年，区慈善总会贯彻落实《国务院关于促进慈善事业健康发展的指导意见》，开展各类活动，募集收入和救助支出创历史最好成绩。全年共募集善款7334.3万元，比上年增长37.1%。其中"慈善一日捐"活动募集1892.6万元，平时捐款936.86万元，"五水共治"专项捐款3990.1万元，森林基金专项捐款511万元，实物捐赠3.74万元。全年慈善救助支出4450.8万元，受助群众1.96万人(次)。其中助医支出174.2万元，受助人数人820(次)；助学支出85.7万元，受助人数695人(次)；助困支出401万元，受助人数3205人(次)；助残支出10.3万元，受助人数820人(次)；助老支出641.4万元，受助人数13300人(次)；助孤支出2.4万元，受助人数13人(次)；区外定向赈灾支出52.8万元；公益项目支出3080.4万元；实物支出2.6万元，受助人数800人(次)。当年，区慈善总会获浙江慈善工作先进集体"优秀机构奖"。

【"慈善一日捐"活动深入开展】 4月25日，全区召开"慈善一日捐"动员大会，部署活动的开展。区慈善总会在镇海新闻媒体及总会网站上发布"慈善一日捐"活动公告与募捐规范管理办法，营造良好活动氛围，引导社会各界参与捐款活动。为期三个月的"一日捐"活动捐款共募集善款1892.6万元，占全年慈善日常资金募集的66.8%。

【海外资金募集增长点】 7月30日，区慈善总会和香港镇海青年联谊会签署建立"镇海区紫荆花侨爱慈善基金"协议，基金总额1000万元，承诺分五年到位，专门用于社会公益和慈善事业，是区内迄今最大的海外冠名基金。是年共募集海外资金661.8万元。

【"五水共治"专项基金成立】 5月，区"五水共治"专项基金成立。成立仪式现场，基金管委会宣读《关于开展镇海区"参与五水共治，共建美丽镇海"募捐活动的通知》，发出募捐号召。专项基金主要用于全区水环境综合治理。至年底，区内422家企业共募捐3990.1万元。

【新增3家慈善扶贫基地】 2014年，区慈善总会新增妙胜苗圃、金禾粮食、康得助农庄3家慈善扶贫基地，至此全区共建有慈善扶贫基地10家。其中种植类6家，手工类4家，共帮扶贫困农户265户。建设慈善扶贫基地是实现慈善帮扶由"输血型"向"造血型"转变、从"扶一把"到"帮一片"升级的一条有效途径。

①社会组织评估是指各级人民政府民政部门为依法实施社会组织监督管理职责，促进社会组织健康发展，依照规范的方法和程序，由民政部门根据评估标准，对社会组织进行客观、全面的评估。等级分为AA、AAA、AAAA、AAAAA，其中AAAAA最高。

九龙湖康得助扶贫基地成立

【开展特色慈善义工服务活动】 2014年，区慈善总会义工分会发挥下属7个大队的优势，引导全区1137名登记在册慈善义工开展以“安老、扶幼、助残、济困”为主题的义工服务活动，形成“招宝助老”“庄市小草义工”“澥浦守望工程”等各具特色的义工项目。其中招宝山分会的“老友助老”俱乐部义工服务项目获2014年度“浙江慈善项目奖”。

（倪文冬）

殡葬服务

【概况】 2014年，全区继续实施殡葬惠民政策，全年享受惠民政策丧户2801人次，减免费用149.5万元。全面完成老公墓升级改造工作，全区遗体火化率、生态墓地建设行政村覆盖率均达100%。启动镇海福利关怀院迁建项目。清明其间全区各墓园共接待祭扫群众7.8万余人次。

【启动镇海福利关怀院迁建项目】 11月，全区启动镇海福利关怀院迁建项目。项目位于威海路201号，用地面积14593平方米，建筑面积近8000平方米，内设悼念厅14个及整容室、冷冻室、解剖室等功能用房，总投资5200多万元，预计2015年底完成主体工程，2016年建成投用。

（赵　彬）

居民生活

综 述

2014年年末，全区按户籍口径统计的总户数为93222户，人口231656人，比上年增长1.1%，户籍人口总量保持相对稳定。其中，非农业人口173430人，比上年增长2.3%；农业人口58226人，比上年下降2.2%。全年人口出生率7.23‰，死亡率5.45‰，人口自然增长率1.78‰。全区女性初婚人数1074人，一孩率为85.23%，计划生育符合率达99.19%。

（戴　俊）

表53　**户籍人口情况**

指标名称	单位	全区	招宝山街道	蛟川街道	骆驼街道	庄市街道	澥浦镇	九龙湖镇
一、年末总户数	户	93222	23439	17013	20825	12503	9659	9783
二、年末总人口	人	231656	66320	41999	49019	29855	21938	22525
其中：非农业人口	人	173430	66320	37635	32456	23466	8466	5087
未落常住户口人员	人	0	0	0	0	0	0	0
1. 男性	人	116114	34007	22053	23726	14671	10626	11031
2. 女性	人	115542	32313	19946	25293	15184	11312	11494
3. 年龄								
18岁以下	人	29893	9310	4888	6431	4459	2353	2452
18岁~35岁	人	49515	14558	8957	10407	7143	4114	4336
35岁~60岁	人	97268	28602	17595	20048	11960	9417	9646
60岁以上	人	54980	13850	10559	12133	6293	6054	6091
4. 出生	人	1601	375	286	368	326	129	117

续表53

指标名称	单位	全区	招宝山街道	蛟川街道	骆驼街道	庄市街道	澥浦镇	九龙湖镇
其中:男	人	863	211	155	195	175	57	70
女	人	738	164	131	173	151	72	47
5.死亡	人	1110	163	175	303	171	164	134
其中:男	人	614	92	97	173	79	99	74
女	人	496	71	78	130	92	65	60
三、迁入情况								
省内迁入	人	1003	229	190	240	273	59	12
省外迁入	人	2107	543	441	478	510	94	41
四、迁出情况								
迁往省内	人	390	220	65	20	68	4	13
迁往省外	人	713	257	198	72	110	34	42

数据来源:区公安分局。

城乡居民收入

【概况】 2014年城镇居民人均可支配收入47190元,比上年增长9.2%;人均消费支出30674元,比上年增长10.8%。农村居民人均可支配收入25815元,增长11.1%;人均消费支出16363元,增长14.3%。城乡居民收入差距由2013年的1.85:1缩小为2014年的1.83:1。

【工资性收入仍是主要收入来源】 2014年,城镇居民工资性收入29328元,增长9.1%,占城镇居民人均可支配收入的62.1%。农村居民人均工资性收入18425元,增长10.4%,占农村居民人均可支配收入的71.4%。工资性收入仍是居民可支配收入的主要来源。

【经营净收入稳步增长】 2014年,城镇居民人均经营净收入5954元,增长7.8%,占可支配收入的12.6%。农村居民人均经营净收入3891元,增长5.1%,占可支配收入的15.1%。经营净收入增长主要得益于国家的税收优惠政策促进小微企业健康发展与楼市深化调整使房屋租赁市场继续保持活跃。

【财产性和转移性收入有所增长】 2014年,城镇居民人均财产性收入6289元,增长9.0%,占可支配收入的13.3%;人均转移性收入5620元,增长11.3%,占可支配收入的11.9%。农村居民财产净收入和转移净收入合计3499元,增长22.8%,占可支配收入的13.5%。农村集体产权股份合作制、银行理财产品的热销,城乡低保、基本养老、基本医疗等各类社会保障覆盖面的进一步扩大，使财产和转移净收入持续增长。

（戴　俊）

城乡居民消费支出

【概况】 2014年，城镇居民生活消费支出30674元，增长10.8%，八大生活类消费人均支出均有不同幅度上升。农村居民生活消费支出16363元，增长14.3%。农村居民生活消费除生活用品及服务支出下降外，其余七类均有不同程度的增长。

【城镇居民生活消费支出全面增长】 2014年，城镇居民生活消费支出30674元，增长10.8%。其中食品烟酒支出8919元，增长11.5%；衣着支出2335元，增长11.0%；居住支出6779元，增长9.4%；生活用品及服务支出1544元，增长11.6%；交通通信支出4969元，增长11.7%；教育文化娱乐支出3492元，增长7.7%；医疗保健支出1542元，增长12.8%；其他用品和服务支出1094元，增长15.8%，八大生活消费支出均有不同幅度的增长。

【农村居民生活消费支出“七升一降”】 2014年，农村居民生活消费支出呈“七升一降”态势。上升的七类消费是人均食品烟酒支出6196元，增长8.0%；人均衣着支出1248元，增长17.5%；人均居住支出2960元，增长24.7%；人均交通通信支出2252元，增长22.7%；教育文化娱乐支出1364元，增长8.3%；医疗保健支出1164元，增长27.8%；其他用品和服务支出377元，增长27.4%。下降的一类消费是生活用品及服务支出801元，下降4.5%。

【城乡居民交通通信费增幅较大】 随着生活水平的提高，家用汽车、高档手机的普及率越来越高，交通通信费快速增长。2014年，城镇居民人均交通通信费4969元，增长11.7%；农村居民人均交通通信费2252元，增长22.7%。

【城乡居民其他用品和服务消费增长明显】 受城乡居民旅馆住宿费、美容美发洗浴、购买黄金首饰等费用较快增长的影响，其他用品和服务类支出成为城乡居民八大类生活消费支出增长叫较快的项目。2014年，城镇居民人均其他用品和服务支出1094元，增长15.8%；农村居民人均其他用品和服务支出377元，增长27.4%。

【城乡居民居住条件不断改善】 城乡居民人均居住面积均有所增加，居住空间越加宽敞。2014年，城镇居民人均拥有房屋面积为36.6平方米，比上年增加1.5平方米。农村居民人均拥有房屋面积为40.9平方米，比上年增加3.7平方米。

【城乡居民耐用消费品拥有量】 2014年，平均每百户城镇居民家庭耐用消费品拥有量：彩电178台，电冰箱94台，洗衣机86台，空调183台，固定电话66部，移动电话209部，其中接入互联网为110台，电脑103台，其中接入互联网为91台。农村居民平均每百户家庭耐用消费品拥有量：彩电155台，电冰箱86台，洗衣机65台，空调101台，固定电话57部，移动电话182部，其中接入互联网为81台，电脑46台，其中接入互联网为43台。

（戴　俊）

婚姻家庭

【概况】 2014年，全区结婚登记2314对，补领结婚证228对，离婚登记682对，补领离婚证67件，出具无婚姻登记记录证明6402份，收养17件。建立区婚姻家庭调解工作室。婚姻登记员队伍实现全体持证上岗。

【建立婚姻家庭调解工作室】 2014年，区民政局、区妇联、区司法局三方联合组建婚姻家庭调解工作室，设在区民政局婚姻登记处内。工作室通过政府购买服务的形式，聘请法律工作者、心理咨询师和民间调解志愿团队对要求离婚的夫妻进行前置性专业心理疏导和纠纷调解。全年调解意向离婚夫妻386对，成功劝和46对。

（赵　彬）

宗教信仰

【概况】 镇海区有佛教、基督教、天主教三大宗教。2014年，全区有基督教信徒约3000余人，天主教信徒300余人，佛教信徒人数无法统计。全区有经政府登记的宗教活动场所19处，其中佛教8 处，天主教2 处，基督教9处。经认定备案的宗教教职人员27人，其中佛教21人、基督教6人。

【净业寺欢度重阳节】 10月，重阳节当日，净业寺秉承“尊老、敬老、爱老、助老”理念，邀请周边村里和净业寺老年居士、义工等百余位老人，开展“品素斋，送关爱”活动。

【基督教两会举行反邪教专题讲座】 6月，区基督教两会在城关教堂举行反邪教专题讲座，各堂负责人及堂管会成员共50余人参加。市反邪教宣讲团讲师田犇和镇海牧师张恩惠分别作《邪教迷局》《打击异端邪教，构建健康教会》报告。

（顾静杰）

居民风采

【概况】 2014年，全区有社区社会组织1154家，志愿服务站37个①。镇海居民根据自己的志向、爱好、特长，参加文艺、体育、公共管理、公益服务等各类社会活动，涌现出一批获得市级以上各类奖项的群众文艺作品，也涌现出一批获得爱心感动、慈善捐献等荣誉表彰的榜样人物。在全国文明城市创建中，普通百姓响应区文明办号召，参加“文明家庭生态月”“争做文明有礼镇海人”等活动，中小学生开展文明骑车、文明乘车、文明行路、文明游览、文明观看五大活动，争做“文明出行践行者”。

【2014年度镇海区爱心感动人物】 镇海区2014年度爱心感动人物分别是助人为乐的蛟川街道俞范村村民火秀芬，92899部队孙卫、袁永涛，区建交局环卫保洁中心职工夏甬峰，招宝山街道总浦桥社区居民蒋开达；见义勇为的庄市街道杰杰工具公司员工徐耀平、骆驼街道团桥村村民陈龙；诚实守信的镇海炼化公司宁波亚太物

①社区社会组织与志愿服务站的数据存在重复。

业保安方明富；敬业爱岗的区人民医院妇产科医生蔡贤君；孝老爱亲的庄市街道庄市社区居民金毅，九龙湖镇长宏村村民赵加兴。

【6人获省、市级道德模范荣誉】 2014年，全区开展月度“文明之星”等道德典型评选活动，评选出28位月度“文明之星”。其中孝老爱亲周尊炎、敬业奉献胡耀华、孝老爱亲潘永琪、助人为乐闻富锡、见义勇为孙建顺等5位获评“宁波好人”，抗击“菲特”台风的庄市街道光明村村民王冬妹、苦练技术不断创新的镇海港埠分公司工人胡耀华被评选为“最美宁波人”，胡耀华获评“浙江好人”。

（裘贤君）

【为杭州公交纵火案受伤群众献血20800毫升】 7月10日，由区卫生局和区文明办、团区委、区妇联、区红十字会、新闻中心联合举办“正义无敌 血浓于水”——“厚德镇海”在行动暨无偿献血活动。区内各界青年代表、志愿者和热心市民等250余人为“杭州公交纵火案”受伤群众无偿献血。当天现场共有65人献血，献血量20800毫升。

（沈铁军）

区委副书记、区长魏祖民参与无偿献血

【开展多项志愿者服务】 2014年，镇海81890志愿服务总队奉行“志愿助人、服务社会”的服务准则，组织开展“新春送福”“青春飞扬”“志愿者学雷锋、广场送服务”“青春镇海志愿服务”等主题志愿服务活动。启动“圆梦工程青少年爱心服务卡”公益项目，全年发放100余张爱心服务卡。发放254张助老爱心服务卡，服务范围由原来的招宝山街道扩大至骆驼、庄市2个街道，主要为3个街道辖区内的孤寡老人、特困家庭提供家困难帮扶等服务。

（包凌燕）

【港城博爱车队成立】 6月6日，镇海区“港城博爱车队”成立。30位经过统一应急救护培训的出租车司机成为“港城博爱车队”首批志愿者。车队以老弱病残等社会弱势群体为服务对象，参加抢险救灾、突发性事件的应急救护；参与扶危帮困、爱心捐助、爱心助学等社会公益活动。

【2人实现造血干细胞捐献】 2014年，全区2人实现造血干细胞捐献。2月18日，驻镇92899部队战士孙卫在北京空军总医院捐献造血干细胞悬液305毫升，挽救1名51岁的美籍华裔白血病患者，成为镇海区第4位、浙江省第163位造血干细胞捐献者，也是宁波市首例造血干细胞跨国捐献者。10月22日，驻镇92899部队战士袁永涛在浙江省中医院捐献造血干细胞悬液215毫升，挽救1名年仅25岁的白血病患者，成为镇海区第5位、浙江省第207位造血干细胞捐献者。

（沈柯逸）

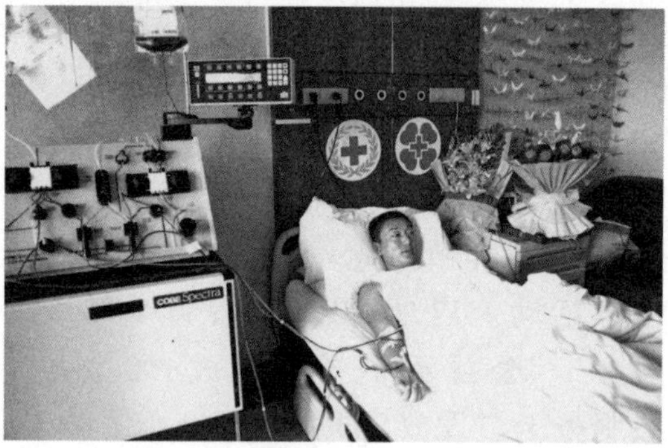

袁永涛捐献造血干细胞

【环卫职工获多项荣誉】 2014年,从事环卫保洁工作的职工个人和集体获省、市级多项环卫荣誉:区环卫保洁中心职工胡国强获2014年市级优秀城市美容师,蒋忠德获省级从事环卫工作25年以上荣誉证书。区环卫保洁中心获2014年省级市容环卫工作先进集体。

(冯国定)

【1职工获省直机关道德模范】 12月26日,镇海炼化职工鲍家瑞获评省直机关第三届道德模范。鲍家瑞是镇海炼化质技中心电站分析班副班长,从2001年开始,他累计无偿献血51次总量29000毫升,先后获"浙江省无偿献血奉献奖银奖"和"国家无偿献血奉献奖"。5月,有6名员工收到"浙江省无偿献血荣誉证"。另外,2013年共有33名志愿者参加捐献血小板,经体检筛选有20名志愿者成功捐献。

(李昊澍)

外地人在镇海

【概况】 2014年年末,全区流动人口在册登记270134人(居住证一年一登),比2013年减少1277人。其中16周岁及以上的流动人口236456人,随同子女34249人,比2013年增加3216人。流动人口中男性136599人,占总数的57.91%,女性99286人,占总数的42.09%;发放"浙江省临时居住证"235885人,发证数比2013年减少4152人;总数已超过本地居民,与户籍人口的比例约为1.2:1。流动人口中,安徽省人数最多,占总数的21.71%;居第二的是四川省,占18.00%;浙江省第三,占10.42%;这三个省的来镇人数之和117990人,占50.13%。流动人口的住宿以租赁房屋为主,自行租房的有213785人,占79.14%;居住工作单位宿舍的38247人,占14.16%;居住在居民家中的9296人,占3.44%。流动人口中,约有21.66万人在企事业单位务工,占80.20%,主要分布在工业、建筑业、服务业等行业;从事农业生产的约2960人,占1.10%;自行经商等自由职业者6998人,占2.59%。流动人口相对能吃苦,区内绝大部分体力劳动、脏累苦的岗位一般都有流动人口的身影,他们已经成为该区人力资源中不可缺少的组成部分,推进了镇海区城市建设和经济社会发展。

是年,全区各职业介绍服务机构接受流动人口求职登记4641人,提供流动人口职业介绍4531人次,3872人被用人单位录用。区流管办走访企业10批次150余家,加大社会保险政策宣传力度,提高企业、流动人口参保积极性,流动人口社会保险参保覆盖面进一步扩大,全年外来务工险在保人数共计56446人。推进建筑施工项目参加工伤保险,缴纳工伤保险费38285.47元。进一步保障流动人口合法权益,全区已建工会企业参与和谐企业创建面在动态中保持在90%以上;推动已建工会企业建立工资集体协商制度，加强工会组建和流动人口入会工作，流动人口工会会员入会率都在85%以上。

【流动人口共享公共服务体系】 2014年，全区流动人口在就业培训、子女求学、计划生育等方面与户籍居民共享公共服务体系，接受区有关部门教育培训等特殊服务。全年有11000名流动人员参加城乡劳动者培训，有8713名流动人员参加企业职工培训。有1097名流动人员经过培养成为高级能人才，其中技师118人。有20410名外来务工人员子女在区内义务段学校接受教育，其中公办就读17430人，公办学校接纳率85.4%。做好流动人口随迁子女异地中、高考工作，其中678人报名参加区内异地中考，有118人入读普高；39人报名参加区内异地高考。流动已婚育龄妇女在区内免费接受孕环情检查率达95%，国家规定的免费计划生育技术服务落实率达95%。

（乐思思）

机 构

机构及人事管理

【概况】 2014年,全区机构编制工作围绕政府职能转变和财政供养人员只减不增两大主线,扎实做好权责清单、改革创新、控总盘活等工作,不断优化机构编制资源配置。年末全区共有党委机构7个,政府机构21个、群众团体8个。

是年,人事管理工作以提高公务员素质、加强机关事业单位队伍建设为主。区人社局制定镇海区公务员学习培训学分制管理办法,举办6期公务员综合素质提升培训班,1800名公务员参加培训。推进公务员"岗位对责、绩效对账"工作,开发建成公务员考核平台,年内全面推行落实。做好年度公务员招录、事业单位招考工作,全年考录公务员37人、事业单位公开招考274人、选调22名重点高校优秀毕业生入区内事业单位就业。全面落实公务员奖惩机制,40名连续三年考核优秀公务员获三等功奖励,270名年度考核优秀公务员获嘉奖奖励。完成年度军转安置工作,共安置营及以下(含技术干部)8名。

(徐　虹　徐　璟)

【完成食品药品监管体制改革】 1月,按照食品药品安全由地方政府负总责的要求,现行的工商、质监部门由垂直管理调整为地方政府分级管理,同时整合区食品药品监管、工商部门职责,划入区质监部门承担的生产环节食品安全监管职责,组建区市场监督管理局(挂区工商行政管理局、区食品药品监督管理局,区食品安全委员会办公室牌子),在每个镇(街道)设置市场监督管理所。

【权力清单与责任清单向社会公示】 10月底,全区31家区级部门的权力清单在浙江政务服务网上向社会公布,共保留行政权力3413项,审核转报179项,承接国家、省级、市级部门委托下放权力事项114项。权力事项与"一报"6868项相比,精简幅度达到50%。12月底,全区34家部门责任清单也在浙江政务服务网上公示,共梳理主要职责329项,涉及具体工作事项1665项,梳理涉及社会关注度高、群众反映强烈等重点领域相关部门职责边界事项89项、公共服务事项180项,建立事中事后监管制度255个。

【全面开展机构编制核查】 4月—7月,

区编委办全面开展机构编制核查。依托机构编制实名制管理信息系统，经过单位自查、公示监督、集中核查（实地核查）三个阶段，对全区实名制管理的各级机关、事业单位的机构设置，人员编制和领导职数配备及编外人员使用情况等事项及信息的真实性、完整性进行核对检查，实现“四清两对应”，即实现机构清、编制清、领导职数清、实有人员清，实现具体机构设置与按规定审批的机构相对应，实际配备人员和财政供养人员与核准的编制、职数和实名制数据信息相对应。

（徐　虹）

【推行公务员“岗位对责 绩效对账”考核管理】 7月，按照《宁波市公务员“岗位对责绩效对账”考核办法（试行）》要求，镇海区建成公务员网上考核系统，试运行近4个月后，于11月正式实行。年末，全区区管干部以下近两千名公务员在考核平台上编制各自的岗位职责说明书，进行日考勤、周记录、月对账、季考评、年测评。考核结果作为公务员工资调整、奖惩、培训、交流和辞退的依据。

（徐　璟）

机构负责人名单

【中国共产党宁波市镇海区委员会】

书　记：薛维海

副书记：魏祖民

　　胡祖友

　　顾国芳

　　任学军（挂职，2014.10）

常　委：薛维海

　　魏祖民

　　胡祖友

　　顾国芳

　　任学军（挂职，2014.10）

　　褚瑞根

　　李　斌

　　王耀军

　　杨小平

　　俞泉云

　　洪世弈

　　邓伟余

　　戴凌云

　　王兆波（兼）

　　王　巍（挂职，2014.7任）

区委办公室主任：陈江其

区委、区政府信访局局长、党组书记：

　　孔海平

区委、区政府政策研究室主任：汤文东

区纪律检查委员会书记：杨小平

副书记：陈　恺

　　鲁佰军（2014.5免）

　　陈生江（2014.8任）

区委组织部部长：戴凌云

区委宣传部部长：王耀军

区委统战部部长：胡文安

区委政法委员会书记：顾国芳

区委维护稳定工作领导小组办公室主任：

　　孙　勇

区委农村工作办公室（区政府农村工作办公室）主任：朱国军

区委台湾工作办公室（区政府台湾事务办公室）主任：郑　刚（2014.8免）

　　邹兴国（2014.8任）

区机构编制委员会办公室主任：毛友军

区直机关工作委员会书记：

　　张幼飞（女，2014.1免）

　　邹育平（2014.1任）

区委党校副校长、党委书记：王惊殊
区委党史研究室主任：俞奇恩
区保密办(保密局)主任：陆　炯(2014.5任)
区委老干部局局长：翁婉群(女)
区新闻中心主任：刘炳祥
区精神文明建设指导委员会办公室主任：
李阳育
区档案局局长：顾柳影(女，2014.5免)
王丁盛(女，2014.5任)
区委区政府决策咨询委员会主任：董国安(兼)

【宁波市镇海区人民代表大会常务委员会】

主　任：张江华
副主任：罗思维(2014.1任)
王宏德
高岭夏
吴国平
高炳华
办公室主任：胡志平
法制工作委员会主任：杨金平
财政经济工作委会会主任：孙孝法
科教文卫工作委会主任：陈翠娣
城建农资工作委员会主任：洪裕军
生态环保工作委员会主任：胡友江
代表工作委员会主任：徐　强

【宁波市镇海区人民政府】

区　长：魏祖民
常务副区长：李　斌
副区长：王兆波
张　颖
林伟明
包志安
胡央娣(女，挂职，2013.7任)
王　巍(挂职，2014.7任)
钟爱红(女，挂职，2014.8免)
俞耀根(挂职，2014.8任)
区长助理：黄代波(挂职，2014.11任)
区政府办公室主任：王信永
区发展和改革局局长、党委书记：崔召春
宁波市规划局镇海分局局长、党组书记：
汪乐军
区教育局局长、党委书记：蒋士勇
区科学技术局局长、党组书记：李德军
区民族宗教事务局局长：贺　军
区公安分局局长、党委书记：褚瑞根
区监察局局长：陈　恺
区民政局局长、党组书记：顾　舰
区司法局局长、党组书记：嵇红卫
区财政局局长、党组书记：唐东海
宁波市国土资源局镇海分局局长、党组书记：王志强
区环境保护局局长、党组书记：胡荣章
区住房和建设交通局局长、党委书记：
施宇峰(2014.2免)
梅海平(2014.5任)
区城市管理局局长、党组书记：陈建江
区农业局局长、党委书记：周国伟
区农业机械化管理站站长、党组书记：
胡立群
区文化广播电视新闻出版局党委书记：
王耀军(兼)
局　长：余维勤(女)
区卫生局局长、党委书记：王亚玉(女)
区人口和计划生育局局长、党组书记：
潘丛辉(女，2014.8辞职)
(空缺)
区审计局局长、党组书记：徐继伦
区风景旅游管理局局长、党组书记：
李夏英(女)
区统计局局长、党组书记：邵秀波(女)

镇海区市场监督管理局局长、党委书记：
刘义敏(2014.1任)
宁波市质量技术监督局镇海分局局长、党组书记：卢根权(2014.1免)
镇海区质量技术监督局局长、党组书记：
卢根权(2014.1任)
区地方税务局局长、党委书记：
叶国萍(女，2014.5免)
区国家税务局局长、党委书记：周水涌
区安全生产监督管理局局长、党组书记：
岑国兴
区机关事务管理局局长、党委书记：
蔡建祥
区围垦局局长、党委书记：
孙惠明(2014.8任)
区气象局局长、党组书记：谢良生
区公共建设服务中心主任、党组书记：
周国民
区政府侨务办公室(在统战部挂牌)主任：
顾燕华(女)
区政府法制办公室(在区府办挂牌)主任：
(空缺)
区政府金融(上市)工作办公室主任：
严其伟
宁波市住房公积金管理中心镇海分中心主任：高宁放
区政府应急管理办公室主任：
王信永(兼)(2014.5免)
胡晓寒(兼)(2014.5任)
区流动人口服务管理工作领导小组办公室主任：周澄东
区工贸资产管理服务中心主任、党委书记：张剑波
区征地拆迁办公室主任、党组书记：
方成华(2014.11免)
曹勇健(2014.11任)

区行政审批管理办公室主任、党组书记：
杨承志
区社会治安综合治理委员会办公室(在政法委挂牌)：孙海雄
区老龄工作委员会办公室主任：
岑爱飞(女)
区供销合作社主任、党委书记：
包临江(2014.5免)
鲁佰军(2014.5任)
区经济和信息化局局长、党组书记：
邱仕先
区经济合作局局长、党组书记：
叶秀贝(2014.11免)
区经济合作局党组书记：
王开锋(2014.11任)
区商务局局长、党委书记：阮一心
区人力资源和社会保障局局长、党组书记：徐天红
宁波市大学科技园管委会党组书记：
张敏海(2014.8免)
主　任：王开锋(2014.11免)
宁波市大学科技园管委会主任(兼)：
魏祖民(2014.11任)
党工委书记、常务副主任：
叶秀贝(2014.11任)
(2014年11月，设立宁波市大学科技园党工委、纪工委，撤销宁波市大学科技园管委会党组)
镇海新城管委会主任(兼)：
顾国芳(2014.2免)
李　斌(2014.2任)
党组书记、常务副主任：
梅海平(2014.5免)
包临江(2014.5任)
区物流枢纽港管委会主任：
俞泉云(女)

党工委书记：刘国荣
（2014年5月，原区大宗货物海铁联运物流枢纽港更名为区物流枢纽港）
宁波镇海郑氏十七房旅游景区管委会主任（兼）：
　　戴　涛（2014.2免）
　　施宇峰（2014.2任）
九龙湖旅游度假区管委会主任（兼）：
　　洪岳军
党组书记、常务副主任：贾利军

【机构改革中不再保留或名称更改的单位】
宁波市工商行政管理局镇海分局局长、党委书记：
　　刘义敏（2014.1免）
镇海区食品药品监督管理局局长、党组书记：
　　邹育平（2014.1免）

【中国人民政治协商会议宁波市镇海区委员会】
主　席：王　悦（女）
副主席：汪卫国
　　柴鹏飞
　　胡文安
　　石　勇
　　陈利华
秘书长：顾其龙
区政协办公室主任：周云霞（女）
教文卫体和文史资料委员会主任：杨宇伟
提案委员会主任：陈国荣
经济科技和城建资源环境委员会主任：
　　庄浪浪
社会法制和港澳台侨委员会主任：叶俊杰

【宁波市镇海区人民法院、检察院】
区人民法院院长、党组书记：邬凡敏
区人民检察院党组书记：顾玉敏（女）
代检察长：顾玉敏（女，2014.1免）
检察长：顾玉敏（女，2014.1任）

【宁波市镇海区人民武装部】
政　委：邓伟余
部　长：张新东

【人民团体】
区总工会主席：高炳华
党组书记：郑　岗
共青团镇海区委员会书记、党组书记：
　　何　川（2014.11免）
　　李益敏（2014.11任）
（2014年8月，设立共青团镇海区委员会党组）
区妇女联合会主席、党组书记：王晓红（女）
（2014年8月，设立区妇女联合会党组）
区科学技术协会主席：李德军
区文学艺术界联合会主席：余维勤（女）
区归国华侨联合会主席：顾燕华（女）
区残疾人联合会理事长、党组书记：
　　沈道平
区工商业联合会主席：沈国强（兼）
党组书记：黄国荣
区红十字会会长：张　颖（女，兼）
区关心下一代工作委员会主任：张　颖（女）

【镇、街道】
澥浦镇党委书记：戴　涛（2014.2免）
　　施宇峰（2014.2任）
镇　长：夏卫东
人大主席：张卫祖（2014.11免）
　　方成华（2014.11任）

政协联委会主任:吴建林
九龙湖镇党委书记:洪岳军
镇　长:曹慧云(女)
人大主席:王君敏
政协联委会主任:王春富
招宝山街道党工委书记:程振明
办事处主任:陈蓉晖(女)
人大工委主任:沈尧华
政协联委会主任:俞百震
蛟川街道党工委书记:孙大海
办事处主任:胡如君
人大工委主任:张菊芬(女)
政协联委会主任:吴　敏
骆驼街道党工委书记:洪世弈
办事处主任:陆洪泽
人大工委主任:邓惠民
政协联委会主任:严红霞(女)
庄市街道党工委书记:陈齐权
办事处主任:陈贤方
人大工委主任:周国荣
政协联委会主任:盛树君

【宁波石化经济技术开发区管理委员会】

党工委书记:薛维海(兼)
管委会主任:魏祖民(兼)
管委会常务副主任、党工委副书记:胡祖友
党工委委员、纪工委书记:吴存康
管委会副主任、党工委委员:周少华
管委会副主任、党工委委员:方安兴
管委会副主任、党工委委员:郑玉芳
管委会副主任、党工委委员:席伟达
党工委委员:戴　涛(2014.8免)
施宇峰(2014.8任)
管委会(党工委)办公室主任:王金达
投资合作局局长:陈志红
经济发展局(统计局)局长:杨玉彬
安全生产监督管理局局长:蒋永定
建设管理局(规划分局)局长:胡海钟
财政办主任:赵振福
审计局局长:杨儿芬(女)
监察室主任:郑亚夫(女)

(罗勇勇)

镇、街道

澥浦镇

【概况】 2014年，澥浦镇有耕地面积880.6万公顷，林地面积139.93公顷。全年全镇农业总产值2.3亿元，比上年增长7%。全镇农民人均纯收入14150元。粮食功能区核心区54公顷土地、蔬菜基地8公顷土地流转完成。姚江东排南支线延伸段工程8.8公顷征地工作和澥浦大闸外移工程100公顷政策处理工作完成。岚山草莓基地交通条件、农家乐服务管理水平进一步改善，核星蔬菜基地、瑞雪园艺完成大棚、喷滴管节水、育苗种植技术、基础设施和管理用房提升改造，岚山水库、湾塘农庄的甲鱼与河鳗等名贵淡水产品养殖创建成市优质品牌。

是年，镇属规模以上工业企业44家，销售收入亿元以上工业企业9家。全年全镇实现工业总产值62.4亿元，同比增长6.3%；进出口总额1.93亿美元，比上年减少2.9%。其中进口0.51亿美元，比上年减少33.9%；出口1.41亿美元，比上年增长17%。工业投资3.3亿元。全年引进市外内资1.9亿元，实际利用外资88.1万美元，文化创意产业12家。12家次企业成功申报省著名商标、市名牌商标等科技名牌项目，完成专利授权数217个，引进各类人才120余名。

是年，全镇完成服务业投资10924万元，十七房·开元主题酒店一期建成营业，隆豪物流项目基地配套设施建成投用。全年限上社会消费品零售总额5424.7亿元，比上年减少17%。

是年，拆除违法建筑共计37起，拆违面积10.28万平方米，旧住宅区、旧厂房改造1.03万平方米，城中村改造0.19万平方米。全面开展户外广告整治，拆除违法户外广告144块，面积达4350平方米。广源路延伸段工程建成通车，道路总长约760米。息云寺工业安置区块10家安置企业的土地出让完成，兴源路、息云一路、息云二路、息云三路、息云寺路“四横一纵”5条道路基础设施建设推进。兴建小区(B)区三期分房工作完成，D区进场施工。十七房村庙后路拓宽绿化、文体活动中心建设和沿山村三七房清水休闲平台、卫生室改造、村民活动广场及庙戴集居点主体工程等项目建成。

是年，全镇8所幼儿园在园幼儿1043人，2所小学在校生1543人，1所初中在校生633人。小学、初中适龄儿童入学率、小升初升学率、九年义务教育覆盖率均达100%。镇投入的教育经费436.98万元,比上年增长43.4%。医疗机构门诊部以上诊疗病人20.05万人次。临终关怀院改造完成投用。年末,医疗卫生机构6家。

全年新增就业岗位1432个,开发(保持)公益性岗位79个,帮助失业人员、被征地人员、农村劳动力实现再就业1116人,年末城镇登记失业率2.02%。全镇养老、医疗、工伤、生育、失业五项基本保险人数891人、551人、435人、374人、632人;新型农村合作医疗参保人数5953人,参保率98.43%。支出各类救助金993.34万元,救助各类困难群体4730人。募集社会慈善捐款86.36万元。

【澥浦镇社区卫生服务中心迁建工程开工】 2月,澥浦镇社区卫生服务中心迁建工程开工。项目总用地面积约7080平方米,总建筑面积约6830平方米,设康复床位30张,总投资约4000万元,计划2015年6月完工。

【澥浦中心小学扩建工程完工】 9月,澥浦中心小学扩建工程完工并投入使用。项目建筑面积1724平方米,新增12个班级。

【澥浦中心幼儿园创建成市五星级幼儿园】 3月,澥浦中心幼儿园通过省教育厅评估,创建成市五星级幼儿园。此外,4家民办幼儿园通过普惠性幼儿园认定,全镇学前教育整体水平有所提升。

省专家评委组查看澥浦镇中心幼儿园创市五星级幼儿园台账

【宁波十七房·开元酒店开业】 7月21日,宁波十七房·开元酒店开业。酒店位于澥浦镇开源路777号,用地面积36705平方米,建筑面积19692平方米,由开元旅业集团投资约12000万元于2013年开工建设,有客房数量116个,大小会议室4个,集休闲度假、文化旅游、购物餐饮等功能为一体,是全市首个古村落主题文化酒店。

【澥浦家政服务标准通过市级评估验收】 5月12日,澥浦成校《家政服务培训标准化试点》项目通过宁波市服务业标准化项目专家验收组评估验收,开创宁波市乃至浙江省乡镇成校开展标准化研究的先河。

【澥浦镇社区矫正法制教育培训基地建立】 3月20日,澥浦镇司法所在澥浦镇成校设立全市首个"学院式"社区矫正教育培训基地,开拓社区矫正教育学习新途径。基地改变传统由矫正专职干部和工作人员讲课的方式,依托成校良好的硬件设施和优质的师资队伍,由教授及教师授课。并在传统社区矫正"心理矫治"的基础上增加"技能培训"功能。

澥浦镇社区矫正法制教育培训基地揭牌

【通宝纸业整体关停】 5月10日，镇海通宝纸业有限公司关闭。公司位于澥浦镇汇源路150号，主要生产高强度瓦楞原纸，原有企业员工126人。因瓦楞纸烘干尾气引起异味问题，公司由澥浦房屋拆迁事务所按照收储和相关政策实施关停和收储。

（王艺融）

九龙湖镇

【概况】 2014年，九龙湖镇在稳定粮食生产的同时，加快推进休闲农业发展。粮食总量稳步有升，粮食作物播种面积1409公顷，产量9616吨，其中水稻播种面积1034公顷，稻谷产量7290吨。农业基础设施进一步完善，低洼地防洪排涝应急工程、横溪自然村泥石流治理应急工程建成使用，完成镇海区粮食功能区河道整治工程二期。休闲系列农庄逐渐形成，“九龙十八庄”成功申请注册全类商标，对“九龙十八庄”5个字涉及的45个领域全部注册，九龙农场、金池农场、科奥农庄投入生产。休闲采摘产业逐渐发展，镇政府连续7年举办葡萄节活动，葡萄、草莓、枇杷、樱桃等成为镇海乃至宁波众多消费者的首选。九龙湖蔬果产业示范区通过省级现代农业园区验收。

全年全镇实现工业总产值76亿元，固定资产投资17.2亿元，规上工业总产值59.66亿元，工业投资1.67亿元，技改投入1.3亿元。紧固件行业提升初显成效，集中酸洗中心投入试生产，全镇31家酸洗企业（车间）整治着手启动。小微企业空间布局不断优化，田杨陈小微企业集聚区完成主体工程，西河小微企业集聚区开工建设。招商引资成效显著，全年累计引进文创企业15家，实到外资4188万美元，同比增长74.5%，完成市外内资1.88亿元，同比增长103.9%。坚持创新驱动，引进海外高层次人才创业项目1家，海外工程师项目1个，实现全镇历史上零的突破。新创建国家高新技术企业1家，宁波市企业工程技术中心1家。

全年全镇完成区定“清零”项目2个，拆迁6.43万平方米，征地33公顷。御水龙都项目一期住宅区块雏形初显，九龙家苑三期完成主体工程80%，四期局部主体完成三至四层，西经堂集中居住区三期A—1地块项目完成地下室工程，长石集中居住区一期交付使用。汶骆路（汶溪粮站——小洞岙水库路口）拓宽改造完成公交场站部分迁建工程，御都路（沿山大河——镇铺路）1.15公里污水连接干管铺设全面完成，自来水成功并入全市大网。开展“无违建镇”创建，拆违面积达12.25万平方米。制订“五水共治”三年行动计划，募集“五水共治”基金504万元，建立镇、村两级“河长制”，全年清淤河道8.4公里，续建、新建生态河道5.8公里，完成3条“黑臭河”整治摘帽，关闭沿河、沿村畜禽养殖户28家，基本完成15个自然村的生态化污水处理工程。“美丽九龙湖”环境整治行动再创佳绩。投入1100余万元，完成绿化面积3.3万平方米、硬化面积2万余平方米，清理卫生死角1700余处，清理各类垃圾近4000吨。

是年，全镇新增财力90%以上用于民生改善，民生支出占财政总支出的40%。全年新增用工岗位1379个，实现各类人员再就业230人。新增被征地人员和城乡居民养老保障等444人，城镇居民医保参保率达97%。社会弱势群体帮扶政策全面落实，全镇居家养老机构星级覆盖率达83%，AAA级机构实现零的突破。推进教育优质发展，九龙湖中心学校改扩建一期工程、顾兆田（中心）幼儿园建成投用，文种幼儿园项目基本建成，长石幼儿园被评为第二批市级普惠性民办幼儿园。推进文化大繁荣大发展，举办第七届端午文化节系列活动。《九龙恋歌》喜获第六届全国村歌大赛铜奖，《键盘伴梦飞》获第六届全国村歌大赛优秀作品奖。深化“黄背包”民间组织品牌化建设，正式注册社会团体，成立宁波大学信息科学与工程学院黄背包志愿者分队，编印全区首本镇级《水质普查报告》，成为市、区优秀志愿者组织。推行信访陪访制度，建立全区首个“24小时村委会”，全镇未发生一起群体性越级上访事件，完成全年征兵任务。2014年，全镇荣获全国重点镇，省级森林城镇，“治水美镇·浙江样本”50强，浙江省第八批平安农机示范镇，宁波市2014年“五水共治”工作先进集体，宁波市第三届水利“大禹杯”竞赛先进乡镇、街道三等奖等称号。

【顾兆田（中心）幼儿园建成投用】 9月，顾兆田（中心）幼儿园建成投入使用。项目总投资3676万元，用地面积约8002平方米，总建筑面积7330.16平方米，容积率为0.9，16班规模，可容纳480名左右幼儿。

（刘崇华）

招宝山街道

【概况】 2014年，受国内再生金属需求量大幅下降影响，招宝山街道工业产值下降，全街道工业产值96.4亿元，同比下降3.7%。其中，城区工业完成工业产值20.34亿元，同比增长6.35%，实现利润1.73亿元，同比增长29.25%。街道服务业增加值46.15亿元，同比下降4%。街道第三产业呈现冷热不均的特点。生产性服务业呈稳定增长，煤炭市场、钢材市场、金属园区、物产钢铁商城等专业市场全年完成交易额566.01亿元，同比增长26.32%；航运业受经济下行，企业对煤炭需求减少的影响，运力降至96.97万吨，同比下降10.3%。零售、贸易、餐饮、酒店和住宿等传统服务业增长乏力，限上社会消费品零售额7.66亿元，同比上升13.7%。街道加大对文化创意、金融服务为代表的现代服务业的招商力度，利用镇远楼、鼓楼广场、茗园楼等3大平台，引入文创项目39家。其中注册资金在500万～1000万元以上项目6个、1000万元以上项目10个，总注册资本金3亿元，项目涵盖动漫影视、文化传媒、软件开发、信息服务、工业设计等领域。年底，鼓楼广场入驻率100%、镇远楼入驻率85%、茗园楼入驻70%。

是年，街道继续推进2007年开始的老城提升工程。全年拆除违法建筑3.14

万平方米，改造旧住宅8800户共6.29万平方米，创建成全区无违建街道。完成沿江东路、环城西路等城区主要道路与西门小区、红房子小区等老小区改造主体工程，改造维修散居住宅楼62幢计12.5万平方米，更新老小区物业岗亭54个。开展居民共同建设“绿化家园”行动，全年改造庭院绿化68块约5400平方米，围墙垂直绿化约2350米，美化绿化墙面4268平方米，改造街头、老小区绿化4万平方米，32家企事业单位、81户商家参与立体绿化、门庭绿化装饰改造。新安装300余个监控摄像头，新设立600余个电子巡更点，采取定人员、定路线、定时间、定要求的四定巡逻规范和巡更计点、GPS计位、人查计事、路查计程和监控计情五计监管措施，建立小区保安、巡逻中队和派出所三级互叫互通报警网络，对违法犯罪现象保持高压打击态势，全年街道老小区夜间发案率和街道刑事案件发案率同比分别下降8%和18.5%。落实帮教107人，帮教安置率100%，无1名矫正人员再犯罪。

是年，街道开展就业技能培训12次，就业招聘会2场，介绍598人就业。筹建社区“家门口”就业基地6家，带动283名困难人员灵活就业。开辟公益性岗位522个，新增就业岗位1800个，承接自主创业小额担保920万元。社会保障体系不断完善，落实各类生活保障、补助政策28485户（次），发放资金590.87万元。慰问、救助各类生活困难人员2402人次，发放资金258.29万元。慈善基金不断扩大，新增企业冠名基金2家，小额冠名基金2家，慈善一日捐募集资金突破200万元，“五水共治”专项捐款认捐金额达503万元。

是年，街道创建成宁波市首批公共文化示范区。招宝灯会、全国街舞精英赛、“四季来相会”等文化品牌的吸引力不断扩大，全年共组织各类文化活动370余次、文化走亲6次，文化公益培训48课时。后大街社区“蛟川走书”传承基地、“镇海元宵灯会”和“招宝山风物传说”，分别被评为省、市非物质文化遗产传承项目。完成张鑑碶幼儿园改造，办学规模由2个班级38个学生扩大到4个班100个学生。关闭大拇指幼儿园和建工幼儿园2个办学条件无法达标的幼儿园，将其学生和教师分流到幸福苑、张鑑碶、西门、后大街道等达标幼儿园。至年底，街道共拥有街道下属公立幼儿园1所，普惠性民办幼儿园4所，公办幼儿园和普惠性民办幼儿园占辖区内幼儿园总数91.5%。

2014镇海迎春灯会主入口

【实施金属再生工业转型升级】 2014年，招宝山街道实施工业转型升级，扶持高附加值企业发展。至年底，淘汰10家效益不佳金属再生企业，机械化拆解改造12家再生金属加工企业，对5家金属再生加工企业的燃气系统进行集中供气改造。经过转型改造，高附加值企业效益开始显现，安德机械提高产品品质，从售后市场转为向4S店供货，产值增长55%，出口增长63%。天地特钢拓宽华南销售渠道，生产附加值较高的钢种，保持25%的增长率。

【《今晚去跳舞》获2014全国排舞大赛金奖】 10月24—26日，在浙江桐乡举行的2014年全国排舞大赛上，由招宝山街道选送的《今晚去跳舞》节目在63支参赛队伍中脱颖而出，荣获金奖。该节目由招宝山街道文化站组织排列，召集街道文艺骨干20人参加。此前该节目在9月27日开幕的浙江省第八届排舞大赛上获老年组金奖。

招宝山街道宝韵艺术团《今晚去跳舞》获全国、全省家排舞金奖

【部分区级机关迁离招宝山街道】 10月28日，位于骆驼街道金华南路53号的区档案馆新馆开放，成为第一家从招宝山街道迁离的区级机关。之后，区行政审批服务中心、区人力资源和社会保障局、区民政局等区级党政机关陆续从位于招宝山街道的原办公地迁离，迁入位于骆驼街道的镇海新城商务中心。至年底，共有13家区级党政机关从招宝山街道迁离。

（翁　侃）

蛟川街道

【概况】 2014年，蛟川街道实现工业总产值307.1亿元，以工业为主的二产占街道经济总量99.91%以上。服务业投资14.83亿元，同比增长44.2%，服务业增加值15.55亿元，同比增长3.83％。社会消费零售品总额14亿元，限上贸易销售额225.83亿元，同比增长7.77%。重点商业区块发展平稳。世贸广场入驻各类商贸、文创企业近50家，俞范东路商业圈和风景九园商业圈初具规模。农业在城市化推进中逐年萎缩，2014年年末有耕地371万平方米，主要经济作物为蔬菜、瓜果等。推动传统农业转型升级，实施生态农业建设，发展都市精品设施农业和都市休闲农业。加强农业产业化建设，实施水培空心菜、阿二农庄铁皮石斛种植、恒元蔬果园等3个重点项目。引进宁波市镇海万润休闲农场落户蛟川生态园，围绕特种水产养殖、高端水果种植和盆景园这三方面重新打造生态园南部约27万平方米土地。辖区内畜牧集中养殖全部关停。农业增加值2398.7万元，同比增长9%。

是年，街道办事处征地18.9公顷，海涂310公顷，拆迁61户，企业2家，拆迁面积5.73万平方米。青枫雅苑一期、临江·星苑全面开工，银凤晓月四期、古塘丽景三期竣工交付。大运路一期（中官路——中意路）、绕城高速地面双侧辅道（宁镇路——东明路）、金溪路北延及支路工程完工。清淤河道11条，总长约10公里。投资2573万元对5条河道进行清水河道建设。投资800万元改造临俞园区污水管网，全面疏通内部管网16公里。甬江塘

（渡驾桥泵站）应急排涝工程、生态园蓄调水工程建设完成。炼化区域开展联合执法整治，夜宵摊、水果摊、小百货、停车位等4个疏导点正式投用。开展农村“破烂王”、茶水炉综合整治。

是年，新增就业人数1995人，再就业1696人，开发（保留）公益性岗位232个，新增创业实体1089家，办理自主创业小额贷款53家企业，贷款金额1480万元。城乡居民养老保险累计参保2083人，被征地人员养老保障累计参保5060人，参保率98%。城镇居民医疗参保人数5626人，参保率达98.5%，新农合体检2195人。发放被征地人员生活补助、公益性岗位补贴、用工补助、被征地人员社保补贴补贴1115.6万元，发放低保金63.7万元，救助款项90.55万元，累计医疗救助374人次、发放救助金34.2万元。引导基层组织组建文化志愿者队伍，搭建志愿活动互帮共助平台，挖掘报道了俞范村火秀芬20年拾荒抚养弃婴的事迹，并改编成蛟川走书。精心打造“第四届企业文化艺术节”，“一村一品”精品节目会演的质量明显提升。

【社区卫生服务中心建成】 12月，蛟川街道社区卫生服务中心建成。中心在原址上拆除重建，共6层，设置全科门诊、发热门诊、五官科、口腔科、中医科、针灸科、妇儿保门诊、计划免疫、检验科、放射科等科室，增设中医馆、健康管理中心，开辟公共卫生服务专区，其中妇儿保、预防接种门诊按市五星级标准建设，医疗用房面积从原来的约2000平方米扩展到7590余平方米。项目总投资约4500万元，于2013年开工，计划2015年春节投入使用，将有效缓解蛟川片区人民群众看病难的问题。

【农村集体经济改革启动】 9月，蛟川街道启动农村集体经济改革。改革以水琚王、石塘村两村为先行试点，11月，南洪、渡驾桥等8个村全面推进。改革工作严格按照省市区集体经济改革相关文件，分为人口排摸、资产清产、股权量化方案拟定和通过、股东份额清测算、股份经济合作社章程拟定、股东代表大会等5个重点环节，预计于2015年12月底完成。

【畜牧集中养殖全部关停】 2014年，按照全区畜牧业整治提升工作三年行动计划要求，蛟川街道完成南洪养殖场13户、棉丰2户关停协议签订，12月份前全部搬离。至此，辖区内畜牧集中养殖场全部关停。同时，根据“五水共治”工作安排，辖区内沿河6户养鸡养鸭户通过与所在村对接后也完成关停。

【河道综合整治有序进行】 2014年，根据“五水共治”相关安排，蛟川街道重点对东港河中官路南段、西港河宁镇公路南段、王家门前河和威海河石塘下段4条河道进行综合整治。整治内容主要包括对河道两岸进行砌石护坎，河底进行清淤疏浚，打通断头河，同时对两岸进行景观绿化。其中省“五水共治”督办项目，威海河石塘下段清理堵塞河道500米，清理污物3000立方米，彻底消除该区段“垃圾河”“黑臭河”问题。

（邬聪颖）

骆驼街道

【概况】 2014年，骆驼街道农民人均收入21359元，同比增长12%。土地流转面积增加18.5公顷，土地流转率74.88%。清水湖村粮食核心区55公顷、沙河村80公顷土地流转工作全部完成。粮食复种面积233公顷，辖区粮食种植面积达1130公顷，产量10200吨。精品农业园建设扩面提效，花卉园项目投入2000万元，商铺出租率超过90%，通过"浙江迎春花展"和"斗兰大会"等活动树立园区品牌，成为宁波地区较大规模的花卉交易市场。辖区内共9家企业申报12项农业产业化项目，政企两级共投入5145万元。辖内企业宁波绿翔畜禽养殖场、骆驼冯记养殖场申报成区菜篮子应急保障基地。启动里洞桥村等10个村村级集体经济股份制改革工作。

是年，街道有工业企业1132家，其中规模以上企业112家，高新技术企业12家。全年街道工业总产值218亿元，同比增长12.8%。出口交货值45.37亿元，同比增长5.5%。工业投资7.1亿元，其中技改投入6.9亿元。辖区内23家企业开展高新技术企业申报、复评，成功申报市人才团队2家，新增1家省工程中心和2家市工程中心，辖内企业百隆东方股份有限公司、宁波明欣化工机械有限责任公司2家博士后工作站各引进博士1名。宁波达尔轴承有限公司、镇海德信兔毛厂成功申报省名牌企业，宁波康力玻璃有限公司成功申报市名牌企业。街道服务业完成投资15亿元，骆驼水果批发市场月销售达6000万以上，东州建材批发市场与骆驼建材融合后，月销售额增至1.6亿元以上。全年社会消费品零售总额(不包含汽车销售额)3.6亿元，同比增长9%；城乡集市贸易成交额0.8亿元，同比增长11%。年末大小商业网点896个。厚恒物资城实现销售额86亿元，有色金属市场实现销售24亿元，泰来模具城完成销售18亿元。宁波腾峰汽车销售服务有限公司销售额达8.1亿元，康桥澳美汽车销售服务有限公司实现销售2.4亿元。文化创意企业发展迅速，引进文化创意企业52家，其中注册资金1000万以上企业12家。

是年，街道拆迁住宅846户，商铺50户，企业19家，共计拆迁面积28.38万平方米，并完成征地57.7万平方米、政策处理27.3万平方米。汶骆路与329国道十字交叉路口旧城改造快速迈进：一号地块项目开发基本完成，街道中心幼儿园新园启用，骆驼公园建成并向公众开放，利时百货镇海店项目通过验收，占地1.2万平方米的体艺中心项目开展市场化接洽。二号地块整体布局优化，占地7.3万平方米的红星美凯龙项目前期工作启动，占地1.23万平方米的盛世艺展完成前期工作，占地12万平方米的瑞丰地块项目开工，蔬果市场全线搬迁入户营业。三号地块盛世华庭、骆驼实验学校项目主体工程完成，东西盛地块整理进入扫尾阶段。四号地块老菜场活动场地布局初定，剩余拆迁难点持续攻坚。辖区内其他建筑及基础设施建设继续推进：骆城华苑一期主体结顶，民联二期完成前期工作。兴骆路改造工程正在施工，通园路东侧段(果蔬市场西侧)完成桥基、雨水管铺设，南二路路面改造基本完成。机电园区、中街社区、南一社区约10余公里污水管网清淤疏通完成。街道"五水共治"工程启动，辖区128

公里河道落实“河长制”，治理“垃圾河、黑河、臭河”22条，清运垃圾216吨，完成14条河道13公里清淤任务；新建兴丰、清水湖等6个村生态化生活污水处理池10个，完成联勤村老俞家畈自然村、妙胜寺村妙胜点2处截污纳管工程。成立街道拆违中队，完成拆除改造80.6万平方米，共拆除违法建筑腾出改造用地22.3万平方米。新增绿化面积12.7万平方米，庭院绿化投入160万元，完成农户庭院（阳台）绿化工作1620户。沙河村创建成市级森林村庄。

是年，街道新增就业岗位1802个，开发公益性岗位230个，街道被征地人员中适龄劳动力转岗就业10501人，农村劳动力转岗就业8988人，充分就业率达到98%。开展就业帮扶工作，组织失业人员、被征地人员和农村劳动力职业培训1556人。做好低保和社会扶助证工作，发放低保金171.5万元。推进全国“太极之乡”“门球之乡”“书画之乡”建设，举办街道首届美术、书法优秀作品大赛、“太极活动周”活动，启动书画艺术街建设。莲晴社区、中街社区便民服务中心办事大厅新址搬迁，改善社区办公条件；创新社区服务品牌，推出“睦邻驿站”及民生服务平台“亲亲580”等创新服务项目。培育公共文化精品节目，各类文艺节目在全国、省、市、区比赛中获多项荣誉。当年，街道建成宁波市文明街道，街道文联被列为省基层文联建设发展典型示范点。

【骆驼街道文联被列为全省基层文联建设发展典型示范点】 3月，骆驼街道文联被列为全省基层文联建设发展典型示范点。街道文联是全区首个基层文联，于2009年9月25日成立。现有会员200名，其中国家级会员2人，省市级会员50人，区级会员40人。是年，街道排舞作品《从纽约到洛杉矶》获第八届省排舞比赛、2014全国全健排舞大赛组别金奖，静远社区获市第二届合唱比赛金奖，街道代表队荣获“宏杰杯”宁波市首届内家拳展示大赛金奖、河南“陈式太极拳国际交流大赛”团体一等奖。

【创建成宁波市文明街道】 12月，骆驼街道通过市文明办的验收，创建成宁波市文明街道。街道于2012年7月启动创建工作，始终将文明创建作为街道中心工作之一，纵深推进环境、交通、治安、社区、文化五大工程建设，提前两年完成市文明街道的创建计划。

【利时百货镇海店开业】 6月20日，位于街道汶骆路与329国道十字交叉路口东北侧的地标性建筑利时百货镇海店开业。项目是区重点商业项目、首家登陆镇海新城（骆驼）的大型商城，于2010年初开工建设，由中国500强企业利时集团打造，总投资超过4亿元，占地面积3.5万平方米，建筑面积6万平方米，是一座集购物、休闲、公寓为一体的生活综合体。

利时百货镇海店开业

【启动酸洗行业整治提升行动】 10月，骆驼街道开展机电园区污染源排查整治工作，在全区率先启动酸洗行业的整治提升行动。按照“淘汰关闭一批、搬迁改造一批、整治提升一批”的原则，街道对辖内15家酸洗企业进行全面整治，明确淘汰关闭、搬迁改造、整治提升等整治要求和工作进度。至年底，强制关停酸洗企业1家、关闭酸洗生产线5家，其余酸洗企业均已制定限期整改计划。同时要求辖内酸洗企业通过其他方式替代酸洗工艺，促使酸洗企业转型升级。

（蒋　丹）

庄市街道

【概况】 2014年，庄市街道实现工业总产值56亿元，同比降低1.3%；利税2.77亿元，同比增长17.7%；完成进口12609万美元，出口26042万美元，进出口总额3.9亿美元，同比降低9.6%。其中规上工业产值35.58亿元，同比增长4.3%。完成工业投资1.11亿元，固定资产投资19亿元。完成合同外资4150.6万美元，实际利用外资625.5万美元，引进市外内资3.88亿元，浙商回归3.83亿元。辖内企业科技投入0.85亿元，其中研发经费7500万元；辖区企业引进各类人才80余人，3家企业成功申报区级工程中心，1家企业成功申报市级工程中心。“机器换人”引导技术革新，9家企业计划实施机器换人。节能环保扎实开展，申报节能项目6个，申报清洁生产企业1家，落后产能淘汰项目2个，环保专项资金项目3个。

是年，街道稳步实施“退二进三”，实现服务业投资17.56亿元，限上社会消费品零售额31.7亿元。工业A区9家企业签订拆迁协议。引导韵恒进出口公司改造老旧工业厂房，结合新建韵恒大厦，打造近3万平方米的小微外贸企业孵化基地。新增2家创新成长型企业，2家初创型企业，有15家企业被列入小升规①培育。引进文创项目26个，其中注册资本1000万以上项目4个，500万～1000万项目1个。汽车4S产业实现销售收入27.6亿元，新引进中升博勒、福特等4S店。建成“商帮寻根”精品线一期，二期工程主体工程基本完成。

是年，街道全力推进全域城市化，共拆迁住宅84户、国有土地企业7家，拆迁总面积11.4万平方米。开展“三改一拆”活动，完成旧厂区改造项目5个共计建筑面积4.60万平方米，城中村改造累计869户共计11.77万平方米，旧住宅改造2736户共计29.43万平方米，违法建筑拆除18.25万平方米。蛟川小学扩建、庄市小学等7个地块“拆除清零”，芳辰路地块、钟包菜场地块完成“协议清零”。万科城等商品房和锦绣曙光等安置房项目建设进度平稳。锦汇财富广场、新城南区环卫保洁中心一期等城市配套项目完成。陈倪菜场、陈倪文体广场建成投用。绿轴体育公园一期、庄市公交站等区级重点项目加快推进。庄市小学及蛟川双语小学于9月动工。开展庄市老街综合整治和形象提升工程，取缔流动摊位400余个。开展西陆路街容专项整治，新建落水井20个，新建人行道近600平方米，改造破旧或不规范店名招牌30余个。关停10个非法货

①小升规：规模以下小微企业转型升级为规模以上企业。

车停车场地，查处非法营运三轮车245辆。开展“五水共治”活动，重点整治群众反映强烈的路林港、街河、罗家港等6条黑水臭河。实施“网格化管理、组团式服务”，完成平安e通巡检系统全覆盖，重新梳理和细分辖区网格，共划分片区级网格111个，预留片区级网格78个。

是年，街道着力打造“无欠薪庄市”，创建“创业型街道”。新增就业1960人，城镇失业人员再就业1067人，困难人员再就业180人。新增养老保险参保905人，医疗保险参保585人，失业保险参保880人，工伤保险参保510人，生育保险参保445人。“慈善一日捐”活动共募集慈善金额113.2万元。培育公益性社会组织，新增9个社会团体，累计有备案登记的社会组织170个。开展“一村（社）一创”新节目创作、“万场电影千场戏”、公益培训下基层等活动，全年送戏到村共计43场，公益性培训近130次。结合读书月活动，开通人文庄市公众微信平台，举行读书运动会、端午开笔礼、周末国学课堂等数十项创新性学习活动。安监所获全省2014年度安全生产监督管理系统先进集体。

【推行多项服务群众制度】 2014年，街道围绕“强基础、提效率、聚人心、促和谐”主题，开展基层组织建设巩固年活动，推行多项服务群众制度：要求村（社区）“两委”班子周例会、党员月会、党课活动常态化。落实村（社区）服务大厅首问责任制、干部坐班制、岗位AB制、全程代理制、延时值班制等群众服务制度，全年为群众办理事项1400余件，大幅提升群众满意度。在兴庄路社区和万市徐村试行“一人多岗、一专多能”的“全能社工”和“柜员制”窗口服务模式，每天轮流安排4名社工负责“全能”窗口服务，其他社工变“坐等服务”为“主动问需”，近80%的问题在村（社区）得到解决。

【推进村级集体经济改革】 2014年，街道在永旺村、汤家村2个试点村股份制改革基础上，推进全街道村级集体经济改革。按照尊重历史、兼顾各方的原则，经过听取村情民意，召开各类座谈会，改革做到“三表决、六公示”①，预计2015年上半年全面完成。

【完成平安e通巡检系统全覆盖】 2014年，街道完成平安e通巡检系统全覆盖。该系统是镇海区依托浙江省平安建设信息系统立足于基层实际工作需求而自行开发应用的一套信息系统，包含日常巡检、巡检记录、问题上报等六个内容板块，具有工作任务自动生成派送、事件分类分流处置、GPS跟踪定位和绩效评估考核等功能。是年，街道配备“平安E通”130部，重新梳理和细分辖区网格，共划分片区级网格111个，预留片区级网格78个，全部网格累计走访群众15.6万人次，同比增加65%；排查问题8500多个，同比增加70%，

①“三表决、六公示”：三表决指《村集体经济改革决议》《股权量化方案》《股份经济合作社章程》必须经社员（代表）大会应到社员代表三分之二以上表决通过；六公示指清产核资结果，人口农龄测算结果、《股权量化方案》、股东份额清册、《股份经济合作社章程》、董事会、监事会、股东代表六个方面内容必须按规定公示7天。

提供各类服务4700余次，同比增加41%，实现将服务延伸至社会末端，每个网格都有人管，各条线都有负责人的工作局面。

【开展安全生产专项整治系列行动】 2014年，街道安监所开展系列安全生产专项整治行动：强化企业隐患自查自报，帮助企业定期开展隐患排查治理，共有104家单位进行隐患申报，自报率达到99%，整改率达100%。重点开展"打非治违"专项行动，配合有关部门查处3家非法生产豆腐作坊、2处沥青加工窝点。开展以农村消防、"三合一"场、劳动密集型企业、人员密集场所等为重点的消防安全整治工作，有效根治各类隐患。开展学生饮食放心工程、百日严打、药品假胶囊排查等整治行动，保障辖区人民饮食和用药安全。做好食品、药品安全宣传工作，增强居民自我防范意识，提高食品经营者责任意识。

【推进"一村(社)一创"文化工程建设】 2014年，街道推进"一村(社)一创"文化工程建设，组织扬炀工作室、兴庄路社区、庄一社区、陈倪路社区、光明村、钟包村、联兴村分别创作出宁波方言原创歌曲《海商》、广场舞《串网货要伐》、太极元素舞蹈《太极风》、大型舞蹈、快板《唱唱我们宁波帮》、戏曲小品《回归》与大鼓表演。在全区文艺比赛中，庄市文化站《归帆》获小戏表演金奖、创作银奖，光明村快板《商帮故里中国梦》获表演银奖、创作银奖，兴庄路社区《串网货要伐》获广场舞金奖，庄一社区《美丽中国美丽庄市》、庄市社区《欢乐夕阳红》、陈倪路社区《中国梦》获广场舞银奖。

(胡巧梦)

先进名录

先进集体、先进个人

【2014年度全国技术能手当选2人】
苏鹤昉　中国石油化工股份有限公司镇海炼化分公司烯烃部员工
宋刚兴　宁波恒信工程检测有限公司职工

【全国税务系统先进集体当选1个】
区国家税务局

【全国敬老模范单位当选1个】
区政府

【全国孝亲敬老之星当选1人】
邵才元　庄市街道勤勇村村民

【浙江省模范集体当选1个】
区职业教育中心学校

【浙江省劳动模范当选3人】
葛依君　九龙湖镇依君花木场场长
冯　闯　金丰(中国)机械工业有限公司装配组长
李　雅　宁波摩士集团董事长办公室主任

【浙江好人当选1人】
胡耀华　宁波港股份有限公司镇海港埠分公司流动机械修理班班长

【浙江省直机关第三届道德模范当选1人】
鲍家瑞　中国石油化工股份有限公司镇海炼化分公司质技中心分析班副班长

【浙江省领军型创业创新团队入选1个】
毛思宁博士团队　宁波希磁电子科技有限公司海外高层次创业人才团队

【浙江省文联系统先进集体当选1个】
区文联

【浙江省优质服务窗口当选1个】
区社会医疗保险处

【2013年度浙江省先进团委当选1个】
团区委

【2013年度浙江省城建城管行政执法工作先进集体当选1个】
区城管局

【浙江省中小企业优秀企业家当选5人】

赵　宇　宁波启盛生物食品发展有限公司董事长

杨文龙　宁波启盛生物食品发展有限公司总经理

蒋芸芳　宁波红杉高新板业有限公司董事长

严培义　宁波汇众粉末机械制造有限公司董事长

李国龙　宁波梦缘食品有限公司董事长

【第四届浙江慈善项目奖当选1个】

招宝山街道“老友助老”俱乐部义工服务项目

【浙江省西湖友谊奖当选1人】

约翰·克如池·蒙托尼　镇海中学肯尼亚籍老师

【浙江省先进县(市、区)老龄办当选1个】

区老龄办

【2014年度宁波市茶花奖当选3人】

李钟泽　宁波乐金甬兴化工有限公司韩国管理专家

安东尼·约瑟夫·普维斯　镇海中学英国籍教师、学科组长

毛思宁　宁波希磁电子科技有限公司美国籍总经理、执行董事

【最美宁波人当选2人】

胡耀华　宁波港股份有限公司镇海港埠分公司流动机械修理班班长

王冬妹　庄市街道光明新村村民

【宁波好人当选5人】

周尊炎　退休教师

胡耀华　宁波港股份有限公司镇海港埠分公司流动机械修理班班长

闻富锡　招宝山街道西门社区居民

潘永琪　庄市街道汤家新村村民

董亚娟　庄市街道光明新村村民

【宁波市“首席工人”当选2人】

范丽锋　镇海石化建安工程有限公司员工

周燕芬　宁波中鑫毛纺集团有限公司员工

【2014年度宁波市“技能之星”当选2人】

蒋坚玮　宁波市自来水有限公司镇海供水分公司职工

陈忠勇　宁波市镇海公共交通有限公司司机

【宁波市优秀高技能人才奖当选1人】

黄苏江　宁波华通电器集团股份有限公司工人

【2013年度宁波市重点工程立功竞赛模范集体和建设功臣当选1个】

庄市街道拆迁办

（何小平　罗勇勇）

2014年镇海区经济考核先进企业

【镇海区纳税二十强企业】

宁波乐金甬兴化工有限公司

百隆东方股份有限公司

宁波中万置业有限公司

宁波富德能源有限公司

宁波大安化学工业有限公司

镇海石化建安工程有限公司

镇海石化海达发展有限责任公司
阿克苏诺贝尔过氧化物(宁波)有限公司
金丰(中国)机械工业有限公司
宁波华荣时代置业有限公司
宁波天衡药业股份有限公司
宁波镇海农村商业银行股份有限公司
宁波市镇海区住房发展投资有限公司
浙江省二建建设集团有限公司
宁波市第四建筑工程公司
浙江泰阳建设有限公司
宁波海利经济开发公司
宁波巨化化工科技有限公司
宁波市金龙铜业有限公司
宁波埃美柯铜阀门有限公司

【镇海区工业企业绩效十佳企业】

宁波乐金甬兴化工有限公司
金丰(中国)机械工业有限公司
宁波汇众粉末机械制造有限公司
阿克苏诺贝尔过氧化物(宁波)有限公司
宁波达尔轴承有限公司
宁波市金龙铜业有限公司
百隆东方股份有限公司
宁波金海电子有限公司
宁波镇明转轴有限公司
宁波德泰化学有限公司

【镇海区转型升级十佳企业】

浙江恒河石油化工股份有限公司
宁波杜亚机电技术有限公司
宁波连通设备制造有限公司
浙江野马电池有限公司
宁波爱立德汽车部件有限公司
宁波错立精密轴承有限公司
宁波甬友电子有限公司
宁波创世轴业有限公司
宁波市镇海时代轴承有限公司
宁波国创机车装备有限公司

【镇海区人民政府质量奖2个】

金丰(中国)机械工业有限公司
宁波新容电器科技有限公司

【镇海区人民政府质量奖入围奖3个】

宁波汇众粉末机械制造有限公司
宁波天业精密铸造有限公司
天鸿建设集团有限公司

【镇海区安全生产特别奖3个】

中国石油化工股份有限公司镇海炼化分公司
金丰(中国)机械工业有限公司
宁波金洋化工物流有限公司

【镇海区服务业十佳企业】

镇海石化海达发展有限责任公司
宁波港船务货运代理有限公司
宁波天华汽车销售服务有限公司
宁波宁兴新宇汽车销售服务有限公司
镇海石化物流有限责任公司
宁波金洋化工物流有限公司
宁波厚恒机械有限公司
宁波金宁物资有限公司
宁波北大荒物流集团股份有限公司
宁波九龙湖开元华城度假村有限公司

【镇海区文化创意产业十大示范企业】

浙江首游网络科技有限公司
宁波恒隆高科信息科技有限公司
宁波南自智能科技有限公司
宁波一坤数码科技有限公司
宁波腾视文化传媒有限公司
浙江云道网络科技有限公司

宁波中软信息服务有限公司
宁波中自工业科技有限公司
宁波烟雨江南文化创意有限公司
浙江友联盛业文化发展有限公司

【镇海区出口十强企业】

宁波阿尔卑斯电子有限公司
宁波中燃船舶燃料有限公司
百隆东方股份有限公司
宁波金鼎紧固件有限公司
宁波家联塑料科技有限公司
宁波杜亚机电技术有限公司
宁波佳信旅游用品有限公司
宁波特艾科机械制造有限公司
浙江野马电池有限公司
阿克苏诺贝尔化学品(宁波)有限公司

【镇海区进口十强企业】

宁波乐金甬兴化工有限公司
宁波新翔液体化工仓储有限公司
宁波阿尔卑斯电子有限公司
宁波富德能源有限公司
宁波市金龙铜业有限公司
宁波涵盈金属工业有限公司
中石化国际事业宁波有限公司
宁波宁兴液化储运有限公司
宁波市红光装饰材料有限公司
宁波孚宝仓储有限公司

（俞　晴）

索　引

说明：

一、本索引设主题索引和表格索引2个分目。

二、主题索引采用分析索引法，按索引条目第一字汉语拼音（同音字按声调）顺序排，首字相同按第二字母序排，依次类推。标引语后的阿拉伯数字表示内容所在的页码。

三、本年鉴的"特载""大事记""镇海概貌"均未作索引。

四、表格按条目第一字汉语拼音（同音字按声调）顺序排，所在位置标注方法同上。

主题索引

阿拉伯数字

A

B

C

D

E

F

G

H

J

K

L

M

N

P

Q

R

S

T

W

X

Y

Z

表格索引